Die Förderung i
kommunikativer Kompetenz im
aufgabenorientierten Deutschunterricht
mit chinesischen Studierenden

Mengxing Wang

Die Förderung interkultureller kommunikativer Kompetenz im aufgabenorientierten Deutschunterricht mit chinesischen Studierenden

Modelle und Herausforderungen

 J.B. METZLER

Mengxing Wang
Jena, Deutschland

Dissertation Friedrich-Schiller-Universität Jena, 2022

ISBN 978-3-662-67101-6   ISBN 978-3-662-67102-3   (eBook)
https://doi.org/10.1007/978-3-662-67102-3

Die Deutsche Nationalbibliothek verzeichnet diese Publikation in der Deutschen Nationalbibliografie; detaillierte bibliografische Daten sind im Internet über https://portal.dnb.de abrufbar.

Planung/Lektorat: Marija Kojic
J.B. Metzler ist ein Imprint der eingetragenen Gesellschaft Springer-Verlag GmbH, DE und ist ein Teil von Springer Nature.
Die Anschrift der Gesellschaft ist: Heidelberger Platz 3, 14197 Berlin, Germany

Danksagung

Vorliegendes Buch ist meine Dissertationsschrift, die ich im September 2022 im Fachbereich Deutsch als Fremdsprache/Auslandsgermanistik der Friedrich-Schiller-Universität Jena eingereicht habe. Damit ist ein hoch spannender und zutiefst bereichernder Lebensabschnitt zu Ende gegangen, und ich möchte mich zu diesem Anlass bei mehreren Personen bedanken.

Zunächst will ich meinem verehrten Doktorvater, Prof. Dr. Hermann Funk aufrichtig Dank sagen: Ihm verdanke ich anregende Gespräche, geduldige Betreuung und vielfältige Unterstützung. Sein Vertrauen, mir Freiräume zur teilweise selbständigen Bearbeitung des Promotionsthemas zu gewähren und mich gleichzeitig durch konstruktiv-kritische Diskussionen bei der Erschließung und Entfaltung meiner Kompetenzen zu unterstützen, haben mich dazu motiviert, meine Dissertation voranzutreiben und innerhalb von vierundeinhalb Jahren abzuschließen. Seine umfassenden Kenntnisse, seine Leidenschaft für die wissenschaftliche Forschung und seine freundliche und unprätentiöse Persönlichkeit werden mich auch weiterhin bereichern. Prof. Funk hat meinen Geist nachhaltig inspiriert.

Gleichfalls möchte ich meinem Zweitgutachter, Prof. Dr. Laurenz Volkmann herzlich danken für seine im Gutachten mitgeteilten aufschlussreichen Kommentare, die mir zweifellos auch für meine weitere wissenschaftliche Tätigkeit von Nutzen sein werden.

Meiner Doktorandengruppe (Lawinee Puranasakul; Miriam Tornero Pérez; Tanja Schwarzmeier; Sarah Faseli) danke ich aufrichtig für ihre freundliche Unterstützung und die ertragreichen Gespräche, insbesondere in den Sitzungen des Doktorandenkolloquiums.

Mein besonderer Dank geht an Dr. Florian Sobieroj, mit dem ich über mehrere Jahre voll Vertrauen und Wertschätzung in einigen chinesischen auf die Sufik bezüglichen Übersetzungsprojekten zusammengearbeitet habe. Durch die

Gespräche mit ihm wurde mein Horizont im Bereich der sino-islamischen Kultur deutlich erweitert. Ich bedanke mich bei ihm auch für seine Ermutigung und für seine Korrektur meiner Dissertation; ich danke auch meiner Freundin Dorothea Reeps, die sich gleichfalls als Leserin meiner Dissertation engagiert hat.

Das meiste jedoch habe ich meinen Eltern und Großeltern zu verdanken sowie meinem Freund Heng; sie haben mich großzügig und vorbehaltlos unterstützt. Ebenso danke ich meinen Freundinnen Junhong Li und Dorothea Reeps, die mich stets motiviert und umfassend unterstützt haben – auch Dingxi Li, durch den mein Interesse für das wissenschaftliche Arbeiten geweckt worden ist sowie Yueqian Zhang, der mir bei der Formatierung der Dissertation geholfen hat. Ich empfinde große Dankbarkeit ihnen allen gegenüber für alles.

Inhaltsverzeichnis

Einleitung

1.1 Forschungsinteresse

„Language, in all its varieties, in all the ways it appears in everyday life, builds a world of meanings. When you run into different meanings, when you become aware of your own and work to build a bridge to the others, "culture" is what you're up to. Language fills the spaces between us with sound; culture forges the human connection through them. Culture is in language, and language is loaded with culture" (Agar 1994: 28).

„To learn a foreign language is to learn to respect the other in his/her difference, it is to acquire the sense of the relative and the spirit of tolerance, values which are all the more necessary today as the school community is tending to become a multicultural community (Hu; Byram 2009: IX).

Diese beiden Zitate veranschaulichen die Beziehung von Sprache, Kultur und Erziehung zueinander. Durch das Sprach(en)lernen eröffnet sich gleichzeitig eine Tür zum Erlernen von Kultur(en) bzw. von durch Sprache repräsentierte Rituale, Denkweisen, Werte usw. einer ethnischen Gruppe oder „Nation". Um die Bedeutung des kulturellen Lernens beim Fremdsprachenlehren und -lernen zu unterstreichen, sind im Rahmen der Fremdsprachendidaktik in den vergangenen Jahrzehnten kulturelle Ansätze wie Landeskunde, interkulturelle Kommunikation usw. umfassend diskutiert worden.

Die sog. Globalisierung hat zunehmend die internationale Kooperation gefordert, die durch ein „unkompliziertes Miteinander" (Bolten 2012:17) erleichtert werden konnte; dieses Miteinander werde begünstigt durch Abbau von Vorurteilen, durch Offenheit, Neugier und Toleranz gegenüber anderen Kulturen; damit einhergehend werde das Fremdheitsgefühl abgebaut und „Verkrampfung im Umgang mit Angehörigen anderer Kulturen" abgemildert (ebd.). Aus der

M. Wang, *Die Förderung interkultureller kommunikativer Kompetenz im aufgabenorientierten Deutschunterricht mit chinesischen Studierenden*, https://doi.org/10.1007/978-3-662-67102-3_1

Globalisierung und Internationalisierung hat sich ergeben, dass die Kommunikation zwischen Kultur und Menschen stärker von der Wissenschaft betrachtet und
erforscht worden ist. Gleichzeitig wurde das interkulturelle Lernen im Fremdsprachunterricht als Ziel angestrebt. Darüber hinaus wurde der Diskurs über
interkulturelle kommunikative Kompetenz durch Michael Byrams Publikation
(1997) *„Intercultural communicative competence"* eröffnet; diese wegweisende
Veröffentlichung hat interkulturelle kommunikative Kompetenz für den schulischen Fremdsprachenunterricht in fünf Dimensionen definiert, die ich im Kapitel
(2) näher erläutern werde.

  In der globalisierten Welt sind die Angehörigen der unterschiedlichen Kulturen
als bereit zur Mobilität begriffen worden. Daher sind oft Kommunikationssituationen entstanden, in denen zwei Gesprächspartner wegen einer nicht verfügbaren
gemeinsamen Sprache eine dritte Person als Sprachmittler erfordern. Das sprachliche Handeln dieser dritten Person wurde in dem Gemeinsamen Europäischen
Referenzrahmen (2001) nicht im vollen Umfang diskutiert und gewürdigt. Dieses Defizit ist im GeR Begleitband (2020) behoben worden, und grundsätzlich
betrachtet der GeR die Sprachlernenden als sozial Handelnde:

> „Wenn wir Sprache verwenden, geschieht das in vielen Fällen nicht nur, um eine Bot-
> schaft zu übermitteln, sondern vielmehr, um einen Gedanken zu entwickeln durch das,
> was oft *languaging* genannt wird (etwas gedanklich in Worte fassen und dadurch die
> Gedanken artikulieren)" (GeR 2020: 42).

In dem Prozess des *languaging* sind sowohl rezeptive und produktive Fertigkeiten als auch Interaktion beteiligt. Diese drei Modi werden durch Mediation
(Sprachmittlung) miteinander verbunden. Die Kompetenz der Sprachmittlung,
die im Gefolge des GeR (2020) mit den ausführlich definierten Deskriptoren
neu ins Blickfeld der Fremdsprachendidaktik gekommen ist, steht in einem
engen Zusammenhang mit der interkulturellen Kompetenz (Kolb 2014). In den
sprachmittelnden Aktivitäten bzw. im Aktionsfeld wird „diskursive Interkultur" (Caspari; Küster 2010: 12) bei Beteiligten gefordert, und es wird dadurch
Interkulturalität gefördert. Die Förderung der interkulturellen kommunikativen
Kompetenz durch sprachmittelnde Aufgaben wird zwangsläufig in die Diskussion

eingeführt – erwähnenswert sind die einschlägigen Publikationen[1] von Byram (2012), Kolb (2014) usw.

Die vorliegende Arbeit ist in ihrer Genese als Versuch zu verstehen, mehrere von Adelheid Hu/ Michael Byram (2010: XIV) gestellte Fragen zum Verhältnis von Sprache, Kultur, Lernen, Erziehung etc. zu beantworten:

"How and when does children´s and young people´s understanding of ethnic and national belonging develop; how do stereotypes and prejudices develop?

What kind of studies of intercultural competence can be undertaken in specific ages and/ or stages of cognitive development?

What is characteristic of 'cultural learning processes' (changes of patterns of interpretation, self-relativisation, capacity for empathy, attempts at change of perspective)?

What is the relationship between cultural and foreign language learning?

Which factors inside and beyond foreign language teaching favour the development of intercultural competence?

How should existing models of intercultural competence and the development of intercultural competence be judged when compared with empirical research findings?

To what extent can existing models of intercultural competence be operationalised for the classroom?"

Obwohl diese Fragen von einigen Forschern schon teilweise beantwortet wurden, habe ich mich veranlasst gesehen, das interkulturelle Lernen – zum Zweck der Förderung interkultureller kommunikativer Kompetenz für chinesische Germanistikstudierende im Fremdsprachenunterricht – zu erforschen. Der Grund für diese Motivation ist das Defizit diesbezüglicher Forschung in der Unterrichtspraxis an chinesischen Universitäten.

---

[1] Interkulturelle Kompetenz teilweise als Voraussetzung für Sprachmittlung (Byram 2012)
    Sprachmittlung als Möglichkeit, interkulturelle Kompetenz zu fördern (Senkbeil/Engbers 2011; Grünewald2012; Seidel 2012)
    Sprachmittlung als Beispiel für die praktische Realisierung und Überprüfung interkultureller Kompetenz (Caspari/ Schinschke 2010; Kolb 2014)
    Caspari/ Schinscke (2012): Qualitätskriterien für Sprachmittlungsaufgaben zur Förderung der interkulturellen Kompetenz.

1.2   Forschungsstand

Im Rahmen der romanistischen und anglistischen Fremdsprachendidaktik ist die Erforschung des Themas „interkulturelle kommunikative Kompetenz" nicht neu. Die Forschungsschwerpunkte hierbei liegen erstens in der Umsetzung interkultureller Lehr- und Lernziele im Unterricht; dabei werden die interkulturellen Potenziale bestimmter Textsorten, Medien, Themen, Aufgabenformate und Projekte untersucht, und die konkrete Arbeit an interkulturellen Lernzielen wird im Rahmen verschiedener didaktischer Ansätze vorgenommen. Ein zweiter Schwerpunkt bezieht sich auf die Frage nach möglichen Stufenmodellen für die Entwicklung interkultureller Kompetenz, wie sie den Kann-Beschreibungen auf den verschiedenen Niveaustufen des Gemeinsamen europäischen Referenzrahmens entsprechen würden (vgl. Witte 2009; zitiert nach Hu 2008: 13). Ein dritter Schwerpunkt schließlich liegt in den Bemühungen um „eine wissenschaftliche Absicherung und Überprüfung der bislang eher auf theoretisch-normativer Ebene angesiedelten Begrifflichkeiten von Interkulturalität durch empirische Studien, die zumindest teilweise den Anspruch erheben und begründen, interkulturelle Kompetenzen im Hinblick auf ihre empirische Überprüfbarkeit operationalisieren und messen zu können" (ebd.). In Bezug auf die empirische Überprüfbarkeit oder Messbarkeit interkultureller Kompetenz sind unterschiedliche Positionen und „widerstreitende Diskurse" (ebd.) vorhanden.

In Brunsmeiers (vgl. Brunsmeier 2016: 24) Zusammenfassung der Publikationen über die Thematik IK im Fremdsprachenbereich sind in erster Linie die Werke *Intercultural communicative competence* (Byram 1997), *Interkulturelle Kompetenz* (Eberhardt 2008; Erll & Gymnich 2010), *Interkulturelle Erziehung* (Shatliff 2005), *cultural awareness* (Schmid-Schönbein 2001), *interkulturelles Lernen* (Bredella 2002; Mayer 2012) und *transkulturelles Lernen* (Freitag 2010) als richtungsweisend in Bezug auf den Definitionsdiskurs angesehen worden.

Wenn man sich einen Überblick über die aktuellen interkulturellen Publikationen der chinesischen Forscher verschafft, so zeigt sich, dass in der Diskussion der Fokus gelegt wird erstens auf die interkulturelle Linguistik, und zwar in kontrastiv- linguistischer Perspektive, und zweitens auf die Bedarfsanalyse der interkulturellen Kompetenz in den internationalen Unternehmen. Jedoch kann in der Regel der Fremdsprachenunterricht mit explizit interkulturellen Lernanteilen aufgrund der mangelnden Lehrausbildung in Methodik und Didaktik und auch der wenig vorhandenen Lernmaterialien mit interkulturellem Potenzial in der Praxis nicht durchgeführt werden. Aus diesem Grund möchte die vorliegende Arbeit theoretische konzeptionelle Grundlagen und didaktische Prinzipien in Bezug auf interkulturelle kommunikative Kompetenz als Lernziel für den Fremdsprachenunterricht aufarbeiten und die Umsetzung dieser Konzepte in der Unterrichtspraxis an einer chinesischen Universität erörtern.

1.3 Aufbau der Arbeit

Im Großen und Ganzen gliedert sich das vorliegende Forschungsprojekt in zwei Teile, nämlich: erstens, theoretische Aufarbeitung der einschlägigen Grundlagen und didaktischen Ansätze; zweitens, empirische Forschung an einer chinesischen Universität.

1.3.1 Forschungsfrage und Zielsetzung

Im Rahmen der Diskussion über Globalisierung, Internationalisierung und Multikulturalität ist der Begriff „interkulturelle Kompetenz" in den 90er Jahren zu einer Schlüsselkompetenz avanciert. Interkulturelle Kompetenz ist eine überfachliche Kompetenz und gilt als eine Schlüsselkompetenz in vielen Berufen. Im Studium sowohl in Deutschland als auch in China werden Grundsteine zur interkulturellen Kompetenz gelegt. Nach dem allgemeinen Curriculum für das Germanistikstudium an den chinesischen Universitäten lernen die Studierenden zunächst zwei Jahre lang die deutsche Sprache und beschäftigen sich dann zwei weitere Jahre mit den fachbezogenen Lehrveranstaltungen, die zu der Aufbauphase des Studiums gehören. Die empirische Forschung als Bestandteil der vorliegenden Arbeit lässt sich in der Lernveranstaltung „interkulturelle Kommunikation" im Rahmen des Aufbaustudiums verorten und zielt darauf ab, die interkulturelle kommunikative Kompetenz der Germanistikstudierenden zu fördern. Aus fremdsprachendidaktischer Sicht stellt sich die Frage, wie die Vielfalt kultureller Lebens- und Kommunikationsweisen im Fremdsprachenunterricht angemessen dargestellt werden können und welche didaktisch-methodischen Ansätze sich hierfür anbieten. Nach Klieme et al. (2010) lässt sich der Grad des Vorhandenseins von Kompetenz durch die Bearbeitung von Aufgaben feststellen. Auch Krumm (2010) erkennt, dass in Lernaufgaben die Möglichkeit der Verwirklichung eines umfassenden Lernkonzepts angelegt ist. Als zentrale Fragestellung möchte die vorliegende Arbeit die Frage untersuchen, welche Merkmale Aufgaben aufweisen sollen, die die Förderung interkultureller kommunikativer Kompetenz bei chinesischen Germanistikstudierenden im dritten Studienjahr (fünftes Semester) ermöglichen.

Zunächst widmet sich der theoretische Teil (Abschn. 2.1) den relevanten
Begriffserklärungen und theoretischen Grundlagen von interkulturellem Lernen.
Dabei werden im Unterkapitel (2.1.1) die Begrifflichkeiten von „Kultur" behan-
delt, wobei der Kulturbegriff sowohl im europäischen als auch im chinesischen
Kontext erörtert wird. Da Kulturen nach Erll/Gymnich nicht klar voneinan-
der abgrenzbar sind, soll bei der interkulturellen Begegnung „Interkulturalität"
entstehen. Die auf die amerikanische Kulturanthropologie zurückzuführende
Begrifflichkeit „Interkulturalität" wird im Zusammenhang mit dem postkolonialen
Begriff des „dritten Raums" und im Verhältnis zu dem Begriff „Multikulturalität"
im Kapitel (2.1.2) näher untersucht. In Konsequenz der gesellschaftlichen Ent-
wicklung im 20. Jahrhundert kennzeichnen sich die fremdsprachendidaktischen
Ansätze durch die Veränderungen von Landeskunde zum interkulturellen Lernen
und von der kommunikativen zur interkulturellen kommunikativen Kompetenz.
Die kulturell bezogenen Ansätze werden im Kapitel (2.1.3, 2.1.4) näher dargestellt. Vor dem Hintergrund des Diskurses über Interkulturalität sind in den letzten
Jahrzehnten wegweisende Konzepte ausgearbeitet worden, in denen sich das
Bestreben ausdrückt, dem Komplex der IKK Genüge zu tun. Diese Konzepte sind
folgende: Stereotype, hotwords, rich points; Kommunikationsstile; Einstellung
zu Zeit und Raum; Konstruktivismus; Wahrnehmung; kulturspezifische Schemata. Im Kapitel (2.2) werden diese Konzepte auf Grund der einschlägigen
Aufsätze aufgearbeitet. Darüber hinaus sind im Rahmen der Fremdsprachendidaktik seit den 90er Jahren Modelle und Taxonomien entwickelt worden; dazu
gehören das wichtige Modell von Michael Byram, das Matrix-Modell von Her-
man Funk, die Modellierungen von Caspari, Schinschke und Rössler. Diese
Modelle und Taxonomien werden im Kapitel (2.4) ausgewertet. Auch unterstreicht die Bildungspolitik in Deutschland die Wichtigkeit der Entwicklung
interkultureller Kompetenz. Im Zuge des GeR (2020) werden Sprachmittlungsaufgaben exemplarisch im Unterricht erstellt, um die Lernenden durch Einüben
des kulturell angemessenen Gebrauchs bezüglich der IKK zu unterstützen. Die
Lernenden werden für die kulturellen Unterschiede bei der Sprachverwendung in
Bezug auf Begrüßung, Bitte, Aufforderung, sprachliche Mittel zur Äußerung von
Höflichkeiten durch Sprachmittlungsaufgaben sensibilisiert.

Der Europäische Referenzrahmen (2001; 2020) nimmt das Byramsche Modell
auf und RePA stellt die Deskriptoren von interkultureller Kompetenz auf
drei Dimensionen für Fremdsprachenunterricht ausführlich dar. Die RePA-
Deskriptoren können beim Feststellen der Lernziele der interkulturellen Kompetenz für den Fremdsprachenunterricht helfen. Die Auswertung der interkulturellen
Kompetenz in der Bildungspolitik erfolgt im Kapitel (2.4).

Die Lehrpläne für den universitären Fremdsprachenunterricht in China streben ebenfalls die Entwicklung des interkulturellen Lernens an, wobei die Umsetzung dieses Lernziels wegen der mangelnden Lehrerausbildung im Großen und Ganzen nicht erfolgreich gewesen ist. Diesbezügliches wird im Kapitel (3) näher beleuchtet. Um das in den chinesischen Lehrplänen vorgeschriebene Lernziel in der Unterrichtspraxis umzusetzen, möchte diese Arbeit einen Beitrag zum Design der interkulturellen Kompetenzaufgaben leisten, um die affektiven, kognitiven und verhaltensbezogenen Dimensionen der IKK im Fremdsprachenunterricht anzubahnen. Hierbei sollen die Unterrichtsaufgaben die Potenziale zur Initiierung der interkulturellen Lernprozesse besitzen, indem beispielsweise ein sogenannter „dritter Ort" (Claire Kramsch 1995) entstehen kann. In diesem „dritten Ort" sollen Lernende die „gewohnte[n] Selbst- und Fremdsichten in Frage stellen" und „ein mentales Konstrukt" durch Erkennen der kulturellen Wahrnehmungsmuster und Deutungsmuster erzeugen sowie zu einem interkulturellen Verstehen gelangen. Die Initiierung der interkulturellen Lernprozesse erfolgt durch unterrichtliche Intervention, insbesondere durch Lernaufgaben. Somit stellt sich die Frage, welche Merkmale die Aufgaben erfüllen sollen, um solche Lernprozesse in Gang zu bringen. Dieser Frage wird im Kapitel (4) in Anlehnung an Müller-Hartmann; Schocker–von Ditfurth; David Nunan usw. nachgegangen.

Im Germanistikstudium der chinesischen Universitäten sind Deutschlehrwerke die wichtigsten Medien. Diese Lehrbücher beeinflussen daher die Lernprozesse beim Spracherwerb maßgeblich und verschaffen den Lernenden durch den in den Lehrwerken vermittelten Input eigene Eindrücke über Fremdkultur. Daher werden die Aufgaben im Kapitel (5) mit den ausgewählten meistverwendeten Lehrwerken (Studienweg *Deutsch*; *Studio d*) untersucht, um herauszufinden, inwiefern die interkulturellen Lernziele in diesen Lehrwerken realisiert werden.

Die Aufgaben, die den im Kapitel (4) ausgearbeiteten Merkmalen zur Förderung interkultureller kommunikativer Kompetenz entsprechen sollen, werden mit den empirischen Studien (Pilotstudie von Kapitel (5) und Hauptstudie von Kapitel (6) in der Unterrichtspraxis umgesetzt. Mit der Pilotstudie soll ermittelt werden, ob die für den Unterricht verwendeten Materialien dem Merkmal ‚Input', und ob das Unterrichtshandeln dem Merkmal ‚Aktivität' Genüge tun können, und inwiefern das Ziel der Förderung interkultureller kommunikativer Kompetenz hierdurch verwirklicht wird. Des Weiteren sollen die Unterrichtsmaterialien der Pilotstudie für die Hauptstudie in modifizierter Form verwendet werden. In der Hauptstudie soll ermittelt werden, ob die im theoretischen Teil diskutierten Merkmale der Aufgaben zur Förderung der interkulturellen kommunikativen Kompetenz der chinesischen Germanistikstudierenden beitragen. Wenn ja, inwiefern lässt sich die Entwicklung dieser Kompetenz ermöglichen?

1.3.2   Methodisches Vorgehen

Auf Grund der Komplexität der zu untersuchenden Gegenstände soll in meiner Arbeit das Verfahren *mixed-methods-Ansatz* für die Hauptstudie angewandt
werden, wobei qualitative und quantitative Methoden zu kombinieren und zu
integrieren sind. Dieser Ansatz gewinnt in der Erforschung der komplexen Gegenstände zunehmend an Bedeutung, da die quantitativen und qualitativen Teilstudien
in einem parallel angelegten oder hintereinander gestaffelten Design kombiniert
werden, wodurch unterschiedliche Perspektiven auf den Evaluationsgegenstand
gewonnen werden können (vgl. Kuckartz 2014: 52). Infolgedessen kann man
durch einen mixed-methods-Ansatz ein komplexes Problem besser verstehen,
wenn man beide Seiten beleuchtet, die quantitative des Zählens und die qualitative
des Sinnverstehens.

Zur Erhebung der qualitativen Daten in der Hauptstudie werden schriftliche Befragung, leitfadenorientiertes Interview und teilnehmende Beobachtung
verwendet. Schriftliche Befragung mittels Fragebogen können „einerseits testähnlich zur Erfassung von Persönlichkeitsmerkmalen (z. B. Sprachlerneignung) oder
Einstellung (z. B. zur Zielsprachenkultur), andererseits aber auch beschreibend
(z. B. hinsichtlich des eigenen Lernverhaltens) oder bewertend (z. B. bezüglich
des Fremdsprachenlehrangebots einer Hochschule) eingesetzt werden" (Settinieri
2014: 105). Interviews werden verwendet, um „Zugang zu subjektiven Sichtweisen von Menschen, ihren Erfahrungen und Bedeutungszuschreibungen in größerer
Tiefer zu erhalten". Beobachtungen erfolgen über einen nicht-kommunikativen
Prozess, das Verhalten der zu Beobachtenden wird dokumentiert. Da in dieser
Arbeit die drei Ebenen der IKK (*savoir être; savoir; savoir faire*) bewertet werden
sollen, werden die drei Instrumente zur Datenerhebung eingesetzt, um Ergebnisse
zu validieren. Die Erhebung der quantitativen Daten erfolgt durch Fragebogen
mit geschlossenen Fragen vor dem Kurs und Reflexionsbogen nach den jeweiligen Unterrichtseinheiten. Vermittels der im Fragebogen gestellten Fragen sollen
Lernende die Qualität der Aufgaben in einzelnen Kategorien bewerten.

Die empirische Untersuchung in dieser Arbeit erfolgt durch zwei Studien (Pilotstudie und Hauptstudie). Die Pilotstudie zielt auf das Testen von
Unterrichtsinputs und -aktivitäten sowie auf das der Fragebögen ab. Hierbei
soll ermittelt werden, ob erstens der Unterrichtsinput und die diesbezüglichen
Aktivitäten den Merkmalen der Aufgaben zur Förderung interkultureller kommunikativen Kompetenz gerecht werden; zweitens soll geklärt werden, ob die
verwendeten Frage- bzw. Reflexionsbögen die Merkmale der Aufgaben bewerten
können. Die Ergebnisse der Pilotstudie werden für die Hauptstudie herangezogen,
wobei die Erhebungsinstrumente und Unterrichtsmaterialien eventuell modifiziert

werden sollen. Die Hauptstudie wird im Rahmen der Lehrveranstaltung „interkulturelle Kommunikation" in einer chinesischen Fremdsprachenuniversität mit
Germanistikstudierenden durchgeführt.

1.4   Grenzen der Arbeit

Das in der vorliegenden Arbeit dargestellte Konzept stellt sehr hohe Anforderungen an den Lehrenden bezüglich seiner Fachkompetenz (Didaktik und Methodik)
und auch der interkulturellen Kompetenz der Lehrenden. Inwiefern kann nun dieses Konzept von einer Lehrkraft mit DaF-Lehrerausbildung erfolgreich umgesetzt
werden? Diese Frage lässt sich im Rahmen dieser Arbeit leider nicht umfassend
beantworten.

Bezüglich der Frage „Lassen sich Prozesse interkulturellen Lernens empirisch
erfassen?" weisen Claudia Finkbeiner/ Christine Koplin (2001: 118) darauf hin,
dass nur mit einem eingeschränkten „Ja" geantwortet werden kann, denn die
individuelle Wissensstruktur der Teilnehmer, nämlich die prozeduralen Wissen-
serwerbsprozesse und die Annahmen über die eigenen Wissensprozesse, kann
durch die Forschungsmethoden Beobachtung, Befragung, Interview usw. bis zu
einer gewissen Grade „diagnostisch" erschlossen werden. Daher sind die Ergebnisse der Forschung über die Prozesse des interkulturellen Lernens „deskriptiv
und interpretativ".

In Bezug auf die Forschungsergebnisse über *savoir faire* der IKK äußern
Claudia Finkbeiner/ Christine Koplin eine gewisse Skepsis: nämlich: „[Es] kann
sein, dass Teilnehmer an einer Forschungsstudie nicht wirklich Auskunft geben
können über die Handlungsstrategien, die sie tatsächlich einsetzen, sondern
immer nur über das Alltagswissen und die Annahmen, die sie davon haben"
(2001: 118). Darüber hinaus ist auch zu fragen, ob die Forschungsteilnehmer
die im Unterricht erlernten Handlungsstrategien tatsächlich in der interkulturellen Begegnungssituation anwenden. Durch die alleinige Studie dieser Arbeit
kann diese Frage nur schwer beantwortet werden. Jedoch erweisen sich die von
mehreren Forschern durchgeführten Untersuchungen zur Metakognition und zur
Subjektiven Theorie als wegweisend, nämlich: „[…] die subjektiven Annahmen
über Handlungsabläufe (Strategieeinsatz) als metakognitives Wissen [beeinflus-
sen] zukünftige Handlungen und auch die kognitiv-emotionale Orientierungen
sowie das Selbstkonzept stark und [sind] insofern von hoher Relevanz für die
Wissenskonstruktion" (Brown 1988. 1994; Claudia Finkbeiner/ Christine Koplin
2001: 119).

Eine weitere Grenze der vorliegenden Arbeit ist dadurch bedingt, dass die unterschiedlichen Lernfähigkeiten und -stile der Germanistikstudierenden durch die Hierarchisierung der chinesischen Universitäten[2] beeinflusst werden. Dies kann dazu führen, dass eine Umsetzung des vorgestellten Konzeptes an unterschiedlichen chinesischen Universitäten potenziell unterschiedliche, von der Hauptstudie abweichende Ergebnisse hervorbringt. Daher kann sich eine allgemeine Übertragbarkeit der Ergebnisse der Hauptstudie auf alle Germanistikstudenten nicht mit Sicherheit ergeben. Jedoch kann die vorliegende Studie die konzeptionellen, in empirischer Methodik erarbeiteten und in der Praxis erprobten Grundlagen der Unterrichtsaufgaben zur Entwicklung der interkulturellen kommunikativen Kompetenz als Orientierung für chinesische DaF-Lehrkräfte bereitstellen.

---

[2] Nach Maßgabe der Ergebnisse der Hochschulaufnahmeprüfung werden die Studierenden in Universtäten ersten, zweiten und dritten Rangs zugelassen.

Begriffserklärungen und theoretische Grundlagen

Dieses Kapitel widmet sich den Begriffserklärungen und Konzepten, die dem fremdsprachlichen Unterricht beim interkulturellen Lernen zugrunde liegen. Hierbei soll erstens die Thematisierung der Kultur und interkulturelles Lernen im Fremdsprachenunterricht im Hinblick auf ihre diskursive Entwicklung im Rahmen der Fremdsprachendidaktik skizziert werden, und zweitens sollen die allgemeinen Konzepte der interkulturellen Kompetenz dargestellt werden.

2.1 Einführung von Kultur und interkultureller Kompetenz im Fremdsprachenunterricht

2.1.1 Kulturbegriffe

Da Kulturbegriffe zahlreich und unterschiedlich definiert worden sind, existiert ein allgemein gültiger Kulturbegriff nicht. Nach Altmayer (vgl. 2010: 1403) ist ‚Kultur' etymologisch aus dem lat. ‚colere' abgeleitet worden und bedeutet ‚pflegen' und ‚anbauen'. Der Ausdruck ‚Kultur' ist ursprünglich aus dem landwirtschaftlichen Kontext als „Prozess und / oder als Ergebnis spezifischer Formen von Beziehungspflege" (Bolten 2012: 18) entstanden. Diese Beziehungen verlaufen reziprok und sind im Rahmen von sozialen Kontexten, Umwelten, sinnstiftenden Instanzen und dem Selbst eines Akteurs unterschiedlich gewichtet (vgl. ebd.: f.).

In der Antike wurde der Begriff ‚Kultur' für den menschlichen Kontext verwendet und lässt sich auf drei Bedeutungsebenen verorten:

„Erstens die Sorge des Menschen um sich selbst, die Pflege seines äußeren Erschei-
nungsbildes, aber auch seines Charakters; zweitens die Pflege von Tugenden, Wissenschaft und geistigen Anlagen (cultura animi); drittens die Pflege des religiösen
Brauchtums und die Verehrung der Götter (vgl. Fisch 1992: 684–685)" (ebd.).

Im Europa der Neuzeit vor dem Hintergrund des gesellschaftlichen Wandels hat
der Kulturbegriff den „Prozess der gesellschaftlichen Modernisierung in Europa
und mit der Kolonisierung der außereuropäischen Welt seit dem 17. Jahrhundert"
(Altmayer 2010: 1404) durchlaufen und bezieht sich auf sämtliche Bereiche des
menschlichen Lebens. Im 18. Jahrhundert wird der Kulturbegriff vom „Individuum auf Gesellschaft, Nationen, ja die ganze Menschheit" (ebd.) übertragen.
Im 19. Jahrhundert bezieht sich der Kulturbegriff im deutschen Sprachraum auf
Aspekte, die die geistige Bildung und Entwicklung des Individuums betreffen,
„Zivilisation" hingegen bezieht sich im deutschsprachigen Raum auf Aspekte, die
das gesellschaftliche Leben in den Blick fassen. Auf dem Hintergrund der Globalisierung im 20. Jahrhundert wird der Kulturbegriff dann erweitert zu „Kultur
als Lebenswelt".

Geert Hofstede verwendet die Metapher „mentale Programmierung des Menschen" (Hofstede 1993: 18), um Kultur zu beschreiben, und daher erscheint ihm
Kultur als „mentale Software" (ebd.). Die Denk-, Fühl- und Handlungsmuster,
die man in der frühen Kindheit erwirbt, werden als mentale Programme oder als
mentale Software bezeichnet. Hofstede (vgl. ebd.) erklärt, dass die Programmierung schon in der Familie beginnt und sich in der Nachbarschaft, in der Schule,
in Jugendgruppen, am Arbeitsplatz, in der Partnerschaft fortsetzt. Daher erweise
sich Kultur als ein kollektives Phänomen. Die Denk-, Fühl- und Handlungsmuster
beziehen sich nicht nur auf die Tätigkeiten, die den Geist verfeinern, sondern auch
auf gewöhnliche und alltägliche Dinge im Leben, wie Grüßen, Essen, physische
Distanz zu anderen usw.

Mit folgender Grafik (ebd. 19) veranschaulicht Hofstede die drei Ebenen der
mentalen Programmierung des Menschen (Abbildung 2.1).

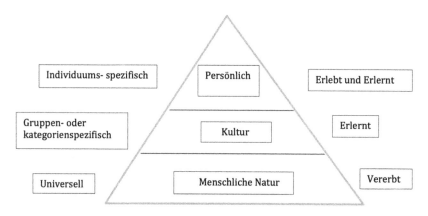

Abbildung 2.1 Drei Ebenen der Einzigartigkeit in der mentalen Programmierung des Menschen

Kultur wird gemeinhin ins Chinesische als „*wenhua* 文化" übersetzt, etymologisch lässt sich der chinesische Ausdruck auf den chinesischen Klassiker *I Ging*[1] bzw. auf das „Bild" *bi* ䷕ zurückführen: „剛柔交错, 天文也; 文明以止, 人文也。观乎天文, 以察时变, 观乎人文, 以化成天下". Richard Wilhelm (gest. 1930; 2016: 92) übersetzt dieses Zitat mit den folgenden Worten:

> „Im Menschenleben besteht die schöne Form darin, daß wie Berge feststehende, starke Ordnungen da sind, die durch die klare Schönheit gefällig gemacht werden. Die Betrachtung der Formen am Himmel verleiht die Fähigkeit, die Zeit und ihre wechselnden Anforderungen zu verstehen. Die Betrachtung der Formen im Menschenleben verleiht die Möglichkeit, die Welt zu gestalten"

Im *I Ging* gilt die Kultur als das Ergebnis der Verwandlung des Menschen. Davon ausgehend wird „Kultur" im chinesischen Kontext als „人ren文 wen 教 jiao化 hua" – nämlich als die Bildung des Menschen und seine Verwandlung – verstanden. Das chinesische Kompositum „教化" kann sowohl als Nomen wie auch als Verb verwendet werden. Das Nomen „Verwandlung" bezieht sich auf die gesamten Ergebnisse der geistigen und materiellen Aktivitäten des Menschen; das Verb

---

[1] Das I Ging ist der älteste der klassischen chinesischen Texte und enthält die Kosmologie und Philosophie des alten China. Das Buch beschreibt die Welt in 64 Bildern, die aus je sechs durchgehenden oder unterbrochenen Linien bestehen (Hexagramme) (Übers. Richard Wilhelm 2016).

„verwandeln" wiederum umfasst die Prozesse des Pflegens, des Übertragens und Verbreitens bezüglich der geistigen und materiellen Aktivitäten des Menschen. Die chinesische Kultur ist im Konfuzianismus verwurzelt, welcher durch den Geist des I Ging mitgeprägt worden ist. In den klassischen „Konfuzianischen Gesprächen" beschreibt Konfuzius (lebte vermutlich von 551–479 vor Chr.) „Wen" (Gebildete) in dem folgenden Zitat:

„子贡问曰: 孔文子何以谓之[文] 也? 子曰: 敏而好学, 不耻下问, 是以谓之[文]也"

> „Dse-lu fragte: Woran liegt es, daß Kung Wen-dse[2] der „Gebildete" (wen) genannt wird? Der Meister sprach: Er war scharfsinnig und wissensdurstig, und er schämte sich auch nicht, Leute, die jünger als er und von niedrigerem Stand waren, zu befragen. So wurde er mit Recht der „Gebildete" genannt" (Übers. nach Schwarz 1991: 53).

Wie das Zitat erweist, wird dem Kulturbegriff des *wenhua* vordergründig die Bedeutung von Bildung zugeschrieben. Der aus zwei Schriftzeichen bestehende Ausdruck wird im chinesischen Alltagsleben dahingehend verwendet, dass jemand „*wenhua*" besitze – was bedeutet, dass jemand gebildet ist.

Heutzutage versteht man im chinesischen Kontext *wenhua* als Kultur in drei Dimensionen: 1. materielle Kultur, 2. Gesellschaftssystem und Staatsform (*zhidu* 制度), 3. geistige Kultur und Wertvorstellungen (vgl. Yang 2009: 4). In der chinesischen Sprache hat der Begriff *wenming* 文明 „Zivilisation" eine positiv konnotierte Bedeutung, mithin wird er verwendet, um Zustände oder Ergebnisse von auf Kultur bezüglichen Dingen und Prozessen – Kultur im Sinne der drei erwähnten Dimensionen – im Gegensatz zu dem Barbarischen, Rückständigen und Unaufgeklärten zu beschreiben; d. h. Zivilisation gehört zur Kultur (vgl. Li: 2012).

2.1.2   Interkulturalität

Erll/ Gymnich (2007: 19) betrachten den Kulturbegriff bzw. die in gewissen populären Handbüchern anzutreffende Vorstellung, Kulturen seien klar voneinander abgrenzbar, skeptisch:

---

[2] Kung Wen-dse war ein hochgestellter Beamter im Wei-Staat (Wei-Guo; 117 v. Chr.-209 v. Chr.).

„Den weit verbreiteten Darstellungen á la ‚Kultur A trifft auf Kultur B' liegt zumeist eine Vorstellung von klar voneinander abgrenzbaren Kulturen zugrunde, zu denen eine Art abgeschlossene Merkmalsliste zu existieren scheint, welche überdies auf jedes einzelne Mitglied dieser Kultur in gleichem Maße zutreffen soll."

Insofern Kulturen nicht klar voneinander abgrenzbar sind, soll bei der Begegnung der Angehörigen verschiedener Kulturen nach Erll/ Gymnich (2007: 19) „Interkulturalität" entstehen. Der Begriff „Interkulturalität" lässt sich zurückführen auf amerikanische Kulturanthropologie, bzw. auf die sog. Nationalcharakterstudien der 1940er und 50er Jahre. Im Rahmen der Fremdsprachendidaktik insbesondere im deutschen Sprachraum wurde die Diskussion über interkulturelle Pädagogik vor dem Migrationshintergrund in die Schulbildung eingeführt und sie zielte darauf ab, die Verständigung zwischen Kindern und Jugendlichen aus unterschiedlichen Herkunftsländern zu fördern. Im Fach Deutsch als Fremdsprache wurde die Diskussion über „Interkulturalität" insbesondere in den 80er Jahren vorangetrieben und auf dieser Grundlage wurden Lehrwerke (Sichtwechsel 1984 und 1995; Sprachbrücke 1987) mit interkulturellem Ansatz konzipiert. Im Mittelpunkt dieses Konzeptes stand der aus der Pädagogik entlehnte Begriff des interkulturellen Lernens mit den Lernzielen „Ambiguitätstoleranz" (Aushalten von Verschiedenheit), „Bereitschaft zur Infragestellung eigener Normen", „Sensibilisierung für andere Sprach- und Verhaltensformen" usw. (Krumm 1995: 158; zitiert nach Erll/ Gymnich 2007). Einhergehend mit der Einführung des Begriffes Interkulturalität in die Fremdsprachendidaktik wird auch dem Fremdsprachenunterricht Bildungsbedeutung zugeschrieben. Der interkulturelle Ansatz wurde und wird aber auch wegen des Bildungsanspruchs und der daraus gegebenenfalls resultierenden Vernachlässigung der Sprachlernziele kritisiert.

Um den abstrakten Begriff ‚Interkulturalität' zu erläutern, verwenden Erll/ Gymnich (2007: 32) den kontrastiven Begriff ‚Multikulturalität', den sie mit dem folgenden Zitat definieren:

„Während ‚Multikulturalität' etwas faktisch Gegebenes ist, handelt es sich bei ‚Interkulturalität' um etwas, das durch bestimmte Handlungsweisen erst erzeugt werden muss. Interkulturalität entsteht dort, wo Angehörige der verschiedenen Kulturen untereinander in Kontakt treten, interagieren und somit ‚Interkulturen' (vgl. Abschn. 2.2.2) entstehen lassen" (Erll/ Gymnich 2007: 32).

Daraus ergibt sich, dass Interkulturalität in der eigenkulturellen und fremdkulturellen Überschneidungssituation durch Interagieren und Kommunizieren entsteht (vgl. ebd.: 35). Erll/ Gymnich illustrieren die Entstehungsprozesse von ‚Interkultur' in Anlehnung an Thomas (2009: 35) wie folgt (Abbildung 2.2):

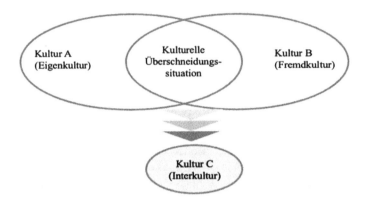

Abbildung 2.2 Die Entstehung von ‚Interkultur' (Thomas 2005: 33; zitiert nach Erll/ Gymnich 2007: 36)

In dieser kulturellen Überschneidungssituation ist in Anlehnung an den post-kolonialen Begriff des ‚dritten Raums' nach Erll/ Gymnich (2007: 35) ein ‚dritter Ort' entstanden; in Verbindung damit werden nach Bolten (vgl. 2012: 101) „Synergieeffekte" bzw. „Synergiepotentiale" erzeugt. Interkulturalität bezieht sich daher nicht auf eine einfache ‚Synthese' aus Eigenkultur und Fremdkultur (vgl. Erll/ Gymnich 2007:36), sondern auf ein Konstrukt, das eigen- und fremdkulturelle Elemente enthält.

2.1.3 Entwicklung von Landeskunde zum interkulturellen Lernen

Zu Beginn des 20. Jahrhunderts galt die „Realienkunde" als das führende Konzept für die Vermittlung des landeskundlichen Wissens. Zu dieser Zeit wurde der Aufbau eines Faktenwissens, das sich auf die „Realien" des Zielsprachenlandes bezieht, im Fremdsprachenunterricht gefordert (Leupold 2003; zitiert nach vgl. Kessler 2008: 14). Nach der Niederlage im ersten Weltkrieg wurde in Deutschland dazu aufgefordert, militärische Potenz durch Entwicklung von Kultur zu substituieren. Infolgedessen wurde „Kulturkunde" in der Weimar Republik betont, indem „das Verstehen eines anderen Volkes mit dem Ziel der Völkerverständigung" (ebd.) angestrebt wurde. Dabei stand aber in der Regel die kulturelle Selbstbehauptung und Behauptung der Überlegenheit der eigenen gegenüber fremden Kulturen im Mittelpunkt, wie man in den preußischen Richtlinien für

Gymnasien 1924/25 anschaulich nachverfolgen kann (vgl. Funk 1991). Für die aktuelle Diskussion über die Neuorientierung der Bildungsziele im chinesischen Fremdsprachenunterricht mit der Betonung eigenkultureller Werte und Normen ist dieses Dokument daher von einiger Aktualität. Obwohl die Entwicklung der Landeskunde als fremdsprachenwissenschaftliche Teildisziplin von Kontroversen geprägt ist, ist sie als linear-progressiver Fortschritt von klassischen zu aktuellen Ansätzen und Konzepten zu beschreiben (ebd.: 1444):

> „Der ursprünglichen Realienkunde des späten 19. Jahrhunderts folgt die stärker kom-
> paratistisch angelegte Kulturkunde der ersten Dekaden des 20. Jahrhunderts, die –
> zwischen 1933 und 1945 als Volkstumskunde instrumentalisiert – in der Nachkriegs-
> zeit neben Re-Education (BRD) und der Erziehung zur sozialistischen Persönlichkeit
> (DDR) weiter besteht und erst in den späten 1960er Jahren durch die Landeskunde
> abgelöst wird".

Während sich der Ansatz von Landeskunde in den 1970er Jahren an einem prag-
matischen und einem sozialwissenschaftlichen Konzept orientiert, richtet sich der
Ansatz in den 1990er Jahren auf ein pragmatisches und ein pädagogisches Verständnis von interkulturellem Lernen (vgl. ebd.: 1446). Im Fach DaF/ DaZ ist
Landeskunde nicht mehr als eine klar abgrenzbare wissenschaftliche Teildisziplin
aufzufassen, sondern „als ein theoretisch-begriffliches Konzept, das im Rahmen
fremdsprachendidaktischer Debatten als ein Interpretations- und Argumentations-
muster zur Bezeichnung (und Konturierung) der soziokulturellen Dimensionen
von Sprache, Spracherwerb und Sprachgebrauch dient" (Koreik; Pietzuch 2010:
1442).

Spricht man über den Zusammenhang zwischen Landeskunde und interkulturellem Lernen, so sind die Diskussionen je nach argumentativem Standpunkt
unterschiedlich: Krumm betrachtet die Landeskunde, die fremdverstehensorien-
tierte Literaturdidaktik und die sogenannte Ausländerpädagogik als drei Stränge
in der fremdsprachendidaktischen Diskussion, wobei das Konzept interkulturellen Lernens sich aus diesen drei Diskussionssträngen entwickelt. Nach Eckerth
und Wendt (2003) wiederum gilt interkulturelles Lernen als historischer Nachfol-
ger der Landeskunde, und es eröffnet somit ein neues Feld. Solmecke (1994)
kritisiert, dass interkulturelles Lernen und Landeskunde im Wesentlichen auf
dem gleichen Konzept gründen (vgl. Koreik; Pietzuch 2010: 1447). Röttger (vgl.
2004: 26) betrachtet interkulturelles Lernen als übergeordnetes fremdsprachendi-
daktisches Konzept, wobei die Landeskunde als ein Baustein in den Ansatz des
interkulturellen Lernens integriert wird. Dabei sollte man nicht nur Wissen über
die fremde Kultur erwerben, sondern auch „eigenkulturelle Wissensbestände"
reflektieren und relativieren.

2.1.4 Entwicklung von der kommunikativen Kompetenz zur IKK

Das Konzept der kommunikativen Kompetenz in der Fremdsprachendidaktik lässt sich auf Hans-Eberhard Piepho zurückführen, wobei dieser sich bei der Entwicklung des Konzepts der kommunikativen Kompetenz im Bereich der Fremdsprachendidaktik an Jürgen Habermas' Publikationen *Vorbereitende Bemerkungen zu einer Theorie der kommunikativen Kompetenz* (1971) und *Theorie der Gesellschaft oder Sozialtechnologie – Was leistet die Systemforschung* (1971) anlehnt. Dabei unterscheidet Habermas kommunikatives Handeln und Diskurs, wobei Phiepho die Unterscheidung in Richtung des fremdsprachlichen Kompetenzbegriffs weiterentwickelt. Kommunikation bedeutet Mitteilen und findet zwischen Gesprächspartnern statt. Das kommunikative Handeln ereignet sich in Situationen, z. B. bei der Begrüßung in der Straßenbahn oder beim Gespräch im Café (vgl. Bredella 2008: 45 f). Mit dem kommunikativen Handeln bringt das Individuum die Fähigkeit ins Spiel, „sich in einem thematischen und situativen Rahmen mit angemessenen Mitteln und Strategien verständlich zu machen und andere verstehen zu können" (Legutke 2008: 19). Insofern die Kommunikation unter Störungen erfolgt, verlassen wir das kommunikative Handeln und treten in einen Diskurs ein. Dieser Diskurs erfolgt durch die von Habermas aufgestellten „problematisierten Geltungsansprüche" (Habermas; Luhmann 1971; zitiert nach Bredella 2008: 45). Diese Geltungsansprüche sind nach Habermas (Habermas 1981; zitiert nach Gathleen 2012: 44 f) in einem dreifachen Weltbezug zu sehen, nämlich: in einer objektiven Welt, in der Sprechhandlung nach den Kriterien der Wahrheit beurteilt wird; in einer sozialen Welt, in der das Handeln anhand von Motiven und Handlungsabsichten beurteilt werden kann; dabei soll gefragt werden, ob „die Motive und Handlungsabsichten mit den geltenden Normen übereinstimmen oder nicht" (ebd.); der dritte Bezug ist die subjektive Welt, die die „Gesamtheit der Erlebnisse des Handelnden" darstellt. Der Diskurs beruht auf der „Klärung der problematisierten Geltungsansprüche" (ebd.: 46), wobei die Geltungsansprüche in diesen drei Weltbezügen beurteilt werden können. Diskurs unterscheidet sich vom kommunikativen Handeln, das durch sprachliche Mittel einen Verständigungsprozess bewirkt, wobei der Diskurs in der Fähigkeit besteht, die Geltungsansprüche zu klären, indem das Individuum „sich reflexiv verhalten, Irrtümer revidieren und Missverständnisse korrigieren" kann (ebd.). Genauer gesagt bezieht sich Diskurs auf „die reflexive und kooperative Selbstkontrolle im Verständigungsprozess" (vgl. Habermas 1981a: 176; ebd.). Diese von Habermas erwähnte Diskursfähigkeit hat nämlich Einfluss auf Phiephos Verständnis von kommunikativer Kompetenz, die sich nicht nur auf angemessenes sprachliches Handeln in bestimmten Situationen beziehen kann, sondern auch auf die Fähigkeit, aus Handlungszwängen herauszutreten und darüber zu reflektieren (vgl. Bredella 2008: 47).

Für die kommunikative Didaktik hat Piepho mit seinen vielfältigen didaktischen Ideen die Verbindung zwischen Theorie über kommunikative Kompetenz und deren Praxis aufgebaut, indem er das Bereitstellen der Handlungsbedingungen im Unterricht für entscheidend hält. Um die Lernenden zu veranlassen, sich mitzuteilen, sollte das Einüben von Redemustern und Sprachmitteln im Rahmen von relevanten und interessanten Inhalten stattfinden, da diese Inhalte das Interesse für den Erwerb der Redemittel erzeugen. Darüber hinaus müssen bestimmte Aufgaben stufenweise vorbereitet werden, um die Lernenden bei der Auseinandersetzung mit den Inhalten zu unterstützen (vgl. Bredella 2008: 61). Piepho fasst das wichtige Leitprinzip der kommunikativen Didaktik folgendermaßen zusammen: „Sinn jeder Kommunikation ist die Mitteilung von Absichten, Meinungen, Gedanken, Gefühlen, Einstellungen bzw. deren Rezeption und Deutung beim Hören und Lesen" (Piepho 1979a: 120; zitiert nach ebd.)

Der kommunikative Fremdsprachenunterricht nach Bredella (1999: 89) zielt darauf ab, die Fremdsprachenlernenden dafür zu trainieren, „diese Einheit von linguistischer und sozialer Kompetenz" zu erwerben. Genauer formuliert Göhring (1976: 184; zitiert nach Bredella 1999: 89) das Ziel des kommunikativen Fremdsprachenunterrichts: Man lernt eine Fremdsprache mit dem Ziel, dass „man unter Einheimischen nicht mehr auffällt und als einer der ihrigen angenommen wird". Allerdings betrachtet Bredella dieses Ziel als illusionär, da der kommunikative Ansatz die interkulturelle Situation, wo die kulturellen Hintergründe der Fremdsprachenlernenden beim Aufeinandertreffen eine Rolle spielen sollen, vernachlässigt:

> „Die kommunikative Kompetenz ist somit nicht interkulturell ausgerichtet; sie geht vielmehr davon aus, dass sich der Fremdsprachlerner wie ein „native speaker" verhalten solle, und lässt damit die Strategien für ein interkulturelles Gespräch außer acht" (Bredella, 1999: 89).

Aus diesen Gründen wurden in der deutschen Fremdsprachendidaktik seit Mitte der 80er Jahre interkulturelle Lernziele in den Mittelpunkt gerückt. Auch der GeR fokussiert sich auf die Sprachlernenden als Sprachnutzende und sozial Handelnde, die durch Interaktion Bedeutung konstruieren können, wobei er Sprache als Mittel zur Kommunikation und weniger als Gegenstand, der erlernt werden soll, versteht

(GeR 2020: 33). Byram (1997: 22) betont ebenfalls die enge Verbindung zwischen dem Sprachenlernen und dem Erwerb interkultureller Kompetenz, indem die in der je eigenen Kultur erworbene linguistische, soziale, diskursive und interpretative Kompetenz im Konzept des Fremdsprachenerwerbs berücksichtigt werden soll:

> „Since language is a prime means of embodying the complexity of those practices and beliefs, through both reference and connotations […], and the interplay of language and identity, the acquisition of a foreign language is the acquisition of the cultural practices and beliefs it embodies for particular social groups, even though the learner may put it to other uses too [...]. Teaching for linguistic competence cannot be separated from teaching for intercultural competence".

Die Sprachnutzenden kommunizieren mit ihrer je eigenen Sprache mit Menschen aus anderen Ländern; hierbei wird die interkulturelle Kompetenz der Sprachnutzenden gefordert. Spricht man von interkultureller kommunikativer Kompetenz, so interagieren die Sprachnutzenden mit der Fremdsprache. Diese Unterscheidung beschreibt Byram in dem folgenden Zitat:

> „It is thus possible to distinguish Intercultural Competence from Intercultural Communicative Competence. In the first case, individuals have the ability to interact in their own language with people from another country and culture, drawing upon their knowledge about intercultural communication, their attitudes of interest in otherness and their skills in interpreting, relating and discovering, i.e. of overcoming cultural difference and enjoying intercultural contact. [...]. On the other hand, someone with Intercultural Communicative Competence is able to interact with people from another country and culture in a foreign language. [...]. Their knowledge of another culture is linked to their language competence through their ability to use language appropriately – sociolinguistic and discourse competence – and their awareness of the specific meanings, values and connotations of the language" (Byram 1997: 70 f).

2.2 Allgemeine Konzepte von interkultureller kommunikativer Kompetenz

Um der Komplexität des Lernziels der interkulturellen kommunikativen Kompetenz gerecht zu werden, sind in den letzten Jahrzehnten im Rahmen der Diskussion über Interkulturalität wegweisende Konzepte entwickelt worden. Das folgende Kapitel widmet sich ihrer zusammenfassenden Darstellung.

2.2.1 Stereotype

Der Begriff „Stereotyp" nach Reimann (2014: 263) lässt sich auf den US-amerikanischen Publizisten und Medientheoretiker Walter Lippmann 1922 zurückführen und entstammt ursprünglich der Sprache der Drucker und Setzer: „dort bezeichnete er feste Wortverbindungen bzw. zu setzende Einheiten (– Schlag, Eindruck, Form, cf. „die Type" im drucktechnischen Sinn), die immer wiederkehrten (– starr, fest) und die daher nicht immer wieder aufs Neue in Blei gegossen werden mussten".

Im Wörterbuch der Psychologie von Fröhlich ist „Stereotyp" (2010: 418) folgendermaßen definiert:

> „…allgemeine Bezeichnung für relativ überdauernde und starre, festgelegte Sichtweisen bzw. ihnen zugrunde liegende Überzeugungen in bezug auf Klassen von Individuen, bestimmte Gruppen oder Dinge, die von vornherein festgelegt sind und nicht einer aktuellen Bewertung entstammen. Man kann sie auch als komplexe Form des Vorurteils bezeichnen. Der entscheidende Unterschied liegt darin, dass Vorurteile meist als Einstellungen klassifiziert, Stereotypen jedoch als Überzeugungen eingestuft werden".

Stereotype sind „reduktionistische Ordnungsraster" und zeichnen sich dadurch aus, dass ein Merkmal in der Begegnung mit anderen Gruppen erkannt und somit eine etablierte Attribuierung aktiviert wird und „formelhafte Wendungen und Gemeinplätze" zum Ausdruck kommen, z. B. die pünktlichen Deutschen, die fleißigen Chinesen usw. (vgl. Erll; Gymnich 2014: 72). Solche reduktionistische Ordnungsraster lassen sich der Kategorie des „erstarrten Denkens" zuordnen – es handelt sich um „festgefahrene Schemata". Ein solches schematisiertes Denken ist nach Thomas (2007; zitiert nach Erll; Gymnich 2014: 73) „zunächst einmal nichts Verwerfliches, sondern vollkommen normal und im Alltag notwendig", denn die wegen des mangelnden Verstehens der fremden Kultur entstehenden Stereotype rufen Abgrenzungsmechanismen hervor. Diese Mechanismen können ein sicheres Gefühl schaffen, indem die Homogenität der Fremdgruppe überschätzt und die Eigengruppe aufgewertet wird. Stereotype weisen nach Erll; Gymnich (2014: 73) drei Funktionen auf:

> „(1) kognitive Funktionen: Die (Über-)Generalisierung bei der Einordnung von Informationen […];
>
> (2) soziale Funktionen: Die Versicherung sozialer Zugehörigkeit bzw. die Stiftung von kollektiver Identität und Gruppenkohäsion durch Auto- und Heterostereotype (‚das sind wir'/ ‚das sind die anderen');

(3) affektive Funktionen: Die Erzeugung eines positiven Selbstbilds, Gemeinschafts-
gefühls, Sicherheit".

In einem interkulturellen Fremdsprachenunterricht sollen die Lernenden an das
Thema *Stereotype* herangeführt werden. Obwohl Stereotype unvermeidbar sind,
ist es wichtig, die Lernenden dafür zu sensibilisieren, dass sie nicht frei von
stereotypisierten Eindrücken sind, und dass sie über ihre sozialpsychologische
Funktion auf der Metaebene reflektieren. Zum Thema *Stereotype* schlägt Reimann
(2014: 264) vor, die folgenden Perspektiven im Unterricht zu besprechen, nämlich
dass:

- „Stereotypen im Sinne einer Organisation der wahrgenommenen Wirklichkeit
  etwas Menschliches sind und der Wirklichkeitsbewältigung dienen,
- sie mithin praktisch unvermeidlich sind,
- wir auch grundlegende Stereotypen über uns selbst haben, derer wir uns
  bewusst werden sollten".

In der digitalisierten Gesellschaft lassen die Lernenden Informationen über andere
Länder durch die Medien (Internet, Fernsehern, Zeitungen usw.) auf sich zukommen. Die Medien gelten als die wichtigsten Zugänge zur Informationsgewinnung,
die wiederum einen wichtigen Einfluss auf das kognitive Wissen der Lernenden
ausübt. Dies kann dazu führen, dass stereotypisierte Eindrücke über die Fremden vor der Begegnung mit den Angehörigen anderer Kulturen entstehen sowie
verfestigt werden können. Die Gefahr der Verfestigung von Stereotypen vor der
Interaktion erläutert Geiger (2003: 173; zitiert nach Erll/ Gymnich 2014: 74)
mit dem folgenden Zitat: „Erst nehme ich Wissen auf, dann begegne ich dem
Fremden, den ich nach der Schablone dieses Vor-Wissens zu verstehen versuche.
Der Fremde ist also in der ersten Begegnung schon der Bekannte. Unverständ-
nis kann gerade aus dieser Tatsache folgen, aus meinen bereits bestehenden
Wissensbeständen […]."
   Um diese durch Medien verbreiteten Stereotypen abzumildern, ist es für einen
interkulturell orientierten Fremdsprachenunterricht wichtig, einerseits sich die allgemeinen Funktionen von Medien klarzumachen und andererseits ihres Einflusses
auf das eigene Leben bewusst zu werden.

2.2.2 Hotwords

Bei der interkulturellen Kommunikation treten oft Situationen auf, in denen es dem Redner schwerfällt, bestimmte Wörter in eine andere Sprache zu übersetzen. Diese Wörter mit ihren kulturspezifischen Bedeutungen werden als *hotwords* bezeichnet:

> „Hotwords sind einzelne Lexeme, in denen sich kulturelle Unterschiede manifestieren, sozusagen Kristallisationspunkte von Hotspots. Mitunter sind es Wörter, deren Bedeutung selbst für Muttersprachler nur schwer auf den Punkt zu bringen ist und die für Nicht-Muttersprachler nur mit erheblicher interkultureller Erfahrung greifbar werden" (Reimann 2018: 269).

Hotwords sind die Wörter, die „in besonderem Maße durch kulturelle Bedeutungen aufgeladen sind" (Rössler 2008: 23). Sie behandeln zentrale Merkmale einer Kultur bzw. benennen kulturelle Brennpunkte, und sie spielen in der Geschichte oder im sozialen Leben eine wichtige Rolle (vgl. Heringer 2017: 181). Es ist sinnvoll, im interkulturell orientierten Fremdsprachenunterricht bestimmte *hotwords* im Input zu thematisieren und diese mit Unterrichtsaufgaben (z. B. Sprachmittlungsaufgaben) durch szenische Darstellungen aufzuarbeiten; es wird damit bezweckt, die durch Sprache repräsentierten unterschiedlichen kulturellen Deutungsmuster zu veranschaulichen. Im Folgenden werden einige in der chinesischen Alltagssprache vorkommende *hotwords* als Beispiele genannt, um die durch Wörter dieses Typus aufgeladene chinesische Denkweise verständlicher zu machen.

In der chinesischen Alltagssprache existieren zahlreiche *hotwords*, die auf das alte chinesische Zeichensystem des Buches „I Ging" zurückgehen und daher kulturspezifische Bedeutungen tragen, z. B. „知道 *zhi dao*", verwendet man im Alltag, wenn man über etwas Bescheid weiß. Zwei Schriftzeichen sind in diesem Ausdruck enthalten: das Erste bedeutet „wissen"; das zweite Schriftzeichen lässt sich als „Weg" ins Deutsche übersetzen, besitzt aber unterschiedliche Bedeutungen in den chinesischen Klassikern; z. B. bedeutet *dao* im I Ging *Yin* und *Yang*[3].

---

[3] Yin und Yang sind zwei Begriffe der chinesischen Philosophie. Im alten China werden anhand von den Begriffen „yin" und „yang" die Eigenschaften einer Sache, die einander entgegensetzen und wiederum aufeinander beziehen, z. B. Schatten, Dunkelheit, Regenwolken, Licht – Heiligkeit, Sonnenstrahl, beschrieben. Die Theorie der Yin und Yang repräsentiert das chinesische Denken über die Suche nach Ganzheit und wird in der traditionellen chinesischen Medizin, in der Kampfkunst usw. verwendet (vgl. Linck 2006).

In der konfuzianischen Philosophie kann man *dao* als Selbstverwirklichung interpretieren – der Mensch realisiert sein Potenzial (价值*jia zhi*) in der Gesellschaft
(vgl. Fu 1998: 108).

Ähnlich wird der Ausdruck „不三不四 *bu san bu si*" als Schimpfwort für
bestimmte verhasste Menschen verwendet, und er bedeutet Wort für Wort übersetzt: „nicht drei, nicht vier". Im I Ging wird die Welt in 64 Bildern beschrieben,
und diese Bilder bestehen aus je sechs durchgehenden oder unterbrochenen
Strichen. Im Bild stehen von unten nach oben jeweils zwei Striche für Erde,
Menschen, Himmel, d. h. die Menschen befinden sich zwischen Linien drei und
vier. Daher sind in dem Schimpfwort die Zahlwörter drei und vier enthalten.

Ein weiteres Beispiel, 九五至尊 (*jiu wu zhi zun*). Diese Redewendung besteht
aus vier chinesischen Schriftzeichen und symbolisiert in der chinesischen traditionellen Kultur die Macht des Kaisers. Die ersten zwei Schriftzeichen sind
Zahlwörter und bedeuten neun bzw. fünf, die letzten zwei Schriftzeichen wiederum bedeuten „höchste Ehre". Die Verwendung der zwei Zahlwörter lässt sich
auf das im I Ging vorkommende Zeichen für *Kiean* ☰,d. h. das Schöpferische,
zurückführen. Das entsprechende Bild besteht aus sechs ungeteilten Strichen. Die
oberen drei Striche von *Kiean* gehören zum Prinzip *Yang;* das Zahlwort neun steht
für die Zugehörigkeit zu *Yang*, das Zahlwort fünf bezieht sich auf den fünften
Strich, von unten nach oben gezählt. In der chinesischen Kultur gilt der Drache
als „das Symbol der beweglich-elektrischen, starken, anregenden Kraft" (Übers.
Wilhelm 2016: 4). *Kiean* bezieht diesen symbolischen Drachen mit ein, und mit
sechs Strichen symbolisiert es die sechs Entwicklungsphasen des Individuums
sowie den Weg des Menschen zum Erfolg. Da der fünfte Strich, wieder gezählt
von unten nach oben, „fliegend[er] Drachen am Himmel" (Wilhelm 2016: 5)
bedeutet und somit die Erreichung des Höhepunkts des Lebens symbolisiert, gilt
dieser Strich als der beste im *Kiean*. Aus diesem Grund verwendet man diesen Strich bzw. die Zahlwörter neun und fünf, um die Macht des Kaisers zu
symbolisieren.

2.2.3   Rich Points/Hotspots

Mit dem Begriff *Rich Points/Hotspots* bezeichnet man die kommunikativen Situationen und Sprechakte (z. B. Begrüßung, Kompliment, Geschenke, turn talking),
die kulturell bedingte Schwierigkeiten verursachen können. *Rich Points* zeichnen
sich dadurch aus, dass „die Schwierigkeiten nicht nur im Kontakt mit anderen
Kulturen auftreten können, sondern auch in unterschiedlichen Meinungen und

unterschiedlichen Erklärungen und Definitionen der Muttersprachler" (Heringer 2010; zitiert nach Reimann 2014: 269).

Die Verhaltensweisen wie etwa beim *Begrüßen, Komplimente machen und Geschenke überreichen* sind in der deutschen und chinesischen Kultur unterschiedlich, und hier kann man leicht ins Strauchen kommen. *Rich Points* können einerseits in der interkulturellen Kommunikation zu Missverständnissen führen, anderseits sind nach Heringer *Rich Points* hilfreich, Einsichten in fremde Kulturen zu gewinnen: „weil sie Einsichten in Kulturen verschaffen, weil sie uns eigene Erwartungen überprüfen lehren, weil man sie kommunikativ bearbeiten kann" (Heringer 2014: 166).

Die folgenden *Rich Points* nach Heringer (ebd.: 169) gelten als typisch, und über diese sollte reflektiert werden.

Begrüßen: Da Begrüßen verbal und nonverbal ausgeführt werden kann, haben unterschiedliche Länder und Kulturräume bei der verbalen Begrüßung (Anreden, Grußformel) und bei nonverbaler Begrüßung (Händeschütteln, Handkuss, Wangenkuss, sich Verbeugen, [neuerdings auch] Berühren der Fäuste und Ellenbogen) unterschiedliche Gewohnheiten. Insofern sind verbale und nonverbale Begrüßungen kulturspezifisch und können bei der Kommunikation zu Missverständnissen führen.

Jemanden vorstellen: Die Vorstellung von anderen Personen ist in verschiedenen Kulturen unterschiedlich geregelt. Dabei ist zu bedenken, wer stellt einen Dritten wem zunächst, d. h. als erstes vor?

Einladungen und Geschenke: Bei Einladungen sollten nach Heringer (ebd.) folgende Fragen berücksichtigt werden:

- „Um welche Art Einladung handelt es sich? Eher offiziell oder mehr privat? Mit oder ohne Essen?
- Wann kommt man? Wann geht man? Pünktlichkeit heißt in jeder Kultur etwas Anderes. Alles ist durch Koordination geregelt. Probleme gibt es, wenn die Koordination nicht klappt.
- Wie lange wird es gehen? Sind Mittag- und Abendeinladungen verschieden?
- Großeinladungen in China haben hierarchische Sitzordnung
- Bringt man Geschenke, und wenn ja, welche?"

Dementsprechend sind die Rituale des Geschenkemachens kulturspezifisch, man sollte bei der interkulturellen Begegnung die folgenden Aspekte in Betracht ziehen (vgl. ebd.):

- Soll man schenken oder nicht? Im geschäftlichen Kontext in Deutschland ist Geschenkemachen zugunsten des Gastgebers nicht erwünscht. Wenn ein Geschenk erwünscht ist, sollte man sich überlegen, welches Geschenk geeignet ist? Manche Geschenke mit besonderen symbolischen Bedeutungen sind ungeeignet, z. B. verwendet man in der chinesischen Kultur rote und weiße Chrysanthemen, um Verstorbene zu ehren.
- Wie und wann überreicht man das Geschenk? Überreicht man das Geschenk mit beiden Händen oder nur mit der rechten?
- Wann öffnet man die Verpackung? Sofort oder später allein?

Ja und Nein sagen: „Ja" und „Nein" können in unterschiedlichen Kulturen ganz unterschiedlich verstanden werden. Während die Deutschen „schnell zur Sache kommen, mit eindeutigem Ja oder Nein antworten, wenig Verbindlichkeitsfloskeln verwenden" (ebd.), versuchen die Chinesen beim Gespräch zunächst eine gute Stimmung zu schaffen, beispielsweise kann man bei der Einladung in Asien auf die Frage, ob eine Tasse Tee gewünscht werde, aus Bescheidenheit Nein sagen, obwohl man tatsächlich ja meint.

Diese Verwirrung von *Ja oder Nein* lässt sich mit Verweis auf verschiedene Kommunikationsstile, auf die ich im nächsten Kapitel näher eingehen werde, begründen.

2.2.4 Kommunikationsstile

Der Begriff des Kommunikationsstils ist eng mit den von E.T. Hall (1976) entwickelten Konzepten „low – context – culture" und „high – context – culture" verbunden, und daraus ergibt sich die Unterscheidung zwischen dem direkten und indirekten Kommunikationsstil. Die englischen Wörter „low" und „high" beziehen sich nach Layees (2003: 64) auf „das Ausmaß, in dem beim Kommunizieren der nichtsprachliche Kontext der jeweiligen Situation in ein Gespräch einbezogen wird."

Während in der „low – context – culture" die verbal ausgedrückten Botschaften im Mittelpunkt der Kommunikation stehen, spielt in der „high – context – culture" der nicht ausgesagte Kontext eine wichtige Rolle. Hierbei können die Sprecherinnen und Sprecher aufgrund der Kulturtradition (Höflichkeit, Bescheidenheit usw.) Interpretationsraum zugestehen, außerdem kann nonverbale Kommunikation als Strategie verwendet werden. Direkte und indirekte Kommunikation hängt von der kulturellen Prägung und den damit verbundenen Werten ab: Während zielorientierte Menschen beim Gespräch schneller auf den Punkt kommen, machen personenorientierte Menschen eher einen Umweg, bevor sie auf ihr Anliegen eingehen. Das kann dazu führen, dass die Direktheit oder Indirektheit je nach persönlicher Prägung des anderen als höflich oder unhöflich empfunden wird (vgl. Schmidt 2017: 223). Die damit verbundene Werte-Dimension bezieht sich auf „Individualismus und Kollektivismus sowie Mut zur Bloßstellung und Furcht vor Bloßstellung" (ebd.: 224), z. B. das chinesische Gesichtskonzept[4].

Die Kommunikation in der jeweiligen „Kontextkultur" lässt sich nach E.T. Hall (vgl. 1976: 113 f) durch folgende Aspekte charakterisieren und zusammenfassen:

Low – context – culture

- Die Dinge werden direkt besprochen, kontextuelle Hinweise spielen nur eine geringe Rolle;
- Der Sprecher fühlt sich verpflichtet, dem Gegenüber verbal möglichst präzise Angaben zu machen.

High- context – culture

- Die Dinge werden nicht direkt angesprochen, sondern durch Anspielungen oder Hinweise adressiert.
- Nonverbale Signale (der Gesichtsausdruck der Gesprächspartner, Gestik, Körperhaltung) übermitteln auch Informationen.

Während Deutschland zur „low – context – culture" gehört, lässt sich China der „high -context – culture" zuordnen. Die Chinesen führen indirekte Kommunikation durch, da sie großen Wert auf Harmonie legen und somit bei der Kommunikation Widersprüche oder Konflikte vermeiden möchten. Dieser traditionellen chinesischen Wertvorstellung der „Harmonie" widmet sich das nächste Kapitel.

2.2.4.1 Soziale Harmonie als chinesischer Kulturstandard

Der zentrale Begriff „和 *he*" lässt sich im I Ging auf das Bild *tai*泰 ☰☰ – übersetzt als Friede – zurückführen. In dem Bild *tai* befinden sich die unterbrochenen Linien – die Erde – in der oberen Hälfte und die durchgehenden Linien – der Himmel – in der unteren. Himmel und Erde stehen im Verkehr miteinander und

---

[4] Siehe unten Abschnitt 2.2.4.2

vereinigen ihre Wirkungen in inniger Harmonie: „Innen, im Zentrum, am ausschlaggebenden Platz, ist das Lichte; das Dunkle ist draußen. So hat das Lichte kräftige Wirkung, und das Dunkle ist nachgiebig" (Wilhelm 2014: 46).

Wird das Bild *tai* auf die Gesellschaft übertragen, kann man es folgendermaßen interpretieren: „Wenn die Guten in der Gesellschaft in zentraler Stellung sind und die Herrschaft in Händen haben, so kommen auch die Schlechten unter ihren Einfluss und bessern sich" (ebd.).

Das Bild *tai* misst der Gesellschaft einen harmonischen Sinn bei, daher ist der diesbezügliche Wert im Konfuzianismus von großer Bedeutung. Im Konfuzianismus bedeutet eine harmonische Gesellschaft, dass sich jeder Mensch gemäß dem *li*礼 („Riten" bzw. *Buch der Riten*) verhalten soll. Li[5] bezieht sich auf „soziale Ordnung beziehungsweise soziale Einbindung des Individuums in das gesellschaftliche Gefüge" (Liang; Kammhuber 2003: 173). Harmonie kann nur dann hergestellt und bewahrt werden, „wenn sich die einzelnen, in einem Beziehungsgefüge stehenden Menschen stets ihrer sozialen Rolle entsprechend verhalten" (ebd.). So lautet z. B. eines der Gespräche im konfuzianischen Klassiker *Lunyu* 论语:

齐景公问政于孔子, 孔子对曰: "君君, 臣臣, 父父, 子子"

„Herzog Dsching von Tschi (regierte 547–490 v. Chr.) fragte den Meister nach den Grundlagen einer guten Regierung. Der Meister sprach: Der Herrscher muß ein Herrscher, der Minister ein Minister, der Vater ein Vater, und der Sohn ein Sohn sein" (Übers. Schwarz 1991: 89).

Die eben adressierte traditionelle Wertvorstellung der „Harmonie" prägt die Denkmuster der Chinesen; heutzutage ist Harmonie im Sinne von „zwischenmenschlicher Harmonie" (Lang 2004: 283) den Chinesen bedeutsam.

In der alltäglichen Kommunikation legen die Chinesen großen Wert auf eine harmonische Beziehung zu dem Gegenüber. Man möchte sich in der sozialen Interaktion höflich verhalten, indem Konflikte möglichst vermieden werden. Dieses Verhalten hat nach Liang (vgl. 2004: 284) mit einer Grundeinstellung zu Konflikten zu tun, nämlich dass Konflikte die Partnerbeziehung belasten und beeinträchtigen können. Daher werden Meinungsdifferenzen nach Möglichkeit umgegangen oder geleugnet. „Soziale Harmonie" manifestiert sich in Handlungsmustern von Chinesen nach Liang (ebd.) im Großen und Ganzen durch drei Aspekte: *renqing* 人情 und *mianzi* 面子, Konfliktvermeidung, Toleranz (Abbildung 2.3).

---

[5] Das Buch der Riten (*Li ji*) ist ein chinesischer Klassiker, und der im 2. Jahrhundert v. Chr. entstand. Er ist dem Konfuzius zugeschrieben und beschreibt die sozialen Verhaltensweisen und Hofzeremonien (vgl. Liang; Kammhuber 2003).

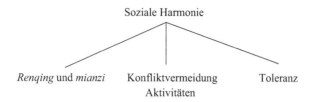

Abbildung 2.3 soziale Harmonie

2.2.4.2 „Gesicht geben" – „Gesicht nehmen"

Indirekte Kommunikation in der chinesischen Kultur manifestiert sich auch in der Begrifflichkeit von „Gesicht geben – Gesicht nehmen". Der chinesische Begriff des Gesichts ist auch im Westen wohlbekannt. Das Gesichtskonzept ist von vielen Wissenschaftlern (Lang; Kammhuber 2003, Lang 2004, Alexander 2001, Goffman 1955) erforscht worden.

Die gesichtsbezogenen Ausdrücke kommen im chinesischen Alltagsleben oft vor, z. B. 大家都有面子 (alle bewahren ihr Gesicht), 留面子 (Gesicht nicht gefährden), 要面子 (Gesicht anstreben), 给面子 (Gesicht geben) usw. Das Gesichtskonzept ist eng mit der sozialen Etikettierung eines Menschen verbunden, z. B. durch Prestige, Erfolg, Leistung oder Wohlstand; diese Kennzeichnungen gehören zu dem „Gesicht" eines Individuums. Des Weiteren wird das Gesichtskonzept auch auf Gruppen angewendet, z. B. „das Gesicht der Familie" (vgl. Liang 2004: 278 f).

In der Kommunikation legen die Chinesen großen Wert auf „das Gesicht wahren", indem die jeweilige Kennzeichnung des Gegenübers in der Interaktion angemessen beachtet und in das eigene Verhalten einbezogen wird. Darüber hinaus soll man das Gegenüber nicht direkt kritisieren – insbesondere erwarten Personen mit hohem sozialem Status oder höheren Alters, dass ihr Gesicht in der Interaktion gewahrt wird. Es ist den Chinesen bei der zwischenmenschlichen auf Harmonie ausgerichteten Kommunikation wichtig, dem anderen das „Gesicht zu geben", was dazu führen kann, dass man dem Gegenüber Komplimente macht, seine Person und seine Leistung hervorhebt, über Umwege Kritik übt, um Peinlichkeiten im Umgang zu vermeiden (vgl. Liang; Kammhuber 2003: 178).

Wie Alexander Thomas ausführt (vgl. 2001: 83), ist das chinesische Gesichtskonzept im Konfuzianismus verankert. Diese Aussage betrachtet der taiwanische Konfuzianismus-Experte Peirong Fu (傅佩荣)jedoch als kritisch: Der Konfuzianismus betont nämlich „Aufrichtigkeit" in der Interaktion und strebt über die oberflächliche Harmonie hinaus das sogenannte angemessene Verhalten[6] an. Entsprechend äußert sich Konfuzius:

子曰: "士志于道, 而耻恶衣恶食者, 未足与义也"
„Der Meister sprach: Ein Gebildeter, des Sinn gerichtet auf den Rechten Weg und der sich schämt, weil ärmlich seine Kleidung, karg die Kost, was gäbe es mit dem noch zu bereden!" (Übers. Schwarz 1991: 49). Das Zitat erweist, dass Konfuzius die soziale Etikettierung geringschätzte, mithin der Begriff der Gesichtswahrung keine Rolle in seiner Lehre spielte.

Das chinesische Gesichtskonzept umfasst nach Hu (vgl. 1966: 250 f) zwei Bedeutungen, nämlich: inneres Gesicht beschreibt den Charakter eines Menschen und wird durch moralisches Verhalten verteidigt; das äußere soziale Gesicht wie das Prestige wird durch Leistungen, Reichtum und Macht gekennzeichnet und verstärkt.

Das Gesichtskonzept ist nicht mit dem abendländischen Begriff der „Maske" identisch, vielmehr wird das Konzept im Sinne von „Selbstbild"[7] verstanden. Im Gegensatz zu westlichen Denkmustern ist es für die Chinesen von großer Bedeutung, Mittel der indirekten Kommunikation zu verwenden, um die Harmonie der sozialen Beziehungsgefüge aufrechtzuerhalten – dadurch wird auch das Gesicht der anderen gewahrt.

2.2.5 Einstellung zu Zeit und Raum

E.T. Hall betont in seinem Buch *The Silent Language* die Einstellungen zu Zeit und Raum als wichtige Aspekte, an denen man kulturelle Unterschiede aufzeigen kann:

> „Jede Kultur hat ihre eigene *Zeitsprache*. Sie sollte wie eine Fremdsprache erlernt werden. Aber wie selbstverständlich gehen wir davon aus, daß unser Zeitsystem allgemeingültig ist und übertragen es auf andere Länder und Kulturen. Dabei übersehen wir dann die Botschaften, die sich hinter fremden Zeitsystemen verbergen- die verborgenen Signale" (Hall 1984: 23).

---

[6] Das angemessene Verhalten soll sich auf drei Aspekte konzentrieren: 1. Aufrichtigkeit; 2. Kenntnisnahme der Erwartungen des Gegenübers; 3. Beachtung der sozialen Normen.
[7] Erving Goffman beschäftigt sich mit dem Konzept „face" in seinem grundlegenden Werk „On face-work: An analysis of ritual elements in social interaction" und versteht unter „face" Selbstbild.

Diese Unterschiede lassen sich deutlich in den westlichen und östlichen Kulturräumen nachweisen. Im deutschen Alltagsleben sind oft Sätze zu hören wie etwa „Das hängt von meinem Terminplan ab" oder „Da muss ich erst in den Terminplan sehen". Allerdings hört man derlei Sätze im chinesischen Alltag nicht sehr oft. Während Zeit in der westlichen Welt hochgradig verplant ist, gehen Chinesen in ihrem Alltag etwas spontaner mit der Zeit um. Solche Unterschiede im Umgang mit der Zeit haben auch unterschiedliche Einstellungen zur Pünktlichkeit zur Folge (vgl. Hall 1984: 25). Beispielsweise wird, wenn man in Nordeuropa, und insbesondere in Deutschland und den USA einen Termin vereinbart, pünktliches Erscheinen erwartet; eine Verspätung wird in diesen Ländern in mehreren Stufen und durch entsprechende Entschuldigungsformeln ausgedrückt. Im Gegensatz zu diesen Ländern wird Pünktlichkeit in Lateinamerika, Südeuropa und im Nahen Osten anders wahrgenommen: Eine Verspätung von 45 Minuten ist hier nichts Ungewöhnliches und hat keinesfalls die gleiche Bedeutung wie beispielsweise in Deutschland (vgl. ebd.). Im geschäftlichen Kontext in Deutschland muss man sich mindestens zwei Wochen vorher um einen Termin bemühen. In China dagegen wäre eine Terminvereinbarung mit einer zweiwöchigen Frist meistens wegen möglicher Hintansetzung in der Priorisierung nicht angebracht. Darüber hinaus unterscheidet Hall (vgl. Hall 1984: 30 f) beim Umgang mit der Zeit im Großen und Ganzen zwischen zwei Verhaltenstypen, nämlich: Zeit-Einteilung und Zeit-Zerteilung. Während Menschen mit Orientierung an der Zeit-Einteilung Wert auf Zeitplanung und Pünktlichkeit legen, beschäftigen sich Menschen mit dem zerteilten Zeitsystem gleichzeitig mit vielen Dingen. In der folgenden Tabelle nach Zeuner (2001: 30) werden die Hauptmerkmale der zwei Typen von Zeitverhalten veranschaulicht (Tabelle 2.1):

Tabelle 2.1 Umgang mit der Zeit nach Zeuner (2001: 30)

Menschen, die Zeit einteilen Monochromes Zeitverhalten	Menschen, die Zeit zerteilen Polychrones Zeitverhalten
Orientierung an Zeitplänen zur sukzessiven Abwicklung von Aktivitäten Anpassung der Aktivitäten an die zur Verfügung stehende Zeit – geringere Flexibilität	Gleichzeitige, fast parallele Abwicklung von verschiedenen Aktivitäten Höhere Toleranz gegenüber Unterbrechungen - größere Flexibilität Zeit wird dem Handlungsbedarf angepasst

Die Wahrnehmung der Räumlichkeit ist von Kultur zu Kultur unterschiedlich, räumliche Signale werden in unserer Kindheit im Rahmen unserer eigenen Kultur erlernt, daher reagieren wir auf diese unbewusst (vgl. Hall 1984: 46 f).

In der interkulturellen Begegnung kann ein ungewohntes Raumverhältnis negative Gefühle bei den anderen auslösen. Im Allgemeinen kann man zwischen
„Kontaktkultur" und „nicht-Kontaktkultur" unterscheiden. Zu den Kontaktkulturen gehören die arabische Welt, Lateinamerika, Südeuropa und Asien, dagegen
zählen Nordeuropa usw. zu den „nicht-Kontaktkulturen" (ebd.).

Darüber hinaus betont Hall (ebd. 47) körperliche Distanz im Gespräch als
einen wichtigen Aspekt bei interkultureller Kommunikation: „Der erträgliche
Gesprächsabstand zwischen einander fremden Menschen zeigt, welche Dynamik
in der Kommunikation durch Bewegung steckt. Kommt uns jemand zu nahe,
weichen wir automatisch zurück"

2.2.6 Konstruktivismus

Der Konstruktivismus übte einen starken Einfluss auf die lerntheoretischen Diskussionen der Fremdsprachenvermittlung in den 60er Jahren aus. Er geht von der
Annahme aus, dass die Menschen als operational geschlossenes System betrachtet werden können und sich Spracherwerb durch die Interaktion der kognitiven
Mechanismen in Auseinandersetzung mit der Umwelt vollzieht (vgl. Schmidt
2010: 812).

Ursprünglich lässt sich konstruktivistisches Denken nach Meixner (1996:13)
auf zwei miteinander zusammenhängende Aspekte antiker Philosophie zurückführen: „Einmal die Skepsis gegenüber (oder: Leugnung) der Erkennbarkeit der
objektiven Realität, zum anderen die Beharrung auf der Subjektabhängigkeit jeder
Erkenntnis."

Ob die Realität in unseren Sinnen oder außerhalb der Erreichbarkeit der Sinne
liegt, ist in den philosophischen Diskussionen umstritten. Meixner interpretiert
Aristoteles Argument, dass die Realität prinzipiell sinnlich zugänglich ist, wenn
auch durch Zufälligkeiten der Einzelerscheinung oft getrübt (vgl. Meixner 1996:
15). Über sinnliche Wahrnehmung kann folgerichtiges Denken (Sammlung, Ordnung, Verknüpfung und Ableitung) uns zu richtigen Urteilen über die wahre
Natur der Dinge führen (ebd.). Aristoteles verneint zum einen nicht das durch
Sinne Wahrgenommene an Materialien, zum anderen zeigt er einen Weg zur
Wirklichkeitserkenntnis (vgl. ebd.: 16).

Der wissenschaftstheoretische Konstruktivismus gründet in diesen philosophischen Denkweisen und entwickelte sich weiter als Kognitionstheorie in der
Neurophysiologie und -biologie sowie in der Entwicklungspsychologie (Piaget
1970). Heutzutage wird Konstruktivismus in vielen wissenschaftlichen Bereichen
wie Wirtschaftstheorie, Literaturtheorie, künstliche Intelligenz usw. diskutiert

(ebd.: 18 f). In der Wissenschaftstheorie nach Wolff (2002: 72) gibt es ver-schiedene Ausprägungen des Konstruktivismus (epistemischer Konstruktivismus, radikaler Konstruktivismus, konstruktivistische Lerntheorie usw.). Im folgenden Abschnitt gehe ich insbesondere auf die wichtige Ausprägung des „radikalen Konstruktivismus" ein. Denn radikaler Konstruktivismus kann die Perspektive dafür eröffnen, wie man etwas wahrnimmt und erkennt sowie Bedeutung zuweist. Diese Erkenntnisse können bei der interkulturellen Kommu-nikation dazu beitragen, dass die Lernenden über die Entstehung ihrer Eindrücke von dem anderen Land (über Medien, über Freunden usw.) reflektieren können, und sich bewusst machen, die Eindrücke bei der interkulturellen Begegnung zu rekonstruieren.

Ernst von Glasersfeld (1987) ist der Begründer des radikalen Konstruktivismus und lehnt sich sowohl an den philosophischen erkenntnistheoretischen Ansät-zen als auch an den Erkenntnissen der Neurobiologie an, um eine Theorie für den radikalen Konstruktivismus aufzubauen. Die Grundannahmen des radikalen Konstruktivismus spinnen die Gedanken über die schon von der griechischen Philosophie gestellte Frage weiter, „welche Beziehung zwischen Wahrnehmung und Erkennen besteht", wobei diese Frage die ganze Philosophiegeschichte durch-zieht. Während für die Empiristen Wahrheitsfindung mithilfe der Sinneseindrücke möglich ist, stehen Rationalisten der Möglichkeit, durch Sinnesempfindung zur Wahrheit zu gelangen, kritisch gegenüber. Für Rationalisten ist Wahrheitsfindung nicht durch die Sinne, sondern allein durch die Tätigkeit des Denkens möglich (vgl. Wolff 2002: 80).

Ernst von Glasersfeld ließ sich anregen durch die Aussage Ludwig Wittgen-steins (gest. 1951), nämlich: „um zu erkennen, ob das Bild wahr oder falsch ist, müssen wir es mit der Wirklichkeit vergleichen". Um das Bild mit der Wirk-lichkeit zu vergleichen, müssen wir zu dieser „Realität draußen" Zugang haben (vgl. Wolff 2002: 81). Aus dieser Überlegung leitet Glasersfeld die Grundthese des radikalen Konstruktivismus ab: „Es kann keine objektive Realität „drau-ßen" geben, Realität wird immer subjektiv von uns konstruiert. Wir konstruieren Ideen, Hypothesen, Theorien und Modelle, und solange diese überleben, das heißt solange unsere Erfahrung erfolgreich in sie eingepasst werden kann, sind sie viabel" (ebd.).

Darüber hinaus trägt die Neurobiologie zum Bilden der Grundthese des radikalen Konstruktivismus bei. Es wurde nachgewiesen, dass es keine Bezie-hung zwischen den durch Sinnesorgane empfangene Reize und dem, was in unserem Gehirn geschieht, gibt. Wir nehmen beispielsweise die Farben wahr, indem „Farben nicht den Gegenständen an sich zukommen, sondern unserem visuellen System zuzuordnen sind" (Wolff 2002: 82), d. h. Farben werden konstruiert. Daher ist Wahrnehmung ein konstruktiver Prozess. Im Prozess des Erkennens wird Bedeutung auf der Basis früherer Erfahrungen zugewiesen, dabei funktioniert das Gedächtnis als wichtiges Sinnesorgan, um Erfahrungen durch Erinnern hervorzurufen. Erinnern gilt daher als „eine aktuelle Sinnproduktion im Zusammenhang mit jetzt wahrgenommenen oder empfundenen Handlungsnotwendigkeiten"(ebd.). Zwar erschaffen die Menschen die Welt, aber nun stellt sich die Frage, wie das Zusammenleben von Menschen zustande kommt. Um zu überleben, ist es für die Menschen notwendig zu erkennen, dass sie auf „Konsensualität gemeinsamer oder ähnlicher Erfahrungen" (ebd.) angewiesen sind.

Wolff (2002: 85) fasst die wichtigsten Gedanken des radikalen Konstruktivismus folgendermaßen zusammen:

1. Es gibt keine objektive Realität. Wirklichkeit wird immer subjektiv durch den Einzelnen konstruiert.
2. Die Konstruktion unserer subjektiven Wirklichkeit erfolgt über unsere Kognition. Dabei bedient sich das Kognitionssystem Perturbationen aus der Realität, interpretiert sie und konstruiert die individuelle kognitive Wirklichkeit.
3. Der Prozess der Wahrnehmung ist ein Prozess der Bedeutungszuweisung, der sich im Gehirn vollzieht. Wahrnehmen und Erkennen sind Interpretations- und Konstruktionsprozesse. Die Bedeutungszuweisungen des Einzelnen sind individuell verschieden.
4. Bedeutungszuweisung erfolgt auf der Basis früherer Erfahrungen; das Gedächtnis ist das wichtigste Sinnesorgan.
5. Das Verstehen eines anderen Menschen, das Zusammenleben in einer Gesellschaft ist an Konsensualität gebunden.

Die Erkenntnisse über Konstruktionsprozesse sind für die Lehrenden insbesondere dann wichtig, wenn sie Veranstaltungen über interkulturelle Kommunikation im Heimatsland der Lernenden abhalten. Zunächst sollen die Lehrenden die subjektiven Erfahrungen der Lernenden in den Unterricht einbringen lassen und somit ihnen dabei helfen, ihre Erfahrungen mit der Bedeutungszuweisung zu erkennen. Kognitive Lernprozesse wie „zuordnen, vergleichen, entdecken, analysieren usw." sollen vermittelt werden, was den Lernenden helfen kann, ihre Erfahrungen bei den Perturbationen zu konstruieren und die subjektiven Wirklichkeiten wieder aufzubauen.

2.2.7 Wahrnehmung

Aus dem letzten Unterkapitel „Konstruktivismus" kann man folgern, dass Wahrnehmung ein Konstruktionsprozess ist. Dieses Kapitel geht auf die Fragen ein,
wie Wahrnehmung funktioniert und welche Faktoren im Allgemeinen diesen
Konstruktionsprozess beeinflussen können.

Eine nützliche Antwort auf die Frage „wie Wahrnehmung funktioniert" kann
man mit Bolten (2012: 51) im Bereich „Sinnesphysiologie, Analysen von Faser-
und Zellfunktionen in neuronalen Netzwerken" finden. Im Wahrnehmungsprozess funktioniere ein „sensorischer Filter" als „eine Art Schutzmechanismus
gegenüber potentiellen Reizüberflutungen", denen Menschen mit unterschiedlichen kulturellen Hintergründen in unterschiedlichem Maße ausgesetzt sind. Da
die Reizmengen je nach Lebensumwelt sehr unterschiedlich sein können, sind
die Filtermechanismen unterschiedlich strukturiert. Dies könne bestimmen, was
beim Wahrnehmen gefiltert werden kann (vgl. ebd.). Bolten (vgl. 2013: 51) erläutert in dem Zusammenhang die Merkmale der Wahrnehmung eines Menschen
wie folgt: Zunächst ist sie kulturspezifisch. Bolten erklärt dieses Merkmal mit
einem anschaulichen Beispiel, nämlich: die „konzeptionelle[n] Eigenarten von
Sprachen" (während Schreib- und Leserichtung in arabischen Ländern von rechts
nach links verläuft, ist es in Europa umgekehrt.) können bei Werbung zu Missverständnissen führen. Ein anderes Merkmal der Wahrnehmung nach Bolten (ebd.)
sind Selektivität und Subjektivität.

Das selektive Merkmal der Wahrnehmung bezieht sich darauf, dass die Menschen dazu neigen, „Vertrautes und Bekanntes zu entdecken, um eine allgemeine
Orientierung zu finden". Ein weiteres Merkmal von Wahrnehmung nach Bolten
(ebd.) ist es, dass sie erfahrungsabhängig ist. In Bezug darauf stellt Bolten (vgl.
2013: 54) zwei Thesen auf, nämlich: Im Prozess der Sozialisation eines Menschen
wird Wissen erworben, und dieses Wissen steuert den Menschen beim Wahrnehmen. Da Personen aus verschiedenen Ländern unterschiedlich sozialisiert sind,
bauen kulturspezifische Erfahrungen darauf auf, z. B. während Deutschen beim
Begrüßen „wie geht es dir?" fragen, verwenden Chinesen die Grußformel „hast
du gegessen?". Diese Grußformel lässt sich auf die regelmäßig auftretenden Hun-
gersnöte in der chinesischen Geschichte zurückführen (und speziell auf die, die
aus dem „großen Sprung nach vorn" resultierte). Die zweite These Boltens (vgl.
ebd.) bezieht sich auf die Entstehung von Stereotypen und Vorurteilen beim Wahrnehmungsprozess. Wenn wir für das Wahrgenommene in unserem Wissensvorrat
keine Entsprechung finden, bilden wir Analogien oder wir ordnen es nach dem
Grundsatz „Es soll eine Ordnung [vorhanden] sein" den Erfahrungs- und Begriffssystemen zu: „Auf diese Weise werden eingehende Erfahrungen interpretativ so

manipuliert, dass sie „irgendwie" dem eigenen Denksystem angepasst werden". Mit dem Grundsatz „es soll eine Ordnung sein" ist immer eine Erwartung verbunden, und daher vollzieht sich im Prozess der Wahrnehmung „ein wechselweiser Abgleich von Erfahrungs- und Erwartungsdaten."

Aufgrund der Merkmale der menschlichen Wahrnehmung können viele interkulturelle Missverständnisse auftreten, auch wenn Menschen aus verschiedenen Ländern dieselbe Sache wahrnehmen. Daher sollen die Lernenden in einem interkulturell orientierten Fremdsprachenunterricht an die besagten Merkmale der Wahrnehmung herangeführt werden.

Das Wahrgenommene wird dann in den unten zu besprechenden Schemata verarbeitet. Schemata kann man nach Definition von Erll; Gymnich (2014: 56) im Sinne von „kollektiv-kulturelle[n] Wissensstrukturen" verstehen: „Dazu gehören kulturspezifische Wahrnehmungsweisen (etwa Leserichtungen), Konzepte von Dingen und Phänomenen (wie etwa einer Vase oder auch einer gut erzählten Geschichte), von Verhaltensweisen und Vorgängen (wie etwa einem Besuch im Restaurant und dem Bestellen eines Menüs)".[8]

In der Fremdsprachendidaktik wird die unten zu erläuternde Theorie der „Schemata" vielmehr im Zusammenhang mit dem Spracherwerb diskutiert. Darüber hinaus hängt der Begriff der Schemata nach Erill; Gymnich (2014: 57) auch eng mit interkultureller Kompetenz zusammen und ist mithin kulturspezifisch – Darauf soll im nächsten Kapitel eingegangen werden.

2.2.8 Kulturspezifische Schemata

Erll/ Gymnich (2014: 56) stützen sich auf die Erkenntnisse der Psychologie und bezeichnen die oben erwähnten kollektiv-kulturellen, mithin mentalen Wissensstrukturen, „die bestimmte[n] Aspekte der Realität in abstrakter und generalisierter Form repräsentieren" als Schemata. Diese werden im Prozess der Sozialisation erworben und sind kulturspezifisch geprägt. Im Laufe des Lebens können sie sich einerseits verfestigen, andererseits aber auch ausdifferenzieren (vgl. Reimann 2014: 266).

Schemata verändern sich im Laufe des Lebens durch das Erweitern der Erfahrungen, die die Flexibilität und Toleranzfähigkeit des Menschen beeinflussen können: „je vielfältiger unsere Erfahrungen sind, desto weniger ,verhärtet' (und

---

[8] Hier wäre ergänzend darauf hinzuweisen, dass im klassischen Chinesischen die Schreibrichtung von oben nach unten verlief, außerdem bald von rechts, bald von links.

damit flexibler) sind die Schemata, mit denen wir agieren. Machen wir hingegen nur wenige (und immer gleichen) Erfahrungen, verhärten sich die Schemata,
die mit denen wir Wirklichkeiten interpretieren." (Erll; Gymnich 2014: 58; zitiert
nach Bolten 2003).

Je mehr wir Erfahrungen beim Umgang mit Fremden machen, desto offener interpretieren wir Wirklichkeiten und flexibler und toleranter sind wir. Daher
hängt interkulturelle Kompetenz „mit der Vielfalt der eigenen Fremdheitserfah-
rungen" (ebd.) zusammen.

2.3 Auswertung der Modelle von IKK

Um interkulturelle kommunikative Kompetenz als Lernziele im Fremdsprachenunterricht und ihren Zusammenhang mit dem Fremdsprachenlernen zu definieren,
sind vielfältige Modelle entwickelt worden. Die folgenden Kapitel werden sich
mit der Auswertung dieser Modelle der IKK befassen.

2.3.1 IKK nach Byram

Michael Byram (1997) hat den Terminus des interkulturellen Speakers mitsamt
einer Kritik an der Vorstellung, es solle im Unterricht die Kompetenz eines Mut-
tersprachlers erworben werden, in die Fremdsprachendidaktik eingeführt, und
Claire Kramsch (1998) hat dieses Konzept weiterentwickelt. Das Konzept des
interkulturellen Speakers geht vielmehr davon aus, dass „Mehrsprachigkeit mit
interkultureller kommunikativer Kompetenz verbunden sein müsse". Es gehe
nicht darum, „native Speaker von Sprache A und B zu sein [...], sondern darum,
interkulturelle Kompetenz zu fördern und als Teil einer komplexen, immer im
Fluss befindlichen Identität zu begreifen, die im Dazwischen der Sprachen und
Kulturen agiert und vermittelt" (Surkamp 2017: 143):

> „The concept of native speaker linguistic competence is imprecise and unusable,
> and it is more appropriate to develop an intercultural style, and tact, to overcome
> divergence rather than accept the norm of the monolingual. Consideration of the inter-
> locutors as social actors with social identities renders the image even more unusable.
> It is clear that, in a dyadic interaction for example, both interlocutors have different
> social identities and therefore a different kind of interaction than they would have with
> someone form their own country speaking the same language. It is for this reason that
> I shall introduce the concept of the 'intercultural speaker' to describe interlocutors
> involved in intercultural communication and interaction" (Byram 1997: 32).

Daher sollen die Fremdsprachenlernenden neben linguistischen Kompetenzen auch Kompetenzen in den interkulturellen Bereichen, die die interpersonalen, soziolinguistischen und sozialen Bereiche umfassen, erwerben. Um den Komplex dieser Kompetenzen zu veranschaulichen, unterteilt Byram (1997: 33 ff.) interkulturelle kommunikative Kompetenz in fünf Teilkompetenzen und weist auf drei Merkmale seines Modells hin:

- Das Modell zielt auf den „intercultural speaker" ab und lehnt die Vorstellung des „native speaker" als Lernziel für Fremdsprachenlernende ab.
- Das Modell stellt den Erwerb der IKK in einen pädagogischen Kontext und umfasst eine bildungsbezogene Perspektive.
- Weil das Modell pädagogische Dimensionen umfasst, bezieht sich das Modell auch auf die Rollen von Lehrenden und Lernenden im Sprachunterricht (Byram 1997: 70).

Byram veranschaulicht die fünf Dimensionen von IKK mithilfe einer tabellarischen Darstellung (Abbildung 2.4):

	Skills interpret and relate (*savoir comprendre*)	
Knowledge of self and other; of interaction; individual and societal (*savoir*)	Education political education critical cultural awareness (*savoir s'engager*)	Attitudes relativising self valuing other (*savoir être*)
	Skills discover and/or interact (*savoir apprendre/faire*)	

Abbildung 2.4 Factors in intercultural communication nach Byram (1997:34)

Byrams Modell bezieht sich auf die Entwicklung der interkulturellen kommunikativen Kompetenz in den Bildungsinstitutionen, und es bestimmt konkrete Lernziele auf fünf Ebenen. Im Folgenden werden die in Byrams Modell konstruierten Ebenen und deren Lernziele erläutert.

Die Ebene der Einstellung (*attitudes*) bezieht sich auf die persönlichkeitsbezogenen Lernziele. Für Byram ist die Einstellung „Neugier" und „Offenheit" gegenüber kultureller Fremdheit in der interkulturellen Kommunikation von großer Bedeutung. Mithin fordert Byram von den Lernenden die Bereitschaft, zunächst andere kulturelle Denk- und Wahrnehmungsweisen kennenzulernen. In den Lernprozessen soll die Einstellung von den Lernenden gegenüber kultureller Fremdheit gefördert werden, damit sie sich dafür sensibilisieren, dass die Denk- und Wahrnehmungsweisen des Gesprächspartners auf Basis ihrer eigenen rekonstruiert werden können. Ferner sollen die Lernenden die Bereitschaft aufbringen, sich von eigenen kulturellen Sichtweisen und Vorannahmen zu distanzieren und darüber hinaus diese zu relativieren und kritisch zu hinterfragen (Byram 1997: 56; zitiert nach Freitag-Hild 2017: 147).

In der Ebene des Wissens (*savoir*) geht es darum, dass die Lernenden die landeskundlichen Aspekte wie Geschichte, Geografie, Politik, gesellschaftliche Institutionen und typische kulturelle Unterschiede, die die Denk- und Wahrnehmungsweisen der Angehörigen der eigenen Kultur und der Kultur des Kommunikationspartners prägen, kennenlernen (Byram 1997: 58; zitiert nach ebd.: 148). Diesbezügliches Wissen unterteilt Byram nach seinem Modell in zwei Kategorien: Die erste Kategorie bezieht sich auf das im Rahmen der Sozialisation – sowohl der familiären Primärsozialisation als auch der schulischen Sekundärsozialisation – erworbene Wissen eines Menschen und umfasst außerdem Wissen über „die von unterschiedlichen Kollektiven geteilten Bedeutungen, Werte und Verhaltensweisen". In der zweiten Kategorie bezieht Byram den Begriff „Bewusstheit" mit ein; dazu gehört Wissen über „die Ausbildung kollektiver Identitäten", und auch Wissen darüber, „wie die eigene kulturelle Prägung die Wahrnehmung anderer Menschen beeinflusst" (vgl. Eberhardt 2013: 157).

In der interkulturellen Kommunikation spielt dieses sog. deklarative Wissen nämlich eine wichtige Rolle. Um aber dieses Wissen erfolgreich zum Einsatz zu bringen, muss es mit der „Interaktionstechnik" zusammenwirken. Daher ist die Ebene *savoir* eng mit der Ebene *skills of interpreting and relating* verbunden (ebd.).

Byram versteht unter der Ebene *skills of interpreting and relating* oder *savoir comprendre* die Fähigkeiten, kulturelle Bedeutungen und Praktiken in einer bekannten oder einer neuen Sprache und Kultur zu erkennen und zu interpretieren (vgl. Byram 1997: 61). Hierbei hebt Byram die Fähigkeit hervor, ethnozentrische Sichtweisen abzubauen. Im Ergebnis können die Lernenden die ethnozentrischen Sichtweisen, z. B. Stereotype, in den fremdkulturellen und eigenkulturellen Dokumenten erkennen und die möglichen Gründe dafür interpretieren. Die Entwicklung einer solchen Kompetenz ermöglicht es den Lernenden, Missverständnisse in den interkulturellen Kommunikationssituationen aufzudecken und zu versuchen, interkulturelle Konflikte auf Basis ihres eigenen kulturellen Wissensstandes zu erklären und zu lösen.

Auf der Ebene *skills of discovery and interaction* oder *savoir apprendre/ faire* rückt Byram die Aspekte des anwendungsfähigen Handelns in den Fokus.

Byram (vgl. 1997: 61 f.) versteht unter *savoir faire* die Fähigkeiten, zunächst Faktenwissen selbstständig im Dialog durch Fragenstellen aufzubauen und Verständniswissen über Bedeutungen, Werte und Verhaltensweisen des Gegenübers zu intensivieren. Diese selbstständig erschlossenen Wissensbestände können insofern beim erfolgreichen Bewältigen der interkulturellen Begegnungssituationen helfen, als interkulturelle Missverständnisse bereits im Vorhinein in Betracht gezogen und demzufolge verhindert werden können (vgl. Usener 2016: 23). Darüber hinaus fordert *savoir faire* die Lernenden dazu auf, „geeignete Interventionsstrategien zu nutzen, die (auch kritische) Gesprächssituationen zwischen den fremdkulturellen Kommunikationspartnern aufrechterhalten" (ebd.: 24). Die *skills of interaction* von *savoir faire* zielt auf die Fähigkeiten ab, die Kommunikation durch Zurückgreifen auf einschlägiges Wissen zügig zu gestalten und Strategien zu entwickeln, die dabei helfen, Kommunikationsstörungen zu bewältigen. *Savoir faire* beschreibt schließlich die Fähigkeit, die drei anderen oben erwähnten Komponenten zu integrieren und in konkreten interkulturellen Situationen adäquat zu handeln. Hierbei befinden sich die Lernenden nach Roche (2001: 154) am „dritten Ort", wo sie „sich über unterschiedliche Interpretationen kultureller Phänomene verständigen und diese miteinander aushandeln" (Freitag-Hild 2016: 137) (Abbildung 2.5).

Abbildung 2.5
Schematische Darstellung
des „dritten Ortes"

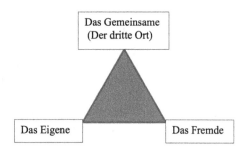

Die Dimension der *critical cultural awareness* bzw. *savoir engager* spielt im Byramschen Modell eine wichtige Rolle. In dieser Dimension steht die kulturelle kritische Fähigkeit der Lernenden im Mittelpunkt, nämlich: „die Fähigkeit der Lernenden zur kritischen Bewertung kultureller Sichtweisen, Praktiken und Produkte" (Freitag-Hild 2016: 148). *Savoir engager* fordert von den Lernenden nicht nur dieselben Fähigkeiten wie auf der Ebene *skills of interpreting and relating*, also kulturelle Dokumente oder Ereignisse zu interpretieren und in ihren kulturellen Kontext einzuordnen, sondern auch die Fähigkeit, sich kritische Sichtweisen anzueignen, insbes. beim Umgang mit interkulturellen Praxen und interkulturellen Produkten (vgl. Freitag-Hild 2016: 137). Die Entwicklung dieser Dimension geht zurück auf das Konzept der *intercultural citizenship* von Byram (2009). *Intercultural citizenship* kann durch Vergleichen mit dem Konzept *Education for citizenship* verstanden werden. Während *Education for citizenship* auf die aktive Teilhabe der Bürger am gesellschaftlichen und politischen Leben in der eigenen Umgebung fokussiert ist, erweitert *intercultural citizenship* den Horizont auf die internationale Ebene, die die Handlungsebene im Rahmen internationaler und interkultureller Zusammenarbeit betont (vgl. Eberhardt 2013: 159).

Für die Entwicklung der kritischen Sichtweise zieht Byram jedoch folgende Problematik in Betracht: Wie kann der interkulturelle Sprecher ein bestimmtes Wertesystem bestimmen, an dem er sich bei der Bewertung der eigenen und anderen Kulturen orientieren kann? Um diese Problematik aufzulösen, ist der Erwerb politischer Bildung aus Sicht Byrams sinnvoll; dabei können die internationalen Standards der Menschenrechte einen geeigneten Ausgangspunkt darstellen. Jedoch ist darauf zu achten, dass dem internationalen Recht je nach dem nationalen Kontext unterschiedliche Bedeutungen zugeschrieben werden (vgl. Byram 1997: 25).

Das Modell von Byram nimmt institutionelles fremdsprachliches Lernen und Lehren auf sämtlichen Altersstufen in den Blick und richtet sich insbesondere an Fremdsprachenlehrer. Byram betont, dass das Lehren der Fremdsprache den Anforderungen eines interkulturell orientierten Fremdsprachenunterrichts gerecht werden soll.

Eberhart (2013: 167) untersucht das Byramsche Modell für den Französischunterricht der Jahrgangstufe 10 mit Französisch als der ersten Fremdsprache für den Mittleren Schulabschluss und formuliert folgende Kritik:

„1. die Formulierungen der Lernziele sind durch eine für die Operationalisierung interkultureller Kompetenz im schulischen Fremdsprachenunterricht zu hohe Vagheit gekennzeichnet. 2. stellt Byrams Ansatz ein theoretisches Konzept dar, welches zwar die kognitiven und affektiven Dispositionen von Jugendlichen mitbedenkt, sich jedoch nicht auf empirische Daten, wie beispielsweise auf die realen interkulturellen Kompetenzen von Schülern stützt. 3. Die [...] fehlende vertikale Aufschlüsselung interkultureller Fähig- und Fertigkeiten ist zu nennen, welche Aussagen über unterschiedliche Kompetenzniveaus erlaubt.“

2.3.2 Das Matrix-Modell

In der Fremdsprachendidaktik ist das Matrix-Modell mit den Dimensionen interkultureller Kompetenz erwähnenswert. Funk (vgl. 2018: 7) verwendet das Matrix-Modell im Kontext der Ausbildung von DaF-Lehrkräften, indem die Matrix als Beschreibungsmodell von Kompetenzebenen und Kompetenzfeldern „mögliche Einflussfaktoren auf berufliches Handeln und mögliche Korrelationen" in allen Berufen veranschaulicht. Zu den Kompetenzfeldern gehören drei Dimensionen, nämlich: Berufliche Sachkompetenz, Interkulturelle Kompetenz, Fremdsprachenkompetenz. Diese drei Dimensionen hängen über Kompetenzebenen bzw. Ebene der Haltungen, Ebene des deklarativreferentiellen Wissens und schließlich Ebene der Methodenkompetenz miteinander zusammen (Abbildung 2.6):

Kompetenz-felder / Kompetenz-ebenen	Berufliche Sachkompetenz	Interkulturelle Kompetenz	Fremdsprachen-kompetenz
Haltungen/ Einstellungen	… zu (z. B.) beruflicher Qualifikation/ Weiterbildung	z. B. Einstellung zu Schülern/Kollegen anderer Kulturen	Einstellung zu Mehrsprachigkeit und eigener Sprachkompetenz
Deklarativ-referentielles Wissen	Sach- und Fachwissen aus Studium und Erfahrungswissen	Kenntnisse anderer Kulturen und interkultureller Prozesse und Modelle	Fremdsprachenkenntnisse: Sprachliches Referenzwissen
Fertigkeiten / Methoden-kompetenz	didaktisch-methodische Kompetenzen, z. B. *classroom & media management*	Kompetentes Handeln in interkulturellen *settings*	Fremdsprachkompetentes Handeln in beruflichen Kontexten

Abbildung 2.6 Felder und Ebenen professioneller Kompetenz nach Funk (2018: 63)

Das Matrix-Modell veranschaulicht die Kompetenzfelder und Kompetenzebenen von auszubildenden DaF-Studierenden und kann diesbezüglich als Kompetenzmodell zugrunde liegen; dabei werden die interkulturellen, die sprachlichen und beruflichen Sachkompetenzen nebeneinandergestellt. Interkulturelle Kompetenz wird auch in drei Kompetenzebenen unterteilt, nämlich: Einstellung, deklarativ-referentielles Wissen und Fertigkeiten. Diese drei Kompetenzebenen fokussieren jeweils auf interkulturelle Kompetenz der DaF-Studierenden. Anhand dieses Modells sollen DaF-Studierende die dargestellten Kompetenzen gleichzeitig entwickeln. Die reproduzierte graphische Darstellung des Kompetenzmodells wird jedoch von Schinschke und Caspari (vgl. Caspari 2010: 105) als kritisch betrachtet, und zwar aus folgendem Grund: „die graphische Realisierung legt die Vorstellung nahe, dass sie dies separat voneinander tun oder zumindest tun können. Wir bemängeln, dass in einer solch additiven Vorstellung der Kern unserer Fächer, d. h. die spezifisch fremdsprachliche Dimension interkulturellen Lernens nicht entfaltet werden kann."

In Bezug auf die Fremdsprachendidaktik haben Caspari/ Schinschke (2007: 89 ff) festgestellt, dass bislang zwei Konzepte für die Entwicklung der interkulturellen kommunikativen Kompetenz im Wesentlichen vorgelegt haben, nämlich das Modell von Byram (1997) und der Gemeinsame europäische Referenzrahmen (GeR), wobei dem GeR das Konzept von Byram, Zarate und Neuner (1997) zugrunde liegt. Auf Basis dieser Konzepte haben Schinschke und Caspari (2007: 89 ff) eine Modellierung für die Entwicklung der interkulturellen kommunikativen Kompetenz der Fremdsprachenlernenden konzipiert, indem die drei großen Bereiche von interkultureller Kompetenz nicht nur in eine (fremd-) kulturelle, eine (fremd-) strategische und eine persönlich-psychologische Dimension ausdifferenzieren, sondern auch eine (fremd-) sprachliche Dimension einschließen. Für die Entwicklung dieser Modellierung sind drei Kardinalfragen in den Mittelpunkt gestellt worden, nämlich (Caspari 2010: 105):

1. „Was bedeutet die Begegnung von eigener und fremder Lebenswelt unter den besonderen Bedingungen der fremden Sprache?
2. Was fordert und bewirkt der Gebrauch der Fremdsprache in solchen Begegnungssituationen inner- und außerhalb des Klassenzimmers?
3. Was trägt sie zur Anbahnung der interkulturellen Kompetenz in ihren einzelnen Dimensionen bei? "

Von diesen drei Fragen ausgehend versuchen Caspari; Schinschke und Rössler interkulturelle kommunikative Kompetenz zu modellieren. Darauf gehe ich im folgenden Kapitel näher ein.

2.3.3 Die Modellierungen von Caspari; Schinschke und Rössler

In Bezug auf die Fremdsprachendidaktik bemängelt Rössler: „ein umfassendes Modell aber, das die Gegenstandsbereiche des interkulturellen Lernens und die Art und Weise des Umgangs mit ihnen im Fremdsprachenunterricht in ihrer

Gesamtheit in den Blick nimmt, liegt bisher noch nicht vor" (Rössler 2010: 117). In seinen einschlägigen Studien stützt sich Rössler auf eine Vielzahl von Beiträgen zur Dimensionierung des interkulturellen Lernens (vgl. z. B. Knapp-Potthoff 1997, Caspari/ Schinschke 2007 und Doff/ Klippel 2007), und er unterscheidet zwischen drei Gegenstands- und Lernbereichen interkulturellen Lernens im Fremdsprachenunterricht: affektive Komponenten der Persönlichkeit, Wissen und Können. Auf diesen drei Dimensionen des interkulturellen Lernens ist es wichtig, fremdsprachliche, fremdkulturelle und strategische Schwerpunkte zu setzen.

2.3.3.1 Affektiv-attitudinale Komponente

Die affektiv-attitudinale Dimension lässt sich der Ebene *savoir être* des Byramschen Modells zuordnen und sie fokussiert auf die sprachliche Verwendung in der interkulturellen Kommunikation:

1. „1. Die persönliche Einstellung in Bezug auf die Fremdkultur(en).
2. Die Bereitschaft, die Fremdsprache insbesondere in mündlichen Situationen tatsächlich zu verwenden, auch wenn man sie noch nicht gut beherrscht.
3. Die Bereitschaft, sich als Person auf fremde und möglicherweise schwierige oder peinliche Situationen einzulassen" (Caspari; Schinschke 2009: 276 ff).

Im Unterschied zu dem Byramschen Modell richten Caspari und Schinschke ihre Aufmerksamkeit in dieser Dimension insbesondere auf die Einstellung bei der sprachlichen Verwendung durch die Sprachlernenden. Es ist beim Erwerb der mündlichen sprachlichen Kompetenz wichtig, Fremdsprache in authentischer Situation anzuwenden. Nach neurolinguistischen Erkenntnissen ist die linke Hemisphäre des Gehirns für die mündliche Kompetenz zuständig, daher soll mündliche Kompetenz durch dialogisches Sprechen erworben werden (vgl. Edmondson; House 2011:104).

Diesbezüglichen fremdsprachlichen Aspekten von interkultureller kommunikativer Kompetenz wird seitens der chinesischen Germanistikstudierenden große Bedeutung beigemessen. Auf Grund der Tatsache, dass chinesische Germanistikstudierende die deutsche Sprache überwiegend in China erwerben, sind die Möglichkeiten einer authentischen sprachlichen Verwendung sehr begrenzt; daher sollten die Studierenden motiviert werden, ihre Sprechangst abzubauen. Nur wenn diese Angst überwunden wird, kann die Bereitschaft entstehen, das im Byramschen Modell definierte *savoir faire* in der interkulturellen Kommunikation zu entwickeln.

2.3.3.2 die wissensbasierte-analytische Komponente

Caspari und Schinschke unterteilen den Bereich „Wissen" in drei Kategorien, nämlich: fremdkulturelles, fremdsprachliches und strategisches Wissen.

1. Entsprechend der Ebene *savoir* im Byramschen Modell bezieht sich nach Caspari und Schinschke „fremdkulturelles Wissen" sowohl auf landeskundliches Faktenwissen als auch auf soziokulturelles Handlungswissen. Landeskundliches Faktenwissen umfasst nach Caspari und Schinschke (2009: 276) „historische und geographische Kenntnisse über Zielsprachenländer, Wissen über deren politische und soziale Situation, über künstlerische und literarische Tendenzen". Bei dem soziokulturellen Handlungswissen handelt es sich beispielsweise um „in den Zielkulturen übliche Rituale, Traditionen, Konventionen oder Skripte" (ebd.). Darüber hinaus beziehen Caspari und Schinschke Kenntnisse über Auto- und Heterostereotype und auch deren Entstehung mit ein. Insbesondere wird „die sprachliche Realisierung von Auto- und Heterostereotypen betont, d. h. Wissen darüber, welche Wertungen durch eine sprachliche Form zum Ausdruck gebracht werden" (ebd.).
2. Im Unterschied zu dem „Fremdsprachliche[n] Wissen" gehört zu dieser Dimension insbesondere „Wissen über die kulturspezifischen Prägungen von Wortschatz und semantischen Feldern, über Register und Varietäten, Konventionen des Diskursverhaltens, des para- und nonverbalen Verhaltens etc" (ebd.).
3. Bei dem „strategische[n] Wissen" handelt es sich um Kenntnisse über die für interkulturelle Kontakte relevanten Prozesse, z. B. „Wissen über die kulturelle Prägung des menschlichen Verhaltens, der menschlichen Wahrnehmung und Wertung und über die Notwendigkeit, das Wissen über fremde Kulturen und Kontexte beim Versuch der Perspektivenübernahme anwenden zu müssen" (ebd.).

2.3.3.3 Die handlungsorientierten Komponente

Der Bereich „Können und Verhalten" umfasst drei Bereiche:

1. Unter dem fremdkulturellen Können/Verhalten" verstehen Caspari und Schinschke (2009: 277), dass „man sich in realen oder medial vermittelten Begegnungssituationen kulturell angemessen verhalten kann".
2. „Fremdsprachliches Können und Verhalten" zieht darauf ab, „die gegebene Situation für die Kommunikationspartner bewältigen zu können" (ebd.).

Ein erfolgreiches fremdsprachliches Verhalten setzt angemessenes fremdkulturelles Verhalten voraus. In bestimmten sprachübermittelnden Aktivitäten
(technische und medizinische Bereiche) geht es nur um Übertragen von
Informationen (vgl. ebd.).

3. „Strategisches Können und Verhalten" bezeichnet die Fähigkeit, dass man
Strategien „zum Perspektivenwechsel, zum Umgang mit Nichtverstehen und
Missverständnissen oder zur Bewältigung konfliktueller Situationen" (ebd.)
anwenden kann.

Die von Caspari und Schinschke vertretenen Modellierungen können praktische
Verwendung im interkulturell orientierten Fremdsprachenunterricht finden. Bei
diesen Modellierungen stehen sprachbezogene interkulturelle Komponenten im
Mittelpunkt, und die Lernenden werden auch während des Fremdsprachenlernens
dazu aufgefordert, über den Fremdspracherwerb hinaus die interkulturellen Phänomene mit zu berücksichtigen. Dies kann nicht nur die Sprachverwendung in
der interkulturellen Kommunikation fördern, sondern auch die Motivation zum
Sprachenlernen stärken. In meiner Arbeit werde ich diese Modellierung in die
Untersuchung einbeziehen.

2.4   Die interkulturelle Kompetenz in der Bildungspolitik

Das Lernziel der interkulturellen Kompetenz nimmt in der Fremdsprachendidaktik eine wichtige Stellung ein, indem dieses Lernziel im GeR (2001; 2020) und
im RePA (2009) hervorgehoben wird. Darüber hinaus wird die Umsetzung dieser
Kompetenz als „übergreifende Aufgabe der Schule" (KMK 2004: 6) in der schulischen Bildungspolitik angestrebt. Dieses Kapitel geht auf die Untersuchung der
interkulturellen Kompetenz in der Bildungspolitik ein.

2.4.1   Interkulturelle kommunikative Kompetenz in GeR

Der GeR (2001) beschäftigt sich nicht nur mit einer sehr detaillierten Klassi-
fizierung all jener Kompetenzen, die im Kontext kommunikativer Situationen
erforderlich sein können, sondern versucht auch, die komplette Bandbreite an
existierenden kommunikativen Aufgaben, Kontexten und Themen zu berücksichtigen (vgl. Eberhardt 2013: 36). Die für alle kommunikativen Aktivitäten
erforderlichen Kompetenzen werden im GeR in allgemeinen und kommunikativen

Kompetenzen kategorisiert. Diese Kompetenzen sind notwendig, um sprachliche Aktivitäten und Prozesse in Gang zu bringen, da sie bei den sprachlichen rezeptiven und produktiven Fertigkeiten und der Diskursfähigkeit beteiligt sind (vgl. Goethe Institut et al. 2001: 10). Die allgemeinen Kompetenzen bestehen nämlich aus deklarativem Wissen (*savoir*), Fertigkeiten und prozeduralen Wissen (*savoir faire*), aus persönlichkeitsbezogener Kompetenz (*savoir être*) und Lernfähigkeit (*savoir apprendre*). Die kommunikativen Sprachkompetenzen umfassen linguistische, pragmatische und soziolinguistische Kompetenzen. Der GeR unterscheidet innerhalb der Kategorie deklaratives Wissen weiterhin zwischen Weltwissen, soziokulturellem Wissen und interkulturellem Bewusstsein; in der Kategorie Fertigkeiten wiederum wird unterschieden zwischen prozeduralem Wissen, praktischen und interkulturellen Fertigkeiten. Darüber hinaus bezieht sich die persönlichkeitsbezogene Kompetenz auf Einstellungen, Motivationen, Wertvorstellungen, Überzeugungen und Persönlichkeitsfaktoren. Bei der Kategorie Lernfähigkeit handelt es sich vor allem um Sprachbewusstsein und Lerntechniken. Linguistische Kompetenzen umfassen nämlich lexikalische, grammatische, semantische, phonologische und pragmatische Kompetenzen; all diese bestehen wiederum aus Diskurs- und funktionaler Kompetenz. Nicht zuletzt beziehen die soziolinguistischen Kompetenzen die sprachliche Kennzeichnung sozialer Beziehungen, Höflichkeitskonventionen, Redewendungen, Registerunterschiede und Varietäten ein (vgl. Eberhardt 2013: 37). Um die Lernenden unter Berücksichtigung der sozialen Handelnden die verschiedenen kommunikativen Aufgaben und Aktivitäten ausführen zu lassen, bezieht der GeR den handlungsorientierten Ansatz mit ein (Goethe-Institut et al. 2001: 21; zitiert nach vgl. Eberhardt 2013: 36).

Den europaweit existierenden fremdsprachendidaktischen und bildungspolitischen Bestrebungen entsprechend nimmt interkulturelles Lernen eine wichtige Rolle im Fremdsprachenunterricht ein. Auf die Notwendigkeit des interkulturellen Lernens im Rahmen der Fremdsprachendidaktik wird im GeR verwiesen (vgl. Eberhardt 2013: 40). An dieser Stelle ist Byrams Modell in den im Jahr 2001 veröffentlichten GeR miteingeflossen, wobei sich der GeR in terminologischer Hinsicht an Byrams Modell orientiert, um soziokulturelle Kompetenz zu modellieren. Dabei sind vier Kategorien von *savoir* aufgeführt, nämlich: *savoir, savoir faire, savoir être* und *savoir apprendre* (vgl. Eberhardt 2013: 153). Die interkulturellen Kompetenzen werden im GeR den allgemeinen Kompetenzen untergeordnet, wobei sie in drei Teilbereiche auffächern, nämlich: deklaratives Wissen (*savoir*), Fertigkeiten und prozedurales Wissen (*savoir faire*) sowie persönlichkeitsbezogene Kompetenz (*savoir être*) (vgl. ebd.: 40). Deklaratives Wissen (*savoir*) im GeR bezieht sich vorwiegend auf Erfahrungslernen bzw.

Weltwissen und Wissen von formalen Lernprozessen, also theoretisches Wissen. Insbesondere gehört soziokulturelles Wissen parallel mit dem Weltwissen zum deklarativen Wissen. Weltwissen bezieht sich auf „ein sehr hoch entwickeltes und ausdifferenziertes Modell der Welt und ihrer Funktionsweise, ein Modell, das mit dem Vokabular und der Grammatik der Muttersprache verbunden ist" (Goethe Institut et al. 2001: 103). Neben diesem Weltwissen mit Bezug auf dieses Modell sind noch soziokulturelle Wissensaspekte, die „sehr wahrscheinlich außerhalb des früheren Erfahrungsbereichs des Lernenden liegen", für den Lernenden wichtig. GeR (2001: 104) listet sieben wesentliche Aspekte soziokulturellen Wissens auf:

1. „das tägliche Leben [...]
2. Lebensbedingungen [...]
3. interpersonale Beziehungen, (einschließlich der von Macht und Solidarität geprägten Beziehungen) [...]
4. Werte, Überzeugungen und Einstellungen in Bezug auf Faktoren [...]
5. Körpersprache [...]
6. Soziale Konventionen [...]
7. rituelles Verhalten [...]"

Darüber hinaus wird interkulturelles Bewusstsein als eine Komponente interkultureller Kompetenz in einer untergeordneten Kategorie im Bereich des deklarativen Wissens klassifiziert. Zunächst soll ein interkulturelles Bewusstsein in Bezug auf die Ähnlichkeiten und Unterschiede zwischen Herkunftsland und Zielsprachland gefördert werden; Des Weiteren ist es wichtig, sich darüber bewusst zu werden, wie man über objektives Wissen hinausgehend eine fremde Gemeinschaft aus der Perspektive der anderen betrachtet, indem man z. B. deren stereotypisierte Perspektiven übernimmt (Goethe-Institut et al. 2001: 105).

Außerdem finden im GeR (2001) die Komponenten interkultureller Kompetenz im Bereich Fertigkeiten und prozedurales Wissen (*savoir faire*) Erwähnung. Dieser Bereich umfasst drei Kategorien, nämlich praktische Fertigkeiten sowie solche der Interkulturalität. Die praktischen Fertigkeiten beinhalten soziale Kompetenzen, das sind die für das tägliche Leben benötigten Fertigkeiten[9], berufliche Fertigkeiten sowie solche, die auf die Freizeit bezogen sind. Der zweite Teilbereich prozeduralen Wissens bezieht sich nämlich auf interkulturelle Fertigkeiten, die im GeR aus vier Teilfertigkeiten bestehen und ermöglichen sollen, dass die Lernenden mit anderen Kulturen angemessen umgehen und kommunizieren:

---

[9] Solche Fertigkeiten beziehen sich darauf, die für das tägliche Leben erforderlichen Routinehandlungen effektiv auszuführen, z. B. sich waschen, sich anziehen, kochen, essen usw.

„die Fähigkeit, die Ausgangskultur und die fremde Kultur miteinander in Beziehung zu setzen; kulturelle Sensibilität und die Fähigkeit, eine Reihe verschiedener Strategien für den Kontakt mit Angehörigen anderer Kulturen zu identifizieren und zu verwenden; die Fähigkeit, als kultureller Mittler zwischen der eigenen und der fremden Kultur zu agieren und wirksam mit interkulturellen Missverständnissen und Konfliktsituationen umzugehen die Fähigkeit, stereotype Beziehungen zu überwinden" (GeR 2001: 106).

Im Hinblick auf die Rolle der kulturellen Mittler lenkt der GeR (2001: 106) die Aufmerksamkeit der Benutzer auf die Frage:

„welche kulturellen Mittlerrollen und –funktionen die Lernenden übernehmen müssen, auf welche dieser Rollen und Funktionen sie vorbereitet werden sollen und was von ihnen in dieser Hinsicht erwartet wird; welche Merkmale der Ausgangs- und Zielkultur die Lernenden unterscheiden können müssen, wie sie darauf vorbereitet werden sollen und welche Anforderungen in dieser Hinsicht an sie gestellt werden".

Die Benutzer des Referenzrahmens sollen sich mit diesen Fragen auseinandersetzen, um die interkulturelle Mediation sinnvoll vorzubereiten.

2.4.1.1 Sprachmittlung in GeR

Die Bezeichnung der Sprachmittlung (auf Englisch *mediation*[10]) kommt im Rahmen der Fremdsprachendidaktik zunächst im GeR 2001 im Zusammenhang mit den kommunikativen Sprachaktivitäten vor:

„die kommunikative Sprachkompetenz eines Lernenden oder Sprachverwendenden wird in verschiedenen kommunikativen Sprachaktivitäten aktiviert, die Rezeption, Produktion, Interaktion und Sprachmittlung (insbesondere Dolmetschen und Übersetzung) umfassen, wobei jeder dieser Typen von Aktivitäten in mündlicher oder schriftlicher oder in beiden vorkommen kann" (GeR 2001: 25).

---

[10] Das englische Wort wird in der englischsprachigen Version des GeRs als Oberbegriff für ‚simultaneous interpretation', ‚consecutive interpretation', ‚informal interpretation', exact translation, literary translation, summarising gist within L2 or between L1 und L2 und paraphrasing' verwendet (GeR 2001: 87). Kolb zufolge wird auch von Englischlehrkräften der eingedeutschte Sprachgebrauch „Mediation" verwendet, jedoch kritisiert Königs die Verwendung des eingedeutschten Begriffes und weist darauf hin, dass Mediation im Deutschen aus der Psychologie stammt und Konfliktbearbeitung und -lösung oder Streitschlichtung bezeichnet (Königs 2008:304 und 2015: 32; zitiert nach Kolb 2016: 13).

Die sprachmittelnden Aktivitäten werden entsprechend dem jeweiligen Modus, Mündlichkeit oder Schriftlichkeit, genauer beschrieben. Zu der mündlichen Sprachmittlung gehören folgende Aktivitäten (GeR 2001: 90):

- Simultan-Dolmetschen (Konferenzen, Besprechungen, Reden usw.);
- Konsekutiv-Dolmetschen (Begrüßungsansprachen, Führungen usw.);
- Informelles Dolmetschen (für ausländische Besucher im eigenen Land; für Muttersprachler im Ausland; in sozialen und in Dienstleistungssituationen für Freunde, Familienangehörige, Kunden, ausländische Besucher usw.; von Schildern, Speisekarten, Anschlägen usw.)

Zu der schriftlichen Sprachmittlung gehören folgende Aktivitäten:

- Genaue Übersetzung (z. B. von Verträgen, juristischen und wissenschaftlichen Texten usw.)
- Literarische Übersetzung (Romane, Dramen, Gedichte, Libretti usw.)
- Zusammenfassung der wesentlichsten Punkte (Zeitungs- und Zeitschriftenartikel usw.) in der L2 oder zwischen L1 und L2;
- Paraphrasieren (Fachtexte für Laien usw.)

Der GeR 2001 bezeichnet die Sprachmittlung neben Rezeption, Produktion und Interaktion als vierte Kategorie (vgl. Kolb 2016: 38). Eine solche Bezeichnung hält Kolb für fragwürdig, denn Sprachmittlungsaktivitäten enthalten sowohl rezeptive als auch produktive Prozesse; außerdem kommt auch eine Interaktion zwischen den Gesprächspartnern und dem Sprachmittler in Gang. Kolb (ebd.) betont deswegen die gesonderte Beschreibung der Sprachmittlung in Bezug auf das Integrieren von verschiedenen Aktivitäten sowie gleichzeitig die Anforderungen an den Sprachmittler – was in GeR 2001 nicht umfassend dargestellt ist. Das Defizit wurde in dem im Jahr 2020 auf Deutsch publizierten GeR aufgehoben, indem die Beziehung zwischen den vier Modi hervorgehoben wird: „Rezeption und Produktion, jeweils mündlich und schriftlich, ergeben die vier traditionellen Fertigkeiten. Interaktion umfasst sowohl Rezeption als auch Produktion, ist aber mehr als die Summe dieser Teile, und Mediation umfasst sowohl Rezeption als auch Produktion und oft auch Interaktion" (GeR 2020: 40) (Abbildung 2.7).

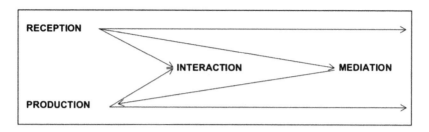

Abbildung 2.7   Die Beziehung zwischen Rezeption, Produktion, Interaktion und Mediation nach GeR (2018: 32)

Der GeR (2020) kategorisiert die Begrifflichkeit von Sprachmittlung in vier gegeneinander abgegrenzte Typen, nämlich: linguistische, kulturelle, soziale und pädagogische Sprachmittlung. Linguistische Sprachmittlung lässt sich vor allem in interlinguistischen und intralinguistischen Dimensionen kategorisieren. Dabei handelt es sich bei der interlinguistischen Dimension um Dolmetschen und Übersetzen, wohingegen unter intralinguistischer Dimension von Sprachmittlung die Zusammenfassung innerhalb einer Sprache verstanden wird. Wenn man aber über das Übersetzen in Form von Wort zu Wort hinausgeht und sich „die kulturelle Implikation" eines Wortes anschaut, so findet ein Übergang in die kulturelle Sprachmittlung statt (vgl. North; Piccardo 2016:13). In der kulturellen Sprachmittlung steht nämlich kulturelles Bewusstsein, das sowohl innerhalb einer Sprache als auch durch den Erwerb von Sprachen und Kulturen angeeignet wird, im Fokus.

2.4.1.2   Sprachmittlung und interkulturelle Kompetenz

Da der *intercultural speaker* „entweder direkt Handelnder in einer Begegnungssituation oder als (Sprach-)Mittler dritter Akteur bei der Begegnung zwischen Vertretern unterschiedlicher Sprachen und Kulturen" (ebd.) ist, hängen sprachmittelnde Aktivitäten in diesem Sinne eng mit interkultureller Kompetenz zusammen. Im Hinblick auf die Ebene *savoir* betont Byram, dass sich deklaratives Wissen über Kulturen und Handlungsmuster sowohl auf die Zielkultur als auch auf die Ausgangskultur beziehen soll. Solches Wissen ist auch wichtig für Sprachmittler – dies veranschaulicht Kolb mit folgenden Worten: „Sprachmittler werden vielleicht sogar besonders stark gefordert sein, eigenkulturelle Wissensbestände, die ihnen durch ihre eigene Sozialisation selbstverständlich erscheinen, aus der Außenperspektive zu betrachten, zu erläutern und möglicherweise zu hinterfragen" (Kolb 2016: 89).

Darüber hinaus hängen sprachmittelnde Aktivitäten eng mit den beiden Methodenfertigkeiten zusammen: Sprachmittler können ihr Verständnis von Konfliktsituationen dazu nutzbar machen, dem Gesprächspartner zu helfen, Konflikte zu überwinden. Byram (1997: 61) weist in seiner Publikation auf den Zusammenhang zwischen Sprachmittlung und *savoir comprendre* hin:

> „The intercultural speaker can use their explanations of sources of misunderstanding and dysfunction to help interlocutors overcome conflicting perspectives; can explain the perspective of each and the origins of those perspectives in terms accessible to the other; can help interlocutors to identify common ground and unresolvable difference".

Während Sprachmittlung eng mit der Teilfertigkeit *savoir comprendre* zusammenhängt, spielt die zweite Teilfertigkeit, *savoir faire,* eine wichtige Rolle bei der Sprachmittlung. Hierbei sollen Sprachmittler Missverständnisse in besonderen Situationen erkennen und diese mithilfe adäquater Interventionen bewältigen:

> „The intercultural speaker can identify and estimate the significance of misunderstandings and dysfunctions in a particular situation and is able to decide on and carry out appropriate intervention, without disrupting interaction and to the mutual satisfaction of the interlocutors" (Byram 1997: 63).

Im Hinblick auf die Ebene *savoir être* sind Sprachmittler gefordert, bereit zu sein, sich einer Skepsis bezüglich Fremdkultur und Glaube an die eigene Kultur auszusetzen. Obwohl die Wichtigkeit von Sprachmittlung im Byramschen Modell nicht explizit dargestellt wird, lässt sich eine Betonung des Zusammenhangs zwischen Sprachmittlung und interkultureller Kompetenz in der Publikation von Caspari und Schinschke[11] nachweisen. Caspari und Schinschke haben das Byramsche Modell weiterentwickelt und die sprachlich-kommunikative Dimension, die von großer Bedeutung für Sprachmittlung ist, hervorgehoben. Des Weiteren haben sie für die Italienischdidaktik ihr Modell bereits in Bezug zur Sprachmittlung gesetzt (vgl. Kolb 2016: 88).

---

[11] In der Publikation „Aufgaben zur Feststellung und Überprüfung interkultureller Kompetenzen im Fremdsprachenunterricht-Entwurf einer Typologie" haben Caspari und Schinschke die Sprachmittlungsaufgaben für die Entwicklung der interkulturellen Kompetenz konzipiert.

2.4.2 Interkulturelle Kompetenz im RePA

Das Europäische Fremdsprachenzentrum des Europarats hat zudem mit dem Referenzrahmen für Plurale Ansätze zu Sprachen und Kulturen (RePA) ein Instrument geschaffen, dessen deutschsprachige Fassung nunmehr (2007) veröffentlicht worden ist. Im RePA werden Deskriptoren jeweils zu den Bereichen Wissen, Einstellung und Haltung sowie Fertigkeit entwickelt. Bei der Entwicklung der Deskriptoren widmet sich RePA systematisch den Kompetenzdefinitionen. Darauf gehe ich im folgenden Kapitel ein.

2.4.2.1 Kompetenzbegriff in RePA

RePA geht anhand eines doppelseitigen Modells auf die Kompetenzbegriffe ein, wohingegen der Kompetenzbegriff im GeR[12] eher vage erläutert worden ist. Um die notwendigen Operationen, d. h. Strukturieren und Hierarchisieren, zu ermöglichen, vergleicht und analysiert der RePA Kompetenzbegriffe bei verschiedenen Autoren. RePA lehnt sich an die Kompetenzdefinition von Weinert (2001: 27 f) an und versteht unter Kompetenzen Folgendes:

> „[...] die bei Individuen verfügbaren oder durch sie erlernbaren kognitiven Fähigkeiten und Fertigkeiten, um bestimmte Probleme zu lösen, sowie die damit verbundenen motivationalen, volitionalen und sozialen Bereitschaften und Fähigkeiten, um die Problemlösungen in unterschiedlichen Situationen erfolgreich und verantwortungsvoll nutzen zu können".

Diese von Weinert erwähnten Aspekte von Kompetenz, nämlich „kognitive Fähigkeiten und Fertigkeiten" sowie „motivationale, volitionale und soziale Bereitschaften und Fähigkeiten", werden im RePA dem GeR folgend (2001, 22–23) den drei Bereichen *savoir*, *savoir faire* und *savoir être* zugeordnet und auf mehrsprachige und mehrkulturelle Elemente bezogen (vgl. Schröder-Sura 2014: 84).

Darüber hinaus stützt sich der RePA (2009) bei der Begriffsdefinition von Kompetenz auf Crahay und definiert Kompetenz als „die Fähigkeit einer Person, individuelle Ressourcen (Kenntnisse, Können und Lernerpersönlichkeit) sowie externe Ressourcen zu mobilisieren, um miteinander verwandte komplexe Anforderungen meistern zu können" – in der Definition von Crahay wird die Mobilisierung der Ressourcen betont. Um Probleme oder Aufgaben zu lösen,

---

[12] GeR (2001) versteht unter Kompetenzen die Summe des (deklarativen) Wissens, der (prozeduralen) Fertigkeiten und der persönlichkeitsbezogenen Kompetenzen und allgemeinen kognitiven Fähigkeiten, die es einem Menschen erlauben, Handlungen auszuführen.

wird Kompetenz nicht durch die additive Kenntnis der Ressourcen zum Vorschein gebracht, sondern durch die Mobilisierung der Ressourcen an sich; daher versteht Le Boterf (1994: 16; zitiert nach RePA 2009: 14) Kompetenz als eine Mobilisierungskompetenz.

Der RePA fokussiert sich auf die Entwicklung der Kompetenzen des Fremdsprachenlernenden und geht bei der Konzeption der Begrifflichkeit von Kompetenz auf folgende Aspekte ein:

> „Kompetenzen umgreifen Elemente unterschiedlicher Komplexitätsgrade, die verschiedene 'Ressourcen' (die zugleich Sprachenwissen, Sprachenkönnen und Persönlichkeitsmerkmale betreffen) mobilisieren; Kompetenzen sind mit 'verwandten Situationen', mit komplexen Aufgaben und sozialer Relevanz verknüpft und sie stehen folglich in einem sozialen Kontext und haben eine soziale Bedeutung; Kompetenzen interagieren mit einer gegebenen Situation (oder einer bestimmten Kategorie gegebener Situationen) und bilden sich über die Mobilisierung verschiedener Ressourcen (Sprachenwissen, Sprachenkönnen, Lernerpersönlichkeit) bzw. sie sind das Ergebnis dieser Ressourcen" (2009: 15)

RePA verwendet den Terminus Ressourcen und unterteilt diese in interne und in externe Komponenten. Während zu den internen Ressourcen im RePA „kognitive, praktische, motivationale, emotionale und soziale Komponenten" gehören (Rychen 2005: 15; zitiert nach RePA 2009: 15), umfassen die externen Ressourcen „Wörterbücher, Grammatiken, kompetente Sprecher als Berater" (ebd.). Die Ressourcen werden im RePA in Form von Deskriptoren erfasst, und die im RePA aufgelisteten Deskriptoren lassen sich drei Kategorien zuordnen, nämlich: deklaratives Wissen (knowledge/ savoir), persönlichkeitsbezogene Kompetenzen (*attitudes/ savoir être*) und Fertigkeiten und prozedurales Wissen (*skills/ savoir faire*). Diese systematische Darstellung von Ressourcen kann zur Konkretisierung interkultureller und mehrsprachiger Kompetenz im Fremdsprachenunterricht beitragen (vgl. Schröder-Sura 2015)[13].

Kompetenzen manifestieren sich im Handeln, indem komplexe Aufgaben in konkreten Situationen gelöst werden. Daher ist Kompetenz das Ergebnis der Mobilisierung verschiedener Ressourcen, die im Unterricht durch den Einsatz angemessener Materialien und Aufgaben aufgebaut und gefördert werden können (vgl. ebd.). Dies veranschaulicht Schröder – Sura mit folgender von mir adaptierter Grafik (Abbildung 2.8):

---

[13] Quelle: https://www.goethe.de/ins/cn/de/spr/mag/20476419.html.

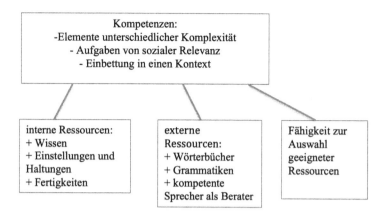

Kompetenzen:
-Elemente unterschiedlicher Komplexität
- Aufgaben von sozialer Relevanz
- Einbettung in einen Kontext

interne Ressourcen:
+ Wissen
+ Einstellungen und
Haltungen
+ Fertigkeiten

externe
Ressourcen:
+ Wörterbücher
+ Grammatiken
+ kompetente
Sprecher als Berater

Fähigkeit zur
Auswahl
geeigneter
Ressourcen

Abbildung 2.8 Das Verhältnis zwischen Kompetenzen und Ressourcen

Der RePA widmet sich der Darstellung von Kompetenzen anhand der Deskrip-toren und hat sich die Aufgabe gestellt, zu ermitteln, inwiefern durch diese Ressourcen Kompetenzen repräsentiert werden können bzw. ob durch das Zusammenspiel von Kompetenzen und Ressourcen die erstellten Aufgaben erfüllt werden können:

„Es geht darum, vermittels der erwähnten Simplifizierung zu versuchen darzustellen, in welcher Situation/ für welche Aufgabe eine gegebene Kompetenz 'lösungsträchtig' ist; sodann darum, einige einleuchtende Beispiele hierfür anzuführen. Schließlich ist zu überprüfen, ob und inwieweit das Diptychon aus Kompetenzen und Ressourcen greift" (RePA: 35).

2.4.2.2 Interkulturelle Kompetenz im RePA

Der im Jahr 2009 auf Deutsch erschienene Referenzrahmen für Plurale Ansätze zu Sprachen und Kulturen (RePA) bezieht vier didaktische Ansätze ein, nämlich: interkulturelles Lernen; Eveil aux langues- Ansatz[14]; Ansatz der Interkomprehension zwischen verwandten Sprachen; die integrierte Fremdsprachendidaktik. In Anlehnung an die im letzten Kapitel behandelte Kompetenzdiskussion führt RePA die für die Entwicklung der Kompetenz geforderten Ressourcen auf, indem sie durch Rückgriff auf diese vier plurale Ansätze aufgebaut werden.

---

[14] die Sensibilisierung für sprachliche und kulturelle Diversität.

Die detaillierte Auflistung kognitiver, affektiver und sozialer Kompetenzziele in den Bereichen Mehrsprachigkeit und Interkulturelles bzw. Transkulturelles Lernen entspricht nach Schröder-Sura (2019: 92) den Prinzipien des kompetenzorientierten Fremdsprachenunterrichts. Die Umsetzung der dargestellten Deskriptoren erfordert, die Ansätze und Unterrichtsverfahren im Sprachunterricht zu kombinieren und integriert zu nutzen. Das Ziel des RePA besteht darin, Sprachbewusstheit und Sprachlernkompetenz durch Synergien der verwandten Sprachen und der schon erworbenen Sprachen zu fördern und die mehrsprachige funktionale kommunikative Kompetenz und die interkulturelle kommunikative Kompetenz zu steigern (vgl. ebd.).

Im Sprachenunterricht soll daher nicht nur das Vermitteln des sprachlichen und kulturellen Wissens im Mittelpunkt stehen, sondern es wird angestrebt, persönlichkeitsbezogene Perspektiven, wie Einstellungen, Überzeugungen und Wertvorstellungen zu thematisieren. Alle im RePA auf kulturelle Aspekte bezogene Ressourcen sind mehrheitlich inter- bzw. plurikulturell ausgerichtet und decken mehrere Dimensionen der interkulturellen kommunikativen Kompetenz ab. Die Ressourcen nehmen Bezug sowohl auf allgemeine kulturelle Erscheinungen, auf vergleichende Aspekte von Kulturen als auch auf das interkulturelle Handeln (vgl. ebd.). Diese kulturell bezogene Dimension des interkulturellen Lernens wird mit dem Bereich *savoir* (K) im RePA beispielsweise mit folgenden Deskriptoren beispielsweise erfasst:

„Wissen, dass Kulturen zumindest teilweise die Wahrnehmung/ die Weltsicht/ die Gedanken der Menschen bestimmen/ordnen (K8.6)" (RePA 2009: 51)

„Wissen, dass Kultur Einfluss auf Verhaltensweisen/ soziale Praxen/ individuelle Werte (persönliche/ und die der anderen) nimmt (K 8.7)" (ebd.)

„Einige Merkmale der eigenen Kultur in Bezug auf bestimmte soziale Praxen/ Bräuche anderer Kulturen kennen (K 8.7.2)" (ebd.)

„Wissen, dass die Interpretation, die andere über unsere Verhaltensweisen anstellen, anfällig dafür ist, anderes als unsere eigene zu sein (K 10.5)" (ebd.: 53)

Die persönlichkeitsbezogene Kompetenz im RePA bezieht sich auf die unterschiedlichen Ebenen bei der Begegnung mit Sprachen und Kulturen. Im RePA charakterisiert sich die Beschreibung solcher Kompetenz durch die von niedrigen bis zu höheren Anforderungen an Persönlichkeit. Diese persönlichkeitsbezogene Kompetenz erfasst RePA mit den Deskriptoren von Aufmerksamkeit, Sensibilität, Neugier, Akzeptanz, Aufgeschlossenheit von Sprachen und Kulturen; Bereitschaft, Motivation, Wille, Wunsch zu Handeln in Bezug auf sprachliche und kulturelle Vielfalt; Hinterfragung der kulturellen Praxen sowie Wille zur Anpassung. Die dem Byramschen Modell auf der Ebene *savoir être* entsprechenden Deskriptoren sind beispielsweise:

„Aufmerksamkeit für verbale und nonverbale kommunikative Zeichen (A-1.1)" (RePA 2009: 66)

„Sensibilität sowohl für die Unterschiede als auch für die Gemeinsamkeiten verschiedener Sprachen/ Kulturen (A-2.4)" (ebd.: 67)

„Bereitschaft/ Motivation/ Wille/ Wunsch zu handeln in Bezug auf Sprachen und auf sprachliche und kulturelle Vielfalt" (ebd.: 72)

„Wunsch, sich der Herausforderung der sprachlichen/ kulturellen Vielfalt zu stellen (in dem Bewusstsein, über die bloße Toleranz hinwegzuschreiten, und damit tieferes Verständnis, Respekt und Akzeptanz zu erreichen)" (A-8) (ebd.)

Die der Ebene *savoir être* zugeordneten Deskriptoren beziehen sich darüber hinaus auf Einstellung und Haltungen, insbesondere auf Hinterfragung- Distanzierung- Perspektivenwechsel und Relativierung, was Byram in seinem Modell als die Dimension des kritischen kulturellen Bewusstseins darstellt. RePA listet beispielsweise folgende Deskriptoren in der Dimension *savoir être* auf:

„Bereitschaft, die Werte, auf die kulturelle Praxen und Produkte der eigenen Umgebung aufbauen, zu hinterfragen (A-9.3)" (RePA 2009: 74).

„Fähigkeit, sich von den Informationen und Meinungen der Gesprächspartner über ihre Gemeinschaft/ die eigene Gemeinschaft zu distanzieren (A-9.3.1)" (ebd.)

„Wille, die Vorurteile gegenüber anderen Sprachen/ Kulturen und ihren Sprechern / Mitgliedern zu bekämpfen (abzubauen/ zu überwinden) (A-11.3)" (ebd.)

„Bereitschaft zu einem sprachlichen/ kulturellen Perspektivenwechsel/ Relativierungsprozess (A-12)" (ebd.: 76)

„Bereit sein, seine eigenen kulturellen Ansichten zu relativieren, und gleichzeitig berücksichtigen, dass diese Haltung Folgen für die Wahrnehmung der kulturellen Phänomene haben kann (A-12.1)" (ebd.)

Der Bereich „Fertigkeiten und prozedurales Wissen" *savoir faire* wird durch die Deskriptoren mit den Schwerpunkten „bestimmte kulturelle Phänomene beobachten, analysieren, identifizieren, vergleichen; interagieren können" (RePA 2009: 90) gekennzeichnet. Die auf interkulturelle kommunikative Kompetenz bezogenen Deskriptoren sind beispielsweise zu erwähnen:

„kulturell bedingte Missverständnisse analysieren können (S-1.8)" (RePA 2009: 91)

„Interpretationsschemata (Stereotypisierungsschemata) analysieren können (S-1.7)" (ebd.)

„kulturbedingte Vorurteile identifizieren können (S-2.11)" (ebd.: 93)

„soziolinguistische/ soziokulturelle Unterschiede beim Kommunizieren berücksichtigen können (S-6.3)" (ebd.: 98)

Diese im RePA aufgelisteten Deskriptoren können nicht nur bei der Festlegung von Lernzielen und Unterrichtsplanung, sondern auch bei der Erstellung von Materialien und in der Curriculumentwicklung helfen (vgl. Melo-Pfeifer; Reimann 2019: 15). Diese meine Arbeit im empirischen Teil lehnt sich an solche mit dem Ansatz interkulturelles Lernen verbundenen Deskriptoren auf drei Dimensionen zur Bestimmung von Lernzielen an.

2.4.3   Interkulturelle Kompetenz bei den Bildungsstandards der KMK

Dem Erwerb interkultureller Kompetenzen wird eine übergeordnete Wertigkeit in den Bildungsstandards im schulischen Fremdsprachenunterricht zugewiesen. Dieses Kapitel untersucht interkulturelle Kompetenz bei den Bildungsstandards der KMK in Deutschland.

In Berlin wurde im Jahr 2002 für den Französischunterricht in der Sekundarstufe I die interkulturelle Handlungsfähigkeit zum Leitziel des Fremdsprachenunterrichts erhoben. Dabei wurden auch in Anlehnung an den GeR Empfehlungen zur Unterrichtsgestaltung und Leistungsbeurteilung für den Fremdsprachenunterricht erteilt. Im Jahr 2003 wurden Bildungsstandards für die erste Fremdsprache für den Mittleren Schulabschluss durch die KMK etabliert. Die KMK orientiert sich an den im GeR genannten Fertigkeiten zur interkulturellen Kompetenz und unterscheidet zwischen drei Bereiche, die den Kategorien *savoir, savoir être, savoir* faire zugeordnet werden können:

1. „Thematisches soziokulturelles Orientierungswissen für fremdsprachliches kommunikatives Handeln
2. Fähigkeiten im Umgang mit kultureller Differenz: Umgang mit Stereotypen, Erkennen von eigen- und fremdkulturellen Eigenarten, Fähigkeiten zum Perspektivwechsel

3. Strategien und Fertigkeiten zur praktischen Bewältigung interkultureller Begegnungssituation – Umgang mit Missverständnissen, mit schwierigen Themen und Konfliktsituationen" (KMK 2004: 08).

Grünewald (vgl. 2012: 56) kritisiert, dass die Darstellung der interkulturellen Kompetenz in durch die KMK nicht die Komplexitäten und Mehrdimensionalität der IK abdeckt. Zwar sind diese Aspekte in Bezug auf IK in drei Dimensionen verortet, aber sie sind ungenau dargestellt: Erstens richtet sich *savoir* hier auf soziokulturelles Orientierungswissen in Bezug auf Zielkulturen und legt nur geringen Wert auf kulturübergreifende Dinge. Zweitens werden die affektiven Komponenten nur von der Fähigkeit des Perspektivwechsels bestimmt, die im Byramschen Modell dargestellten affektiven Komponenten, wie Neugier, Offenheit, Interesse, die gerade für Jugendliche wichtig sind, werden durch die KMK nicht berücksichtigt. Drittens sind die Strategien als Orientierung zur Bewältigung der interkulturellen Situation nicht erwähnt.

Erwähnenswert erscheint mir, dass Caspari (2010: 106) die EPA (die einheitlichen Prüfungsanforderungen für die Abiturprüfung von KMK 2004) untersucht und den Schluss zieht, dass die Autoren der EPA das gesicherte landeskundliche Wissen als die Basis interkultureller Kompetenz betrachtet und differenziert ausführt. Die gesicherten landeskundlichen Kenntnisse beziehen sich darauf, dass die Schüler sich mit Situations- und Themenfoldern des Alltags auseinandersetzen und das öffentliche Leben bzw. den gesellschaftlichen und historischen Kontext der Bezugskulturen kennenlernen. Außerdem bezieht die EPA die anderen Aspekte wie etwa „Umgang mit kultureller Vielfalt " und die „interkulturelle Kommunikation" zwar mit ein, diese Aspekte werden aber vom landeskundlichen Wissen her definiert und bleiben daher vage (vgl. ebd.: 108).

Die KMK (2012) verwendet den Begriff interkulturelle kommunikative Kompetenz und versteht sie als „Verstehen und Handeln in Kontexten, in denen die Fremdsprache verwendet wird". Die Kontexte beziehen sich einerseits auf „die in fremdsprachigen und fremdkulturellen Texten enthaltenen Informationen, Sinnangebote und Handlungsaufforderung", andererseits auf das Reflektieren über diese in ihrem eigenen kulturellen gesellschaftlichen Kontext. Hierbei sollen funktionale kommunikative Kompetenz, Sprachbewusstheit und Text- und Medienkompetenz zusammengewirkt werden. Außerdem wird eine kritische Sichtweise beim Umgang mit den Texten vorausgesetzt, wobei die Schüler die Texte nicht vorschnell bewerten und Empathie zu ihrer eigenen kulturellen Prägung entwickeln sollen. Daher versteht die KMK (2012) interkulturelle kommunikative Kompetenz als den Prozess interkulturellen Verstehens und Handelns, die auf dem Zusammenspiel von Wissen, Einstellungen und Bewusstheit beruht

(vgl. KMK 2012: 16). KMK (2012) führt die Aspekte „Umgang mit kultureller Vielfalt" und „interkulturelle Kommunikation", die in KMK (2004) nur vage
behandelt werden, genauer aus. Die folgenden Darstellungen werden erläutert:

- „Wert, Haltungen und Einstellungen ihrer zielsprachigen Kommunikationspartner
  erkennen und unter Berücksichtigung des fremdkulturellen Hintergrundes einordnen.
- Fremde und eigene Werte, Haltungen und Einstellungen im Hinblick auf interna-
  tional gültige Konventionen (z. B. die Menschenrechte) einordnen.
- Sich trotz des Wissens um die eigenen begrenzten kommunikativen Mittel auf
  interkulturelle Kommunikationssituationen einlassen und ihr eigenes sprachliches
  Verhalten in seiner Wirkung reflektieren und bewerten.
- Auch in für sie interkulturell herausfordernden Situationen reflektiert agieren,
  indem sie sprachlich und kulturell Fremdes auf den jeweiligen Hintergrund beziehen und sich konstruktiv-kritisch damit auseinandersetzen" (KMK 2012: 17).

Interkulturelles Lernen im Deutschunterricht in China

3

3.1 Entwicklung der Germanistik in China

Die Einrichtung der ersten Deutschsprachschule in der chinesischen Geschichte lässt sich auf das Jahr 1871 – während der Herrschaft der Qing-Dynastie (1644–1911) – zurückführen. Seit dem Opiumkrieg (1839–1842) wurde China nach der Niederlage gegen die eingedrungenen europäischen Mächte gezwungen, die zwei Verträge von Nanjing (1842) und Tianjin (1858) zur Öffnung von Häfen entlang der Küste abzuschließen (vgl. Hernig 2000: 129). Die erzwungene Öffnung Chinas erforderte die Ausbildung von Dolmetschern für den diplomatischen Dienst. Im Jahr 1862 wurde in Peking die erste staatliche Fremdsprachenschule mit den Namen Tongwenguan gegründet, wo zunächst nur Englisch unterrichtet und ab dem Jahr 1872 Deutsch mit Schwerpunkt Dolmetscherausbildung eingeführt wurde (vgl. ebd.).

In Befolgung der Empfehlung des deutschen Sinologen Alfred Forke wurde im Jahr 1903 eine deutsche Hochschule in der deutschen Kolonialstadt Qingdao gegründet, wo sich die Fakultäten vor allem zur Naturwissenschaft ausrichteten. Die Einrichtung eines Germanistik- Studiengangs auf einer chinesischen Universität – die Peking Universität – erfolgte erst im Jahr 1919. Der Studienaufbau bestand aus einer zweijährigen Sprachausbildung und einem zweijährigen Studium der Literaturwissenschaft (vgl. ebd.: 3 f.).

In den 30er Jahren unter dem Regime der Guomindang war Germanistik als Institution an den Universitäten verschwunden, mit der Gründung der Volksrepublik China im Jahr 1949 etablierte sich die Germanistik jedoch endgültig als Institution an vier Hochschulen. An der Fremdsprachenhochschule Peking (1949), der Universität Nanjing (1952), der Universität Peking (1952) und der Fremdsprachenhochschule Shanghai (1956) wurden die ersten Germanistik-Abteilungen

M. Wang, *Die Förderung interkultureller kommunikativer Kompetenz im aufgabenorientierten Deutschunterricht mit chinesischen Studierenden*, https://doi.org/10.1007/978-3-662-67102-3_3

eingerichtet (vgl. Hernig 2000: 129). Im Zuge der Öffnungspolitik von 1978 an
führten etwa 20 Hochschulen in zehn chinesischen Großstädten Germanistik als
Hauptfach ein. Mit der schnellen Entwicklung dieses Studiengangs wurden zwei
Rahmenpläne durch die Zusammenarbeit des Goethe-Instituts und des deutschen
Akademischen Austauschdienstes (DAAD) anhand einer empirischen Untersuchung festgelegt, nämlich: ein zweijähriges auf Sprachvermittlung fokussiertes
Grundstudium und ein zweijähriges an fachlichen Inhalten wie Linguistik, Literaturwissenschaft, Geschichte und technik- und wirtschaftsbezogenen Aspekten
orientiertes Hauptstudium (vgl. ebd.: 6). Dabei betrugen die Sprachkurse 14–16
Wochenstunden und sollten eine hinreichende Entwicklung der Sprachfertigkeiten Hören, Sprechen, Lesen, Schreiben und Übersetzen gewährleisten, während
das Hauptstudium aus 11–19 Wochenstunden bestand. Seit dem Jahr 2000 wuchs
die Zahl der Universitäten und Hochschulen für Technologie und Ingenieurwis-
senschaften, an denen ein Germanistikstudiengang eingerichtet wurde, auf 151
an.

3.2   Interkulturelle Orientierung beim Germanistikstudium in China

Im Jahr 1995 wurde die „China Association for Intercultural Communication"
gegründet. Seitdem gilt die Erforschung interkultureller Kommunikation in China
als ein wichtiges Feld und es sind diesbezüglich zahlreiche Artikel publiziert
worden. Im Jahr 2004 wurde das Curriculum für Germanistik an Hochschulen neubearbeitet, wobei das Curriculum das alte Grund- und Aufbaustudium
nicht als getrennt, sondern als Ganzes betrachtet und das interkulturell orientierte
Fremdsprachenlernen mit einbezieht. Dabei wird eine Förderung sprachlicher
Kommunikationsfähigkeit und interkultureller Kommunikationsfähigkeit der Studenten zum Ziel erklärt. Weiterhin wird in den Lehrveranstaltungen empfohlen,
dass sich Studenten für kulturelle Unterschiede und Gemeinsamkeiten durch den
gezielten Vergleich der chinesischen und deutschen Kultur sensibilisieren und
dass sie darüber hinaus tolerant und flexibel mit den kulturellen Unterschieden
umgehen. Nicht zuletzt sollten sich Studenten umfassend über die Kultur, Politik,
Diplomatie und die Wirtschaft sowohl in deutschsprachigen Ländern als auch in
China informieren bzw. Kenntnisse aneignen. Im Vergleich zu den alten Curri-
cula wurde im neuen Curriculum interkulturell orientierten Lerninhalten viel mehr
Gewicht beigemessen (vgl. Anleitungskomitee für Germanistik an chinesischen
Hochschulen 2006; zitiert nach Pan 2008: 168). Jedoch fehlen einerseits den

Hochschuldozenten die Kenntnisse der Didaktik und Methodik über interkulturelle Thematiken im Fremdsprachenunterricht, was dazu führt, dass die Vorgaben über interkulturelle Aspekte im Curriculum nicht erfüllt werden. Andererseits widmeten sich die Hochschuldozenten und –professoren, von denen die meisten auf Linguistik spezialisiert waren, in geringerem Maße interkulturell bezogenen Themen. Infolgedessen fokussierten sich die meisten publizierten Aufsätze eher auf kontrastive Linguistik (vgl. Pan 2008: 152 f.). Interkulturelle Kommunikation bzw. interkulturelle Kompetenz werden überwiegend im chinesischen Germanistikstudium im Rahmen der Linguistik und Literatur sowie Landeskunde diskutiert. Die empirischen Forschungen über interkulturelle Kommunikation richten sich auf Bedarfsanalyse über interkulturelle Kompetenz in den chinesischen und deutschen Unternehmen (Pan 2008, Qian 2012, Chen 2016), Analyse des Chinabildes in deutschen Medien (Zhao: 2010), Analyse des Chinabildes und Deutschlandbildes in Lehrwerken (Wang: 2018). Die empirische Forschung über interkulturelles Lernen im Deutschunterricht in China kommt nicht zustande.

Nach Pan (2008: 155) gibt es in China sechs Lehrwerke, die für interkulturelle Kommunikation konzipiert worden sind und für den Deutschunterricht zum Einsatz kommen. Diese sechs Lehrwerke sind die folgenden:

- Du, Ruiqing et al. (2004): Ausgewählte Texte zur Interkulturellen Kommunikation, Xi'an.
- Hu, Wenzhong (1999): Einführung in die Interkulturelle Kommunikation, Beijing.
- Lin, Dajin (1996): Die Forschung über Interkulturelle Kommunikation – Anleitung zum Umgang mit Briten und US-Amerikanern.
- Linell, Davis (2001): Die chinesische und westliche Kultur.
- Tang, Degen (2000): Die Lehre über die Interkulturelle Kommunikation.

Die unlängst konzipierten Lehrwerke, die an den chinesischen Universitäten eingesetzt worden sind, schließen die folgenden Bücher ein:

- Wu, Lili (2018): Einführung in die interkulturelle Kommunikation für chinesische Germanistikstudierende.
- Jia, Jinwen (2018): Chinesisch-deutsches Konsekutivdolmetschen – Ein Lehrwerk aus interkultureller Perspektive für Fortgeschrittene.

3.3   Probleme beim Ausrichten eines interkulturell orientierten Deutschunterrichts in China

Wie bereits ausgeführt wurde, ist die interkulturelle kommunikative Kompetenz in den vergangenen 20 Jahren sowohl in China als auch in Deutschland vielfach in das Zentrum der Diskussion gerückt worden, und zwar sowohl auf der Landesebene (Globalisierung, Migrationshintergrund als gesellschaftlicher Wandel, Chinas „one belt one road"[1]) als auch auf institutioneller Ebene (Schule, Hochschule, internationale Unternehmen usw.). Jedoch ist die Förderung interkultureller kommunikativer Kompetenz wegen zu vage definierter Lernziele im Curriculum und fehlender Methodik- und Didaktikkompetenz beim Gestalten eines interkulturell orientierten Deutschunterrichts an chinesischen Hochschulen kaum umgesetzt worden. Diese meine Arbeit möchte versuchen, Lernziele für den interkulturell orientierten Deutschunterricht unter Berücksichtigung des chinesischen Curriculums beim Germanistikstudium und mithilfe der in den letzten Kapiteln erläuterten Modelle, Modellierung und Deskriptoren festzulegen.

Folgende Aspekte sollen beim Festlegen der Lernziele der interkulturellen kommunikativen Kompetenz berücksichtigt werden, nämlich: 1. Die sprachliche Kompetenz der Germanistikstudierenden 2. Der Lernstil der chinesischen Studierenden 3. Die Einschränkung wegen der chinesischen politischen Situation für den interkulturell ausgerichteten Deutschunterricht.

Lernverhalten bzw. Lernstil der chinesischen Studierenden unterscheiden sich nach Luo (2015) von dem der deutschen Studierenden. Da chinesische Germanistikstudierende die Zielgruppe des empirischen Teils sind, sollte der Lernstil in den Blick der Dozenten gefasst werden. Darauf gehe ich im nächsten Kapitel näher ein.

3.3.1   Lernverhalten der chinesischen Studierenden

Im Mittelpunkt des Byramschen Modells steht politische Bildung für kritisches kulturelles Bewusstsein. Wenn man das Byramsche Modell im Deutschunterricht verwendet, sollte man die chinesische Bildungspolitik mit berücksichtigen. Das Bildungsziel des kritischen kulturellen Bewusstseins wird allerdings nicht von der chinesischen Bildungspolitik angestrebt, und daher wird oft der Eindruck seitens

---

[1] "One belt, one road" bzw. neue Seidenstraße bezieht sich auf die seit 2013 konzipierten Projekte zum Auf- und Ausbau interkontinentaler Handels- und Infrastrukturnetze zwischen China und über 60 Ländern.

der Hochschuldozenten in Deutschland von chinesischen Studenten vermittelt,
dass sie nicht kritisch denken und sich selten im Unterricht zu Wort melden.
Offensichtlich unterscheiden sich die „Lernstile[2]" der chinesischen Studenten von
denen der deutschen Studenten. Jedoch sollten diese Eindrücke unter der Lupe
betrachtet werden, indem man hinterfragt, was versteht man eigentlich unter kri-
tischem Denken, bzw. ob das Verhalten bei der Wortmeldung im Unterricht etwas
mit Persönlichkeit zu tun hat?

Bei dem Versuch, die Lernstile der chinesischen Studenten zu ermitteln, lehnt
sich meine Arbeit an die Forschungsergebnisse von Luos Dissertation (2015) an.
Die von Luo (vgl. 2015: 150 f.) empirisch untersuchten Kategorien, die Lernstile,
Lernverständnis, Lernbedarf, Lernmotivation sowie Lernverhältnis zu Dozenten
umfassen, können als eine allgemeine Orientierung verwendet werden.

Luo (2015: 150) fasst die unterschiedlichen Lernverständnisse von chinesischen und deutschen Probanden wie folgt zusammen:

> „Die chinesischen Probanden tendieren dazu, Lernen als eine Art moralische Erzie-
> hung aufzufassen, in der der Weg zur Weisheit zu finden ist. Nach ihnen dient das
> Lernen in erster Linie dem realen Leben bzw. sozialen Zwecken. Im Vergleich dazu
> verstehen deutsche Probanden Lernen eher als einen kognitiven Prozess, in dem
> Meinungen gebildet und ausgetauscht werden, wodurch sich auch die persönliche
> Entwicklung vollzieht"

Eine solche moralische Erziehung lässt sich auf „Su zhi 素质-Bildung"[3] als Bildungsziel im 21. Jahrhundert zurückführen. „Su zhi 素质-Bildung" bezieht sich

---

[2] Seit den 80er Jahren beschäftigten sich Forscher (Curry 1983; Keefe und Ferrell 1990;
Sternberg und Grigorenko 2001; Caoffield et al. 2004) mit den Typologien der Lernstil-
ansätze. In den Ausbildungsbereichen werden hauptsächlich die Ansätze von Kolb (1984;
2001) und Dunn und Dunn (1990; 1995) angewendet. Kolb umfasst Lernstile in vier Kategorien, „Divergierer, Assimilierer, Konvergierer und Akkommodierer". Dunn und Dunn
beschreibt Lernstil auf den Ebenen „Environmental, Emotional, Sociological, Physiological
und Psychological".
  Aguado und Riemer betonen, dass der im Rahmen der Sozialisation erworbene Lernstil
im Fremdsprachenunterricht berücksichtigt werden soll: „Lernende kommen nicht als tabula
rasa in den Fremdsprachenunterricht, sie bringen vielmehr ihren Lernertyp, ihren Lernstil,
ihre Lernerfahrungen und damit auch ihre Lernstrategien in den Lernprozess ein" (Aguado,
Riemer 2010: 850).

[3] Die Suzhi素质-Bildung lässt sich auf „Bildungsrevolution und Rahmen für Entwicklung in
China" im Jahr 1993 zurückführen, indem das Bildungskonzept von dem Abzielen auf „das
fachliche Intelligenztesten" zum Heranbilden der Persönlichkeit der Menschen im Bereich
der moralischen, kulturellen, technologischen, und psychologischen Bildung geführt wurde.

nicht nur auf die Wissensebene, sondern auch auf die Persönlichkeitsbildung und bezeichnet Weisheit als Eigenschaft der vollkommenen Persönlichkeit.

Die Förderung interkultureller kommunikativer Kompetenz lässt sich in drei Dimensionen verorten und deren Lernziele, insbesondere die persönlichkeitsbezogenen Lernziele, können bis zu einem gewissen Grade mit den Lernzielen der Su zhi 素质-Bildung gleichgesetzt werden. Dies lässt sich an dem Lernbedarf der chinesischen Studenten nachweisen. Luo (ebd.: 151) zieht in seiner Befragung des Lernbedarfs chinesischer Studenten den Schluss: während deutsche Probanden mehr aus Interesse lernen, streben chinesische Befragte eher nach Vervollkommnung der Lernmoral und des Selbstmanagements, um eine hohe Leistung zu erzielen.

Im Hinblick auf die Lernmotive nannten die chinesischen Probanden Wissensaneignung, Kompetenzentwicklung, berufliche Qualifikation, Interesse sowie persönliche Entwicklung als Hauptlernmotive. Pans Dissertation (2008) zufolge wird interkulturelle kommunikative Kompetenz als eine der wichtigsten Berufsqualifikationen durch die internationalen Unternehmen gefordert, und daher sollten die Studenten eine starke Motivation zur Entwicklung der interkulturellen kommunikativen Kompetenz besitzen.

Im Allgemeinen charakterisiert sich die Beziehung zwischen chinesischen Dozenten und Studenten durch ein hierarchisches Rollenverhältnis: Die chinesischen Studenten gewöhnen sich daran, ihren Dozenten zu respektieren bzw. ihnen zu gehorchen (vgl. Luo: 151). Wegen dieses hierarchischen Rollenverhältnisses ist es für den Lehrenden in einem interkulturell orientierten Unterricht didaktisch wichtig zu wissen, wie man die Studierenden motivieren oder Kommunikationsanlässe schaffen kann, um ihre eigenen Erfahrungen in den Unterricht einzubringen, und darüber hinaus ihre eigenen kulturellen Praxen und Produkte kritisch zu hinterfragen.

Dieses Konzept wurde auch im Jahr 1998 durch Anleitungskommission für Fremdsprachenstudien an chinesischen Hochschulen eingeführt. Die Bildungsziele für Fremdsprachenstudien bestehen in den fundierten Sprachfertigkeiten, breit gefächertem Allgemeinwissen, Fachwissen, starken Kompetenzen und Suzhi-Bildung (vgl. Pan 2008: 162).

Aufgaben im interkulturell orientierten Fremdsprachenunterricht

4

Im Fremdsprachenunterricht werden sprachliche Lernziele durch Aufgaben realisiert, da Aufgaben Sprachlernaktivitäten, nämlich „Ergebnis eines sozialen und interaktiven Prozesses" sind. Aufgaben richten sich nämlich auf die Aktivitäten, die man mit der Fremdsprache in der sozialen Wirklichkeit durchführen soll.

Eine Förderung der interkulturellen kommunikativen Kompetenz im Unterricht soll durch Aufgaben gesteuert werden. Nun besteht die Frage darin, durch welche Aufgaben kann IKK entwickelt werden. Um dieses Lernziel umsetzen zu können, geht diese Arbeit demnächst auf die Diskussion über den didaktischen Ansatz *Task based language learning* in der Fremdsprachendidaktik ein, da dieser Ansatz „einen für die Lernenden subjektiv plausiblen thematischen Anknüpfungspunkt in der Lebenswelt der Lerner" (Funk 2013: 298) betont und somit durch Unterrichtsaktivitäten die Lernenden zu den persönlichen Meinungsäußerungen, Gefühlsausdrücken und anregt, was für interkulturelles Lernen bedeutsam ist.

4.1 Task based language learning (TBLL) und Aufgabenorientierung

Task-based language learning (TBLL)[1] als Konzept wurde Ende der 1970er Jahre entwickelt, um die Anwendung der Sprache im Unterricht zu realisieren, sodass

---

[1] Im fremdsprachlichen Diskurs werden auch task-based learning (TBL) (Willis1996, Caspari 2006), task-based language teaching (TBLT) (Van der Branden/Bygate/Norris 2009), task-based teaching (TBT) (Willis/Willis 2007), task-based language learning and teaching (TBLLT) (Ellis 2003), task-based language teaching and learning (TBLTL) (Nunan 2004), task-based education (TBE) (Van der Branden 2006) und task-supported language teaching (TSLT) verwendet.

M. Wang, *Die Förderung interkultureller kommunikativer Kompetenz im aufgabenorientierten Deutschunterricht mit chinesischen Studierenden*, https://doi.org/10.1007/978-3-662-67102-3_4

„der Klassenraum vom reinen Lernraum zu einem ‚Aktionsraum' umgewandelt wird" (vgl. Bär 2013: 8). Im Unterricht werden Anwendungssituationen simuliert, um „die spätere Bewältigung von Realsituationen außerhalb des Klassen- und Lernkontexts" (ebd.) zu fördern. TBLL zielt darauf ab, Bedeutungsaspekte von Sprache zu fokussieren und die Lernenden dafür zu sensibilisieren, selbst zielsprachlich zu kommunizieren und zu agieren (vgl. Mertens 2010: 7).

Das Konzept TBLL geht – dem deutschen Begriff „aufgabenorientiertes Lernen" bzw. „Aufgabenorientierung" entsprechend – auf die Beiträge von Candlin und Murphy (1987) und Nunan (1989) auf Basis des kommunikativen Ansatzes im englischsprachigen Raum zurück. Ab Ende der 1990er Jahre verstärkten Willis (1996), Skehan (1998), Ellis (2003) und Nunan (2004) diesen Ansatz als Forschungsgegenstand der englischen Zweitsprachenforschung und widmeten ihre Aufmerksamkeit außerdem auf „angemessene [n] und weltweit verbreitete [n] Sprachlernansatz zur Vermittlung von Fremdsprachen von der Grundschule bis zur Erwachsenenbildung" (Müller-Hartmann/ Schocker-von Ditfurth 2010: 203). In Deutschland gewann dieser Ansatz durch die Publikationen von Müller-Hartmann und Schocker-von Ditfurth zunehmend an Aufmerksamkeit, darauf gehe ich im nächsten Kapitel näher ein.

In den 70er Jahren vollzog sich ein didaktischer Paradigmenwechsel, der durch die Publikationen[2] von Hans-Eberhard Piepho und Michael Legutke ausgelöst wurde, wobei die nach dem behavioristischen Denkmodell konzipierten Übungsformen sich umorientiert haben hin zu den kommunikativen sprachhandelnden Aufgabenformen (vgl. Müller-Hartmann; Ditfurth 2003: 4). Im deutschsprachigen Forschungskontext vertreten vor allem Michael Legutke sowie Andreas Müller-Hartmann und Marita Schocker das Konzept der Aufgabenorientierung.

„Dass das Konzept der Aufgabenorientierung [...] erst in den 1990er Jahren eine größere Verbreitung und Intensivierung erfuhr, dürfte vor allem mit der zunehmenden Unzufriedenheit an der real existierenden Praxis des kommunikativen Fremdsprachenunterrichts zusammenhängen. [...] Im Zusammenhang mit Forderungen nach Individualisierung, Schülerorientierung, Prozessorientierung, Handlungsorientierung, Autonomieförderung und Ganzheitlichkeit verheißt der aufgabenorientierte Ansatz die Möglichkeit, diese zentralen Prinzipien modernen Fremdsprachenunterrichts besser zu verwirklichen" (Caspari 2006: 33).

---

[2] Michael Legutkes Dissertation *Kommunikative Kompetenz als übergeordnetes Lernziel im Englischunterricht der Sekundarstufe 1* (1974); *Kommunikative Didaktik des Englischunterrichts (1979).*

Der gemeinsame europäische Referenzrahmen widmet seine Aufmerksamkeit auch diesem Ansatz. Sprachverwendende und Sprachenlernende sollten als „sozial Handelnde" betrachtet werden, indem sie kommunikative Aufgaben im Rahmen des sozialen Kontexts bewältigen sollen (vgl. Council of Europe 2001: 21). Nach Funk (Funk 2006: 52) wurde das Konzept der Aufgabenorientierung einhergehend mit dem kommunikativen Ansatz mehr als 30 Jahre in den Blick der theoretischen Diskussion gerückt und im Zusammenhang mit Aufgabe im Sinne von pädagogischer Sicht in letzten Jahren erneut diskutiert:

> „Das Konzept der Aufgabenorientierung gehört seit mehr als 30 Jahren zum didaktisch-methodischen Inventar des kommunikativen Ansatzes. Bemerkenswert und neu ist in letzten Jahren lediglich die Wiederentdeckung, Erforschung und Weiterentwicklung des Begriffs der *task* bzw. Aufgabe als Ausdruck einer verstärkten Hinwendung der Linguistik zur fremdsprachenpädagogischen Praxis, zur Frage der konkreten Lerntätigkeit im Unterricht und deren Steuerung durch Impulse durch Lehrende und Unterrichtsmaterial " (Funk 2006: 52).

4.2   Definition von Aufgabe im Fremdsprachenunterricht

Der Erforschung von Aufgaben in der Fremdsprachendidaktik widmeten sich Long (1985; 2015); Prabhu (1987); Willis (1996); Ellis (2003); Nunan (2004); Samuda/ Bygate (2008); dabei möchten die Forscher die Merkmale der Aufgaben, die die Lernenden beim Zweitspracherwerb unterstützen, ermitteln. Im Kontext der Sprachpädagogik ist Lew Wygotskis[3] Theorie des Sprachlernens zu erwähnen: Wygotski geht davon aus, dass Sprachlernen ein Prozess des sozialen Lernens sei und im kulturellen und sozialen Kontext stattfinden solle, d. h. Lernende gelten als „*social being*" und rekonstruieren ständig ihre Identität bei den Prozessen des sprachlichen Handelns, daher soll „Aufgabe" kulturellen und sozialen Kontext schaffen (vgl. Müller-Hartmann; Schocker von Ditfurth 2011: 48).

Wie nun kann man Aufgabe definieren? Hermann Funk (vgl. Funk 2017: 11) geht vom Lernziel aus, nämlich: Wozu möchten die Lernenden eine Fremdsprache oder Zweitsprache lernen? Sollen die Lernenden eine Sprache erlernen, um sich im Zielland über etwas zu informieren oder sich mit anderen auszutauschen, dann sind Aufgaben die kommunikativen Lernziele des Fremdsprachenunterrichts. Jetzt

---

[3] Der belarussische Autor Lew Semjonowitsch Wygotski (1896–1934 [engl. Schreibung: Vygotsky]) lieferte Beiträge zur Theorie des Bewusstseins, zur Behindertenpädagogik, zum Verhältnis von Sprachenentwicklung und Denken und zur allgemeinen Entwicklungspsychologie des Kindes (vgl. wikipedia, s. n.).

muss sich der Lehrende überlegen, was im Fremdsprachenunterricht vorbereitet werden soll, um diese Lernziele zu erreichen? Funk veranschaulicht: „Um sie [d. h. die Aufgabe] zu lösen, brauchen wir Wörter, sprachliche Regeln, die Kenntnis von Textsorten und interkulturellem Verhalten ebenso wie landeskundliche Kenntnisse und die Fähigkeit zu flüssigem Sprechen und Schreiben. In den Aufgaben werden eine Vielzahl von Kenntnissen und Fertigkeiten integriert" (Funk 2017:11). Aufgaben beziehen sich daher auf all jene sprachliche Aktivitäten, die zum Verwirklichen der Lernziele dienen.

Um Aufgabe weiter zu definieren, stützt sich Ellis (2003: 9) auf Forschungen und die pädagogische Literatur und erfasst zentrale Dimensionen von Aufgaben: 1. the scope of a task; 2. the perspective from which a task is viewed; 3. the authenticity of a task; 4. the linguistic skills required to perform a task; 5. the psychological processes und cognitive processes involved in task performance; 6. the outcome of a task. Scope, d. h. Umfang, bezieht sich darauf, dass Aufgabe zur Sprachverwendung auffordern soll, z. B. kommt eine diesbezügliche sprachliche Verwendung zum Einsatz, wenn man etwas im Laden bestellen möchte. Hierbei fokussiert Ellis bei der Sprachverwendung auf die primäre Bedeutung (vgl. Ellis 2003: 5). Der zweite Aspekt besteht darin, zu ermitteln, aus welcher Perspektive die Aufgabe betrachtet werden soll. Aus der Perspektive der Aufgabendesigner (*task as workplan*) oder aus der Perspektive der Aufgabenerlediger (*task as process*). Diesen Unterschied betont Ellis, da es möglich sei, dass die erstellte Aufgabe eher auf eine bedeutungsfokussierte Sprachverwendung abzielt; jedoch könne bei den Lernenden auch unbeabsichtigt die formfokussierte Sprachverwendung sich als Resultat ergeben. Daher ist es wichtig, die Aufgabenanweisung so zu formulieren, dass sie den Kontext für die Aufgabenerlediger schafft und das Ergebnis der Aufgaben steuert (vgl. ebd.: f.). Beim dritten Aspekt handelt es sich um die Authentizität der Aufgabe. Ellis lehnt sich an die Publikation von Mike Long an (Long 2015: 108), wobei er die Authentizität der Aufgabe folgendermaßen beschreibt:

„a piece of work undertaken for oneself or for others, freely or for some reward. Thus, examples of tasks include painting a fence, dressing a child, filling out a form, buying a pair of shoes, making an airline reservation, borrowing a library book, taking a driving test, typing a letter, weighing a patient, sorting letters, making a hotel reservation, writing a cheque, finding a street destination and helping someone across a road. In other words, by "task" is meant the hundred and one things people do in everyday life, at work, at play, and in between. Tasks are the things they will tell you they do if you ask them and they are not applied linguists"

Unter dem vierten Aspekt versteht man, dass linguistische Fertigkeiten (Wörter, Grammatik, Redemittel usw.) beim Erledigen der Aufgaben trainiert werden sollen. Der fünfte Aspekt der Aufgabe umfasst die psychologische und kognitive Dimension beim Erledigen der Aufgabe. Die psychologische Dimension lässt sich auf Wygotskis „sociocultural theory" zurückführen. Dabei spezialisiert Wygotski auf den Spracherwerb im Zusammenhang mit psychologischer Entwicklung von Kindern durch soziale Interaktion und stellt folgende These auf: „thought has a social, external origin and that language functions as a tool in the development of individual cognition from this external origin" (Frawley/ Lantolf 1985: 19; zitiert nach Masuda/ Arnett 2015: 10). Wygotskis „sociocultural theory" prägt psycholinguistik und wurden von Lantolf und Frawley in 80er Jahren für die Entwicklung disbezüglicher Forschungsdesigns herangezogen.

Darüber hinaus fordert Prabhu, dass „Aufgaben" die Lernenden an kognitive Operationen heranführen soll: Beispielsweise sollen die Lernenden beim Erledigen der Aufgabe Begründungen vorlegen, einen Zusammenhang zwischen Informationsgaps konstruieren, Informationen selektieren, klassifizieren und evaluieren usw. (vgl. Ellis 2003: 8).

Der letzte Aspekt von Aufgabe sind die Ergebnisse. An dieser Stelle weist Ellis (vgl. ebd.) auf die Unterscheidung zwischen „Ergebnissen" und „Zielen" hin. Die Ergebnisse fokussieren darauf, ob die Lernenden Aufgaben erledigen. Im Unterschied dazu verweisen die Ziele der Aufgabe auf eine pädagogische Absicht. Ellis veranschaulicht dieses mit einem Beispiel: „learners performing a spot-the-difference task based on pictures may successfully identify the differences by simply showing each other their pictures, but because they have not used language to identify these differences the aim of the task will not have been met" (ebd.).

Nach dieser Diskussion definiert Ellis (Ellis 2003: 9) „Aufgabe" folgendermaßen:

„A task is an activity which requires learners to use language, with the emphasis on meaning, to attain an objective, and which is chosen so that it is most likely to provide information for learners and teachers which will help them in their own learning ". Die zentralen Merkmale der Aufgaben, im Rahmen des Fremdsprachenlernens, sind nach Ellis (2003: 9) durch sechs Eigenschaften gekennzeichnet:

- „A task is a workplan"
- „A task involves a primary focus on meaning"
- „A task involves real-world processes of language use"

- „A task can involve any of the four language skills"
- „A task engages cognitive processes"
- „A task has a clearly defined communicative outcome"

Diese von Ellis erfassten Merkmale der Aufgaben können den Lehrenden einerseits Orientierung beim Erstellen von Aufgaben anbieten, andererseits können die Lehrenden anhand dieser Merkmale die Qualität der Aufgaben evaluieren. Allerdings muss man auch die Altersgruppe von Zielgruppen berücksichtigen, da unterschiedliche Altersgruppen ein je unterschiedliches Sprachenlernverhalten an den Tag legen. In dem Zusammenhang ist Piagets Forschung (1932) über Sprache und Denken von Kindern erwähnenswert. Piaget (2009, Reprint des Drucks von 1932) hat die Verwendung der Sprache von Kindern und die Funktion der Sprache von Kindern in einer natürlichen Situation untersucht. Dabei klassifiziert Piaget die Funktion von Sprache von sechsjährigen Kindern in bestimmten Kategorien (wiederholen, Monologe halten, Informationen adaptieren, verspotten, befehlen, bitten und drohen). Solche Kategorien sind für Aufgabendesigner bedeutsam, da die Aufgaben einerseits kognitive Prozesse anregen, andererseits die Lernenden auch überfordern können.

Zusammenfassend lässt sich feststellen, dass Aufgaben eine wichtige Schnittstelle zwischen Unterrichtskonzepten und den kognitiven bzw. psychologischen Prozessen der Lernenden bilden. Obwohl die Prozesse grundsätzlich nicht von außen im Detail geplant und kontrolliert werden können, bestimmen die Lernenden beim Erledigen der Aufgaben mit vorgegebenen Themen und Zielen zumindest die fokalen Punkte und stoßen darauf bezügliche kognitive und psychologische Prozesse an (vgl. Kleppin 2010: 1167). Des Weiteren hebt Kleppin (vgl. ebd.) hervor, dass fremdsprachlicher Unterricht durch Aufgaben und deren Kontextualisierung und Inszenierung konkretisiert wird; insofern spielen Aufgaben beim Fremdsprachenunterricht eine wichtige Rolle, unabhängig davon, welches didaktische Konzept in ihm verfolgt werde, und mithin könne seine Qualität an ihnen gemessen werden.

4.2.1 Aufgabe vs. Übung vs. Zielaufgabe

Traditionell wird in der Fremdsprachendidaktik die Unterscheidung zwischen Aufgabe und Übung auf die zwischen Bedeutung und Form zurückgeführt. Während Aufgabe sich auf die primäre bedeutungsfokussierte Sprachverwendung konzentriert, steht die formfokussierte Sprachverwendung bei den Übungsaktivitäten im Mittelpunkt.

Widdowson (1998: zitiert nach Ellis 2003: 3) argumentiert allerdings, dass eine solche Differenzierung zu einfach sei, da die Lernenden sich sowohl bei den Aufgaben- als auch Übungsaktivitäten mit bedeutungs- und formfokussierter Sprachverwendung beschäftigen (vgl. Ellis 2003: 3). Andererseits haben auch Übungen kommunikative Ziele. Aus dem Grunde weist Widdowson darauf hin, dass die Differenzierung zwischen Aufgabe und Übung nicht auf Bedeutung und Form beschränkt sei, die Differenzierung sich vielmehr darauf richte, in welchem Umfang die bedeutungsfokussierte Sprachverwendung eine Rolle spielt. In diesem Sinne ist Widdowson der Meinung, dass sich Aufgabe auf die pragmatische Bedeutung, d. h. die Sprachverwendung auf der Kontextebene bezieht. Im Gegensatz dazu fokussiert Übung auch auf semantische Bedeutung; mithin hilft die semantische Erklärung beim Verständnis von Kontext (Widdowson 1998; zitiert ebd.).

Darüber hinaus bezieht Ellis einen anderen Aspekt mit ein: nämlich, ob die Lernenden an Aufgabe und Übung als Teilnehmer partizipieren. Beim Durchführen der Aufgabe gelten die Lernenden als Teilnehmer, weshalb sie an den kommunikativen Prozessen beteiligt sind. – Das Lernen in Aufgaben ereignet sich implizit und manchmal inzidentell. Im Unterschied dazu übernehmen die Lernenden bei den Übungsaktivitäten die Rolle als Lerner, nicht als „Teilnehmer", daher ereignet sich das Lernen in Übungen vorwiegend intentional (ebd.).

In der Fachliteratur wird zwischen Zielaufgabe und Aufgabe unterschieden: Zielaufgaben sind komplexe Lernaufgaben und können durch einzelne Aufgaben vorbereitet werden. Funk (2017: 11) veranschaulicht diese Unterscheidung mit einem Beispiel, nämlich: die Planung einer Klassenexkursion kann als eine komplexe Lernaufgabe gelten und in einzelnen Aufgabenschritten („Lesen und Auswerten eines touristischen Prospekts; Berichten über eine Sehenswürdigkeit; Erkundung der Öffnungszeiten; Lesen eines Fahrplans und Ausdrucken einer Verbindung; Erstellung eines Reiseprogramms") durchgeführt werden. Da eine Förderung der interkulturellen kommunikativen Kompetenz die Mobilisierung der kognitiven, sozialinteraktionalen, affektiven Fähigkeiten der Lernenden erfordert, sollen komplexe Lernaufgaben, also Zielaufgaben konzipiert werden.

Hallet (2006: 77) beschreibt die Beziehung zwischen kompetenzorientierten Zielaufgaben im Unterricht und in der Lebenswelt der Lernenden mithilfe folgender Grafik (Abbildung 4.1):

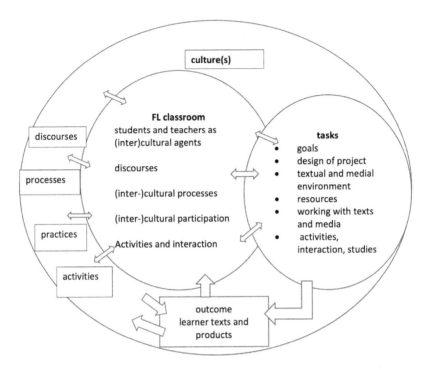

Abbildung 4.1 Tasks in kulturwissenschaftlicher Perspektive: Kulturelle Partizipation durch tasks

In dieser Grafik werden *tasks* als Zielaufgaben dargestellt, und sie beziehen sich auf die komplexen Interaktionen und Aushandlungsprozesse in den lebensweltlichen Situationen. In den Zielaufgaben sollen die Lernenden angeregt werden, an den realen kulturellen Diskursen und gesellschaftlichen Prozessen teilzunehmen. Um die Zielaufgaben zu erledigen, sollen Teilaufgaben, Aktivitäten, Übungen und Prozesse und Diskurse im Unterricht vorbereitet werden.

4.2.2 Aufgabentypen

Zur Veranschaulichung einer aufgabenorientierten Lehrwerk- und Stundenplanung fasst Funk (2013: 303) Aufgabentypen, -formen und die dazugehörigen Übungsformen in folgender Tabelle zusammen (Tabelle 4.1):

Tabelle 4.1 Aufgabentypen, -formen und Übungsformen nach Funk (2013: 303)

	Aufgabentyp	Aufgabenformen (Beispiele)	Übungsformen (Beispiele)
Lernfeld: Bedeutungsorientierte Textarbeit (*meaningful input*)	Aufgaben, die sich auf die Aufnahme, Verarbeitung und Sicherung sprachlicher Eingangsdaten aus Texten beziehen, die nicht zu Unterrichtszwecken verfasst wurden bzw. Texten für Lerner	– einen Text lesen und wichtige Stichwörter notieren, – einen Film sehen und Notizen zum Inhalt machen, – Internetseiten nach Informationen, durchsuchen Ausschnitte kopieren und Lesezeichen setzen. – Informationen für eine Textwiedergabe zusammenstellen	– Eine Stichwortliste ergänzen – Stichwörter ordnen – Notizen bzw. vorgegebene Aussagenkorrigieren, – Fragen zum Text stellen und beantworten – Textpassagen ordnen – Überschriften zu Texten oder Textabschnitten finden – Wortbedeutungen durch Nachschlagen klären – Aussagen zu Textpassagen zuordnen
Lernfeld: Bedeutungsvolles Sprachhandeln *Meaningful output*	Interaktive Sprachverwendung: Schriftliche und mündliche Aussagen zum Zweck der Informationsvermittlung, Handlungsorientierung oder zum Ausdruck von Meinungen und Gefühlen	– zu einem Text Stellung nehmen – eine Verabredung zu einem Treffen – Ein Geschenk beschreiben, das man mag – Über Freizeitgewohnheiten sprechen	– eine Liste von Wörtern zusammenstellen, die man lernen möchte

Diese vom bedeutungsvollen Sprachhandeln ausgehenden Aufgabentypen können im interkulturell orientierten Fremdsprachenunterricht gezielt verwendet werden. Darüber hinaus können die von Ellis (vgl. 2003: 210 fff.) benannten Aufgabenarten den Aufgabendesignern dabei helfen, eine Orientierung für Aufgaben mit unterschiedlichen Gesichtspunkten anzubieten:

- Aufgaben unter pädagogischen Gesichtspunkten: auflisten, ordnen und sortieren, vergleichen, Probleme lösen, persönliche Erfahrungen teilen, kreative Aktivitäten durchführen.
- Aufgaben unter rhetorischen Gesichtspunkten: Diskursarten differenzieren (narrativ, instruktiv, deskriptiv usw.) und Aufgaben nach Textsorten (genre) erledigen.
- Aufgaben unter kognitiven Gesichtspunkten: Aufgaben zum Füllen von Informationslücken (information-gap), schlussfolgernde Aufgaben (reasoning-gap), Aufgaben zum Formulieren einer Meinung (opinion-gap).
- Aufgaben unter psycholinguistischen Gesichtspunkten: Beziehungen zwischen Interaktanten (einseitig, zweiseitig), Interaktionsbedarf (vorhanden, nichtvorhanden), Zielorientiertheit (konvergent, divergent), Ergebnis-Optionen (offen, geschlossen).

Für eine erfolgreiche Durchführung eines interkulturell orientierten Unterrichts müssen die Aufgaben pädagogische, diskursive, kognitive und psycholinguistische Aspekte umfassen.

4.3   Merkmale des Designs der Aufgaben im interkulturell orientierten Fremdsprachenunterricht

Das Design der Aufgaben mit interkulturellen Lernzielen unterscheidet sich von den Aufgaben, die auf Spracherwerb fokussieren. Die drei Dimensionen der interkulturellen kommunikativen Kompetenzen müssen beim Erstellen der Aufgaben berücksichtigt werden, und gezielte Unterrichtsaktivitäten müssen organisiert werden, um die erwarteten Ergebnisse zu erzielen.

David Nunan (2011: 82) schlägt sechs Aspekte für das Erstellen der kommunikativen Aufgaben vor. Diese sechs Aspekte können als ein Rahmen für das Design der kommunikativen Aufgabe fungieren. Meine Arbeit möchte von diesem Rahmen ausgehen, um die Merkmale der Aufgaben zur Förderung interkultureller kommunikativer Kompetenz zu ermitteln (Abbildung 4.2).

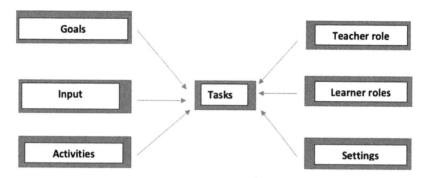

Abbildung 4.2 Aspekte für das Erstellen der kommunikativen Aufgaben nach Nunan (2004: 41)

Wir möchten Aufgaben konstruieren, um die interkulturelle kommunikative Kompetenz der chinesischen Germanistikstudierenden zu fördern. Nunan geht intensiv der Forschung über das Design der Aufgaben für kommunikativen Klassenraum nach. Der Analyse der Merkmale von Aufgaben liegt der Rahmenplan für kommunikative Aufgaben von Nunan (2004: 41) zugrunde. Hierbei steht die Aufgabe im Mittelpunkt des Unterrichts und orientiert sich an sechs Kriterien, nämlich: Ziel, Input, Aktivitäten, *teacher role, learnerrole, settings. Settings* bezieht sich nach Müller-Hartmann und Schocker-von Ditfurth (2011:88) auf soziale Form und Interaktion. Die interkulturell orientierten Kompetenzaufgaben müssen nämlich die Komplexität des Bündels aus Fertigkeiten, Wissen und Einstellungen abbilden.

4.3.1 Feststellen von Lernzielen der IKK

Nach der Analyse der Modelle, der Modellierungen interkultureller kommunikativer Kompetenz sowie der interkulturellen kommunikativen Kompetenz in GeR und RePA und unter Berücksichtigung des Curriculums der chinesischen Germanistik sowie des Lernverhaltens der chinesischen Germanistikstudenten kann man folgende Teillernziele von IKK in drei Dimensionen zusammenfassen:

savoir

- Wissen, dass eine Kultur aus einer Gesamtheit aus / sozialen Praxen/ Repräsentation / Werten besteht, an der ihre Mitglieder mehr oder weniger teilhaben.

Wissen, dass kulturelle Unterschiede die Ursache für Schwierigkeiten bei der verbalen/ nonverbalen Kommunikation sein können.

- Wissen, dass die eigene Identität komplex sein kann (in Bezug auf die persönliche, familiäre, nationale Geschichte).
- Wissen, dass die eigene Identität durch den Gesprächspartner bei Kommunikation definiert und konstruiert wird.
- Wissen um die Bedeutung von Sprachen für das Funktionieren der Gesellschaft, z. B. Flüchtling, Flüchtlingswelle.
- Wissen, dass vergleichbare Sprechakte (/Begrüßungsformeln / Höflichkeitskonventionen/…) in verschiedenen Sprachen variieren können. Wissen, dass Anrede- und Höflichkeitsformen von Sprache zu Sprache variieren können (wer spricht wen an? Wann ist die Duzform/ die Siezform in den chinesischen und deutschen Kontexten angebracht?)
- Wissen, dass die Kenntnisse, die man über andere Kulturen hat, häufig stereotypisierte Aspekte beinhalten (vereinfachte Betrachtung der Wirklichkeit); einige kulturbedingte Stereotype kennen, die Einfluss auf die interkulturelle Kommunikation nehmen können; einige kulturbedingte Vorurteile/ Missverständnisse kennen.
- Wissen, dass die Wahrnehmung der eigenen Kultur und anderer Kulturkreise ebenfalls von individuellen Faktoren (beispielsweise: Erfahrung und Charakter) abhängt.
- Wissen, dass meine Kenntnisse über andere Länder teilweise medial vermittelt sind, aber möglicherweise nicht der aktuellen Wirklichkeit anderer Länder entsprechen.
- Strategien zur Lösung interkultureller Konflikte kennen; Wissen, dass die Ursachen für Missverständnisse gemeinsam ausfindig gemacht/ erklärt werden müssen.

savoir être

- Ich bin bereit, sprachliche und kulturelle Phänomene als mögliche Reflexionsgegenstände zu betrachten.
- Ich habe Neugier auf sprachliche und kulturelle Unterschiede und Ähnlichkeit.
- Ich bin offen gegenüber dem sprachlich und kulturell Nichtvertrauten.
- Ich bin bereit, Vorurteile und Stereotypen in Bezug auf die eigene Kultur/ andere Kulturen abzubauen.
- Ich bin bereit, mich in den anderen hineinzuversetzen.
- Ich bin sensibilisiert für die große Vielfalt der Begrüßungsformen und werde darauf achten.

- Ich bin bereit, in der in den deutschsprachigen Ländern üblichen Weise Begrüßungen zu machen.
- Ich bin bereit, andere kulturbedingte Verhaltensweisen zu akzeptieren (Tischregeln).
- Ich bin bereit, über Sprachunterschiede/ Kulturunterschiede und über das eigene Sprachsystem/ Kultur nachzudenken

savoir faire

- Ich kann einige kulturell bedingte Missverständnisse analysieren, z. B. Distanz und Blickkontakt zwischen Gesprächspartnern.
- Ich kann stereotypisierte Eindrücke und kulturbedingte Vorurteile analysieren.
- Ich kann den kulturellen Ursprung gewisser Verhaltensweisen analysieren, z. B. Ja-Interpretationen von Deutschen und Chinesen anhand von Kommunikationsmodellen.
- Ich kann mich in die Rolle der anderen versetzen, um mit Konflikten umzugehen.
- Ich kann Missverständnisse aufdecken und über sie in der Kommunikation sprechen.
- Ich kann chinesische und deutsche Höflichkeitsformeln angemessen anwenden.
- Ich kann Beziehungen zwischen Ähnlichkeiten und Unterschieden zwischen Sprachen/ Kulturen durch Beobachtung/ Analyse / Identifikation herstellen.

4.3.2 Input der Aufgabe

Welcher Input soll für den Unterricht eingesetzt werden, um die Möglichkeit zur Förderung der interkulturellen kommunikativen Kompetenz verschaffen bzw. die im letzten Kapitel formulierten Lernziele erreichen zu können. Rössler konkretisiert die Frage nach dem Input im Fremdsprachenunterricht mit interkulturellen Lernzielen:

„Welche Standards muss der Input im Fremdsprachenunterricht erfüllen, damit das Erreichen der interkulturellen Lernziele wenn nicht gesichert, so doch zumindest wahrscheinlich ist? Mit welchen Aspekten und Elementen der Zielkulturen setzen wir uns auseinander, um die allgemeine interkulturelle Kommunikationsfähigkeit der Lernenden zu fördern? Nach welchen Kriterien wählen wir die entsprechenden Inhalte, den konkreten Input aus, mit dem die Lerner sich auseinandersetzen sollen?“ Rössler (2010: 116)

Es erscheint mir sinnvoll, auf die von Rössler gestellten Fragen einzugehen, wenn man sich mit dem Input zur Anbahnung der interkulturellen kommunikativen Kompetenz für den Fremdsprachenunterricht beschäftigt. Ein wichtiger Standard für den Input in der allgemeinen Fremdsprachendidaktik ist Authentizität, d. h. für den Fremdsprachenunterricht sollen authentische Materialien eingesetzt werden:

> „Authentische Texte sind im allgemeinen erfahrungsgemäß wirkungsintensiver als didaktisierte. Sie eignen sich auf Grund ihres Gehalts und ihrer Gestalt zu Ausprägung von echt deklarativem und prozeduralem Sprach- und Weltwissen, und sie induzieren wahrscheinlich verstärkt prozeßorientierte Lern- und Arbeitstechniken auf ganz natürliche Weise" (Hellwig 1993: 90).

Dieser Standard für Input gilt ebenfalls für einen interkulturell orientierten Fremdsprachenunterricht, wobei „Authentizität des Texthintergrundes (Autor und seine soziokulturelle Einbindung), der sprachlich-kulturellen Textimmanenz, darüber hinaus der natürlichen Textrezeption und -wirkung gemeint" (ebd.) ist. Die authentischen Materialien können infolgedessen authentische Rezeption in Gang bringen, indem die Wirkung sich primär im soziokulturellen Umfeld der Textentstehung, und sekundär im Unterricht vollzieht (vgl. ebd.).

Ein anderes Kriterium für Input besteht darin, dass dieser interkulturelle Lernprozesse initiieren kann. Der Input für die Initiierung interkultureller Lernprozesse sollte nach Rössler (2010: 120 ff.) in drei thematischen Lernbereichen vorliegen:

Lernbereich I: Kulturen in Sprache und Kommunikation verstehen
Sprache stellt den Träger der Kultur dar – in seinem Aufsatz *Die Sprache* drückt Edward Sapir (1884–1939) die Bedeutung der Sprache in der Kultur folgendermaßen aus: „Der Inhalt jeder Kultur kann in ihrer Sprache ausgedrückt werden, und es gibt weder dem Inhalt noch der Form nach irgendwelche linguistischen Materialien, die nicht als Symbole tatsächlicher Bedeutungsinhalte aufgefaßt werden". Die Bewusstmachung der durch die Sprache repräsentierten symbolischen Bedeutungsinhalte können den Lernenden die Hilfe bieten, die Fremdkultur näher kennenzulernen. Im Fremdsprachenunterricht soll man nach Rössler (ebd.) darauf aufmerksam werden, dass „Fremdsprachliche Bedeutungen und Begriffe als kulturspezifisch und miteinander vernetzt präsentiert und in interkulturellen Kommunikationssituationen auftretende unterschiedliche Bedeutungsauffassungen bewusst gemacht werden". Darüber hinaus lassen sich kulturelle Unterschiede daran erkennen, wie man bei der interkulturellen Begegnung verbal und nonverbal kommuniziert.

Lernbereich II: Kultur(en) in Wahrnehmungsmustern und Einstellungen verstehen

Eigenkulturelle Wahrnehmungsweisen und Deutungsmuster sollen den Lernenden bewusst gemacht werden. Es wird empfohlen, dass Kulturstandards und Stereotypen thematisiert und problematisiert werden. Lernende sollen sensibilisiert werden für *hotspots/hotwords* und Tabuthemen in der fremden und in der eigenen Kultur.

Lernbereich III: Kulturen als fremde Kommunikationsgemeinschaften und Lebenswelten verstehen

Andrea Rössler erwähnt diesen Lernbereich als Kriterium für den Input in Bezug auf die Initiierung interkultureller Lernprozesse folgendermaßen:

„Die eigene(n) und die fremde(n) Kulturen müssen als heterogene und multikulturelle Kommunikationsgemeinschaften erfahrbar und transkulturelle Phänomene in den Blick genommen werden, und dies im doppelten Sinn: im Sinne einer Sensibilisierung für kulturübergreifende Gemeinsamkeiten einerseits, aber auch für Kulturmischungen und transkulturelle Identitäten andererseits" (Rössler 2010: 121).

Die Kriterien für die Bewertung des Unterrichtsinputs, der interkulturelles Lernen im Fremdsprachenunterricht anbahnen kann, können folgendermaßen zusammengefasst werden:

- Die eingesetzten Unterrichtsmaterialien sollen authentisch sein.
- Der Input soll interkulturelle Lernprozesse in den erwähnten drei Lernbereichen anregen.
- Die Aspekte und Elemente der Zielkulturen und Herkunftskulturen, mit denen sich Lernende auseinandersetzen sollen, sollen auf den einzelnen Teillernzielen basieren.
- Der Input soll die Themenbereiche Befähigung und Bereitschaft für interkulturelle Kommunikation einschließen.

4.3.3 Textsorten

Zeitungsartikel, Sachtexte, Magazinbeiträge, Geschichtsbuchartikel[4] sind dafür geeignet, die auf der Ebene *savoir* geforderten landeskundlichen Aspekte wie Geschichte, Geografie, Politik, gesellschaftliche Institutionen zu vermitteln. Die Lernenden können durch Interviews mit Deutschen, Internetblogs, Werbebroschüren, Fernsehprogramme Denk- und Wahrnehmungsweisen der Deutschen kennenlernen; Der Lehrende kann den Input dem von *savoir* geforderten Wissen entsprechend auswählen. Darüber hinaus können literarische Texte insofern einen Beitrag zum interkulturellen Fremdsprachenunterricht leisten, als sie bestimmte Kriterien erfüllen; diese Kriterien bestehen nach Freitag-Hild (2010: 77 fff.) in den folgenden Aspekten: 1. Persönliche Relevanz der literarischen Themen für die Lernenden; 2. Kulturelle Relevanz und Repräsentativität der literarischen Themen; 3. Ermöglichung von Fremdverstehen und Perspektivenübernahme; 4. Literarische Inszenierung von Multiperspektivität, kultureller Stimmenvielfalt und Grenzüberschreitungen. Literarische Texte (Romane, Märchen, usw.) können zur Bewusstmachung der Identität beitragen.

Des Weiteren erweisen sich insbesondere literarische Texte[5] als geeignet zur Förderung interkultureller kommunikativer Kompetenz im Sinne von *savoir être*. Literarische Texte mit ihren rezeptionsästhetischen Potenzialen können die Lernenden nach Hallet (2007a: 43; zitiert nach Freitag-Hild 2010: 62) zum „empathischen" Lesen einladen. Beim empathischen Lesen handelt es sich um Perspektivenübernahme mit den dargestellten Figuren; dadurch können Fähigkeiten zur Perspektivenwechsel und Einfühlung gefördert werden:

> „Ziel ist, sich durch Perspektivenwechsel in literarische Figuren einzufühlen, ihre Weltsicht, ihre Konflikte und Probleme aus der Innenperspektive zu rekonstruieren [...]. Empathisches Lesen ist darüber hinaus verbunden mit der Aktivierung des Vorverständnisses der Lernenden, der selbstkritischen Reflexion und Distanzierung

---

[4] Die erwähnten Textsorten lehnen sich an die von *Studio d* B2 aufgelisteten Textsorten vom Inhaltsüberblick an.

[5] Bredella, Lothar beschäftigt sich intensiv mit der Forschung über Entwicklung der interkulturellen Kompetenz durch literarische Texte, erwähnenswert sind die Publikationen von ihm: „Leseerfahrungen im Unterricht. Kognitive und affektive Reaktionen bei der Lektüre literarischer Texte" (1980); „Fremdverstehen mit literarischen Texten" (2000a); „Ein Modell zur Vermittlung von *literary* und *cultural studies*" (2000b); „Zur Dialektik von Eigenem und Fremdem beim interkulturellen Verstehen" (2001); „Interkulturelles Verstehen mit multikulturellen Jugendromanen" (2004b); „Förderung und Evaluation interkulturellen Verstehens mit literarischen Texten" (2005b); „Fremdverstehen und interkulturelle Kompetenz" (2007) usw.

von eigenen Wahrnehmungsperspektiven sowie der Koordinierung von Innen- und Außenperspektive" (vgl. Bredella 2007c; zitiert nach ebd.).

Darüber hinaus kann der kunstbezogene Input (Kunstbilder, Musik, Filme) nicht nur die Wahrnehmungsfähigkeit verschärfen, sondern auch sprachlichen Anlass im Unterricht schaffen:

> „Sie vermitteln als nicht nur komplexes Wahrnehmungs-, sondern auch elaborier-tes Sprachtraining. Das Wahrnehmungstraining umfaßt das langsam-kritische Bild- ‚Lesen' und das aufmerksam-zugewandte Musik-Hören; das sind Wahrnehmungsspe-zifika, die in unserer Zeit flüchtig-oberflächlichen Medienkonsums gefährdet erschei-nen" (Hellwig 1996: 26).

Ein interkulturell orientierter Fremdsprachenunterricht kann durch den fächer-übergreifenden künstlerischen Input, der nicht nur die persönlichkeitsbezogenen Fähigkeiten wie „Empathie, Affektivität, Einfühlung", sondern auch übergrei-fendes Kulturbewusstsein fördern kann, begünstigt werden (vgl. Hellwig 1996: 25).

4.3.4 Aktivitäten

Der Begriff der Aktivitäten bezieht sich darauf, wie die Lernenden den eingesetz-ten Input verwerten sollen. Welche Aktivitäten sollen im Unterricht unternommen werden, um das Erreichen der Lernziele der interkulturellen kommunikativen Kompetenz zu unterstützen? Um diese Frage zu beantworten, lehne ich mich an Rösslers Publikation „*Input*-Standards und *Opportunity-to-learn*-Standards für die Schulung interkultureller Kompetenz im Fremdsprachenunterricht" an. Dabei sollen den Unterrichtsaktivitäten die didaktischen Prinzipien Lernerorientierung, Prozessorientierung, Handlungsorientierung zugrunde liegen (Schumann 2007; zitiert nach Rössler 2010: 120).

Die Lernerorientierung gilt als eines der wichtigsten Leitprinzipien in der Fremdsprachendidaktik. Dabei stellen Aufgaben einen Bezug zur Lebenswelt der Lernenden dar und können auch auf sprachliches Handeln außerhalb des Unter-richts vorbereiten: „Tasks are always activities where the target language is used by the learner for a communicative purpose (goal) in oder to achieve an out-come " (Willis 1996: 23). Im Unterschied zu dem traditionellen drei P-Modell (presentation, practice, production), lässt sich ein aufgabenorientiertes Fremd-sprachenlernen nach Willis (ebd.: 38) in den Prozessen (*pre- task, task cycle and language focus*) verorten.

Für den Unterricht mit dem Ziel der Förderung interkultureller kommunikativer Kompetenz sollen auch diese Prinzipien in den Fokus gerückt werden, denn die Lernerorientierung kann gewährleisten, dass die eigenkulturellen, kognitiven Schemata der Lernenden, ihre Erfahrungshorizonte als Ausgangs- und Bezugspunkt des Unterrichts fungieren (ebd.). Da die Lernenden an die eigene kulturelle Umgebung gewöhnt sind und deswegen bestimmte kulturelle Phänomen eher unbewusst betrachten, ist die Bewusstmachung der eigenen kulturellen Deutungsmuster für den interkulturell orientierten Unterricht von großer Bedeutung.

Darüber hinaus stellt die Prozessorientierung einen wichtigen Ansatz für sprachliche Informationsverarbeitung mit den eingesetzten Medien dar. Prozessorientierung liegt der kognitiven Psychologie und Psycholinguistik im Hinblick auf die Sprachverarbeitung zugrunde und geht davon aus, dass Menschen als informationsverarbeitendes System gelten. Dieses Verarbeitungssystem besteht aus dem Wahrnehmungsapparat und Kognitionssystem: Unsere Sinnesorgane nehmen die äußerlichen Impulse auf, wobei diese dann in das Kognitionssystem eingearbeitet werden. Wolff zufolge wird dieses Verarbeitungssystem (Wolff 1993: 30) „durch Prozesse und Strategien dynamisiert, die während der Informationsverarbeitung ablaufen bzw. abgerufen werden und die eigentliche Überführung der Sinneswahrnehmungen in kognitive Strukturen leisten." Unter Prozessen versteht Wolff (ebd.: 33) „implizite Operationen, die bei jeder Art von Informationsverarbeitung eingesetzt werden". Die oben erwähnten Strategien wiederum sind „die Instanzen, die diese Operationen oder Prozeduren steuern, sie sind auf einer höheren Ebene der Bewusstheit angesiedelt" (ebd.). Des Weiteren erklärt Wolff, dass zwei übergeordnete strategische Verhaltensweisen (Hypothesenbilden und Hypothesentesten) jegliche Auseinandersetzung mit dem Input bestimmen. Beispielsweise bilden die Lernenden im Prozess des Sprachlernens vor der Sprachverarbeitung aus ihrem Weltwissen und Sprachwissen Hypothesen und testen sie aufgrund der eingehenden Stimuli. Dieses Verfahren findet laut Wolff (ebd.) auf allen Sprachebenen (phonetisch, lexikalisch, syntaktisch, semantisch, rhetorisch und pragmatisch) statt. Informationsverarbeitung ist Interaktion zwischen eingehenden Stimuli und vorhandenen Wissensstrukturen, und diese Interaktion wird durch Strategien gesteuert.

Diese Erkenntnisse über die Informationsverarbeitungsprozesse von Menschen sind für das Erstellen der Aufgabe mit dem Ziel der Förderung interkultureller kommunikativer Kompetenz von großer Bedeutung. Um diese interkulturellen Lernprozesse durch eingehende Stimuli zu initiieren, sollen die Aktivitäten zu Operationen wie kulturelle Unterschiede identifizieren, analysieren, vergleichen, Missverständnisse aufdecken, didaktisch explizit gemacht werden. In interkultureller Kommunikation bilden nämlich die Lernenden aus ihren Erfahrungen und ihrem Weltwissen Hypothesen über Kultur in einem anderen Land und testen sie anschließend, indem sie beispielsweise stereotypisierte Eindrücke zum Ausdruck bringen; diese Eindrücke können die Interaktion mit anderen nämlich beeinträchtigen. Daher ist es sinnvoll, den Lehrenden im Fremdsprachenunterricht explizite Strategien (z. B. hinterfragen, nachfragen, Fremdperspektiven einbeziehen) zu empfehlen, um die Informationsverarbeitungsprozesse der Lernenden zu steuern.

Im Sinne einer prozessorientierten Mediendidaktik nach Gienow und Hellwig (1996 und 1997) sollte gerade der interkulturelle Unterricht möglichst oft persönlichkeitsorientierte und –bildende Schreib- und Sprechanlässe schaffen, wobei von bedeutsamen Medieninhalten ausgegangen wird.

Zusammenfassend lässt sich bezüglich der Bedeutung von Prozessorientierung feststellen, dass didaktisch sinnvoll eingesetzte Medien als „konstruktivdynamische Mittel" (Schwerdtfeger 1973; zitiert nach Hellwig 1993: 88) fungieren und durch ihren Einsatz interkulturelle Prozesse verschiedenster Art im Individuum hervorgerufen (Emotion), erleichtert, befördert (Verständnis von eigener Kultur und Fremdkultur) oder aufrechterhalten werden können. Zudem sollten nach Rössler (vgl. 2010:122) der Handlungsorientierung Unterrichtsaktivitäten zugrunde liegen. Diesem didaktischen Prinzip folgend soll der Unterricht den Lernenden wirklichkeitsnahe oder gegebenenfalls fiktive Handlungssituationen anbieten, in denen sie sich sprachlich engagieren können. Die Unterrichtshandlungen zielen nämlich auf ein kommunikatives Erfolgserlebnis ab, anstatt auf ein sprachlich formales Ergebnis (vgl. Bach; Timm 1989: 9). Doff (2009: 30) fasst Handlungsorientierung im Fremdsprachenunterricht in Anlehnung an Bach und Timm (2003: 11 f.) unter zwei Aspekten zusammen:

- Zielaspekt: Ziel des handlungsorientierten Fremdsprachenunterrichts ist die Entwicklung einer „sprachliche[n] Handlungskompetenz" der Schüler/innen „für die außer- und nachschulische Lebenswelt" (Bach/Timm 2003: 12), d. h. Schüler/innen können innerhalb und außerhalb der Schule in der Fremdsprache erfolgreich kommunizieren und die Konsequenzen ihrer Äußerungen verantworten.
- Methodenaspekt: Das erläuterte Ziel wird über ein aufgaben- und prozessorientiertes *learning by doing* bzw. *learning through interaction* oft in Partner- und Gruppenarbeit in Angriff genommen, wobei auch die emotionale Seite der Lernenden angesprochen und ihre sozial-affektiven Kompetenzen gefördert werden sollen.

Handlungsorientierte Aktivitäten können insofern zur Förderung interkultureller kommunikativer Kompetenz beitragen, als ganzheitliche Lernszenarios im

Unterricht entwickelt werden: „[...] die ein fiktives oder reales Eintauchen in den zielkulturellen Kontext und ein Probehandeln in (möglichst realitätsnahen) interkulturellen Begegnungssituationen erlauben" (Rössler 2010: 123).

Die didaktisch und methodisch wohlüberlegten Aufgaben und Übungen im interkulturellen Fremdsprachenunterricht können nicht nur die kognitiven Prozesse der Lernenden fordern und fördern, sondern zu der von IKK geforderten Persönlichkeitsentwicklung beitragen:

> „didaktisch gesehen integrieren task [...] personale, interaktionale und diskursive Kompetenzen; zu ihrer Bearbeitung sind grundsätzlich Kompetenzbündel und nicht, wie in vielen reduktiven Aufgabenformen, lediglich einzelne, zu Übungs- oder sonstigen Zwecken künstlich isolierte Fähigkeiten und Fertigkeiten erforderlich" (Hallet 2006: 80).

4.3.5   Aufgabentypen im interkulturell orientierten Fremdsprachenunterricht

Die Aufgabentypen werden auf den drei genannten Ebenen der IKK bestimmt und lassen sich in der Sequenzierung von *pre-, while-* und *post-activities* im Unterricht einbauen. Im Folgenden werden die spezifischen Aufgabentypen und ihre Funktionen sowie ihre methodische Umsetzung skizziert.

Pre-tasks

In dieser Phase geht es vor allem darum, dass Neugier, Interesse und Vorerfahrungen bei den Lernenden geweckt werden, um sie auf die Thematik einzustimmen. Die Medien (Videos, Musik, Kunstbilder usw.) können die Emotionen der Lernenden hervorrufen, durch Übungen sollen die emotionalen Aspekte explizit gemacht werden, damit sie sich im Gedächtnis besser einprägen.

Für die Einstimmungsübungen können visuelle Impulse (Fotos) und kleine Texte (Karikatur, Gedicht, Essay) sowie audio-mediale Impulse (Videos, Musikstück, kurze Filme) eingesetzt werden, damit die Lernenden sich sprachlich und gedanklich auf die Thematik vorbereiten können. Des Weiteren können Aspekte des Themas (Titel, Kapitelüberschriften, Filmtrailer, Filmfiguren usw.) zur Hypothesenbildung verwendet werden. Im interkulturell orientierten Fremdsprachenunterricht können Einstimmungsübungen Voraussetzungen zum interkulturellen Lernen schaffen, indem sie dazu beitragen, „die Bereitschaft der Lernenden zur Auseinandersetzung mit [...] kultureller Fremdheit zu entwickeln" (Freitag-Hild 2010: 111 f.). Freitag-Hild schlägt folgende Aufgaben in der *pre*-Phase vor:

- „[Übungen] zur Aktivierung des Vorverständnisses in Bezug auf sprachliches Vorwissen, allgemeines Weltwissen, literarische Gattungen, kulturelle Schemata. Die Aufgabenformen wie Assoziationen zum Thema, narratives Erzählen usw. über das Thema können nutzbar gemacht werden.
- Übungen zum Aufbau einer Erwartung in Bezug auf die Thematik. Dieses lässt sich mit dem Unterrichtsinput durch Aufgabenformen (Handlung anhand des Titels von eingesetzten Texten, Bildern, Filmsequenzen usw.) konstruieren.
- Übungen zur Erarbeitung von Wissen über kulturelle und historische Kontexte (z. B. Recherche in Zeitungen, Internet). Die Lernenden können sich vorher auf die Thematik vorbereiten und in
- der *pre*-Phase präsentieren" (Freitag-Hild 2010: 107).

While-tasks

Im Unterricht fungieren Aufgabenstellungen als Instruktionen, die die Lernenden anleiten, mit dem Input kognitiv zu operieren. Durch Aufgabenstellungen interagieren die Lehrenden mit den Lernenden. Aufgabenstellungen sollen dafür sorgen, dass die im Input vorhandenen interkulturellen Potenziale erkannt und von den Studierenden tatsächlich bearbeitet werden können (vgl. Caspari 2010: 111). Ihre Bearbeitung erfordert nach Hallet (2006: 80) „sowohl die Aktivierung von Weltwissen, Schemata und Konzepten als auch die intensive Beschäftigung mit dem bereitgestellten Text-, Medien- und Materialarrangement- eben so, wie uns auch in der Wirklichkeit erst die intensive Beschäftigung mit anderen Stimmen des Diskurses Kompetente Partizipation ermöglicht". Die Lehrenden sind daher gefordert, die entsprechenden Potenziale der eingesetzten Medien bei der Förderung interkultureller kommunikativer Kompetenz zu erkennen und sie bei den Lernprozessen durch geeignete Aufgabenstellungen auszuschöpfen. Beispielsweise soll bei den literarischen Texten inhärentes landeskundliches und soziokulturelles Wissen erworben und insbesondere Potenzial zur Persönlichkeitsentwicklung durch gezielte Aufgabenstellungen genutzt werden. Christian Minuth (vgl. 2008: 128) stellt mit seinem entdeckend- explorativem Vorgehen im Rahmen der entdeckenden Landeskunde die Leistung der Fragestellungen auf, dass sie „Aushandlungsprozesse, Perturbationen und Irritationen sowie Hypothesenbildungen" mit dem Unterrichtsinput initiieren können.

Zusammenfassend sollen in dieser Phase interkulturell bezogene Aspekte (Selbst- und Fremdwahrnehmung; kulturelle Identitätskonzepte; *Rich Points*; kulturelle Schemata; Auseinandersetzung mit den stereotypen Sichtweisen; (inter-) kulturelle Konflikte usw.) durch gezielte Aufgaben- und Übungsformen erarbeitet werden. Freitag-Hild[6] empfiehlt folgende Aufgabenformen:

- „Selbstwahrnehmungs[aufgaben]: [Übungen] zur Artikulation, Bewusstwerden und selbstkritische Reflexion eigener Sichtweisen;
- Interpretations- und Einfühlungs[aufgaben]: [Übungen] zur Perspektivendifferenzierung, Übernahme und -koordinierung, d. h. kognitive und emotionale Rekonstruktion der Figurenperspektive(n) und Perspektivengefüge;
- Aushandlungs- und Partizipations[aufgaben]: [Übungen] zur dialogischen Aushandlung von Bedeutungen, Interpretationen und Sichtweisen;
- Kontextualisierungs- und Transfer[aufgaben]: [Übungen] zur Kontextualisierung eines Textes und Partizipation an kulturellen Diskursen, d. h. Herstellung von Bezügen zu fremdkulturellen Diskursen und zur eigenen Lebensrealität, Beteiligung an den kulturellen Diskursen durch Kommentierung oder Stellungnahme;
- Reflexions[aufgaben]: Reflexion auf der Meta-Ebene, d. h. [Übungen] zur Aushandlung eigener und fremder Sichtweisen und Reflexion über Probleme des Fremdverstehens (Freitag-Hild 2010: 111).

Die Bewusstmachung der Selbstwahrnehmung kann durch die Aktivitäten (Selbstbild zeichnen, *character profiles* erstellen, Lesetagebücher führen usw.) gefördert werden. Die Lernenden können dem Unterrichtsinput entsprechend ihre persönlichen Erfahrungen, themenbezogenen Stellungnahmen im Unterricht artikulieren und mit den anderen Teilnehmern diskutieren. Fremdwahrnehmung kann durch die vielfältigen Stellungnahmen der anderen gefördert werden. Daher spielen Aktivitäten wie Diskutieren, Debattieren, Argumentieren eine wichtige Rolle und sollen thematisch zum Unterricht passend in diesen eingebaut werden.

Bei den kulturellen Identitätskonzepten stehen die Aufgaben, die die Lernenden zur Bewusstmachung eigener Identität und den Vergleich verschiedener Identitätskonzepte auffordern, im Mittelpunkt. Übungen können zu der Bewusstmachung beitragen, wenn sie beispielsweise die Lernenden dazu anregen, über biographische oder soziokulturelle Hintergründe anderer Menschen mit multikulturellen Hintergründen in authentischen Materialien (Zeitungsartikeln, Romane, Literatur, Filme) und auch über die eigenen Hintergründe zu reflektieren; durch handlungs- und produktionsorientierte Übung (Rollenspiele) können die Lernenden zur Perspektivenübernahme wie auch zum Hineindenken und Einfühlen in

---

[6] Die von Britta Freitag-Hild in ihrer Publikation „Theorie, Aufgabentypologie und Unterrichtspraxis inter- und transkultureller Literaturdidaktik" verwendete Terminologie wird in meiner Arbeit adaptiert.

andere angeregt werden (vgl. Freitag-Hild 2010: 108 f.). Die von Altmayer (2016: 44) entwickelte handlungsorientierte und spielerische Aktivitäten (Personenpuzzle zuordnen), in der die stereotypisierten Aussagen (Symbol, Wort, Satz usw.) von Menschen bewusst gewählt werden, kann die Sensibilisierung dafür fördern, dass „Identitäten nicht eindimensional sind, sondern dass es sich oft um vielschichtige Konstrukte handelt und man individuell entscheidet, welche Kategorie(n) man nach außen zeigt oder nicht".

Zur Erarbeitung von *Rich Points* können Analyse- und Reflexionsübung im Unterricht eingesetzt werden. Es ist möglich, die typischen *Rich Points* durch themenbezogenen Lesetext in den Unterricht einzuführen. Bei der Textrezeption laufen die Lernenden Gefahr, unter Umständen darüber zu stolpern. Im nächsten Schritt sollen die Lernenden zur Analyse der Anhaltspunkte durch Rückgriff auf eigene Deutungsmuster angeleitet werden. Durch das Reflektieren über eigene und fremde Verhaltensweisen lässt sich über die bloße Akzeptanz hinaus ein tieferes Verständnis sowie der Wille zur Anpassung gewinnen.

Die kulturellen Schemata beeinflussen, wie wir etwas wahrnehmen, interpretieren und deuten. Um die kulturellen Schemata bewusstzumachen, können literarische Texte und Filme[7], die Interpretationsspielraum besitzen und „Aha-Effekte" auslösen können, eingesetzt werden. Übungen fordern die Lernenden dazu auf, emotional und kognitiv die Sicht-, Wahrnehmungs-Empfindungs- und Verhaltensweisen der Figuren im Input zu (re)konstruieren. Anschließend sollen die Interpretationen der Lernenden mit denen der Autoren verglichen werden; dabei geht es nicht um richtige oder falsche Interpretation, sondern darum, dass durch diesen Effekt die Lernenden zur Reflexion über ihre eigenen Deutungsmuster angeregt werden.

Handlungsorientierte Aufgaben können zum Entstehen der stereotypen Sichtweisen beitragen, indem die Lernenden beispielsweise aufgefordert werden, das zu zeichnen, was ihnen in Bezug auf fremdkulturelle Bilder einfällt. Die Bewusstmachung der stereotypen Sichtweisen in den Zeichnungen kann in der Gruppenarbeit durch das Vergleichen mit den Erzeugnissen der anderen erfolgen. Außerdem können die Übungen, die die Lernenden zum Erkennen der stereotypen Sichtweisen oder Vorurteile in den Äußerungen literarischer Figuren oder

---

[7] Der Kurzfilm „Schwarzfahrer" (1992) behandelt das Problem der alltäglichen Fremdenfeindlichkeit bzw. des alltäglichen Rassismus. Der Filmtitel beinhaltet ein Wortspiel um den Begriff *Schwarzfahrer*. Das Albatros-Spiel simuliert die Verhaltensweisen der Menschen auf der Insel Albatros, die sich deutlich von dem unserigen unterscheidet. Diese beiden Materialien lassen sich optimal für die Bewusstmachung unserer kulturellen Schemata einsetzen. https://www.youtube.com/watch?v=vW5Hw1xkrLc (Simulation).

Filmfiguren und zum Reflektieren über die Wirkungen der reduktionistischen Bilder auf sich selbst und die Betroffenen auffordern, die Auseinandersetzung mit stereotypen Sichtweisen fördern. Auch kommen dem Thema *hotwords* Interpretationsübungen zu. Es ist möglich, Wörter, die kulturspezifische Bedeutungen besitzen, mit dem Input literarische Texte, Spielfilme, Dokumente, Zeitungsartikel im Fremdsprachenunterricht zu behandeln, indem die Lernenden zum Interpretieren der kulturellen Kontexte hinter den Wörtern ermutigt werden. Diese Aufgabentypen können die Lernenden nicht nur für die eigene Sprache und Kultur, sondern auch für fremdkulturelle Deutungsmuster sensibilisieren. Die Kontextualisierung der *Hotwords* lässt sich in den Sprachmittlungsaufgaben gewinnbringend verorten, wodurch *Hotwords* durch kreative handlungs- und produktionsorientierte Aktivitäten (Rollengespräche in alltäglichen Szenen, z. B. im Restaurant beim Umgang mit der Speisekarte; Szenenspiel auf Reise usw.) erschlossen werden können.

Die typischen (inter-)kulturellen Konflikte sollen im Unterricht behandelt werden. Die Aufgabentypen, nämlich Beschreibung eines Konflikts, Analyse und Erklärung der Hintergründe, szenische Darstellung der Konfliktszenen, Entwicklung von Lösungsmöglichkeiten usw. können zur Schlichtung interkultureller Konflikte beitragen (vgl. Freitag-Hild 2010: 108).

Darüber hinaus können die von *savoir faire* geforderten Fähigkeiten im Unterricht durch Aushandlungs- und Partizipationsaufgaben weiterentwickelt werden. Die Aushandlungs- und Partizipationsübungen lassen sich in den jeweils untergeordneten Themen des interkulturell orientierten Fremdsprachenunterrichts einsetzen. Das Ziel dieser Aufgabenformen besteht darin, individuelle und kulturelle Bedeutungen, Deutungsentwürfe und Sichtweisen durch den Unterrichtsinput auszutauschen und auszuhandeln, so dass die ursprünglichen Wahrnehmungen und Deutungen erweitert und eventuell modifiziert werden (vgl. ebd. 116). Mithilfe der Aushandlungs- und Partizipationsaufgaben sollen die Lernenden im Unterricht dazu aufgefordert werden, die in der Kommunikation möglicherweise auftretenden Missverständnisse z. B. bezüglich Zeiteinstellung, Privatsphäre, Distanz zwischen Gesprächspartner usw., aufzudecken und darüber zu sprechen; hierbei werden dialogische Aushandlungsprozesse initiiert, indem die Lernenden ihre Stellungnahme, persönliche und kulturelle Sichtweisen zum Austausch bringen.

Im interkulturell kommunikativ orientierten Fremdsprachenunterricht über-
wiegt die sprachliche Anwendung (bestehend im Äußern von Erfahrungen,
Teilnehmen an Diskursen, argumentativ Aushandeln usw.) die sprachliche Rich-
tigkeit. Dies verlangt von den Studierenden aber eine bestimmte sprachliche
Fähigkeit (z. B. pragmatische funktionale Sprachverwendung), die kognitiven
Ressourcen zum Ausdruck zu bringen. Die Studierenden, die sprachlich nicht
fortgeschritten sind, sollen durch adaptierte Aufgabenanweisungen gefördert
werden, nämlich:

- „Direkte Anweisungen bei der Aufgabenstellung können den Studierenden helfen,
  sich auf einen bestimmten Bereich der Sprachproduktion in besonderer Weise zu
  konzentrieren.
- Die Lehrkräfte können ein Muster für eine gelungene Aufgabenbearbeitung vorge-
  ben, damit kommunikativer Stress reduziert und kognitive Ressourcen freigesetzt
  werden" (Weskamp 2004: 164).

Post -Tasks
In dieser Phase geht es um die Aufgabenschritte zur Anschlusskommunika-
tion. Hierbei sollen einerseits die Lernenden nach ihrem Verständnis bezüglich
des Inhaltes befragt werden; andererseits können die Lernenden durch Übungen
(Interpretationen, Stellungnahmen verfassen; durch Rechercheaufträge zum Her-
stellen von Bezügen zur fremd- und eigenkulturellen Lebenswelt) die erworbenen
Kenntnisse festigen (vgl. ebd. 107). Im empirischen Teil wird für diese Phase ein
Reflexionsbogen verwendet – die Konstruktion des Reflexionsbogens wird im
Abschnitt (5.4.1.2) erläutert.

4.3.6 Sprachliche Mittel

Anders als in den muttersprachlich unterrichteten Fächern verfügen Lernende
bzw. chinesische Studierende nicht über hinreichende sprachliche Kompetenz, um
ihre Gefühle, Gedanken, Erfahrungen, Haltungen usw. zum Ausdruck zu bringen.
Daher muss man sich überlegen, an welcher Stelle benötigte lexikalische Elemente und sprachliche Strukturen bereitgestellt werden sollen. Wichtig ist jedoch
auch, dass bei den Aufgabenschritten nicht der Erwerb neuer sprachlicher Strukturen im Vordergrund steht (vgl. Grünewald 2012: 59). Die Lehrenden sollen die

Frage berücksichtigen, wann sprachliche Mittel als Hilfe zur Verfügung gestellt werden.

Für einen interkulturell orientierten Fremdsprachenunterricht sollen entsprechende fremdsprachliche Mittel zum Äußern von Gefühlen, also die Ebene *savoir être*, und die auf der Ebene *savoir faire* geforderten Skills zur Kommunikation, wie etwa die Behebung von Missverständnissen, zur Verfügung gestellt werden, damit die Lernenden im Unterricht thematisch sprachlich flexibel agieren und reagieren können (vgl. Rössler 2010: 122). Darüber hinaus ist wünschenswert, sprachliche Mittel zur Verfügung zu stellen, so dass die Lernenden über das Eigene informieren, bei Unklarheiten mit ihrem Gegenüber Bedeutungen aushandeln und trotz sprachlicher Defizite Kommunikationssituationen bewältigen können.

4.3.7   *Learner* und *teacher roles*

Dieses Kapitel widmet sich der Diskussion über die Rollen der Lernenden und Lehrenden im interkulturell orientierten Fremdsprachenunterricht. Der aufgabenorientierte Ansatz rückt die Lernenden als „social being" in den Mittelpunkt des Unterrichts, d. h. die Lernenden sollen durch Teilhabe an den Lernaufgaben und durch Interaktion mit den Lehrenden und anderen Lernpartnern zum Bedeutungsaushandeln veranlasst werden. Die Frage, wie die Rolle der Lernenden als „social beings" im Fremdsprachenunterricht wahrgenommen werden kann, wird im nächsten Kapitel diskutiert.

Des Weiteren soll darauf eingegangen werden, wie die Lehrenden die interkulturellen Lernprozesse initiieren und steuern können, um die Lernenden zum Sich-Beteiligen an den Lernprozessen zu motivieren. Darüber hinaus wird im darauffolgenden Unterkapitel interkulturelle kommunikative Kompetenz der Lehrenden definiert.

4.3.7.1 Learner role

Der Klassenraum ist ein Ort, wo die Lernenden kulturelle Bedeutungen verhandeln und ihre Haltungen und Persönlichkeit in Prozessen entwickeln. Die Lernenden sind kulturelle Akteure, d. h. sie sind an der sozialen, politischen und kulturellen Praxis beteiligt und mobilisieren bei den Unterrichtsdiskursen ihre eigene Sicht auf die Welt, ihre eigenen Erfahrungen und persönlichen Werte (vgl. Müller-Hartmann; von Ditfurth 2011: 14). Was die *learner role* betrifft, so sollen wir diesbezügliche Erfahrungen, Haltungen, Vorstellungen der Lernenden in das Unterrichtsgeschehen miteinbeziehen und auch ihre Lernmotivation berücksichtigen. Darüber hinaus sind Lernertyp und -stil im Fremdsprachenunterricht zu berücksichtigen. Aguado und Riemer erwähnen, dass Lernstilkonflikte zu Lernschwierigkeiten führen können:

> „Aus empirischen Untersuchungen geht hervor, dass Lernschwierigkeiten aus Lernstilkonflikten erwachsen, wenn der Lernstil von Lernenden nicht zum Unterrichtstil der Lehrenden passt; wenn er nicht mit den subjektiven Überzeugungen des Lerners übereinstimmt, wie man erfolgreich eine Fremdsprache lernt; wenn er nicht zu den angewendeten Lernstrategien passt; oder wenn er nicht zu seinen Fähigkeiten passt" (Aguado/ Riemer 2010: 856).

Im Abschnitt (2.2.6) wird dargestellt, dass Lernen ein konstruktiver Prozess bzw. ein Sinnkonstruktionsprozess ist. Das von Christian Minuth entwickelte explorative Verfahren „entdeckende Landeskunde" kann beim Konstruieren dieses Prozesses im interkulturell orientierten Fremdsprachunterricht helfen. Dieses Verfahren ist von ihm folgendermaßen umschrieben worden:

> „[...] es geht [...] dem Ansatz *approche explorative* um den fragenden Habitus, den fragenden Blick: um entdeckendes Lernen. Die „richtige" Sinnkonstruktion, also das aus der Innenperspektive richtige Deuten eines beobachteten Datums aufgrund der Beobachtung des Anderen ist nur kommunikativ validierbar, als durch „*negotiation of meaning*", durch Aushandlungsprozesse" (Minuth 2008: 129).

Das von Minuth (2008:132) schematisch dargestellte Modell explorativer Landeskunde, das auf Fragen und selbst gestellten Aufgaben basiert, kann in der *pre-task* Phase zur Bewusstmachung der Wahrnehmung und zur Aktivierung der Vorkenntnisse der Lernenden und in der post-task Phase zum Reflektieren in Bezug auf die Thematik verwendet werden (Abbildung 4.3):

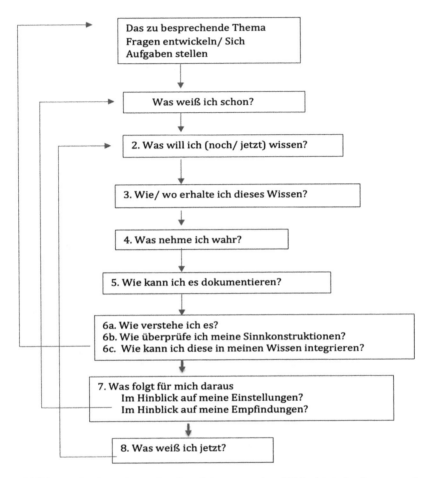

Abbildung 4.3 Approche explorative- Schema aus dem Blickwinkel des Lerners nach Minuth (2008:132)

Ein sog. *dritter Ort* kann beim Verarbeiten der textlichen und bildlichen sowie der szenischen Materialien entstehen. Die Bewusstmachung der Wahrnehmungen und Sichtweisen gilt als Einstieg in den *dritten Ort*.

„Lernpsychologie und Verhaltensforschung machen auf die Wirkung erster Eindrücke aufmerksam, die von der äußeren Form der Dinge ausgehen oder auf sie gerichtet sind (...). Von daher ist der Wahrnehmung als einem ersten Einstieg in die fremdkulturelle Phänomenologie größere Beachtung als bisher üblich zu schenken. Wahrnehmung im Zielland ist in einem doppelten Sinn kulturspezifisch. Einerseits steuern die eigenen (Vor-) Erfahrungen die Sichtweise, andererseits gehen von den Erscheinungsformen der fremdkulturellen Umgebung spezielle Reiz aus, die je nach Lerner und Lernalter von bestimmten Interessenlagen und Wahrnehmungsdispositionen gefiltert werden. Diese personengebundene Wahrnehmung (...) ist schon als Eindruck aktive Interpretation, die das „Wesentliche" hervorhebt, „Unbedeutendes" dagegen außer acht lässt, bestimmte Zusammenhänge konstruiert, andere dafür nicht sieht (...). " (Sendzik/Rahlwes 1988, 82f; zitiert nach Minuth 2008: 133).

Darüber hinaus bringen sich affektive, kognitive und handelnde Faktoren gegenseitig in Schwung. König; Schattenhofer (2011: 84) veranschaulichen diese Verwobenheit der drei Faktoren mit einer Grafik (Abbildung 4.4):

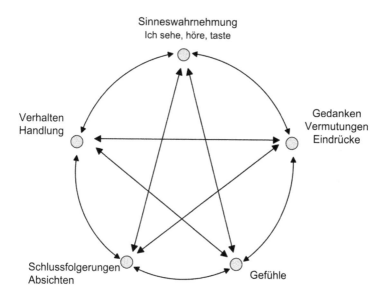

Abbildung 4.4 Wahrnehmungsrad nach König; Schattenhofer (2011: 84)

In der Grafik werden Wahrnehmungsprozess, Gefühlsreaktion und Handlung in einem Kreislauf dargestellt. Die Pfeile bedeuten, dass „alle Bestandteile des Wahrnehmungsprozesses miteinander zusammenhängen und ein sich gegenseitig beeinflussendes Ganzes bilden" (ebd.). Die einzelnen Bestandteile können auch beim Wahrnehmungsprozess ausgeblendet bleiben. Wenn die Gefühlsreaktion ohne das Mitwirken von Gedanken und Schlussfolgerungen direkt in Handlung übergeht, handelt sich es um „Affekthandlung". Wird im Gegensatz dazu die Gefühlsreaktion ausgeblendet, so geht es dann um „Intellektualisierung" oder Abspaltung (vgl. ebd. 85).

Über die Bewusstmachung der Wahrnehmung im Unterricht hinaus sollen Kenntnisse bezüglich Gefühlsreaktion und Handlung im Unterricht besprochen werden, damit die Lernenden sich für den Mechanismus der Verhaltensweisen sensibilisieren. Diese Kenntnisse sind geeignet, die Analyse der Verhaltensweisen der Fremden in der Kommunikation zu erleichtern. Die Lernenden können durch folgende Fragen hierfür sensibilisiert werden: „Wie nehme ich etwas wahr, welche Konstrukte nutze ich, um meine Sinneswahrnehmungen zu interpretieren? Nehme ich meine Gefühle hierbei wahr? Wie fließt dies in meine Absichten ein? Und welche typischen Verhaltensmuster zeige ich? " (König; Schattenhofer 2011: 84).

Die Bewusstmachung dieses Prozesses kann in einer Gruppenarbeit erfolgen, indem die Lernenden die entsprechenden Wahrnehmungen von den anderen erfragen und mit den eigenen vergleichen sowie analysieren.

4.3.7.2 Teacher role

Der lernerzentrierte Ansatz ist als Voraussetzung für eine Verwirklichung des effektiven Lehrens zu beachten. Dieser Ansatz hat im Rahmen der Fremdsprachendidaktik große Bedeutung in den vergangenen Jahrzehnten gewonnen, und zwar sowohl im theoretischen Kontext als auch in der empirischen Forschung. Allerdings sind Vorwürfe aufgetaucht, nämlich dass die Sprachlehrforschung die Rolle der Lehrenden vernachlässige. Aus diesem Grund wird in mehreren Publikationen (Frank G König 2014; Caspari 2014; Michael Schart 2014) die Forschung über die Lehrerprofessionalisierung ins Auge gefasst.

In Bezug auf die Lehrerrolle im Sinne didaktischer Kompetenz fordern Müller-Hartmann und Schocker-von Ditfurth (vgl. 2011: 87), dass die Lehrenden fähig sein sollen, Aufgaben auszuwählen und sie sequenziell in den Unterricht einzubauen. Es wird von ihnen auch verlangt, dass sie fähig sind, pre- und post-Aktivitäten zu organisieren. Darüber hinaus sollen sie dazu bereit sein, während der Bearbeitungsphase die Schwierigkeiten der Aufgaben ins Kalkül zu ziehen. Außerdem ist es empfehlenswert, dass die Lehrenden sich für individuelle Differenzierungen der Lernenden sensibilisieren und somit die Fähigkeit besitzen, die Aufgaben unter Berücksichtigung der Differenzierungen der Lernenden zu adaptieren.

Des Weiteren hebt Riemer (2015: 173) hervor, dass sich die Lehrenden ihres je eigenen Lehrstils bewusstwerden und nach Möglichkeit ihren Lehrstil mit dem Lernstil in Übereinstimmung bringen:

> „Unterschiedliche Studien haben aber auch beleuchtet, dass eine fehlende Übereinstimmung zwischen dem Lehrstil bzw. den Annahmen der Lehrenden hinsichtlich der Lernstile ihrer Lernenden und den tatsächlich vorliegenden Lernstilen der Lernenden negative Auswirkungen auf die Lernprozesse haben und dass im Umkehrschluss Lernende besonders davon profitieren, wenn der Unterrichtsstil ihrem Lernstil entspricht" (Riemer 2015: 173; zitiert nach Ellis 1989; Oxford et al. 1991).

Einem zweiten Faktor haben Forschung und Didaktik ihre Aufmerksamkeit widmet, nämlich der Motivation. Dieser Faktor ist bei den Lernenden in den empirischen Forschungen als ein einflussreicher Faktor des Lernerfolgs nachgewiesen worden; im Gegensatz dazu wurde die Frage weniger erforscht, „inwieweit die Person und das Handeln des Lehrenden den Motivationsprozess des Lernenden beeinflussen". Riemer hat auf Grund ihrer Studien folgende Feststellungen getroffen:

> „[...]DaF-Lernende anspruchsvolle und engagierte Lehrende, die dem Lernenden viel abverlangen, die aber auch ihren Unterricht abwechslungsreich und interessant gestalten (z.B. auch durch regelmäßige landeskundliche Informationen über deutschsprachige Länder und alltägliche Landeskunde), positiv bewerten und als motivierend wahrnehmen." (ebd.)

Ein anderes aus den Studien gewonnene Ergebnis bezüglich des Lernverhaltens der Lernenden besteht darin, dass sie sich durch Angst vor der Lehrkraft und insbesondere vor ihrem Umgang mit Fehlern im Fremdsprachenunterricht beeinträchtigt fühlen. Da ein solches Lernverhalten sich bei vielen chinesischen Lernenden beobachten lässt, muss daher die Rolle der Lehrenden im Auge behalten werden. Dieser Faktor wird im Deutschunterricht in China in aller Regel vermisst.

Im interkulturell orientierten Fremdsprachenunterricht kann man die Forderungen, die an die Rolle der Lehrenden gerichtet werden, folgendermaßen umschreiben:

- Die Lehrenden sollen das Interesse der Lernenden fördern und sie auch kognitiv herausfordern.

- In der einzelnen Unterrichtsstunde sollen die Vorkenntnisse der Lernenden bezüglich des jeweiligen Themas mit einbezogen werden, sodass eine vertraute und positive Unterrichtsstimmung geschaffen werden kann.

- Die Lehrenden sollen während des Unterrichts die Lernenden dazu veranlassen, an den Aktivitäten zur Anregung interkultureller Lernprozesse teilzunehmen und mit ihnen Bedeutungen auszuhandeln.

- Die Aufgabenanweisungen sollen verständlich dargestellt werden.

- Die Lehrenden sollen die Lernenden dazu motivieren, an den Aufgaben „dranzubleiben", d. h. von den Aufgaben nicht abzulassen, und sie in den Diskussionsprozessen (sprachlich) zu unterstützen.

- Die Lehrenden sollen die Lernenden dazu auffordern, kulturelle Praktiken zu vergleichen, und sich die Ähnlichkeiten und Unterschiede bewusst zu machen. Die Lernenden sollen angeregt werden, ihre eigenen Stellungnahmen zu entwickeln und kulturelle Diskursfähigkeit zu entwickeln (vgl. Müller-Hartmann; Schocker-von Ditfurth 2011: 186).

- Obwohl dem Unterricht mit interkulturellen Schwerpunkten die Lernerorientierung zugrunde liegt, sollen Lehrende an den Unterrichtsaktivitäten teilnehmen und dabei beobachten, ob die Lernenden die Aufgaben richtig verstehen und in der Lage sind, sie zu erledigen (vgl. Müller-Hartmann; Schocker-von Ditfurth 2011: 13).

- Es ist sinnvoll, dass Lehrende nach dem Kurs Rückmeldungen in Bezug auf den Unterricht bekommen.

Über die Rolle der Lehrenden im Unterricht hinaus kategorisiert Christoph Edelhoff (zitiert nach Zeuner 2001: 43) die Lehrerqualifikationen für einen interkulturellen Fremdsprachenunterricht auf drei Ebenen:

„Savoir

- Lehrende sollen über das soziokulturelle Umfeld und den Hintergrund der Sprachgemeinschaften oder Länder, aus denen ihre Schüler kommen, Bescheid wissen und dieses Wissen ständig zu erweitern suchen.
- Lehrende sollen Kenntnisse über ihr eigenes Land und die Gemeinschaft und wie andere sie sehen, besitzen und weiterhin aussuchen.

- Das Wissen der Lehrer soll aktives Wissen sein, das sie anwenden, interpretieren und für Lernsituationen und verschiedene Lernstile ihrer Schüler zugänglich machen können.
- Die Lehrer sollen wissen, wie Sprache in der Kommunikation wirkt und wie sie erfolgreich für Verständigung eingesetzt wird. Sie sollten die Schwierigkeiten der Sprache und ausländischer Lerner kennen und Kenntnisse darüber haben, wie Missverständnisse vermieden werden können.

savoir être

- Lehrende, die Schüler zu interkulturellem Lernen führen wollen, sollen selbst interkulturelle Lerner sein.
- Lehrende sollen empfänglich dafür sein, wie andere sie sehen, und Neugier über sich selbst und andere entwickeln.
- Lehrende sollen zu Experiment und Auseinandersetzung bereit sein, um Verstehen auf beiden Seiten zu erreichen. Auseinandersetzung ist hier gemeint als ein argumentatives Aushandeln verschiedener Standpunkte.
- Lehrende sollen bereit sein, Sinnzusammenhänge, Erfahrungen und Gefühle mit Menschen anderer Länder und Schülern aus ihrem eigenen Land (im Klassenzimmer) zu teilen.
- Lehrende sollen sich vornehmen, die Rolle und Aufgabe eines sozialen und interkulturellen Vermittlers, nicht eines Botschafters, einzunehmen. Dabei geht es nicht darum, als Botschafter seine Kultur weiterzugeben, sondern der Lehrer wird zum Vermittler zwischen Ausgangskultur und Zielkultur

Savoir faire

- Lehrende sollen angemessene Kommunikationsfertigkeiten in der Fremdsprache besitzen und weiterhin entwickeln, welche für Sinnaushandeln im Klassenraum und in interkulturellen Kommunikationssituationen außerhalb der Schule geeignet sind.
- Lehrende sollen die erforderlichen Textfertigkeiten, d. h. die Fähigkeit mit authentischen Daten in allen Medien (gedruckt, auditiv, audiovisuell) und in direkter, persönlicher Interaktion umzugehen, besitzen und weiter entwickeln.
- Lehrende sollen die erforderlichen Fähigkeiten und Fertigkeiten besitzen und weiterentwickeln, um die Erfahrungen der Schüler mit der Welt außerhalb ihrer direkten Reichweite zu verbinden und Lernumgebungen zu schaffen, die Erfahrungslernen, Sinnaushandeln und exploratives Verhalten ermöglichen".

Die obige Darstellung der Qualifikationen der Lehrer für einen interkulturellen Fremdsprachenunterricht kann für die Bewertung der Kompetenz der Lehrenden genutzt werden.

Settings

Nach Nunan (vgl. 2004: 88) bezieht sich „setting" im Rahmen des kommunikativen Kurses auf die technische Ausstattung im Klassenraum sowie auf die Art und Weise, wie die soziale Form und Interaktion zwischen Lehrer und Schüler organisiert werden, nämlich auf die Frage, ob der Unterricht eher im Klassenraum oder außerhalb des Klassenraums stattfindet. Um interkulturelle kommunikative Kompetenz der Lernenden zu fördern, ist es sinnvoll, den Lernenden die Möglichkeit anzubieten, in einer authentischen Begegnungssituationen mit Einheimischen zu kommunizieren. Im Rahmen des Kurses interkulturelle Kommunikation in China besteht eine solche Möglichkeit nicht. Der Unterricht muss im Klassenraum stattfinden. Im modernen Fremdsprachenunterricht steht die Kommunikative Kompetenz im Mittelpunkt, d. h. die Lernenden sollen die Fremdsprache im Unterricht erproben und anwenden, indem sie in der Fremdsprache Gespräche miteinander führen, Meinungen austauschen und Bedeutungen aushandeln (vgl. Funk usw. 2017: 28). Um dieses Lernziel zu erreichen, sollen die Lehrenden Sozialformen wie insbes. Partner- oder Gruppenarbeit organisieren, Anlässe zu kommunikativem Handeln durch Kontextualisierung schaffen und sich an den Lehr- und Lernprozessen beteiligen. Das fordert das Interagieren von Lehrenden und Lernenden im Klassenzimmer (ebd.):

> „Es ist bewiesen, dass ein Lernklima, das von gegenseitiger Akzeptanz und wechselseitigem Voneinanderlernen geprägt ist, zu einem besseren Unterricht beiträgt (Fischer 2006). Von dieser Form sozialen Lernens profitieren alle Schüler. Schwächere Lernende werden in ihren Stärken ermutigt, Stärkere geben bereits verstandenen Lernstoff weiter und festigen durch das Wiederholen ihr Wissen" (ebd.).

Die Sozialform der Gruppenarbeit kann zur Steigerung der Lernmotivation beim Deutschlernen im Klassenraum der chinesischen Universitäten beitragen, da die Zahl der Teilnehmer im Klassenraum durchschnittlich mindestens 20 Personen beträgt und die Lernenden unterschiedliche Lernkompetenzen besitzen. Die schwächeren Lernenden wiederum können durch die Gruppenarbeit ermutigt werden (Abbildung 4.5).

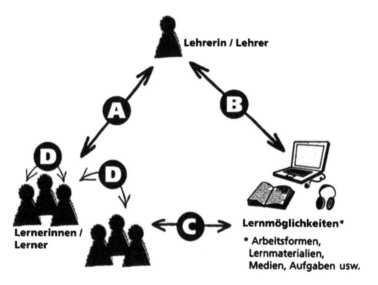

Abbildung 4.5 Zentrale Beziehungen im Unterricht nach Funk (2017: 48)

Die im Abschnitt (4.3.1) aufgeführten Lernziele der interkulturellen kommunikativen Kompetenz richten sich auf die Interaktion zwischen den Gesprächspartnern, beispielsweise „wissen, dass eigene Identität durch Gesprächspartner bei
Kommunikation definiert und konstruiert wird" wie auch auf die im Byramschen
Modell geforderten Skills im Blick auf das Interpretieren und Entdecken. Dieses
Wissen kann im Unterricht durch Interaktion zwischen Lehrenden und Lernenden
gefördert werden, indem Lehrende die Lernenden dazu anleiten, bestimmte kulturelle Phänomene in Frage zu stellen und argumentativ auszuhandeln. Darüber
hinaus sollen Lehrende nicht nur interkulturelles und kommunikationsbezoge-
nes Wissen vermitteln, sondern auch durch Nachfragen sicherstellen, dass die
Lernenden die Unterrichtsinhalte begriffen haben.

4.4   Fazit

Die mangelnde interkulturelle kommunikative Kompetenz kann Kommunikationsstörungen und Konflikte in der Begegnungssituation sowie kulturelle Marginalisierungen zur Folge haben. Im Fremdsprachenunterricht sollen daher die Lernarrangements so angelegt werden, dass sie die zur Entwicklung der IKK erforderlichen Ressourcen bereitstellen und IKK im Fremdsprachenunterricht durch Aufgaben angebahnt wird, die die in den vorangegangenen Kapiteln vorgeschlagenen Kriterien erfüllen.

Zur Erreichung der oben dargestellten interkulturellen Lernziele sind den Merkmalen der Aufgaben große Bedeutung beizumessen. Um die Aufgaben zu veranschaulichen, die bestimmte Merkmale aufweisen, bezieht dieses Fazit die von Britta Freitag-Hild (2010: 120 f.)[8] beschriebenen Aufgabenformen mit Grafik zur Förderung interkultureller Kompetenzen im Literaturunterricht ein. Die folgende Grafik liefert einen Überblick über die verschiedenen Aufgaben- und Übungsformen, ihre jeweiligen Funktionen, geeignete Aktivitäten sowie Beispiele für die methodische Umsetzung. Die Aufgaben- und Übungsformen werden Typengruppen entsprechend der jeweiligen Funktion der Aufgaben im interkulturellen Lernprozess zugeordnet (vgl. ebd.: 110 f.) (Tabelle 4.2):

---

[8] Die von Britta Freitag-Hild entworfene Grafik wurde in meiner Arbeit adaptiert übernommen, da sie Aufgabentypen zur Förderung interkultureller Kompetenzen speziell auf Literaturunterricht fokussiert. In meiner Arbeit geht es um Fremdsprachenunterricht, daher unterscheidet sich der Unterrichtsinput von ihrer Forschung. Allerding ist das Ziel identisch mit meiner Arbeit, daher sind die von ihr konkretisierten Aufgabentyp, Aufgabenfunktion, Aufgabenformate und Aufgabenbeispiele referenzwert.

Tabelle 4.2 Aufgaben- und Übungsformen nach Freitag-Hild (2010: 120 f.)

Aufgaben- und Übungsformen	Aufgaben- und Übungsfunktion	Aktivitäten	Aufgaben- und Übungsbeispiele
Einstimmungsübung	Entwicklung der Bereitschaft zur Auseinander-setzung mit kultureller Fremdheit	*Pre-reading tasks* zur Aktivierung oder Erarbeitung von Vorwissen und zum Aufbau einer Erwartungshaltung	Hypothesenbildung zu Figuren, Thema und Haltung (z. B. anhand von Figurenpersonal, Buch- oder DVD-Cover, Titel) Diskussion thematisch relevanter Aspekte (z. B. über Titel, thematisch verwandte Sachtexte)
Selbst-Wahrnehmung-saufgaben	Bewusste Wahrnehmung und Reflexion eigener Perspektiven	Artikulation, Diskussion und Reflexion von Rezeptionserfahrungen	Artikulation und Diskussion persönlicher Stellungnahmen zu Figuren, kulturellen Sichtweisen etc. Selbstkritische Reflexion persönlicher Rezeptionseindrücke und Sympathien
Interpretations- Und Einfühlungs-aufgaben	Perspektivendifferenzierung, -übernahme, -koordination	*While-reading tasks* zur Ausbildung einer Personenvorstellung	Erstellen von *character profiles*

(Fortsetzung)

Tabelle 4.2 (Fortsetzung)

Aufgaben- und Übungsformen	Aufgaben- und Übungsfunktion	Aktivitäten	Aufgaben- und Übungsbeispiele
		Interpretative Übungen zur kognitiven und emotionalen Rekonstruktion der Figurenperspektive und des Beziehungsgefüges	Assignments zur Erörterung oder zum Vergleich von Einstellungen, Werten, Motiven, Bezugspersonen und zum Identitätsentwurf einer oder mehrerer Figuren; Assignments zur Erarbeitung des Beziehungsgefüges (z. B. significant others, soziale/ kulturelle/ ethnische/ religiöse Gruppen, Machtgefüge, Grenzgängerfiguren)
		Handlungs- und produktionsorientierte Aktivitäten zur Rekonstruktion der Figurenperspektiven	Szenische Interpretationsaufgaben (z. B. Rollenbiographie, Körperhaltungsübung, szenisches Lesen, Rollengespräch, usw.) Um- und Weiterschreiben des Textes (z. B. andere Perspektive, inside views, Brief, Dialog, zusätzliche Szene) Transformation in anderes Medium (z. B. Collage, Fotstory, Filmszene)

(Fortsetzung)

Tabelle 4.2 (Fortsetzung)

Aufgaben- und Übungsformen	Aufgaben- und Übungsfunktion	Aktivitäten	Aufgaben- und Übungsbeispiele
Analyse- und Reflexionsaufgaben Interpretationsaufgaben	Analyse der *Rich Points* und Hotwords *Hotwords* interpretieren	Rich Points in Texten analysieren *Hotwords* während der Spracherwerbsprozesse interpretieren	*Rich Points* aus verschiedenen Sichtweisen betrachten und durch Rückgriff auf eigene Deutungsmuster verstehen. *Hotwords* mit Sprachmittlungsaufgaben interpretieren
Aushandlungs- und Partizipationsaufgaben	Dialogische Aushandlung von Bedeutungen und Differenzen	Rezeptionsgespräche zur (über)individuellen Sinnkonstitution;	Artikulation, Austausch und Aushandlung individueller Reaktion und Deutungen beim Umgang mit dem Unterrichtsinput Vergleich und Diskussion verschiedener kreativer Lernertexte
		Diskussionen zum Vergleich individueller und kultureller Deutungsschemata	Themenspezifische Diskussionen Fiktive Talkshow zur Aushandlung kultureller Sichtweisen oder zur Konfliktlösung
Kontextualisierungs- und Transferaufgaben	Kontextualisierung und Herstellung von Bezügen zur eigenkulturellen Lebenswelt	Intertextuelle Übungen zur Herstellung von Bezügen zu fremdkulturellen Diskursen und eigenkultureller Lebenswelt	Erörterung der spezifischen Perspektivierung fremdkultureller Diskurse

(Fortsetzung)

Tabelle 4.2 (Fortsetzung)

Aufgaben- und Übungsformen	Aufgaben- und Übungsfunktion	Aktivitäten	Aufgaben- und Übungsbeispiele
Reflexionsaufgaben	Perspektivenkoordination, Selbstreflexion, Reflexion auf der Metaebene	Übungen zur Perspektivenkoordinierung;	Kritische Reflexion über Herkunft, Ursachen und Berechtigung eigener und fremder Sichtweisen
		Reflexion des eigenen (inter)kulturellen Lernprozesses	Reflexion über Veränderung ursprünglicher Sichtweisen und die Bedeutung der Texte und Aufgaben für den eigenen Erkenntniszuwachs
		Reflexion über Voraussetzungen und Probleme von Fremdverstehen	Reflexion über die Bedeutung von Perspektivenwechseln und kulturellem Wissen für das Verständnis fremder Sichtweisen

Diese Arbeit versucht die Merkmale der Aufgaben, die zur Anbahnung der interkulturellen kommunikativen Kompetenz in den Fremdsprachenunterricht beitragen, zu ermitteln. Dabei wird der Versuch unternommen, konkrete Lernziele der interkulturellen kommunikativen Kompetenz zu formulieren und diese möglichst durch den Einsatz spezifischer Aufgabentypen unter Rückgriff auf die didaktisch- methodischen Prinzipien im Rahmen der Fremdsprachendidaktik zu erreichen. Darüber hinaus wird diskutiert: welche Kriterien soll der eingesetzte Unterrichtsinput für das Gestalten des interkulturell orientierten Fremdsprachenunterrichts erfüllen? Wie sollen die *learnerrole* und *teacher role* wahrgenommen werden? Unter welcher Bedienung sollen sprachliche Mittel eingesetzt werden? Welche sozialen Formen sollen verwendet werden? All diese Merkmale der Aufgaben im Unterricht sollen zur Förderung der interkulturellen kommunikativen Kompetenz beitragen. Es ist jedoch zu bemerken, dass dieser theoretische Teil eine hohe Anforderung an die Lehrenden und Lernenden stellt. Daher ist es an dieser Stelle wichtig, über die Grenzen der Arbeit zu diskutieren. Darauf gehe ich im folgenden Kapitel ein.

4.5 Grenzen der Anwendbarkeit des Konzeptes

Um die Frage beantworten zu können, ob das umrissene Konzept im Fremdsprachenunterricht umgesetzt werden kann, müssen die Faktoren Ausbildung der Lehrenden, Zeit und Sprachkompetenz der Lernenden sowie die sprachenpolitischen Vorgaben in Betracht gezogen werden. Da der Fremdsprachenunterricht vor allem Lernziele, wie etwa Grammatikvermittlung, Hören, Lesen, Schreiben usw. anstrebt, muss durch die Lehrenden Aufmerksamkeit für die Initiierung der interkulturellen Prozesse geschaffen werden. Das wiederum setzt voraus, dass die für den Fremdsprachenunterricht verwendeten Lehrwerke interkulturelle Lernprozesse berücksichtigen und die Lehrenden diese durch geeignete Aktivitäten in Gang bringen und in der Lage sind, zusätzliche Materialien mit interkulturellen Lernpotenzialen zu den in den Lehrwerken behandelten Themen zu verwenden. Die unzureichende Ausbildung der Dozenten an den chinesischen Universitäten in Bezug auf Didaktik und Methodik kann dazu führen, dass das hier dargestellte Konzept nur in einem geringen Umfang in der Unterrichtspraxis umgesetzt werden kann. Ein weiterer Faktor ist auf die Zeit bezogen, nämlich: um die in dieser Arbeit dargestellten Lernziele zu erreichen, spielt der Zeitrahmen eine Rolle; in welchem Zeitraum lässt sich das Konzept in dem von einem Curriculum bestimmten Fremdsprachenunterricht, möglicherweise auch mit vorgeschriebenen Lehrwerken an chinesischen Universitäten umsetzen? Der Zeitumfang wird auch von der Qualität der DaF-Ausbildung der Lehrenden beeinflusst. Des Weiteren stellt das Konzept eine hohe Anforderung an die Lernenden, indem ihre Lebenserfahrungen, Kenntnisse sowie ihre Persönlichkeit angesprochen werden. Die Aufgaben im Fremdsprachenunterricht sollten in der Fremdsprache erledigt werden. Ob die Sprachkompetenz der chinesischen Germanistiklernenden ausreicht, um die Anforderung dieses Konzeptes zu erfüllen, bleibt an dieser Stelle offen.

4.6   Lehrwerkanalyse

Dieses Kapitel widmet sich der Analyse der ausgewählten Lehrwerke in Bezug auf Lernziele zum Bereich interkulturelle kommunikative Kompetenz und deren Umsetzung in den Lehrwerken. Deutschlehrwerke sind die wichtigsten Medien im Germanistikstudium an den chinesischen Universitäten, bestimmen daher die Lernprozesse beim Spracherwerb und verschaffen durch den in den Lehrwerken eingeführten Input eigene Eindrücke über Fremdkultur. Nach Neuner funktioniert das Lehrwerk als Leitmedium im Fremdsprachenunterricht und spielt eine entscheidende Rolle im Unterrichtsgeschehen:

- „In der Umsetzung des Lehrplans legt es die Ziele des Unterrichts fest.
- Es entscheidet über die Auswahl, Gewichtung und Abstufung (Progression) des Lernstoffs (Themen/ Inhalte; Fertigkeiten; Sprachsysteme etc.).
- Es bestimmt die Unterrichtsverfahren, die Unterrichtsphasen (Einführung/Übung/Anwendung bzw. Transfer), die Sozialformen des Unterrichts (Frontalunterricht/Partner- und Gruppenarbeit), das Verhalten von Lehrern und Schülern. Das kann so weit gehen, daß das Lehrwerk auch begrifflich mit der Unterrichtsmethode gleichgesetzt wird. […]
- Es regelt die Auswahl und den Einsatz der anderen Unterrichtsmedien (etwa: Kassetten; Tafeln; Folien; Glossare; Arbeitsbücher etc.).
- Es gibt an, welche Lehrziele überprüft werden sollen und welche Textverfahren eingesetzt werden" (Neuner 1994: 8)

Aus diesen Gründen lohnt es sich, die am meisten verwendeten Deutschlehrwerke für den universitären Deutschunterricht in China in Bezug auf die interkulturellen

Aspekte zu analysieren. Zur Analyse der Lehrwerke liegen Kriterienkataloge[9] vor, mit denen Lehrwerke beurteilt werden können.

Lehrwerke sind „in ein Bedingungsgefüge übergreifender gesellschaftlicher, kultureller und institutioneller Vorgaben eingebettet" (ebd.) und „durch bestimmte didaktisch methodische Leitvorstellungen einer Epoche geprägt" (ebd.). Didaktisch methodische Veränderungen in der Geschichte des Unterrichtsfaches Deutsch als Fremdsprache nach dem zweiten Weltkrieg lassen sich nach Götze (vgl. Götze 1994: 29 ff.) in fünf große Phasen untergliedern, nämlich: 1. die in den fünfziger Jahren von der Grammatik-Übersetzungsmethode geprägte erste Phase; 2. die durch die audio-linguale oder audiovisuelle Methode charakterisierte zweite Phase, die mit der Anwendung behavioristischer Lehrverfahren einhergeht; 3. die durch die „pragmatische Wende" geprägte Phase (Hans-Eberhard Piepho rückte in Anlehnung an Jürgen Habermas „Theorie des kommunikativen Handelns" sprachliches Handeln im Sinne linguistischer Pragmatik beim Erstellen des Lehrwerks in den Mittelpunkt); 4. die auf eine interkulturelle Perspektive bzw. Fremdperspektive fokussierte vierte Phase (zum Ziel der Überwindung der ethnozentrischen Sicht sind zwei Lehrwerke konzipiert worden, nämlich Sichtwechsel und Sprachbrücke). 5. die Forschungsergebnisse der Psycholinguistik und Neurowissenschaft wie auch die Zweitsprachenerwerbsforschung einbeziehende fünfte Phase, die darauf abzielt, „die für Jugendliche und Erwachsene charakteristische analytisch-sequentielle Form des Erwerbs der zweiten und dritten Sprache in Lehrwerken aufzugreifen und zu unterstützen" (ebd.: 30)[10]. Im Gegensatz zu den Lehrwerken mit den Schwerpunkten gesprochene Sprache und sprechaktbezogenes Sprachhandeln – in der dritten Phase – heben die Lehrwerke in der vierten Phase die vier Grundfertigkeiten auf Basis der kognitiven Lehrverfahren hervor (vgl. ebd.).

---

[9] Zur Analyse der Lehrwerke sind folgende Kriterienkataloge erwähnenswert: Mannheimer Gutachten mit Kriterienraster zur Analyse von DaF- Lehrwerken; Stockholmer Kriterienkatalog zur Beurteilung von Lehrwerken des Faches DaF in den nordischen Ländern. Diese beiden Kriterienkataloge sind häufig zitiert. Brünner Kriterienkatalog zur Beurteilung von Lehrwerken für den Deutschunterricht in tschechischen Grundschulen 1997, dieser Katalog fokussiert sich stärker auf Kriterien zur Beurteilung der landeskundlichen Inhalte. Der „Kairoer Kriterienkatalog: Lehrwerkanalyse und -bewertung in Qualitätsfeldern & Indikatoren". Dieser Katalog ist an dem GER und auch dem GER-Begleitband 2020 orientiert und umfasst das Kriterium der didaktisch-methodischen Prinzip der Mediation/ Sprachmittlung umfasst.
    Quelle: https://www.alm.uni-jena.de.

[10] Nach Auffassung anderer Forscher (Hermann Funk) kann höchstens von vier Lehrwerkgenerationen gesprochen werden. Die Lehrwerke mit interkulturellem Schwerpunkt wie Sprachbrücke und Sichtwechsel bewegen sich letztlich ganz im übungsmethodischen Spektrum des kommunikativen Ansatzes und entwickeln diesen weiter.

In der vierten Phase der Lehrwerkentwicklung gilt die Förderung und Entwicklung der interkulturellen kommunikativen Kompetenz als ein wichtiges Lernziel. Im Zusammenhang mit diesem Lernziel haben mehrere Forscher (Müller 1994; Abendroth-Timmer 1999; Kiffe 1999; Michler 2005) die Lehrwerkanalyse im Blick auf interkulturelle Lernziele im Lehrwerk erweitert, worauf ich im nächsten Kapitel näher eingehen werde.

4.6.1   Lehrwerke auf dem Prüfstand interkultureller Lernziele

Im Folgenden werden die Ergebnisse der Analyse der mit interkulturellem Schwerpunkt konzipierten Lehrwerke (Sichtwechsel; Sprachbrücke 1987; 1989) von Bernd-Dietrich Müller (1994) und Ergebnisse der Analyse der Fremdsprachenlehrwerke[11] in Bezug auf Anbahnung der interkulturellen Lernziele von Abendroth-Timmer (2000) dargestellt.

Müller (vgl. 1994: 95) plädiert für eine stärkere Darstellung interkultureller Kommunikationssituationen in Lehrwerkdialogen und hat interkulturelle Lernziele in Lehrwerken auf drei Verfahrensweisen, die er als relevant für die Bewusstmachung der Grundlagen und Mechanismen interkultureller Kommunikation in Lehrwerken erachtet, analysiert:

• Darstellung von interkulturellen Kommunikationssituationen (zwischen Deutschen und „Ausländern")
• Darstellung von Bedeutung als kulturgeformter Einheit
• Darstellung von interkulturellen kommunikativen Missverständnissen

Indem Röttger sich an diesen Kriterien orientiert, zieht er aus der Analyse der Lehrwerke „Sprachbrücke (1987, 1989)" den Schluss, dass die drei interkulturellen Aspekte in diesen Lehrwerken umgesetzt sind, wobei diese drei Kriterien nicht ausdifferenziert sind, sondern vielmehr auf einen großen Interpretationsspielraum hinweisen:

„Sprachbrücke, das durchgängig zu Vergleichen zwischen der eigenen und fremden Kultur anregt, stellt die Erkenntnis kultureller Unterschiede in den Mittelpunkt. Dennoch wird angestrebt, eine stereotypisierende Sichtweise des Eigenen und des Fremden durch Multiperspektivität zu vermeiden, die auf zweifache Weise wirksam

---

[11] Abendroth-Timmer (vgl. 2000: 37) untersucht Fremdsprachenlehrwerke (RENDEZVOUS für die Zielsprache Französisch; PontNeuF; MOST und *Zdravstvujte* für die Zielsprache Russisch).

wird: Zum einen werden immer wieder, beispielsweise im Kapitel zum Perfekter-
werb (SB 1987: 106), Sichtweisen von Deutschen in Themenbereiche häufig, z.b.
bei der Thematisierung des Stereotyps ‚Die Deutschen arbeiten viel' (SB 1987: 104),
aus der Perspektive von Angehörigen verschiedener Nationen dargestellt und kom-
mentiert, was wiederum eine Relativierung der dargestellten deutschen Verhältnisse
erlaubt. [...] Trotz dieser m.E. überzeugenden, dynamischen interkulturellen Konzeption sind auf beiden Ebenen- Diversität und Egalität – Defizite sichtbar. So wird in
dem Lehrwerkteils eine vermeintlich totale Andersartigkeit konstruiert: „Wir leben
und denken ganz anders als Sie. Unsere Sitten, unsere Mentalität, Sie wissen doch..."
(SB 1989: 90) [...] In anderen Lektionen wird versäumt, zur Diskussion eingeführte
Stereotypen wieder aufzulösen, beispielsweise wird eine (vermeintliche) asiatische
‚Beweglichkeit' einem mangelnden deutschen ‚Improvisationstalent' gegenübergestellt (SB 1989:127). In einigen Lektionsteilen von Sprachbrücke 2 (SB 1989) tritt der
egalitätsorientierte, multiperspektivische Ansatz in den Hintergrund und weicht einer
stärkeren Präsentation deutscher Geschichte und Kultur – eine implizit germanozen-
trische Konzeption, die griechische Studenten und Studentinnen mit den Worten „Den
Deutschen gefällt's, ihr Haus zu loben" kritisierten" Röttger (2000: 47)

Aufgrund der Analyse Röttgers lässt sich erkennen, dass die von Müller erstellten
Kriterien nicht ausreichen, um interkulturelle Lehrwerke im Sinne von umfassenden Aspekten der interkulturellen kommunikativen Kompetenz zu analysieren.
Daher ist eine Modifizierung und Erweiterung der differenztheoretisch orientierten Kriterien, mit denen interkulturelle Lehrwerke evaluiert werden können,
erforderlich.

Abendroth-Timmer (2000) hat interkulturelle Lernziele in den Lehrwerken
(RENDEZ-VOUS und Pont NeuF für die Zielsprache Französisch; MOST und
Zdravstvujte für die Zielsprache Russisch) untersucht. Dabei wurden interkultu-
relle Lernziele in diesen Lehrwerken in folgenden Dimensionen geprüft:

- Die Erarbeitung des Verhältnisses von Kultur und Sprache
- Affektives und kognitives Lernen
- Wahrnehmungsschulung
- Die Auseinandersetzung mit dem Eigenen und Anderen
- Die Betrachtung von Einstellungen, Vorurteilen und Stereotypen
- Multiperspektivität im Lehrwerk und im Unterrichtsprozess
- Vergleiche im Lehrwerk und im Unterrichtsprozess

Auf Grund ihrer Analyse hat Abendroth-Timmer (vgl. 2000: 40 f.) den Schluss
gezogen, dass jedes Lehrwerk eigene Mittel verwendet, um interkulturelle
Lernprozesse anzubahnen. Allerdings wurden nur unterschiedliche Teilperspektiven der interkulturellen kommunikativen Kompetenz in den Lehrwerken mit

einbezogen. Weiterhin weist die Analyse von Abendroth-Timmer auf ein Defizit von Übungen und Aufgaben der untersuchten Lehrwerke zur Darstellung gesellschaftspolitischer Veränderungen hin.

Im Rahmen des schulischen Fremdsprachenlernens betont Kiffe (vgl. 1999: 86), dass die Lehrwerkanalyse bezüglich des interkulturellen Lernens eher nach dem traditionellen Landeskundeverständnis im Sinne der Wissensebene ausgerichtet ist. Obwohl die Neuorientierung der Landeskunde im Sinne interkulturellen Lernens in Kriterienkatalogen aufgenommen ist, ist deren Umsetzung in den Lehrwerken[12] leider ausgeblieben. Daher ist nach Kiffe (vgl. ebd.) eine materialbasierte, umfassende Analyse von Lehrwerken im Hinblick auf interkulturelles Lernen trotz seiner Bedeutung bisher nicht erfolgt.

Da interkulturelle Kompetenz seit den 80er und 90er Jahre als das Leitziel für Fremdsprachenunterricht gilt, sind dementsprechend speziell für dieses Ziel konzipierte Lehrwerke (*Sichtwechsel, Sichtwechsel neu, Sprachbrücke*) und auch Lehrwerke für Fremdsprachenunterricht mit interkultureller Orientierung entstanden. Seit dem 21. Jh. sind keine Lehrwerke vorhanden, die interkulturelles Lernen als Hauptlernziel verfolgen.

4.6.2 Kriterienkataloge zur Analyse der interkulturellen Lernziele

Da keine einheitlichen Kriterienkataloge zur Analyse der interkulturellen Lernziele vorhanden sind, wird von mir ein eigener Katalog entwickelt. Die Erstellung des Kriterienkatalogs basiert auf den im Abschnitt (2.3.3) erläuterten drei Dimensionen der interkulturellen kommunikativen Kompetenz und den im Abschnitt (4.3) thematisierten Merkmalen von Aufgaben.

- **Wissensebene (savoir)**

  1. Wird allgemeines Wissen über Kultur und Kommunikation (verbale und nonverbale) vermittelt?
  2. Sind kulturbedingte Stereotype über Deutschland und andere Länder enthalten?

---

[12] Abendroth-Timmer hat als Materialbasis zur Analyse diese Lehrwerke ausgewählt: Learning English – Green Line, Klett 1984–1989; English G, Neue Ausgabe A, Cornelsen 1986–1991; English Live, Ausgabe B, Langenscheidt-Longman 1992–1996; Notting Hill Gate (ab Bd. 3 Ausgabe A), Diesterweg ab 1994.

3. Werden eigenkulturelle Wahrnehmungsmuster und Deutungsmuster thematisiert?
4. Werden kulturspezifische *Hotwords* und Tabuthemen in der eigenen Kultur und Fremdkultur thematisiert?
5. Werden die Lernenden zum Kulturvergleich, insbesondere zum Vergleichen und Kontrastieren von Alltagssituationen, angeregt?[13]
6. Werden kulturelle Missverständnisse und interkulturelle Konflikte thematisiert? Werden Strategien – etwa wie man mit Missverständnissen und Konflikten umgehen kann – vermittelt?
7. Werden linguistische Sprechakte (Begrüßungsformeln, Höflichkeitskonventionen) von Deutschsprache und Muttersprache der Lernenden miteinander verglichen?
8. Wird das Thema „Identität" behandelt? Unterstützt das Lehrwerk die Bearbeitung des Identitätskonflikts der Lernenden bei der interkulturellen Begegnung?
9. Werden Medien als die wichtigsten Quellen zur Gewinnung von Kenntnissen über andere Länder kritisch betrachtet?

Die im Abschnitt (4.3.1) thematisierten Teillernziele der interkulturellen kommunikativen Kompetenz auf der persönlichkeitsbezogenen Ebene, wie beispielsweise „ich bin bereit, sprachliche und kulturelle Phänomene als mögliche Reflexionsgegenstände zu betrachten usw.", können durch Lehrwerke anhand spezifischer Aufgaben gefördert werden.

- **Persönlichkeitsbezogene Ebene**

1. Werden authentische Materialien (z. B. literarische Texte, künstlerische Bilder, Lieder, Videos[14]) zum Ansprechen von Emotionen bei den Lernenden verwendet?
2. Bieten die Lehrwerke Übungen an, die die Neugier der Lernenden auf sprachliche und kulturelle Unterschiede und Ähnlichkeit fördern?
3. Bieten die Lehrwerke Übungen an, die Lernende auffordern, sich in sprachlich und kulturell Nichtvertrautes/Unvertrautes einzudenken und einzufühlen?

---

[13] Dieses Kriterium wurde aus der Dissertation von Usener (2016: 90) übernommen.
[14] Die Potenziale solcher Medien, die Emotionen der Lernenden wachzurufen, werden in der Fremdsprachendidaktik in Publikationen von Badstübner-Kizik (2007), Hellwig (1991, 1995, 2007), Charpentier (1993, 1995,2007) usw. viel diskutiert.

4. Bieten Lehrwerke Impulse an, die Lernende auffordern, von ihren stereotypisierten Eindrücken über eigene Kultur und andere Kulturen zu berichten und darüber zu reflektieren?

5. Bieten Lehrwerke Anregungen an, die einen Perspektivwechsel zu vollziehen?

6. Bieten Lehrwerke Impulse an, die Lernende für die Vielfalt der Begrüßungsformen sensibilisieren?

7. Bieten Lehrwerke Übungen an, die Lernende für kulturspezifische Inhalte (*Hotwords*, Konnotationen, Idiome usw.) sensibilisieren?

8. Bieten Lehrwerke Übungen an, die die Lernenden dabei unterstützen, sich der eigenen Identität bewusst zu werden?

9. Enthalten Lehrwerke Anregungen, die Persönlichkeitsebene bezogenen Lernziele erreichen?

In Bezug auf die Lernziele in der Dimension *Fertigkeiten* kann nicht erwartet werden, diese auf Niveaus A1, A2 zu erreichen, da diese Teilziele der IKK bestimmte sprachliche Kompetenz fordern, um interkulturelle Konfliktsituationen bewältigen zu können. Die IKK geforderten bestimmten Fertigkeiten sollen in Lehrwerken durch szenische oder kontextualisierte Aufgaben eingeübt werden. Die folgenden Kriterien können zur Prüfung der Dimension *savoir faire* der interkulturellen kommunikativen Kompetenz herangezogen werden:

• **Fertigkeitsbezogene Ebene**

1. Wird der Umgang mit nonverbalen Kommunikationsmitteln in Szenen thematisiert und eingeübt?

2. Enthalten die Lehrwerke Aufgaben, die die Lernenden dazu auffordern, kulturbedingte Missverständnisse und stereotypisierte Eindrücke zu analysieren?

3. Enthalten die Lehrwerke Anregungen, die Lernende dazu auffordern, den kulturellen Ursprung eigener Verhaltensweisen zu analysieren?

4. Sind in den Lehrwerken handlungsrelevante Verfahren, wie Rollenspiel, Projektarbeit usw. zur Bewältigung interkultureller Begegnungssituationen enthalten?

5. Werden ganzheitliche Lernarrangements zum Eintauchen in die zielkulturellen kritischen Kontexte (komplexe Lernaufgaben, Unterrichtsprojekte) vorgeschlagen?[15]

---

[15] Dieses Kriterium wurde aus der Dissertation von Usener (2016: 90) übernommen.

6. Enthalten die Lehrwerke Aufgaben, mit denen die Lernenden ihre eigenen Fertigkeiten in Bezug auf interkulturelle kommunikative Kompetenz einschätzen können?

Zur Veranschaulichung der interkulturellen kommunikativen Kompetenz existieren mehrere Modelle (Abschnitt 2.3) sowohl in der Fremdsprachendidaktik als auch in anderen Fachdisziplinen; daher können diese von mir erstellten Kriterienkataloge nicht alle Teilperspektiven der interkulturellen kommunikativen Kompetenz abdecken. Allerdings basieren die Kataloge auf den im Abschnitt (4.3.1) durch Analyse der Literatur und durch die Instrumente der Fremdsprachendidaktik erfassten Lernzielen. Mithilfe dieses Katalogs sollen zwei ausgewählte Lehrwerke (*Studienweg, Studio 21*) untersucht werden.

4.6.3 Kriterien der zu analysierenden Lehrwerke

In China werden an den Universitäten im Fach Germanistik *Studienweg Deutsch* (4 Bände) und in den naturwissenschaftenorientierten Fächer, die mit dem Fremdsprachlernen kombiniert sind, die Lehrwerke *Studio d, Studio 21* verwendet[16]. Studienweg mit vier Bänden wurde entwickelt für Studierende im Fach Deutsch an den Universitäten und zielt auf die kommunikative Kompetenz der Studierenden ab, wobei das Lernziel kommunikativer Kompetenz laut *abstract* von Band 4 eher auf die schriftliche (als auf die mündliche) Kommunikation (Wiedergabe landeskundlicher Informationen; Verfassen eigener Reportagen und Umformen von Interviews usw.) ausgerichtet ist. In dem Band sind nach dem Hinweis vom *abstract* zum Band 4 interkulturelle Aspekte einbezogen: „Themen zur Landeskunde der deutschsprachigen Länder und zur europäischen Kulturkunde zielen

---

[16] Nach der Gründung der Volksrepublik China wurden vor allem die deutschen Lehrwerke aus der Sowjetunion und BRD an den chinesischen Universitäten verwendet. Ende der 50er Jahren hat die Peking Universität, die von dem Bildungsministerium beauftragt wurde, „moderne deutsche Lehrpläne" entworfen. Im Jahr 1961 wurde das Lehrwerk „大学德语课本" – „Lehrwerk für Deutschlernen an der Universität " mit dem ersten Band und 1963 mit dem zweiten Band veröffentlicht. Nach der Reform- und Öffnungspolitik in den 80er Jahren wurde das Lehrwerk „德语" – „Deutsch" in vier Bänden und in den 90er Jahren „德语教程" – „Deutsch Lehrplan" veröffentlicht. Im 21. Jh. ist das Lehrwerk „当代大学德语" – „Studienweg Deutsch" -konzipiert und an den Universitäten mit der Fachrichtung Germanistik verwendet. Das Konzipieren des Lehrwerkes in unterschiedlichen Phasen orientiert sich an den Vorgaben des Bildungsministeriums, die durch die jeweiligen Epochen geprägt sind.

über die Vermittlung von Sachkenntnissen hinaus auf interkulturelles Verstehen, das bei der Identifikation mit dem Fremden ansetzt, Vorurteile und Klischeevorstellungen abweist und kritische Toleranz fördert" (Nerling; Liang 2009: II).

Nach dem Studium dieser vier Bände sollte das sprachliche Niveau gemäß GER B2 erreicht worden sein, wobei nicht alle Fertigkeiten- insbesondere bei den produktiven Fertigkeiten der chinesischen Studierenden dieses Niveau erreicht werden können. Im Vergleich dazu sind *Studio d, Studio 21* auch für den Deutschunterricht an den chinesischen Universitäten eingeführt. In *Studio d* werden Aufgaben und Übungen durch authentische Themen und Texte im Alltag in den deutschsprachigen Ländern in transparenten Lernsequenzen erstellt, und sie zielen darauf ab, dass Lernende die deutsche Sprache in alltäglichen privaten und berufsbezogenen Situationen anwenden und kulturelle, landeskundliche und literarische Kenntnisse erwerben (vgl. Kuhn; Niemann usw. 2010: 3). Insbesondere bezieht *Studio d* die eigenen Erfahrungen der Lernenden ein, was auch bei der Erarbeitung grammatischer Strukturen berücksichtigt werden soll: „Die Erarbeitung grammatischer Strukturen ist an Themen und Sprachhandlungen gebunden, die Ihren kommunikativen Bedürfnissen entsprechen und vorhandene Kenntnisse ausbauen, vertiefen und erweitern" (ebd.).

Da sowohl die Probegruppe als auch die Zielgruppe, die an meinem empirischen Teil teilnahmen, das *Studienweg Deutsch* mit Band 4 abgeschlossen haben, möchte ich das Lehrwerk *Studienweg Deutsch – Band 4*, das die zwei Experimentalgruppen im Studium kennengelernt haben, wie auch das *Studio d Niveau B2* mit zwei Teilbänden, analysieren. Da Lehrwerk *Studio d* und 21 auch an chinesischen Universitäten verwendet werden, lohnt es sich, interkulturelle Aspekte in diesem Lehrwerk zu untersuchen.

4.6.4   Analyse der ausgewählten Lehrwerke

In diesem Kapitel werden Lehrwerke (*Studienweg Deutsch* 2009, Band 4; *Studio die Mittelstufe* B2/1, B2/2) mithilfe der im letzten Abschnitt (4.6.2) erstellten Kriterien untersucht. Im Inhaltsverzeichnis gewinnt man zunächst einen Überblick über die Lernziele. Die zwei Lehrwerke weisen einen je unterschiedlichen Aufbau auf: jede Lektion im *Studienweg Deutsch* umfasst fünf Module (Kommunikation, Texte, Redemittel, Grammatik, Vokabeln) für die Übersicht, wobei das Modul „Kommunikation" einschließlich Sprachhandlung, Textsorten, Grammatikteil nicht anschaulich dargestellt ist. Im Gegensatz dazu sind in *Studio d* im Inhaltsverzeichnis Module enthalten (Themen, Textsorten, Sprachhandlungen,

Grammatik, Aussprache und Lernstrategie), die eine übersichtlichere Orientierung am Lehren und Lernen der deutschen Sprache anbieten. Insbesondere werden Lernziele für jede Lektion bei der Einstiegsphase angegeben, was im *Studienweg Deutsch* nicht der Fall ist.

4.6.4.1 Analyse des Lehrwerkes *Studienweg Deutsch*

Studienweg Deutsch-Band 4 umfasst insgesamt 12 Lektionen mit unterschiedlichen Themen; dabei geht insbesondere Lektion 11 auf das Thema „interkulturelle Kommunikation" ein. Obwohl die anderen 11 Lektionen nicht auf interkulturelles Lernen fokussieren, fließen interkulturelle Aspekte mit ein. Diesbezügliche Aspekte werde ich gleichfalls untersuchen.

Wissensebene (savoir)[17]

W1: *Studienweg Deutsch*-Band 4 richtet nur geringe Aufmerksamkeit auf die Vermittlung eines allgemeinen orientierten Wissens über Kultur (Kulturdefinitionen) und verbale bzw. nonverbale Kommunikation, wobei dieses Wissen in einigen Kapiteln in der Einstiegsphase implizit erwähnt wird. In der Einstiegsphase von Lektion 11 Thema „Wir und die Anderen" wird die Frage nach „Menschenbildern" und „Menschenkenntnis" gestellt: werden deutsche Geschäftsleute trainiert, ihr Gegenüber zu verstehen? Dazu gehört unter anderem die Fähigkeit, Gesichter zu lesen. Als Beispiel werden 7 Gesichterbilder gezeigt, und ein jedes Bild interpretieren Deutsche mit einem Satz; die Lernenden sollen dann prüfen, ob die Interpretation stimmt. Im Vergleich dazu sind fünf Bilder mit Gesichtern von Deutschen vorhanden; Die Lernenden sollen die in den Bildern dargestellten Emotionen interpretieren und dann mit den Antworten von deutschen Befragten vergleichen. Durch den Vergleich der eigenen Interpretation mit der von Deutschen können die Lernenden sich für deutsche und chinesische Mimik sensibilisieren.

Nonverbale Kommunikation wird zwar in Lektion 10 mit 8 Abbildungen von Haltungen und Gesten und zugehöriger Erklärung aus einem psychologischen Text thematisiert, jedoch wird die Körpersprache nicht in einem interkulturellen Kontext diskutiert.

W2: Lektion 11 schließt einen Text über ein Interview ein, das sich auf eine von einem Germanisten durchgeführte Untersuchung über das Thema „Was halten Chinesen von Deutschland?" bezieht. Hierbei werden stereotypisierte Eindrücke

---

[17] Die Lehrwerke werden den im Abschnitt (4.6.2) dargestellten Analysekatalogen entsprechend untersucht; W1 steht für Katalog 1 vom Savoir „Wird allgemeines Wissen über Kultur und Kommunikation (verbale und nonverbale) vermittelt?"

von Chinesen über Deutschland erfasst; zu dem erwähnten Text sollen die Lernenden ihre Brainstorming-Liste mit den Ergebnissen im Text vergleichen und darüber diskutieren, ob diese ihre Einschätzung noch aktuell ist. Die Prüfung der Aktualität gewinnt an dieser Stelle mit dem über 10 Jahre zurückliegenden Lehrwerk Bedeutung.

W3: Lektion 7 widmet sich dem Thema „Arbeitsbewerben" und listet in einer Aufgabe 7 mögliche Fragen und zwei unterschiedliche Antworten bei einem Bewerbungsgespräch auf:

1. Was halten Sie von Überstunden?
a) Es ist doch selbstverständlich, dass man länger im Büro bleibt, wenn man mit seiner Arbeit noch nicht fertig ist.
b) Generell will ich meine Arbeit während der normalen Arbeitszeit schaffen. Aber wenn mal besonders viel los ist, bleibe ich natürlich länger
2. In welcher Position sehen Sie sich in fünf Jahren?
a) Ich bewerbe mich um genau die Stelle, an der ich arbeiten möchte. Ich glaube nicht, dass sich meine Einstellung in fünf Jahren geändert hat.
b) Ich könnte mir vorstellen, als Leiter eines Teams ein Projekt selbständig zu bearbeiten.
3. Wie lange wollen Sie in unserer Firma bleiben?
a) Ich bin sehr an einer langfristigen Mitarbeit interessiert. Ich hoffe, dass dies Vorteile für die Firma hat und ebenso für meine berufliche Karriere.
b) Das kommt natürlich vor allem darauf an, wie es mir in Ihrer Firma gefällt. Ich möchte da ganz ehrlich sein: Wenn ich mich beruflich verbessern kann, würde ich die Firma wechseln.
4. Wie reagieren Sie auf Kritik an Ihrer Arbeit?
a) Natürlich bin ich nicht begeistert von Kritik. Aber ich versuche, darin das Positive zu sehen.
b) Kritik ist immer gut, denn durch Kritik kann ich etwas lernen.
5. Welches Buch liegt auf Ihrem Nachttisch?
a) Ich lese gerade Goethes „Faust"
b) Auf meinem Nachttisch liegen ein paar Lehr- und Fachbücher. Man lernt sogar im Schlaf, wenn man sich vor dem Einschlafen bildet.
6. Haben Sie ein persönliches Vorbild?
a) Ich will so klug wie Einstein sein, so erfolgreich wie Bill Gates und so moralisch, menschlich und kreativ wie Lu Xun.
b) Ja, mein Großvater.
7. Wir reden nun schon zehn Minuten. Aber besonders überzeugend war und Ihre Vorstellung bisher nicht. Oder sehen Sie das anders?

a) Das sehe ich ganz anders. Aber bitte, stellen Sie mir Fragen, mit denen ich Sie von meiner Qualifikation überzeugen kann.
b) Nun, ich glaube, ich habe doch alle Ihre Fragen beantwortet.

Die Lernenden sollen zunächst die aus ihrer Sicht passenden Antworten ankreuzen. Anschließend werden die Aussagen des deutschen Personalchefs zur Bewertung der Antworten mitgeteilt, und die Lernenden sollen ihre Antworten mit den Bewertungen der Personalchefs vergleichen. Diese sieben auf das Bewerbungsgespräch bezüglichen Fragen sind geeignet, um unterschiedliche kulturelle Deutungsmuster in diesem Kontext sichtbar werden zu lassen. Während Chinesen auf die Frage nach Überstunden aufgrund des Gesichts- Konzepts im Abschnitt (2.2.4.2) Option (a) ankreuzen könnten, weist die Aussage des deutschen Personalchefs darauf hin, dass Firmen keine Workaholics erwarten, sondern Leute beschäftigen wollen, die auch anderes im Kopf haben als nur ihre Arbeit. Ähnlich ist die fünfte Frage: Chinesen würden wahrscheinlich ihren Charakter bzw. Fleiß hervorheben und daher Option (b) auswählen. Im Gegensatz dazu hält der deutsche Personalchef beide Antworten für nicht richtig und begründet dies mit folgenden Worten: Wenn man große Literatur erwähnt, besteht die Gefahr, dass man nach dem Inhalt befragt wird, und dann müsste man auch Bescheid wissen. Die zweite Antwort wird vom deutschen Chef sehr kritisch betrachtet, denn es würde davon ausgegangen, dass „wer nur sein Fach im Kopf hat, dem fehlt wahrscheinlich Bildung" (Nerlich, Liang 2009: 178). Dieses Argument mag dem chinesischen Denkmuster, dass man sich auf eine Sache konzentrieren soll, widersprechen. Daher ist es sinnvoll, die Aussagen der Lernenden und des deutschen Chefs in Vergleich zu stellen und über den Unterschied zu reflektieren. Darüber hinaus schlägt der deutsche Chef vor, dass man ein interessantes Buch, das man wirklich gelesen hat, angibt. Es kann sogar ein guter Kriminalroman sein – auf die Ehrlichkeit kommt es hier an. Im Vergleich dazu können Chinesen die Vorstellung haben, dass ein Krimi nichts mit der Arbeit zu tun hat. Daher beantworten sie die Frage nicht auf Grund ihrer Interessen, sondern im Blick auf die dem Chef unterstellten Erwartungen. In Bezug auf die sechste Frage über persönliche Vorbilder soll seitens der chinesischen Lernenden während der Bildungsprozesse dem Streben nach der Imitation großer Persönlichkeiten große Bedeutung beigemessen werden. Aus diesem Grund könnten sie die Antwort Option (a) ankreuzen. Jedoch mag der deutsche Personalchef befinden, wenn man einen Bekannten erwähne, könne man über dessen Menschlichkeit, Moral, Arbeitsmoral, Verantwortungsbewusstsein vieles erzählen. Diese Unterschiede sollen im Unterricht bewusstgemacht werden.

Lektion 9 beschäftigt sich mit dem Thema „Kunst"; diese Lektion stellt westliche und chinesische Stile von Kunstbildern dar. Es ist erwähnenswert, dass in dem von einem deutschen Autor verfassten Text über „über die Literatenmalerei" die Wahrnehmung chinesischer Malerei aus dem Blickwinkel von Deutschen betrachtet wird:

> „Einem an westliche Malerei gewöhnten Auge fällt an chinesischen Bildern der Mangel an Realismus oder, anders gesagt, der Grad an Abstraktion auf. Es gibt keine genaue Abbildung von Menschen, Tieren, Pflanzen und Landschaften. Nun ist es doch nicht so, dass die Literatenmaler nicht realistisch hätten malen können. Schon die frühesten Aufsätze über Malerei betonen, dass deren Ziel nicht in der Widerspiegelung der äußeren Erscheinung eines Gegenstandes liegt, sondern im Erfassen seines „Lebensatems", also der Idee, die in ihm liegt. " (Nerlich; Liang 2009: 226; zitiert nach Ledderose 1985).

Anhand dieses Textes sollen die Lernenden über die Frage nach Abstraktion und Realismus diskutieren, nämlich ob sie wie auch der Verfasser und viele westliche Betrachter der Meinung seien, dass für die chinesische Kunst ein relativ hoher Abstraktionsgrad typisch sei und ob sie glaubten, dass der westlichen Kunst – mehr als der chinesischen – die Naturnähe fehle. Mit diesen Fragen sollen die Lernenden ihre auf die Kunststile bezüglichen Kenntnisse und Erfahrungen zum Ausdruck bringen. Wenn allerdings das Lehrbuch oder der Lehrende hierbei die in den Kunstbildern repräsentierte kulturelle Deutung explizit machen können, ist das unter drittens gelistete Kriterium erfüllt; z. B. sollen die Lernenden über die durch „Literatenmalerei" repräsentierte chinesische kulturelle Deutung des „Lebensatems" nachsinnen: Auf welche Denker lässt sich der Begriff „Lebensatem" (qi气)[18] zurückführen? Wie können Künstler den „Lebensatem" eines Gegenstandes repräsentieren, wenn man chinesische Kunstbilder mit deutschen zum Vergleich heranzieht? Welche Stilepoche ist gleichfalls durch Abstraktion geprägt, wenn man sie mit der chinesischen Literatenmalerei vergleicht, und worin liegt der Unterschied?

Lektion 12 weist mit dem Lesetext „Die klischeehafte deutsche Sprache" auf die kulturelle Deutung bei der Verwendung chinesischer und deutscher Redensarten hin:

---

[18] Der Ausdruck „Lebensatem" ist ein wichtiger Begriff der chinesischen klassischen Philosophie. Das Konzept wurde von Mengzi (370 v. Chr.- 290 v. Chr.) und Zhuangzi (365 v. Chr.-290 v.Chr.) entworfen und von den Theoretikern späterer Generationen weiterentwickelt. Das Konzept „Lebensatem" fächert sich in den Bereichen, Philosophie, Psychologie, Ästhetik usw. auf und nimmt Einfluss auf die Entstehung der chinesischen Literatur, Kunst und Kalligrafie usw.

„Im Chinesischen verwendet man traditionell gern sprichwörtliche Redensarten und Sprichwörter. Sie sind ein Zeichen von Bildung, weisen auf jahrhundertealte Weisheiten hin und geben der Rede damit einen weiten gedanklichen Horizont. Im Deutschen wird das Verwenden von solchen Redensarten oft als Mangel an eigenen, neuen Ideen empfunden. Außerdem sind viele Spruchweisheiten ja gar nicht oder nur manchmal wahr. Man sieht in ihnen Halbwahrheiten und somit ganze Unwahrheiten" (Nerlich; Liang 2009: 317).

W4: In Lektion 5 mit einer Aufgabe werden zwei Zitate behandelt, nämlich: „wir wollen sein ein einig Volk von Brüdern", „Mit fünfzig hatte ich den Willen des Himmels erkannt". Mit dem ersten Zitat sollen die Lernenden den historischen Hintergrund kennenlernen, indem sie im Internet recherchieren, von wem und aus welchem Werk dieses Zitat stammt und welches Wort im Original anders ist? Die Lernenden werden darüber hinaus dazu aufgefordert, den historischen Hintergrund näher zu erklären. Bei dem zweiten Zitat sollen die Lernenden Originaltext und Quelle finden. In dem chinesischen Zitat kann „Willen des Himmels"[19] als kulturspezifisches *Hotword* angesehen werden. Allerdings geht keine anschließende Aufgabe auf diesen Aspekt näher ein, indem man etwa hinterfragen würde, ob eine solche wörtliche Übersetzung des konfuzianischen Gesprächs von den Deutschen verstanden wird, bzw. welcher Begriff aus der deutschen Philosophie dem erwähnten Ausdruck entsprechen würde, um die Bedeutung von „Willen des Himmels" wiederzugeben.

In Lektion 11 wird ein Text über „China verstehen" aus westlicher Sicht einbezogen. In dem Text wird die Betonung der chinesischen sozialen Harmonie aus der Geschichte bzw. aus einer bäuerlichen Gesellschaft mit dem Ziel der Bewässerung der Reisfelder in kollektiver Arbeit erklärt. Heutzutage wird der Harmonie im sozialen Leben noch größerer Wert zugeschrieben. Um soziale Harmonie zu erhalten, legen Chinesen großen Wert auf indirekte Sprechweise: nach der kulturellen Deutung ermöglichen indirekte Hinweise den Gesprächspartnern, ihr Gesicht zu wahren. Dabei soll man insbesondere in vier Situationen (Aussprechen einer Bitte; Ablehnung einer Bitte; persönliche Stellungnahmen; Beurteilung anderer) auf eine Harmonie fördernde Gesprächsstrategie achten (vgl. Nerlich; Lang 2008; zitiert nach Lin-Huber 2001).

W5: Zum Thema „Wertediskussion" in Lektion 1 versucht *Studienweg Deutsch* Werteverständnisse einerseits aus der Sicht der Lernenden zu thematisieren, andererseits einen Text über die Werteverständnisse der Deutschen anzubieten. Lektion 5 über das Thema „Internet-Recherchen" mit der Frage „Was unterscheidet einen

---

[19] Hierbei handelt es sich um wörtliche Übersetzung. Richard Wilhelm (2005: 14) übersetzt diesen im übertragenen Sinn als „Moralgesetz" entsprechend der Kantschen Philosophie.

1. Stock in China von einem 1. Stock in Deutschland" möchte die Lernenden dazu anregen, sich für solche alltägliche Unterschiede zu sensibilisieren. Lektion 8 geht auf das Thema „Ökonomie und Ökologie" ein. Dabei werden Texte aus Spiegel online 2008 über „Chinas Wirtschaft wächst weiter zweistellig" und aus AP/dpa/AFP 2008 „Jeder achte Deutsche lebt in Armut" miteinander verglichen, sodass die Lernenden sich einen groben Überblick über chinesisches und deutsches ökonomisches Wachstum verschaffen. Bei diesen Texten werden die Lernenden dazu aufgefordert, Quellen und Themen als Globalverständnis zu prüfen. Es wäre für die Förderung des kritischen Bewusstseins hilfreich, beim Prüfen von Quellen und Themen nicht nur auf das globale Verstehen allgemein abzuzielen, vielmehr sollte es von den Lehrenden explizit zum Ziel gemacht werden; dabei sollen die Lernenden die von Medien vermittelten Kenntnisse in Bezug auf ihre Objektivität überprüfen. Die anschließende Aufgabe besteht darin, dass die Lernenden mit Hilfe von Suchmaschinen nach den aktuellen Zahlen und Fakten für China und die deutschsprachigen Länder recherchieren sollen; diese Aufgabe kann die Defizite der veralteten Texte kompensieren.

W6: In Lektion 11 wird mit dem Text „ ‚China verstehen' aus westlicher Sicht" die Wahrnehmung der Direktheit von Chinesen und Deutschen thematisiert. Folgendes Beispiel wird hierbei genannt: bei einem Gesprächsbeginn mit den Fremden werden die Fragen nach dem Beruf, dem Alter, dem Familienstand, Kindern, Krankheiten, Einkommen in der westlichen Kultur als zu persönlich wahrgenommen. Im Gegensatz dazu gelten diese Fragen in China als gesellschaftlich korrekt, denn dadurch kann eine vertrauliche Atmosphäre geschaffen werden (vgl. Nerlich; Liang 2009; zitiert nach Lin-Huber 2001). Darüber hinaus wird „kulturelle Überanpassung" als interkulturelles Missverständnis erwähnt; man will bewusst die Konventionen und Normen der Fremdkultur übernehmen, ohne sie tiefgehend zu kennen, solche Anpassung kann aber zu Peinlichkeiten führen und wird von anderen als oberflächlich empfunden (vgl. ebd.).

W7: In Lektion 11 wird das Thema „Aussprechen einer Bitte" behandelt. Dabei geht es darum, dass ein chinesischer Student einen deutschen Professor anschreibt und fragt, ob er ihn betreuen könne. Es werden zwei ausformulierte Mails geboten, und die Lernenden sollen diese Mails durchlesen und bewerten, ob die Mails höflich (Sprachgebrauch von Direktheit) formuliert sind. Danach sollen Lernende den angemesseneren Brief mit dem chinesischen Sprachgebrauch vergleichen, und zwar im Blick darauf, was man in China anders formulieren würde.

W8: In Lektion 1 „Werte im Wandel" im Modul Grammatik weist die Aufgabe „Charakterspiel" auf einen lernspielerischen Charakter hin; diese Arbeitsanweisung lautet „Wie viele (nicht zu negative!) Eigenschaften fallen Ihnen zu Ihren

Mitstudentinnen und -studenten ein? Werfen Sie einen Ball weiter. Der erste sagt die Eigenschaft, der zweite nennt ein Beispiel. Wem nicht schnell etwas einfällt, der ist das nächste „Opfer" ", dabei werden nicht nur die Adjektive zur Beschreibung des Charakters der anderen im Spiel geübt, sondern es werden auch die Lernenden angeregt, den Charakter der Mitstudenten zu verdeutlichen; dies hilft auch den anderen, aus der Perspektive der anderen sich selbst zu betrachten.

Persönlichkeitsbezogene Ebene

P1: Lektion 9 widmet sich dem Thema „Kunst". In der Einstiegsphase werden europäische Kunstbilder durch folgende Leitfragen zu den Sinnfindungsanregungen der Lernenden eingeführt: Welche der Gemälde finden Sie gut und interessant? Welche finden Sie nicht schön, aber interessant? Welche finden Sie ganz hübsch, aber etwas langweilig? Welche gefallen Ihnen nicht? Stört, erschreckt oder ärgert Sie ein Bild? Verstehen Sie eins nicht?

Beim Betrachten der Kunstbilder werden die Lernenden sich angesprochen fühlen. Können die Lernenden an das „Denkfühlen" (Hellwig 1996: 25) appellieren? Zur Beantwortung sind die Gefühle und subjektiven Einstellungen der Lernenden gegenüber Kunstbildern gefordert, indem Gefühle wachgerufen und Assoziationen ausgelöst werden.

P5: In der Lektion 2 wird ein Text über die Macht und den Charakter chinesischer Frauen der französischen Pressagentur AFP eingeführt. Hierbei werden die Lernenden gefragt, ob sie den Aussagen des Textes zustimmen. Anschließend wird als eine Leitfrage formuliert: „Kann man überhaupt so allgemeine Aussagen machen, oder gibt es zu viele Fälle, wo es ganz anders ist?". Mit dieser Frage können die Lernenden zum Reflektieren über verallgemeinernde Aussagen bzw. stereotypisierte Eindrücke über eine Gruppe veranlasst werden.

P6: Lektion 6 beschäftigt sich mit dem Thema Landeskunde in Deutschland. Dabei wird ein literarischer Textausschnitt, in dem der Textautor sein Erlebnis auf der Insel *Sheppey* mit der Begegnung mit einer fremden Dame, die ihn als ihren vor 30 Jahren im zweiten Weltkrieg verlorenen Geliebten erkennt, verwendet. Der literarische Text mit der rezeptionsästhetischen Wirkung erweist sich als optimaler Input zur Förderung der Persönlichkeit der Lernenden. In dieser Lektion sollen die Lernenden die Geschichte zunächst ohne Gedanken und Gefühle, historischen Hintergrund und Begründung nur objektiv nacherzählen und sie danach mit einem historischen Zusammenhang wiedergeben. Diese Aufgabe bezieht sich auf eine sachliche Rekonstruktion der Geschichte und bereitet auf das Einfühlen in die Textfiguren vor. In der darauffolgenden Aufgabe sollen die Lernenden sich in die Perspektiven der Textfiguren hineinversetzen, indem die kulturelle Identität, die persönlichen Wünsche, Gefühle der Figur artikuliert werden. Danach regen die weiteren Fragen „Können Sie verstehen, dass der Fremde als Deutscher in England so unsicher und vorsichtig ist? Sollte er sich anders verhalten?" die Lernenden zum Einfühlen in die Figur und zur Stellungnahme an. Diese Anregung zur kognitiven und emotionalen Rekonstruktion der Perspektive der Figur kann dazu beitragen, dass die Lernenden sich mit der Sichtweise der Figur sowohl kognitiv auseinandersetzen und sich in diese hineindenken als auch sich emotional einfühlen.

In Lektion 11 wird eine Aufgabe „Wenn Sie ein Deutscher in China wären" konzipiert. Dabei sollen die Lernenden über folgende Fragen nachdenken: „Was könnte einem Deutschen an chinesischen Verhaltensweisen besonders fremd vorkommen? In welcher Hinsicht sollte er sich anpassen, in welcher Hinsicht besser nicht? Denken Sie an Redeweise, Umgangsformen und Auftreten in der Öffentlichkeit und notieren Sie Stichwörter". Mit diesen Fragen sind die chinesischen Lernenden dazu aufgefordert, sich in die Rolle der Deutschen hineinzuversetzen und aus ihrer Sicht auf Deutsche möglicherweise fremd wirkende Verhaltensweisen herauszufinden sowie sich die Anpassungssituationen vorzustellen. Diese Aufgabe regt die Lernenden dazu an, sich für die eigenen Verhaltensweisen zu sensibilisieren und diese durch Perspektivwechsel in Frage zu stellen.

Anschließend sollen die Lernenden einen Textausschnitt des Buches „Chinesen verstehen lernen", das von einer mit einem Chinesen verheirateten Schweizer Sprachwissenschaftlerin verfasst wurde, durchlesen. Durch die Leitfrage „Haben Sie durch den Text interessante Hinweise auf die Kommunikation mit Deutschen bekommen? Werden Sie Ihren Kommunikationsstil ändern?" werden die Lernenden zur Reflexion über den Kommunikationsstil im Text und den eigenen aufgefordert.

Fertigkeitsbezogene Ebene (*savoir faire*)
F1: In Lektion 11 mit einer handlungsorientierten Rollenspielaufgabe lässt sich interkulturelle Kommunikation im Unterricht simulieren: „Spielen Sie Begegnungen zwischen Chinesen und Leuten aus deutschsprachigen Ländern. Sie können dabei bewusst Fehler in Sprache und Gestik „einbauen". Die Zuschauer sollen die Fehler finden. Danach wird das Spiel kommunikativ korrekt wiederholt (Auch „Überanpassung" auf beiden Seiten ist falsch!)". Während die Spieler die Kommunikationssituation mit Missverständnissen verbal und nonverbal vorspielen, werden die Zuschauer dazu aufgefordert, die Missverständnisse zu erkennen und sie zu analysieren. Bei dieser Aufgabe ist es lohnenswert, dass die Lernenden wieder die Situation ohne Missverständnisse vorspielen; hierbei können

die Zuschauer die Kommunikationssituation, in der Gesprächspartner sich gegenseitig verbal und nonverbal anpassen, beobachten, im Hinblick darauf, ob die
Anpassung angemessen ist.

F2: Lektion 11 beschäftigt sich mit den interkulturellen Aspekten Deutsch-
lands und Chinas. Als Brainstorming könnte den Lernenden folgendes einfallen:
Wenn sie in Bezug auf Deutschland an Persönlichkeiten, Kultur, Politik, Wirtschaft, Sport, Charaktereigenschaften, Anderes denken, was fällt Ihnen spontan
ein? Anschließend sollen die Lernenden ihre Listen mit denen der anderen vergleichen und diskutieren: „Warum sind manche Begriffe für Sie besonders eng
mit Deutschland verbunden? Welche Rolle spielt dabei Ihr Germanistikstudium,
welchen Einfluss hat die Presse auf Ihr Deutschlandbild, was wissen Sie aus
persönlicher Erfahrung? Was verbinden wahrscheinlich sehr viele Chinesen mit
Deutschland? Was davon hat relativ objektive Fakten als Basis, was sind eher
Vorurteile und Klischees?" (Nerling; Liang 2009: 277). Diese Aufgaben können die kritischen Sichtweisen der Lernenden fördern, indem sie angeregt über
die Quelle (Lehrbuch, Presse, Medien usw.) ihrer Assoziationen nachdenken und
die Entstehung solcher Eindrücke bzw. Stereotype und klischeehaften Aussagen
analysieren. Die Entwicklung der kritischen Sichtweise beim Umgang mit Stereotypen lässt sich des Weiteren in Lektion 11 mit der Aufgabe „Plakative Plakate"
realisieren: Die Lernenden sind eingeladen zum Betrachten der in den Plakaten
illustrierten vereinfachten und verallgemeinerten Deutschlandbilder und Chinabilder. Danach sollen die Lernenden auf folgende Fragen eingehen: „1. Erklären
Sie die Situationen auf dem Plakat von Yang Liu. Wo stellt die Künstlerin Realität dar, wo übertreibt sie? – Oder sind ihre Plakate nur ein ironisches Spiel
mit Klischeevorstellungen und Vorurteilen in westlichen und chinesischen Köp-
fen? 2. Sind Sie selbst nach diesen Plakaten eher „chinesisch" oder deutsch" 3.
Yang Liu sagte in einem Interview zu ihren Plakaten: „Zwei Menschen unterscheiden sich viel stärker voneinander als zwei Völker". Aber hat sie auf ihren
Plakaten nicht gerade die Unterschiede zwischen „den Deutschen" und „den
Chinesen" dargestellt? Nehmen Sie zu ihrer Aussage und den Plakaten kritisch
Stellung." (Nerlich; Liang 2009; 281, 282). Durch diese Reflexionsaufgaben sollen die Lernenden zunächst die von den Künstlern erschaffene Realität kritisch
betrachten, indem sie diese Realität bzw. Wirklichkeit im Zusammenhang mit den
Klischeevorstellungen in Frage stellen. Die zweite Frage regt Des Weiteren zum
Einfühlen der Lernenden an. Es könnte den Lernenden auffallen, dass sie nach
diesen Plakaten ihre Identität nicht zuordnen. Diese Aufgabe kann zur Förderung
der kritischen Sichtweisen beitragen. Dazu kann auch die dritte Aufgabe insofern einen Beitrag leisten, als die Lernenden das Zitat interpretieren und die von

den Plakaten abgebildete Wirklichkeit im Zusammenhang mit dem Zitat in Frage stellen können.

F5: Lektion 6 thematisiert die Landeskunde in Deutschland. Den Lernenden wird hierbei das Regierungssystem der BRD vermittelt. Die Aufgabe mit einem Rollenspiel und der Arbeitsanweisung: „Jemand spielt einen Deutschen, der sich über China informieren möchte. Er stellt Fragen zu Landschaften, zu Provinzen, zum Wetter, zum Regierungssystem oder zu den Personen, die gegenwärtig in Führungsposition sind" und versucht, zwar die Lernenden in einer Szene über das Regierungssystem vom eigenen Land berichten zu lassen. Jedoch ist der vorgegebene Kontext weder szenisch konzipiert noch interkulturell orientiert. Verbesserungsmöglichkeiten bestehen nach meiner Sicht darin, dass die jeweiligen Rollen klarer definiert werden, so dass die Lernenden im Dialog nicht nur das Regierungssystem des eigenen Landes darstellen, sondern auch das eigene Regierungssystem mit einbeziehen können.

4.6.4.2 Analyse des Lehrwerkes *Studio d Mittelstufe B2*[20]

Studio d Mittelstufe B2 umfasst zwei Bände mit insgesamt 16 Lektionen und verwendet je nach dem Thema authentische Materialien (Zeitschriftenartikel, Interviews, Magazinbeiträge, Flyer, Internetartikel usw.), um auf den Erwerb einer kommunikativen sprachlichen Kompetenz abzuzielen. Interkulturelle Lernprozesse lassen sich hierbei in den verschiedenen Lektionen je nach dem Fokus unterschiedlich integrieren. Im Folgenden gehe ich auf die Analyse der interkulturellen Lernziele in diesem Lehrwerk ein.

Wissensbezogene Ebene (savoir)

W2: Lektion 7 mit dem Titel „Wie ticken die Deutschen?" widmet sich dem Thema „typisch deutsch" und „Deutschlandbilder". In der Einstiegsphase sollen die Lernenden anhand der vorgegebenen Bilder deutsche Eigenheiten, Werte, Traditionen und Klischees interpretieren. Bei der Erarbeitungsphase sind die Lernenden einerseits dazu aufgefordert, sich Interviews mit Deutschen aus unterschiedlichen Generationen anzuhören – dabei äußern die interviewten Personen sich über das Verhältnis zu ihrem Land, also Deutschland; anderseits sollen Lernende über „Deutschland von außen" berichten, nämlich: welches Bild ihre Landsleute von Deutschland haben. Diese Aufgaben regen die Lernenden

---

[20] Hierbei geht es nicht um den Vergleich von *Studio d* mit *Studienweg Deutsch* in Bezug auf interkulturelle Lernziele. *Studio d* ist ein internationales Lehrwerk und daher nicht speziell für chinesischen Kontext konzipiert. Da *Studio d* in China immer noch verwendet wird, wird es in meiner Arbeit analysiert.

dazu an, die kulturelle Identität der anderen durch einen authentischen Input kennenzulernen und sich ihres eigenen Deutschlandbildes bewusstzuwerden.

W3: Lektion 2 (Thema: „Natur und Technik") enthält einen Text über den „Lotuseffekt" bzw. Reinigungseffekt, in dem die Lotuspflanze in Asien im Sinne eines Symbols der Reinheit dargestellt wird. In der chinesischen Kultur wird Lotus als ein beliebtes Symbol zur Beschreibung der Persönlichkeit (Edelheit und Reinheit) verwendet. Jedoch fordert die Übung in dem Lehrwerk die Lernenden an dieser Stelle nicht dazu auf, näher auf diese Symbolisierung im asiatischen Kontext einzugehen, indem beispielsweise die Lernenden diesbezügliche Assoziationen äußern. Soziale Deutungsmuster werden in Lektion 7 durch das Interview mit einem Soziologen über „Die Sinus-Milieus in Deutschland" thematisiert. Im Interview werden Menschen in sechs unterschiedliche Milieus bzw. gesellschaftliche Gruppen (in dem Interview vorkommende Milieus: konservativ-etabliert; liberal-intellektuell; bürgerliche Mitte; sozial-ökologisch; traditionell; expeditiv) eingeteilt.

Die Lernenden können die durch diese Milieustudien vermittelten sozialen Deutungsmuster kennenlernen und sie in die Kommunikation einbeziehen.

W5: Das in der Frage „Wird zum Kulturvergleich, insbesondere zum Vergleichen und Kontrastieren von Alltagssituation, angeregt?" formulierte Kriterium kann in den Lehrwerken *Studio B2/1* und *B2/2* erfolgreich realisiert werden, indem die Lernenden durch die Impulsfrage „Wie sieht das Thema in Ihrem Land aus?" in mehreren Lektionen einen Vergleich mit dem eigenen Land durchführen. Im Folgenden fasse ich diese in den Lehrwerken vorkommenden Aufgaben zusammen.

Studio d B2/1 thematisiert mit Lektion 1 Grimms Kinder- und Hausmärchen, um die großen Persönlichkeiten Jakob und Wilhelm Grimm und deren Werke vorzustellen. Die Aufgabe bringt insofern interkulturelle Lernprozesse in Gang, als die Lernenden zum Beantworten der folgenden Fragen angeregt werden: „1. Welche Märchen gibt es in Ihrem Land? 2. Gibt es bekannte Märchenautoren? Welche? 3. Was sind typische Themen im Märchen? 4. Welche Figuren (Personen und Tiere) kommen oft vor? 5. Wie enden die meisten Märchen? 6. Welche Rolle spielen die Märchen im Kindergarten oder in der Schule? 7. Lesen Sie heute noch Märchen? 8. Wie finden Sie Märchenfilme?"

Studio d B2/1 widmet sich mit Lektion 2 dem Thema „Mein gutes Recht". Ein Lesetext „Ratgeber Recht" inszeniert alltägliche Konfliktsituationen (Grillpartys; Hundegebell; Sonntagsruhe; Umzugslärm) mit Nachbarn und bietet rechtlichen Rat für diese an. Die zum Text gestellte Frage „Streiten Nachbarn in Ihrem Land auch so oft wie die Deutschen? Berichten Sie" kann Lernende dazu anregen, ihre Alltagserfahrungen in Vergleich zu bringen. Lektion 5 in *Studio d B2/1* beschäftigt sich unter der Überschrift „Natur pur" mit der Naturschutzidee bzw. mit den deutschen Nationalparks. Mit zwei Lesetexten „Im Nationalpark Bayerischer Wald" und „Naturprojekt „Wolf" lernen die Lernenden landeskundliche Informationen über Naturschutz in Bezug auf die Einrichtung des Parks und Naturschutzprojekte kennen. Im Vergleich dazu sollen die Lernenden ein Unterrichtsprojekt durchführen, indem sie eine Person in ihrem Land, die die Pflanzen- und Tierwelt erforscht, oder Filme über die Natur dreht oder sich für den Naturschutz einsetzt, ausfindig machen und zu dieser ein Kurzporträt schreiben sowie das Kurzporträt im Kurs vorstellen. Diese Aufgabe kann mit der Kontextualisierungs- und Transferaufgabe identifiziert werden; zunächst nähern sich die Lernenden dem Thema „Naturschutz" durch einen Lesetext an und vertiefen das Thema im Zusammenhang mit einem Naturprojekt. Darauf folgend sind die Lernenden im Sinne einer Transferaufgabe dazu aufgefordert, das Thema zu ihrer Lebenswelt in Beziehung zu setzen.

Lektion 6 enthält den Lesetext „Du und Sie im Beruf"; dabei handelt es sich um die Kommunikationsformel „vom Sie zum Du am Arbeitsplatz" im deutschen Berufskontext. In diesem Text werden einige Regeln über das Anbieten des „Du" im deutschen Berufsleben vermittelt, im Vergleich dazu sollen die Lernenden über die Rituale von „Siezen und Duzen" in ihren Ländern sprechen. Eine ähnliche kulturvergleichende Aufgabe lässt sich in Lektion 7 zum Thema „Wo die Liebe hinfällt" wiederfinden. Zusammen mit der Einstimmungsübung sind Bilder von „berühmten Liebespaaren" dargestellt; die Lernenden werden zum Artikulieren ihrer Kenntnisse über „berühmte Liebespaare" aufgefordert. Ebenfalls sollen die Lernenden in Lektion 3 (Thema „Natur und Technik") darüber berichten, wie groß die Begeisterung für Technik in ihrem Land ist, wer sich für welche Technik interessiert. In den Lektionen 4, 5 mit den Themen „Standorte-Standpunkte", bzw. „Zeit spenden" sollen die Lernenden über ihre Erfahrungen beim Messebesuchen, die Bedeutung vom Ehrenamt im beruflichen Kontext ihres Landes zu berichten. Des Weiteren fordert Lektion 6 die Lernenden dazu auf, einen bekannten Architekturstil oder ein berühmtes Bauwerk ihres Landes im Kurs vorzustellen. Lektion 8 (Thema „Straßen und Geschichten") stellt die „Via Regia – Kulturstraßen des Europarates" dar; im Vergleich dazu sollen die Lernenden über historische Straßen, Handels- oder Kulturstraßen in ihren Ländern berichten.

W7: Lektion 6 in *Studio d B2/1* unter der Überschrift „Viel Arbeit" geht auf Kommunikationsregeln ein. Dabei sind verschiedene Szenen vorgegeben; die Lernenden sollen ankreuzen, wen man in Deutschland duzt oder siezt. Zum Zweck der Vergleichung werden die Lernenden dazu aufgefordert, darüber zu reflektieren „wen duzen, wen Siezen sie in ihrem Heimatland?".

Persönlichkeitsbezogene Ebene (*savoir être*)

P1: *Studio d B2/1* richtet große Aufmerksamkeit auf die Förderung der Wahrnehmungsfähigkeit und das Hervorrufen von Emotionen bei den Lernenden in einigen Lektionen durch den Input – Kunstbilder und Musik. In Lektion 5 zum Thema „Natur pur" werden Waldbilder aus der Natur in der Einstiegsphase gezeigt; die Lernenden sollen Geräusche hören und Fotos den Geräuschen zuordnen. Die Geräusche aus den Wäldern können Emotionen bei den Lernenden hervorrufen. Gleichfalls werden Kunstbilder in Lektion 7 eingesetzt, um die Wahrnehmungsfähigkeit der Lernenden zu fördern. Dazu sollen die Lernenden mithilfe von vorgegebenen Redemitteln ihre Eindrücke vom Kunstbild, die vom Bild vermittelten Stimmungen sowie die Wirkung von Farben zum Ausdruck bringen.

P4: *Studio d B2/2* mit Lektion 1 regt Lernende dazu an, über Ungewöhnliches/ Extremes zu sprechen und einen Ich – Text über das, was man als Unnormales bezeichnet, zu schreiben. Diese produktive Aufgabe fordert die Lernenden auf, über sprachlich und kulturell Nichtvertrautes zu reflektieren und die Fähigkeit der Ambiguitätstoleranz zu entwickeln.

P5: *Studio d B2/2* geht der Thematisierung „typisch deutsch" und „Deutschlandbilder" nach. Hier sind Aufgaben eingeschlossen, die sich auf die stereotypisierten Eindrücke von Deutschen beziehen. Allerdings existieren keine weiteren Aufgaben, die die Lernenden zum Reflektieren hierüber auffordern.

Fertigkeitsbezogene Ebene

F5: Lektion 7 in *Studio d B2/2* erstellt eine Projektaufgabe, bei der die Lernenden einen Aspekt von „Typisch deutsch" auswählen sollen, und ihn in einem Ausstellungsprojekt darstellen und im Kurs präsentieren. Allerdings existieren in dieser Projektaufgabe keine Aufgaben, die die Lernenden nicht nur zum Präsentieren des „typischen Deutschen", sondern auch zum Reflektieren über die stereotypisierten Eindrücke auffordern.

F6: *Studio d* enthält in jedem Kapitel einen Teil für Selbstevaluation, die sich an den Lernzielen des jeweiligen Kapitels orientiert. Jedoch sind die Lernziele der interkulturellen kommunikativen Kompetenz nur sehr eingeschränkt bei der Evaluation berücksichtigt.

4.6.5 Fazit der Lehrwerkanalyse

Studienweg Deutsch-Band 4
In jeder Lektion der Einstiegsphase werden themenrelevante Fotos, Bilder und künstlerische Bilder in Betracht gezogen, um das Interesse, die Neugier der Lernenden anzuregen und auch Erwartungen gegenüber der Thematik entstehen zu lassen.

Anhand des Kriterienkatalogs wurde das Lehrwerk *Studienweg Deutsch-Band 4* in den drei Dimensionen der interkulturellen kommunikativen Kompetenz untersucht. Die für die Wissensebene festgestellten Kriterien von 1–9 sind in den 12 Lektionen (Abstufungen von schwach bis stark) unterschiedlich verwirklicht worden. Das Ergebnis ist in der folgenden Tabelle[21] dargestellt (Tabelle 4.3).

Tabelle 4.3 Ergebnis der Lehrwerkanalyse von Studienweg Deutsch-Band 4 (savoir)

W1	W2	W3	W4	W5	W6	W7	W8	W9
x	xx	xx	x	xxx	xx	x	x	0

In einigen Lektionen wird der Fokus auf eine Vermittlung der landeskundlichen Aspekte gelegt: Lektion 3 in *Studienweg Deutsch-Band 4* schenkt der Kulturkunde und Theaterkultur in den deutschsprachigen Ländern große Aufmerksamkeit. Allerdings ist die chinesische Theaterkultur in dieser Lektion weder in Aufgaben noch in Übungen zum Vergleichen miteinbezogen. Des Weiteren behandelt Lektion 4 nur landeskundliche Aspekte in Bezug auf die Schweiz und Österreich; eine diesbezügliche vergleichbare Perspektive über China ist nicht beinhaltet. Kritisch anzumerken ist, dass in dieser Lektion unter der Überschrift „Wo, bitte, geht's hier zum Kaiser? Wiener Klischees für den Rest der Welt" klischeehafte Eindrücke von Wienern enthalten sind. Jedoch sind dazu nur Aufgaben zum Textverständnis erstellt worden; Aufgaben, die darauf abzielen, die Lernenden zur Reflexion über solche Eindrücke und über ähnliche klischeehafte Eindrücke von dem eigenen Land anzuregen, sind nicht verfügbar.

Im Hinblick auf die Ebene *savoir être* fokussiert sich *Studienweg Deutsch-Band 4* nur in geringem Maße auf ihre Förderung. Einige Kriterien lassen sich nicht im Lehrwerk realisieren (Tabelle 4.4):

---

[21] „xxx" steht für stark, „xx" steht für ausreichend, „x" steht für schwach.

Tabelle 4.4 Ergebnis der Lehrwerkanalyse von Studienweg Deutsch-Band 4 (savoir être)

P1	P2	P3	P4	P5	P6	P7	P8	P9	10
xx	0	0	0	xx	xxx	0	0	0	0

Große Defizite weist auch die Analyse in Bezug auf die fertigkeitsbezogene Ebene auf (Tabelle 4.5):

Tabelle 4.5 Ergebnis der Lehrwerkanalyse von Studienweg Deutsch-Band 4 (savoir faire)

F1	F2	F3	F4	F5	F6
xx	xxx	0	0	x	0

Studio d B2/1, B2/2

Dem Lehrwerk *Studio d B2/1, B2/2* liegen kommunikative Handlung und Lernerorientierung (inklusive ihrer themenbezogenen Erfahrungen) zugrunde. Dieses Lehrwerk legt großen Wert auf die Verwendung authentischer Lehr- und Lernmaterialien (Bilder, Audio, Texte) und fokussiert überwiegend auf die Vermittlung der deutschen Landeskunde und Geschichte. Das Initiieren der interkulturellen Lernprozesse durch spezifische Aufgaben ist jedoch nur sehr eingeschränkt berücksichtigt. Folgende Ergebnisse lassen sich aus meiner Lehrwerkanalyse in der Tabelle zusammenfassen:

Studio d die Mittelstufe ist eher auf die Vermittlung von landeskundlichen Kenntnissen über die deutschsprachigen Länder ausgerichtet und thematisiert zwar Deutschlandbilder, zu einer bewussten Auseinandersetzung mit Fremd- und Selbstbildern wird aber nicht angeregt (Tabelle 4.6):

Tabelle 4.6 Ergebnis der Lehrwerkanalyse von Studio d die Mittelstufe (savoir)

W1	W2	W3	W4	W5	W6	W7	W8	W9
0	x	x	0	xxx	0	x	0	0

Studio d die Mittelstufe berücksichtigt im ganz geringen Umfang die persönlichkeitsbezogenen Aspekte (Tabelle 4.7):

Tabelle 4.7 Ergebnis der Lehrwerkanalyse von Studio d die Mittelstufe (savoir être)

P1	P2	P3	P4	P5	P6	P7	P8	P9	P10
xxx	0	0	x	x	0	0	0	0	0

Obwohl *Studio d die Mittelstufe* für jede Lektion einen Teil zum Selbstevaluieren enthält, verfolgt dieses Lehrwerk eher das Lernziel der kommunikativen Kompetenz statt interkultureller kommunikativer Kompetenz; Es werden- ausgenommen Kriterium 5- die Ergebnisse über *savoir faire* nicht kommuniziert (Tabelle 4.8):

Tabelle 4.8 Ergebnis der Lehrwerksanalyse von Studio d die Mittelstufe (savoir faire)

F1	F2	F3	F4	F5	F6
0	0	0	0	xx	0

Zusammenfassend kann man feststellen, dass die an den chinesischen Universitäten verwendeten Lehrwerke (*Studienweg Deutsch – Band 4*; *Studio d die Mittelstufe*) den Anforderungen zur Förderung interkultureller kommunikativer Kompetenz nur in einem kleinen Umfang gerecht werden. Wir können daher nur in geringem Maße die Erwartung an die Lehrwerke stellen, dass sie einen solchen Input anbieten. Auf ähnliche Ergebnisse weist Eberhardt (2013: 472) hin:

> „Konstruktion von Aufgaben zur Förderung interkultureller Kompetenz. Ein Blick in die auch im kompetenzorientierten Fremdsprachenunterricht nach wie vor bedeutsamen Lehrwerke lässt schnell erkennen, dass Aufgaben zur gezielten Förderung interkultureller Kompetenz absolute Mangelware sind. Weder den Lehrbüchern noch den zahlreichen Zusatzmaterialien ist zu entnehmen, dass die interkulturelle Kompetenz eine von drei Säulen des standardbasierten Fremdsprachenunterrichts bildet. Dagegen sind Aufgaben zur Entwicklung des Sprechens, des Schreibens, des Leseverstehens, des Hörverstehens, des Hör- Sehverstehens und der Sprachmittlung, aber auch zur Förderung der sprachlichen Mittel allgegenwärtig" (Eberhardt 2013: 472).

5

5.1 Ziele der Pilotstudie

Dieses Kapitel beschreibt die durchgeführte Pilotstudie. Sie zielt darauf ab, Antworten auf die folgenden Fragen herauszuarbeiten:

- Erfüllen die eingesetzten Unterrichtsmaterialien die im Abschnitt 4.3.2 ausgeführten Kriterien?
- Erfüllen die erstellten Unterrichtsaktivitäten die im Abschnitt 4.3.4 ausgeführten Kriterien?
- Inwiefern können die Aufgaben das Ziel der angestrebten Förderung interkultureller kommunikativer Kompetenz erreichen?

Ergänzende Information Die elektronische Version dieses Kapitels enthält Zusatzmaterial, auf das über folgenden Link zugegriffen werden kann https://doi.org/10.1007/978-3-662-67102-3_5.

5.2   Forschungsort und Rahmenbedingungen

Die Pilotstudie wurde im Sommersemester 2020 an der Universität Jena durchgeführt. Die Zielgruppe waren die über das Austauschprogramm[1] in Jena
angekommenen Germanistikstudierenden, die das Grundstudium (zwei Jahre)
im Fach Germanistik an einer Fremdsprachenuniversität in China abgeschlossen hatten. Die von mir abgehaltene Veranstaltung im Rahmen des AST- Plans
für die Pilotstudie, die sprachliches Niveau B2 oder höher voraussetzt, lautete
interkulturelle Begegnung und Landeskunde 2. Nach der Vorgabe der Veranstaltung stehen interkulturelle Qualifikationsziele im Mittelpunkt. Die Dozentin hatte
freie Auswahl bei den Unterrichtsmaterialien. Im Sommersemester 2020 in einer
coronabedingten Ausnahmesituation konnten Austauschstudierende in geringer
Personenzahl das ATS-Programm wahrnehmen; darüber hinaus fand die Veranstaltung digital bzw. per Zoom statt. Die Zahl der Kursteilnehmer an der
Veranstaltung *interkulturelle Begegnung und Landeskunde 2* betrug 4, und sie alle
kamen aus China.

5.3   Forschungsmethoden

Das Fach DaF/ DaZ lehnt sich derzeit stärker an die Methodendiskussionen
und Entwicklungen der Bezugswissenschaften Soziologie, Psychologie, Linguistik und Erziehungswissenschaften an, wobei die Übertragbarkeit auf die
Untersuchung einer Thematik im Bereich Fremd-/ Zweitsprachen im Einzelfall
unterschiedlich ist. Die Wahl des Forschungsansatzes ist von den Forschungs-
fragen und Forschungsgegenständen abhängig (vgl. Riemer 2014: 20). Mit dem
ausgewählten Forschungsansatz sollen Daten gesammelt werden, und diese Daten
liegen der empirischen Untersuchung zugrunde. Nach Riemer (ebd.) sind drei
Typen von Daten zu unterscheiden:

---

[1] Der Studiengang DaF in Jena empfängt jährlich Austauschstudierende. Sie können ihren
fachlichen und sprachlichen Interessen entsprechend ATS-Veranstaltungen besuchen. Diese
Veranstaltungen richten sich an Studierende mit unterschiedlichen sprachlichen Vorausset-
zungen, die nach dem GeR festgelegt wird. AST- Programm umfasst insgesamt 13 Veranstal-
tungen: Akademisches Arbeiten 1 ($\geq$ Niveau A1); 2 ($\geq$ B2), Deutsche Gegenwartssprache
($\geq$ A1); ($\geq$ B2), Berufssprache Deutsch ($\geq$ B2), Grammatik der deutschen Sprache ($\geq$
A2), Grammatik und Stilistik der deutschen Sprache ($\geq$ B2), Interkulturelle Begegnung und
Landeskunde 1 ($\geq$ A2), Interkulturelle Begegnung und Landeskunde 2 ($\geq$ B2), Deutsche
Gegenwartsliteratur ($\geq$ B1), Deutsche Gegenwartsliteratur ($\geq$ C1); Phonetik des Deutschen
aus der Perspektive des Deutschen als Fremd- und Zweitsprache ($\geq$ B2), Korrektive Phonetik
($\geq$ A2).

1. „Quantitative Daten, die typischerweise gezählt werden können bzw. als Zahlenmaterial vorliegen;
2. Qualitative Daten, die typischerweise als verbale Daten vorliegen;
3. Sprachliche Daten, die typischerweise die Kompetenz in einer spezifischen Sprache (Erst-, Zweit- oder Fremdsprache) repräsentieren. Sprachdaten können dabei entweder als qualitative Daten vorliegen, wenn sie mittels offener Verfahren (z. B. Gesprächsmitschnitten, freier mündlicher oder schriftlicher Produktionen) erhoben werden, oder als quantitative Daten, wenn sie im Rahmen standardisierter Testverfahren elizitiert werden"

Die qualitativen und quantitativen Daten werden durch unterschiedliche Forschungsansätze erhoben. Datenerhebungen im Rahmen eines quantitativen Forschungsansatzes erfolgen durch standardisierte Testung (geschlossene Skala von Antwortoptionen), Befragung (Interviews, schriftliche Befragung) und Beobachtung (exakte Beobachtungskategorien) usw. Die quantitative Forschung ist „analytisch-nomologisch" (Grotjahn 1987; zitiert nach: ebd.) und zielt auf „Beschreibung und Erklärung menschlichen Verhaltens (hier: Lernen und Lehren von DaF/DaZ) aus der Außenperspektive" ab (ebd.). Im quantitativen Forschungsprozess soll „die Gewinnung möglichst reliabler […], replizierbarer und objektiver Daten von größeren Stichproben" (Riemer 2014: 21) zum Ziel gemacht werden, und es handelt sich um „hypothesentestende Forschung". Im Gegensatz dazu verfolgt qualitative Forschung das Ziel der „Exploration und Interpretation" (ebd.).

Im Forschungsprozess geht es weitestgehend um „hypothesengenerierende Forschung". Die Einbeziehung von Vorannahmen und theoretischem Vorwissen wird bei der qualitativen Forschung nicht ausgeschlossen, z. B. das Verfahren *Grounded Theory*[2]. Die Erhebungskontexte der qualitativen Forschung sollen „natürlich" sein[3]; auch wenn sie nach Riemers Worten nicht „automatisch ‚natürlicherweise'" existieren, sollen besondere Arrangements nicht eingerichtet werden (ebd.). Die Instrumente zur Erhebung der qualitativen Daten dienen

---

[2] Das Verfahren *Grounded Theory* für die Datenanalyse in der qualitativen Forschung greift auf die fachwissenschaftlichen Konzepte bei der Kodierung und Kategorisierung zurück: „Es ist allerdings der Anspruch der GT, dass die Sprache und die theoretischen Erkenntnisse der Forschenden stets in die Sprache und empirischen Aussagen der Forschungsteilnehmenden übersetzbar bleiben (d. h. empirisch fundierte theoretische Aussagen)" (Demirkaya 2014: 222).
[3] Der Anthropologe Bronislaw Malinowski (1884–1942) führte seine Forschung durch, indem er sich über einen langen Zeitraum hinweg an einem Ort aufhielt, z. B. auf den Inseln Mailu und Trobriand. Er gilt als „Vater der Feldforschung" (Wikipedia).

daher dazu, „Einsicht in mentale oder emotionale Prozesse zu gewinnen" (ebd.). Häufig werden Methoden wie mündliche Befragung, teilnehmende Beobachtung, Gruppendiskussion usw. verwendet.

Die Kombination von quantitativer und qualitativer Forschung (*mixed methods*) wird neuerdings in zunehmendem Maße verwendet, um ergänzende Erkenntnisse zu gewinnen (vgl. Riemer 2014: 20). Ein valides Ergebnis kann durch die Kombination der beiden Ansätze erzielt werden: „Während quantitative Forschungsmethoden eine hohe Verallgemeinerung der Ergebnisse ermöglichen, können qualitative Methoden einen tieferen Einblick in die Subjektivität der untersuchten Personen gewähren" (Finkbeiner/ Koplin 2001: 115).

Meine Pilotstudie verwendet schriftliche Befragungen, in denen sowohl geschlossene als auch offene Fragen gestellt werden, um Einsicht in die Haltungen, Meinungen und Kognitionen der Studierenden zu gewinnen.

„Schriftliche Befragungen mittels Fragebogen können einerseits testähnlich zur Erfassung von Persönlichkeitsmerkmalen (z.b. Sprachlerneignung) oder Einstellungen (z.b. zur Zielsprachenkultur), andererseits aber auch beschreibend (z.b. hinsichtlich des eigenen Lernverhaltens) oder bewertend (z.b. bezüglich des Fremdsprachenlehrangebots einer Hochschule) eingesetzt werden " (Daase; Hinrichs; Settinieri 2014: 105; zitiert nach Bortz und Döring 2006: 253; Raab-Steiner und Benesch 2008: 47).

Aus der schriftlichen Befragung können sowohl qualitative als auch quantitative Daten gewonnen werden. Dadurch wird ein zuverlässiger Erkenntnisgewinn nach Finkbeiner/ Koplin (2001: 115) ermöglicht: „qualitative Daten [können] unter Inbezugsetzung zu quantitativen Daten interpretiert oder umgekehrt quantitative Daten durch qualitative Daten validiert werden".

5.4   Forschungsvorgang

Dieses Kapitel widmet sich der Darstellung der Datenerhebungsinstrumente und Unterrichtsmaterialien und -verfahren.

Für die Pilotstudie wurden zwei Fragebögen erstellt, nämlich: 1. ein Fragebogen mit zwanzig Fragen sowohl in den geschlossenen als auch offenen Formen. Die Ziele der schriftlichen Befragung bestehen darin, die interkulturellen Erfahrungen und fremdsprachlichen Kenntnisse der Studierenden vor dem Kurs zu erfragen. Das nächste Unterkapitel geht näher auf die Erstellung dieses Fragebogens und der Reflexionsbögen für die Unterrichtseinheiten ein. Durch Reflexionsbögen sollen das aufgabenbezogene Unterrichtsgeschehen ermittelt werden.

5.4.1 Konstruktion des Fragebogens vor dem Kurs

Wie bereits erwähnt, bestehen Ziele der schriftlichen Befragung vor dem Kurs darin, zu ermitteln: Welche Erfahrungen über interkulturelle Kommunikation haben die Studierenden bisher gesammelt? Dazu sollen folgende Aspekte, die auf den einzelnen Unterrichtseinheiten basieren, erfragt werden: Gefühl der Fremdheit; Auslandserfahrungen; Ziele des Fremdsprachenlernens; Deutschlandbild und Chinabild; Missverständnisse bei der interkulturellen Begegnung; typische Eigenschaften und Verhaltensweisen von Deutschen, Höflichkeit und Höflichkeitsformeln. Im Folgenden gehe ich auf die einzelnen Fragestellungen ein:

Die erste Frage „Waren Sie schon einmal im Ausland? Wenn ja, wo? Was ist der Zweck Ihres Aufenthaltes? Welche positiven und negativen Eindrücke haben Sie mitgenommen?" Mit dieser Frage, genau genommen, mit dem Fragebündel, möchte ich herausfinden, wie die Lernenden während des Aufenthaltes die Fremden wahrnehmen. Aus ihren Antworten kann man ermitteln, ob stereotypisierte Eindrücke enthalten sind. Die zweite Frage „Wodurch unterscheidet sich Ihrer Meinung nach das Erlebnis eines Reisenden von dem eines Gastes oder eines Studierenden?" veranlasst die Lernenden zum Reflektieren darüber, wie tief man bei diesen Erlebnissen die Fremdkultur kennenlernt und inwiefern man sich durch die Aufenthalte verändert. Diese Unterscheidung betont Byram, indem er die Wichtigkeit der Rolle als „Gast" für interkulturelles Verstehen unterstreicht:

> „The experience of the sojourner is potentially more valuable than that of the tourist, both for societies and for individuals, since the state of the world is such that societies and individuals have no alternative but proximity, interaction and relationship as the conditions of existence. Societies benefit from more harmonious co-existence, and individuals gain an understanding of others and of themselves which makes them more conscious of their humanity and more able to reflect upon and question the social conditions in which they live. Where the tourist remains essentially unchanged, the sojourner has the opportunity to learn and be educated, acquiring the capacity to critique and improve their own and others' conditions "(Byram 1997:1).

Da die Studierenden, die an dieser Pilotstudie teilnehmen, schon zwei Jahre Deutsch in China gelernt haben, möchte ich mit der dritten Frage „was sind nach

Ihrer Meinung die Ziele des Fremdsprachenlernens" Sprachlernziele aus Perspektive der Studierenden ermitteln, und daran zu erkennen, ob die von Studierenden begriffenen Sprachlernziele mit den Lernzielen im Curriculum übereinstimmen.

Frage 4 „Ich beherrsche Deutsch schon. Was verstehen Sie darunter" ist darauf gerichtet, herauszufinden, welche sprachlichen Fähigkeiten die Studierenden bereits erlernt haben oder erlernen werden.

Bei der fünften Frage „Was fällt Ihnen ein, wenn Sie an Ihr eigenes Land und an Deutschland denken?" handelt es sich um die Spontanassoziationen der Studierenden über China und Deutschland. Anhand dieser Frage soll eine Bestandsaufnahme der Fremd- und Selbstbilder aus Perspektive der Germanistikstudierenden vorgenommen werden. Die Antworten werden im Kurs mit der Untersuchung über Chinabilder und Deutschlandbilder der *Huawei-* Studie verglichen.

Mit der 6. Frage „Wie lernen Sie deutsche Kultur kennen?" möchte ich erfahren: durch welche Quellen haben die Studierenden Kenntnisse über deutsche Kultur gewonnen? Die Tatsache, dass die Quellen kritisch, sachorientiert gegenüber einem anderen Land eingestellt sind, beeinflusst die Studierenden bei der Herausbildung von Fremdbildern.

Die Studierenden sollen mit der Frage 7 „Kennen Sie Eigenschaften und Verhaltensweisen, die angeblich „typisch" für Deutsche sind? Wenn ja, welche?" die für sie geltenden typischen Persönlichkeiten und Verhaltensweisen der Deutschen erläutern. Danach sollen die Studierenden mit Frage 8 „Welche könnten nach Ihrer Meinung die Gründe sein für die in 7. genannten typischen Eindrücke von Deutschen" zunächst versuchen, sie zu begründen. Die Begründungen werden im Kurs im Rahmen des jeweils relevanten Themas besprochen. Die Fragen 7 und 8 sind insofern bedeutsam, als die sogenannten typischen Charaktereigenschaften und Verhaltensweisen der Deutschen im Unterricht kritisch analysiert werden sollen, um stereotypisierte Eindrücke oder Vorurteile abzubauen. Bei der Frage 9 „Welche Tabuthemen bei der Kommunikation kennen Sie in den chinesischen und deutschen Kulturen? (z. B. über Gehalt sprechen die Deutschen im Alltag nicht")? geht es darum, dass die Studierenden die ihnen bekannten Tabuthemen zum Ausdruck bringen und diesbezügliche Antworten in den Unterricht als Beispiele zur Diskussion über Privatsphäre mit einbeziehen.

Frage 10 „Welches/ Welche der folgenden Dinge könnte(n) nach Ihrer Meinung Gründe sein für interkulturelle Missverständnisse? Kreuzen Sie an! A. Pünktlichkeit B. Höflichkeit C. verbale Kommunikation, D. nonverbale Kommunikation E. Sonstiges" zielt darauf ab, die Ursachen für interkulturelle Missverständnisse nach Ansicht der Studierenden zu ermitteln. Anschließend sollen in der 11. Frage die Studierenden die in der 10. Frage ausgewählte und benannte Auswahl begründen. Die Antworten in den Fragen 10 und 11 könnten als Ausgangspunkte für den Unterricht mit dem Thema „interkulturelle Missverständnisse" fungieren. Da Zeit bzw. Pünktlichkeit in unterschiedlichen Kulturen anders wahrgenommen werden[4], stellt sich die 12. Frage nach Wichtigkeit der Pünktlichkeit in zwei Situationen, nämlich: geschäftliche Kontakte und persönliche Kontakte- sehr wichtig, wichtig, nicht besonders wichtig, nicht wichtig.

Auf das Thema „Pünktlichkeit in den persönlichen Kontakten" bezieht sich die Frage 13 „Sie sind um 19:30 Uhr zum Abendessen eingeladen, wann kommen Sie? A. Fünf Minuten, höchstens zehn Minuten später zu kommen ist besser als zu früh zu kommen. B. Lieber etwas zu früh als zu spät. C. Pünktlich um 19:30 Uhr, auf keinen Fall später"

Die Frage 14 „Ab wann ist nach Ihrer Meinung eine Verspätung nicht mehr akzeptabel? A. 0–5 Minuten B. 10–15 Minuten C. 30 Minuten D. eine Stunde und mehr " dient dazu, die Wahrnehmung der chinesischen Studierenden bezüglich Zeit im Alltagsleben und Toleranzverhältnis herauszufinden.

Frage 15[5] soll dazu dienen, die gewöhnliche Verwendung der Umgangsformen bei den Lernenden zu ermitteln „In welchem der vier Fälle stimmen die Umgangsformen? Mehrfaches Ankreuzen möglich. A. Erwachsene sagen zu fremden Jugendlichen über 16 Jahre „Sie". B. Jugendliche Sagen zu Erwachsenen „Sie", Erwachsene sagen „du". C. Fremde sagen zu Fremden „Sie", Bekannte sagen zu Bekannten „du". D. Es gibt keine festen Regeln mehr für das Duzen und Siezen".

Frage 16 „Sie unterhalten sich mit einem Freund. Eine Bekannte oder ein Bekannter von Ihnen kommt dazu. Ihre beiden Bekannten kennen sich nicht. Wen stellen Sie wem zuerst vor? A. Die Frau stelle ich dem Mann vor, den Älteren stelle ich dem Jüngeren vor. B. Zuerst stelle ich den Mann oder den Jüngeren vor, dann die Frau oder den Älteren. C. Ich stelle zuerst den vor, der neu dazugekommen ist ", soll das chinesische Ritual im Kontext von Kennenlernen explizit machen.

Auch die Verwendung der Höflichkeitsformeln unterscheidet sich von Kultur zu Kultur; dementsprechend lautet Frage 17 „Verwenden Sie Höflichkeitsformeln unter Freunden und Verwandten? Verwenden „Sie" sie dort mehr oder weniger als in formellen Situationen?"

[4] Siehe Abschnitt 2.2.5
[5] Aus dem Lehrwerk *Studienweg Deutsch – Band* 2: S. 234.

Durch die Frage 18 „Verwenden Sie die Höflichkeitsformeln in formellen
Situationen (Ämter, Büros, Läden)? Verwenden Sie sie dort mehr oder weniger als in nicht-formellen Situationen?"[6] sollen diesbezügliche Erfahrungen bei
den Studierenden ermittelt werden.

Mit dem Fragebündel 19[7] soll zunächst die Meinungen der Lernenden gesammelt und diesbezügliche Antworten im Unterricht mit einem Lesetext über diese
Frage verglichen werden. Die Fragen lauten: „In einer deutschen Firma hat ein
deutscher Chef einem chinesischen Mitarbeiter eine Aufgabe zugeteilt, und er
fragt ihn, ob er die Aufgabe bis zum nächsten Tag erledigen kann. Er sagt
„ja", aber tatsächlich hat er die Aufgabe am folgenden Tag nicht erledigt. Der
Chef ärgert sich. Welche Gründe könnten für die Verärgerung des Chefs ursächlich sein? Welche Gründe könnten ursächlich dafür sein, dass der chinesische
Mitarbeiter der Erfüllung der Aufgabe nicht nachgekommen ist?"

Die Frage 20 „Welchen körperlichen Abstand würden Sie zwischen Ihnen
und Ihrem Gesprächspartner als angenehm empfinden?" behandelt Erfahrungen
der Lernenden mit körperlicher Distanz – das Thema wird auch im Unterricht
diskutiert. Die Antworten der Studenten auf die Fragen dieses Fragebogens werden in das jeweilige Thema mit einbezogen, wodurch dem Unterrichtsprinzip
Lernerorientierung im Unterricht Genüge getan wird.

5.4.2 Konstruktion des Reflexionsbogens über Unterrichtseinheiten

Der Reflexionsbogen bezieht sich darauf, wie die Lernenden den für die jeweiligen Themen eingesetzten Input und die Unterrichtsaufgaben in Bezug auf das
interkulturelle Lernpotenzial bewerten, und auf die Frage, ob die interkulturellen Unterrichtslernziele für die Lernenden verständlich dargestellt worden sind.
Der Reflexionsbogen besteht aus zwei Teilen, nämlich aus einer quantitativen und
einer qualitativen schriftlichen Befragung. Mithilfe der quantitativen Befragung
möchte ich Folgendes ermitteln:

1. Wie sicher fühlen sich die Studierenden in der Unterrichtsatmosphäre?
   Mit dieser Frage möchte ich zunächst extrapolieren, ob ein sicheres Gefühl
   bei den chinesischen Studierenden im Unterricht befördert werden kann. Diese
   Frage ist aus meiner Rolle als Dozentin insofern sinnvoll, als ich sowohl in

[6] Diese Frage ist aus der Dissertation von (Bauza' Iraola 2015: LV) entnommen.
[7] Aus dem Lehrwerk *Sichtwechsel*.

der Pilotstudie als auch in der Hauptstudie den Studierenden als eine neue Dozentin vorgestellt werde. Der Aufbau eines sicheren Unterrichtsgefühls kann dazu führen, dass sich die Studierenden trauen, an dem Unterrichtsgeschehen teilzunehmen. Der aktiven Partizipation am interkulturell orientierten Fremdsprachenunterricht wird eine große Bedeutung beigemessen.

2. Können die Lernenden ihre Vorkenntnisse zu den jeweiligen Themen mit einbeziehen?

   Mit dieser Frage soll einerseits ermittelt werden, ob das Kriterium „Lernerorientierung" realisiert wird, andererseits soll die Dozentin die kulturellen Schemata der Lernenden durch gezielte Fragestellungen aktivieren.

3. Sind die Lernenden sich klar über die interkulturellen Lernziele der einzelnen Unterrichtseinheiten?

   Mit dieser Frage möchte ich herausfinden, ob die aus dem Abschnitt 4.3.1 herauskristallisierten Lernziele der interkulturellen kommunikativen Kompetenz für die Lernenden verständlich dargestellt werden. RePA-Deskriptoren (2009) widmen sich der Bestimmung der Lernziele. Anhand dieser Deskriptoren kann man bewerten, ob die Lernziele der interkulturellen kommunikativen Kompetenz verständlich oder eher vage formuliert werden – das möchte ich mit dieser Pilotstudie ermitteln.

4. Enthält der für die jeweiligen Themen eingesetzte Unterrichtsinput interkulturelle Aspekte?

   Um interkulturelle Lernprozesse im Unterricht in Gang zu bringen, sollen die verwendeten Unterrichtsmaterialen die in Abschnitt 4.3.2 beschriebenen Potenziale besitzen. Mit dieser Frage möchte ich herausfinden, ob der von mir für diese Pilotstudie verwendete Input solche Qualitäten besitzt.

5. Können die Lernenden die Aufgabenstellungen gut verstehen?

   Auch diese pragmatische Frage soll in dem Fragebogen enthalten sein. Da der Unterricht in der Pilotstudie auf Deutsch stattfindet, möchte ich erfahren, ob die für die jeweiligen Themen konzipierten Fragestellungen gut verständlich bei den Lernenden ankommen.

6. Können die Unterrichtsaktivitäten den Lernenden helfen, die interkulturellen Lernprozesse zu initiieren und die Unterrichtsinhalte sich anzueignen?

   Die im Kapitel ausführlich erläuterten Unterrichtsaktivitäten ermöglichen es, das interkulturelle Lernen im Unterricht anzubahnen. Für das jeweilige Unterrichtsthema sind entsprechende Aktivitäten konzipiert, um die interkulturellen Lernprozesse der Lernenden in Gang zu setzen. Mit dieser Frage möchte ich ermitteln, ob die Unterrichtsaktivitäten diese Funktion erfüllen können.

7. Können die Lernenden die im Unterricht vermittelten interkulturellen Inhalte auf der Theorieebene verstehen und auch einen Anwendungsbezug zum Alltagsleben herstellen?
Diese Frage bezieht sich auf zwei Dimensionen der Datenermittlung. Erstens sollen die im Unterricht vermittelten interkulturellen Inhalte (*savoir*) auf der Theorieebene (u. a. „Eisbergmodell" über Kultur, Kommunikationsmodell usw.) die kognitiven Prozesse der Lernenden fördern; zweitens werden die kognitiven interkulturellen Lernprozesse der Lernenden durch ein praktisches Beispiel unterstützt. Die Erfahrungswelt der Lernenden wird hierdurch erweitert. Diese Erkenntnisse können bei den interkulturellen Verhandlungen angewandt werden, um Missverständnisse zu beseitigen und auch Konflikte zu lösen.

Die qualitative schriftliche Befragung erfolgt im Reflexionsbogen anhand von drei offenen Fragen:
1. Was habe ich in diesen Unterrichtseinheiten gelernt? 2. Was ist mir insbesondere an den Unterrichtseinheiten in Bezug auf Themen, Inhalte, Unterrichtsaktivitäten, Übungen im Sinne von interkulturellen Aspekten aufgefallen? 3. Was kann aus Sicht der Studierenden verbessert werden?
Die Studierenden sollen nach der jeweiligen Unterrichtseinheit mit der ersten Frage das rekapitulieren, was sie gelernt haben. Die Aussagen der Studierenden sind Texte, aus dem sich ermitteln lässt, inwiefern die Studierenden nach den jeweiligen Unterrichtseinheiten Veränderungen in Wissen, Einstellung und Fähigkeiten für beide Kulturen erkennen lassen.
Im Vergleich zu der ersten Frage sollen die Studierenden mit der zweiten Frage ihre Aufmerksamkeit insbesondere auf die Merkmale der Aufgaben bezüglich der interkulturellen Aspekte im Unterricht richten. Aus den Aussagen der Studierenden sollen die Indikatoren, mit deren Hilfe die Qualität der Aufgaben mit interkulturellem Potenzial bewertet werden, ermittelt werden. Die dritte, auf Verbesserungsvorschläge bezogene Frage zielt darauf ab, das Merkmal der *teacher role* aus Sicht der Studierenden zu betrachten.

5.4.3 Konstruktion des Fragebogens für die eigene Einschätzung von IKK

Dieser Fragebogen umfasst insgesamt 10 Fragen, die sich auf die RePA-Deskriptoren stützen und somit interkulturelle kommunikative Kompetenz in drei Dimensionen konkretisieren. Die Studierenden sollen durch diesen Fragebogen die Erreichung der einzelnen Lernziele der interkulturellen kommunikativen Kompetenz auf einer fünfstufigen Skala nach Beendigung des Kurses einschätzen.

1. Ich habe einige landeskundliche Aspekte wie Geschichte, Politik usw. kennengelernt; dieses Wissen hilft mir, meinen/meine Gesprächspartner besser kennenzulernen.
2. Ich weiß, dass kulturelle Unterschiede die Ursache für Schwierigkeiten bei der verbalen und nonverbalen Kommunikation in der interkulturellen Begegnung sein können.
3. Ich kann kulturelle Missverständnisse analysieren, indem ich auf historische Hintergründe oder Kommunikationsstile und Interpretationsschemata zurückgreife.
4. Ich bin bereit, über Sprachunterschiede/Kulturunterschiede und über das eigene Sprachsystem/Kultur nachzudenken.
5. Ich nehme sowohl für die deutsche als auch für die chinesische Kultur Unterschiede und Gemeinsamkeiten bewusster wahr, z. B.: Ich bin stärker sensibilisiert für die große Vielfalt der Begrüßungsformen.
6. Ich bin bereit, bei der interkulturellen Begegnung manche Verhaltensweisen, die von meiner verschieden sind, kennenzulernen, statt sie sofort abzulehnen. Als nächster Schritt bin ich bereit, die Ähnlichkeiten und Unterschiede wie auch den kulturellen Ursprung mancher Verhaltensweisen zu analysieren.
7. Ich bin bereit, mich von den durch Medien geprägten Stereotypen über Gesprächspartner zu distanzieren und die Meinungen sowohl über mein eigenes Land wie auch über das Zielland kritisch zu betrachten.
8. Ich habe eine Sensibilisierung dafür gewonnen, die Schemata von Stereotypen in interkultureller Begegnung zu analysieren.
9. Ich habe die Bereitschaft, Vorurteile in Bezug auf meine eigene Kultur und andere Kulturen abzubauen.
10. Ich gehe insgesamt davon aus, dass ich in diesem Semester meine interkulturelle kommunikative Kompetenz verbessert habe.

Im nächsten Kapitel werden die für die Pilotstudie verwendeten Unterrichtsmaterialien erläutert und es wird untersucht, ob die Unterrichtsmaterialien das Potenzial besitzen, interkulturelle Lernprozesse in Gang zu bringen.

5.4.4   Darstellung der Unterrichtsmaterialien

Die Auswahl der Unterrichtsmaterialien als Input soll den im Abschnitt 4.3.2 von Rössler vorgeschlagenen Kriterien, die sich in drei Lernbereichen auffächern, zugrunde liegen. Die für die Pilotstudie eingesetzten Materialien kommen aus den unterschiedlichen Lehrwerken und Zusatzmaterialien in Ergänzung zu den Online-Materialien, die interkulturelle Lehr- und Lernpotenziale besitzen sollen. Die verwendeten Unterrichtsmaterialien sind in folgender Tabelle zu veranschaulicht (Tabelle 5.1):

Tabelle 5.1   Unterrichtsmaterialien

Lehrwerke	Zusatzmaterialien	
	Artikel, Zeitschrift	Online-Materialien
Studio *Die Mittelstufe* C1 (Lektion 10 „Kommunikation")	Konfrontationen – Bausteine für die pädagogische Annäherung an Geschichte und Wirkung des Holocaust (Heft 1: Identität)	DW- Privatsphäre: Wie nah darf es sein?
Sicher! Deutsch als Fremdsprache C1 (Lektion 6 „Studium")		Bundeszentrale für politische Bildung
Sichtwechsel (Teil 3 „Wahrnehmung und Kulturspezifische Erfahrung")		Die eingesetzten Videos sind: Kurzfilm „Schwarzfahrer": https://www.youtube.com/watch?v=nWnSv0MMTns
Aspekt neu Mittelstufe Deutsch C1(Lektion 8 „Du bist, was du bist")		Video aus dem Lehrwerk *Sicher C1* (S. 81) interkulturelle Kommunikation von Alexander Video „Gestik Weltweit": https://www.youtube.com/watch?v=tmPCvkpR_Hc&t=207s
Mitreden Diskursive Landeskunde für Deutsch als Fremd- und Zweitsprache A2–B2 (Nationale Identitäten – Personenpuzzle)		

Lernbereich I: Kultur(en) in Sprache und Kommunikation verstehen

• Zu diesem Kriterium habe ich Sitzungen zur Thematisierung von „Kultur, Sprache und Kommunikation" geplant, in denen Kultur unter chinesischen und deutschen Perspektiven betrachtet wird und die Bedeutungen von Sprache und Kommunikation sowohl in den instrumentellen als auch in den symbolischen Funktionen beleuchtet werden sollen.

In der Sitzung zum Thema „Kultur" sollen sich die Lernenden dem Kulturbegriff annähern. Da die chinesische Sprache sich von der deutschen Sprache stark unterscheidet, lohnt es sich im Unterricht, bei den Lernenden das Bewusstsein für die kulturspezifische Bedeutung des Begriffs „Kultur" zu fördern. Hierbei sollen die Lernenden von dem chinesischen Ausdruck „文化" (Kultur) ausgehen und versuchen, zu erzählen, woher dieser sprachliche Ausdruck ursprünglich in der chinesischen Geschichte stammt, und was man mit diesem Ausdruck andeuten will[8]. Diese Bewusstmachung ist bedeutsam, da der Begriff für die Lernenden unreflektiert ist. Im Chinesischen verbindet der Begriff etymologisch die Veränderung des Menschen und die von Menschen erschaffenen Dinge bezüglich Sprache und Schrift. Im Vergleich dazu leitet sich die etymologische Bedeutung von „Kultur" aus dem Lateinischen „colere" ab und bedeutet pflegen und anbauen. Dieser Ausdruck entstammt dem landwirtschaftlichen Kontext und ist auch auf die Menschen übertragen worden: die Menschen pflegen sowohl ihre Umwelt als auch sich selbst (äußere Erscheinungsbilder, Charakter, Tugenden); darüber hinaus werden das religiöse Brauchtum und die Verehrung der Götter gepflegt (vgl. Bolten 2012: 18f). Die kurze Einführung der etymologischen Kulturbegriffe in den Unterricht – im Sinne des engen Kulturbegriffs nach Bolten (ebd.) kann das Interesse der Lernenden insofern fördern, als die Gemeinsamkeiten – (Beziehung zwischen den Pflegenden und Gepflegten) und die Unterschiede (im Chinesischen) explizit gemacht werden.

Darüber hinaus kann das Interview mit einer Kommunikationswissenschaftlerin aus dem Lehrwerk *Studio Mittelstufe C1* für diese Sitzung genutzt

---

[8] Abschnitt (2.1) widmet sich dem Kulturbegriff. Dabei wird der Begriff im chinesischen Kontext erläutert: „化" (übersetzt als „verändern") lässt sich auf den chinesischen Klassiker *I Ging* bzw. das Bild von „Bi" zurückführen: „Die Betrachtung der Formen am Himmel verleiht die Fähigkeit, die Zeit und ihre wechselnden Anforderungen zu verstehen. Die Betrachtung der Formen im Menschenleben verleiht die Möglichkeit, die Welt zu gestalten." „文明以止, 人文也。观乎天文以察时变, 观乎人文以化成天下。" „文" (wen) bezieht sich auf die von den Menschen erschaffenen Dinge bezüglich Sprache und Schrift.

werden[9]. Dabei spricht sie einerseits über die Begrifflichkeit von Sprache,
Kommunikation und Sprechen unter fachlichen Aspekten auf einem angemessen Sprachniveau, und sie zieht anderseits einen allgemeinen Vergleich
zwischen den Tiersprachen und den Sprachen der Menschen. Dieses veranschaulicht RePA (2009: 45) mit dem folgenden Deskriptor: „Wissen, dass
es neben der menschlichen Sprache andere Formen der Kommunikation gibt
[dass die menschliche Sprache nur eine mögliche Form der Kommunikation
ist]; einige Bespiele der Kommunikation zwischen Tieren kennen".

- Nicht nur Kommunikationsstrategien und fremdsprachliche Redemittel sollen
  im Unterricht trainiert werden, darüber hinaus sollen auch die allgemeinen
  Kenntnisse zum Analysieren von Missverständnissen beim Kommunizieren
  vermittelt werden. Es lohnt sich, Erkenntnisse über allgemeine Kommunikationsmodelle zur Bewältigung typischer Missverständnisse bei der interkulturellen Kommunikation zu vermitteln. Diesem Kriterium entsprechend wähle ich
  für den Unterrichtsinput das bekannte „Vier-Ohrenmodell" von Schulz von
  Thun aus. Mit diesem Modell weist Schulz von Thun darauf hin, dass Nachrichten auf vier Ebenen (Sachoffenbarung; Selbstoffenbarung; Aufforderung;
  Beziehungsebene) verstanden werden. Im Kurs interkulturelle Kommunikation soll ein Überblick über dieses Modell erarbeitet werden, allerdings muss
  man im Auge behalten, dass es nur um eine allgemeine Einführung des
  Modells von Schulz von Thun für chinesische Germanistikstudenten geht,
  und nicht um eine ausführliche Darstellung; die Studierenden sollen hierdurch in die Lage versetzt werden, in der interkulturellen Begegnung die
  Kommunikationsschwierigkeiten in einer angemessenen Weise zu analysieren.
  Aus diesem Grund verwende ich die im Lehrwerk *Studio d*[10] vorkommende
  und vereinfachte Grafik des Modells von Schulz von Thun. Das Lehrwerk
  illustriert das Modell mit einer farbigen Grafik und veranschaulicht es mit
  einem Beispiel: „Ein Mann und seine Frau sitzen beim Essen. Der Mann
  sieht Kräuter in der Soße und fragt: „Was ist das Grüne in der Soße?" Die
  Frau versteht den Man auf verschiedenen Ebenen. Sach-Ohr: Da ist was
  Grünes in der Soße! Ich-Botschaft: Mir schmeckt das nicht! Beziehungs-
  Ohr: Du bist eine schlechte Köchin! Aufforderungs-Ohr: Mach das nächste
  Mal nichts Grünes in die Soße!" Anhand des Modells von vier Seiten einer
  Nachricht und den vier Ohren können Missverständnisse in der Kommuni-
  kation erklärt werden. Um dieses Modell in einem realitätsnahen Szenario

---

[9] Aus dem Lehrwerk *Studio die Mittelstufe C1*.
[10] Lehrwerk *Studio d* A1.

anzuwenden, plane ich, es mit der im Lehrwerk *Sicher*[11] konstruierten Aufgabe „interkulturelle Missverständnisse in der beruflichen Kommunikation" zu kombinieren. Eine Höraufgabe bezieht sich auf einen Vortrag über internationale Geschäftskontakte. In diesem Vortrag geht es darum, ob man in der Lage ist, richtig einzuschätzen, was der Verhandlungspartner oder der ausländische Mitarbeiter sagt. Dabei wird ein konkretes Beispiel gegeben, nämlich: wie kann man interpretieren, wenn der deutsche Chef den chinesischen Mitarbeiter fragt, ob er eine zugeteilte Aufgabe bis zum bestimmten Zeitpunkt erledigen kann. Er antwortet mit einem Ja, aber die Aufgabe ist nicht wie versprochen erledigt worden. In diesem Szenario kann man kulturelle Unterschiede anhand des Modells von Schulz von Thun analysieren. In individualistischen Gesellschaften wie in Deutschland wird die Nachricht zuerst auf der Sachebene interpretiert, hingegen wird die Nachricht in den kollektivistischen Gesellschaften wie China zunächst auf der Beziehungsebene interpretiert.

• Für diesen Lernbereich ist außerdem wichtig, dass im Fremdsprachenunterricht Kommunikationsstrategien und die fremdsprachlichen Redemittel zur Verfügung gestellt und trainiert werden. Entsprechende fremdsprachliche Mittel werden präsentiert und nach Möglichkeit eingeübt.

Lernbereich II: Kultur(en) in Wahrnehmungsmustern und Einstellungen verstehen

Der Unterrichtsinput soll die Studierenden dazu veranlassen, sich der eigenkulturellen Wahrnehmungsweisen und Deutungsmuster bewusstzuwerden. Im Abschnitt (2.2.7) werden die wichtigsten Merkmale der Wahrnehmung in Anlehnung an Bolten (2012) dargestellt, nämlich: 1. Wahrnehmungsprozesse sind kulturspezifisch. Um dieses Merkmal im Unterricht zu thematisieren, kann das von Bolten (2012: 50) aufgezeigte Beispiel „Wahrnehmung der Bildfolge in Amerika und Europa und im arabischen Sprachraum"[12] verwendet werden: Während in den europäischen Ländern die Bilderfolge von links nach rechts wahrgenommen werden, muss die Bilderfolge in der Werbung in arabischen Ländern aufgrund der von rechts nach links verlaufenden Schreib- und Leserichtung umgekehrt dargestellt werden. Die Wahrnehmung dieser Bildfolge bzw. die Reizfilterung ist von Kultur zu Kultur unterschiedlich. Im modernen China ist die Schreib- und Leserichtung die gleiche wie in Europa. Dieses Beispiel kann

---

[11] Lehrwerk *Sicher* C1.
[12] Siehe Anhang im elektronischen Zusatzmaterial II, S. -22-

man als ein authentisches Material für den Unterricht verwenden, um das Merkmal der Wahrnehmung zu thematisieren, auch wenn die Studierenden über keine Kenntnisse in der Sinnesphysiologie verfügen.

Abschnitt (2.2.6) widmet sich dem Thema des Konstruktivismus, das besagt, dass eine „objektive Realität" nicht existiert. Wir sprechen von der Realität, die immer aus unseren Sinneseindrücken individuell (re)konstruiert wird, d. h. das zweite Merkmal unserer Wahrnehmung ist subjektiv. Ich wähle weithin bekannte Bilder „optische Täuschung: alte oder junge Frau?"[13] aus, diese Bilder werden in Lehrwerken (Sichtwechsel 1995) verwendet, um Wahrnehmungsdifferenzierung darzustellen.

Ein drittes Merkmal der Wahrnehmung eines Menschen nach Bolten (2012: 54) ist erfahrungsabhängig. Um dieses Merkmal im Unterricht darzustellen, verwendet Bolten zwei Textsortenbeispiele aus den USA: die Deutschen würden bei dem ersten Augenblick den linken Text als eine Todesanzeige und den rechten Text als einen Zeitungsartikel identifizieren. Im amerikanischen Format bezieht sich der linke Text auf eine Vortragseinladung und der rechte Text auf eine Todesanzeige[14].

Dieses Beispiel kann als Input für den Unterricht verwendet werden, da die Texte in den Augen der Chinesen anders als von den Deutschen identifiziert werden sollten.

Im Abschnitt (2.2.7) wird Boltens These nutzbar gemacht: Wenn wir für das Wahrgenommene in unserem Wissensvorrat keine Entsprechung finden, bilden wir Analogien oder wir ordnen es nach dem Grundsatz „Es soll eine Ordnung [vorhanden] sein" unseren Erfahrungs- und Begriffssystemen zu.

Dies führt dazu, dass „wir im Rahmen unseres Wahrnehmens notgedrungen immer wieder Stereotype und Vorurteile produzieren" (Bolten 2012: 55), was in der interkulturellen Begegnung thematisiert werden soll. Um die stereotypisierten Eindrücke der Lernenden über Deutschland zu ermitteln, habe ich vor dem Kurs einen Fragebogen durch die Kursteilnehmer ausfüllen lassen. Dabei habe ich folgende Fragen formuliert: „Kennen Sie Eigenschaften oder/ und Verhaltensweisen, die angeblich „typisch" für Deutsche sind? Wenn Ja, welche?". Um dieses Thema weiter zu vertiefen, stütze ich mich im Unterricht auf die von der Bundeszentrale für politische Bildung entwickelten Themenblätter „Vorurteile". Ein Ziel der Themenblätter besteht darin, die Entstehungsweise von Stereotypen und Vorurteilen zu erarbeiten. Die Lernenden sollen sich zunächst theoretisch diesem Thema annähern und danach ein Sprachkursvideo anschauen. Es handelt

---

[13] Siehe Anhang im elektronischen Zusatzmaterial II, S. -23-
[14] Siehe Anhang im elektronischen Zusatzmaterial II, S. -23-

sich unter anderem um ein Sprachkursvideo, in dem zwei Kursteilnehmer eine Szene über traditionale Rituale von Menschen auf einer Insel namens *Albatros* simulieren. In der Szene läuft die Frau hinter dem Mann, der Mann sitzt auf dem Stuhl und die Frau lässt ihre Knie auf den Boden neben dem sitzenden Mann fallen. Die Frau reicht dem Mann eine Schüssel mit Erdnüssen dem Mann und er isst die Erdnüsse. Die Frau isst danach. Der Mann drückt den Kopf der Frau bis zum Boden und wiederholt diese Aktion drei Mal. Wenn wir uns mit keinem Vorwissen über die Lebensrituale der Ureinwohner dieser Szene anschauen, würden wir einfach diese Szene als Diskriminierung der Frauen identifizieren. Jedoch besetzt bei den Bewohnern von *Albators* alles, was mit der Erde zu tun hat, einen hohen Stellenwert[15].

Für das im Abschnitt (2.2.5) behandelte Thema über Einstellungen zu Zeit und Raum verwende ich einen Lesetext über Privatsphäre (Kontaktkulturen vs. Nicht-Kontaktkulturen) sowohl im Alltagsleben als auch im Geschäftskontext; außerdem sind die im Lehrwerk *Sicher*[16] vorkommenden Videoausschnitte zur Verwendung gut geeignet.

Lernbereich III: Kulturen als (fremde) Kommunikationsgemeinschaften und Lebenswelten verstehen.

Um dieses Kriterium zu realisieren, soll den Lernenden Gelegenheit im Unterricht gegeben werden, spezifische Heimatskultur und Fremdkultur in Kontrast zu stellen und somit einerseits die kulturellen Gemeinsamkeiten und Unterschiede herauszufinden und andererseits „transkulturelle Identitäten" zu konstruieren. Die im Abschnitt (2.4.3) thematisierte Sprachmittlung kann als Input für dieses Kriterium eingesetzt werden, da die Sprachmittlungsaufgaben die Gelegenheit bieten, mehrsprachige Kommunikationssituationen im Fremdsprachenunterricht

---

[15] Frauen genießen auf Albatros hohes Ansehen, weil sie wie die Mutter Erde Leben gebären. Sie genießen deshalb besondere Privilegien: Um sie vor Gefahren zu schützen, müssen die Männer immer einige Schritte vor ihnen hergehen. Die Männer haben auch die Pflicht, alle Speisen vorzukosten, bevor die Frauen davon essen. Nur über ein Ritual ist es Männern erlaubt, näheren Kontakt mit der Gottheit der Erde aufzunehmen. Sie dürfen der Frau, die neben ihnen auf dem Boden sitzt, die Hand auf den Nacken legen, während sie durch das Berühren der Erde mit der Stirn die von dort ausgehende kosmische Energie aufnimmt. Ein Teil der Energie fließt dann über die Hand des Mannes auf ihn selbst über. Dieses Ritual wird als besondere Ehre betrachtet. An dieser Stelle kann der Lesetext über *die Kultur der Menschen auf Albatros* für den Unterricht eingeführt werden.

[16] Lehrwerk Sicher C1

zu simulieren. Für erfolgreiches Sprachmitteln benötigen die Studierenden fremdsprachliches Wissen und Können, allgemeines Weltwissen, soziokulturelles Orientierungswissen über die eigene und über die Kultur(en) der Zielsprache. In
den sprachmittelnden Aktivitäten spielen transkulturelle Identitäten eine Rolle:
dadurch sollen Studierende sich über ihre eigene Identität klarwerden und auch
mit den anderen Personen, die aus Fremdkulturen stammen, identifizieren.

Darüber hinaus hebt Rössler hervor, dass „Strategien zur effektiven, sachge-
rechten und kritischen Informationsbeschaffung über die Lebenswelten fremder
Kommunikationsgemeinschaften vermittelt werden sollten". Da alle Bereiche
des täglichen Lebens in zunehmendem Maße durch die Digitalisierung der
Informations- und Kommunikationstechnologien und -formate durchdrungen
werden, ist eine Entwicklung der Medienkompetenz bezüglich der kritischen
Informationsbeschaffung über die Lebenswelten fremder Kulturen von großer
Bedeutung. Insofern chinesische Studierende können wegen des blockierten Inter-
netzugangs Informationen nur in Auswahl erhalten können, erscheint es mir
wichtig, den Studierenden im Kurs zu vermitteln, sich kritisch und sachgerecht
mit den Informationen über Deutschland auseinanderzusetzen, denn sie erhalten
ihr Deutschlandbild meistens über die Medien. Ich plane eine Sitzung mit dem
Input „Medien", in der die Studierenden dazu angeregt werden sollen, zunächst
über Funktionen von Massenmedien zu reflektieren sowie anschließend deutsche und chinesische Leitmedien kennenzulernen. Das von der Bundeszentrale
für politische Bildung entwickelte Themenblatt im Unterricht mit dem Thema
„digitale Öffentlichkeit und Medienkompetenz" kann zum Teil gut im Unterricht
eingesetzt werden. Zunächst sollen die Studierenden mit einer Tabelle über das
eigene Medienverhalten selbst reflektieren und sich als Mediennutzer begreifen,
und zwar hinsichtlich der Fragestellung, inwiefern die chinesischen Leitmedien
den Nutzer in Bezug auf die drei Ebenen Wissen, Einstellungen, Handlungsbereitschaft, beeinflussen. Die im Blatt enthaltenen fünf Tipps mit dem Titel „Wie
informiere ich mich online?"[17] kann als Lesetext eingesetzt werden; hierbei ist
ein Überblick darüber zu erarbeiten, wie man sich kritisch informieren kann.

---

[17] Siehe Anhang im elektronischen Zusatzmaterial II, S. -25-, -26-

5.4.5 Darstellung der Unterrichtsverfahren

Den Aktivitäten in dieser Pilotstudie liegen die im Abschnitt (4.3.4) erläuterten Unterrichtsprinzipien (Lernerorientierung, Prozessorientierung sowie Handlungsorientierung) zugrunde. Darauf werde ich im Folgenden eingehen.

Lernerorientierung: Die Studierenden sollen vor dem Kurs auf Grundlage ihrer Erfahrungen die im Fragebogen[18] gestellten Fragen beantworten. Dadurch teilen die Studierenden ihre Erfahrungen in Bezug auf Deutschlernen, Deutschlandbild, interkulturelle Begegnung mit den Einheimischen vor dem Kursbeginn. Die erwähnten Erfahrungen im Hinblick auf die Durchführung der Unterrichtseinheiten lasse ich in die jeweiligen Unterrichtsinhalte einfließen.

Prozessorientierung: Rössler betont, dass der interkulturelle Unterricht von bedeutsam-belangvollen Medieninhalten (digitale Medien in Bezug auf Filme, Audios, Video) ausgehen und außerdem persönlichkeitsorientierte und -bildende Schreib- und Sprechanlässe schaffen soll. Didaktische Medieninhalte garantieren die Einbeziehung eines ganzheitlichen Ansatzes beim Lernen, indem sie im Vergleich zu gedruckten Materialien die emotionale Ebene der Lernenden besser adressieren können. Dies kann dazu beitragen, dass die Lernenden durch die emotionale Anregung ihre produktiven Fähigkeiten motivierter entwickeln. Für die Pilotstudie lasse ich themenrelevante Videos und Audios als Input zum Einsatz kommen, um interkulturelle Lernprozesse zu initiieren.

Handlungsorientierung: Handlungsorientierte Aktivitäten (Rollenspiele, Zeichnen, usw.) sind für diese Pilotstudie eingeplant.

Sprachliche Mittel: Die benötigten sprachlichen Mittel zu den Sprechanlässen und Schreibanlässen sollen in einzelnen Unterrichtseinheiten zur Verfügung gestellt worden. Die in dieser Pilotstudie bereitgestellten Redemittel dienen zur Beantwortung der Frage „wie wirken die Gedichte auf mich? Wie wirkt das Lied auf mich? Redemittel zum Grafikbeschreiben".

Die für die Pilotstudie herangezogenen Unterrichtsmaterialien und grundlegenden Prinzipien und Verfahren fasse ich in der untenstehenden Tabelle wie folgt zusammen (Tabelle 5.2):

---

[18] Die Konstruktion der Fragen wird im Abschnitt (5.4.1) erläutert.

Tabelle 5.2 Unterrichtsverfahren

Theoriebezüge	Interkulturelle kommunikative Kompetenz (Michael Byram 1997), Interkulturelle Kompetenz (Jürgen Bolten 2012) Vier-Ohren–Modell (Schulz von Thun 1981)
Unterrichtsprinzipien	Lernerorientierung Prozessorientierung Handlungsorientierung
Lerninhaltsbezogene Medien-Impulse	Siehe Tabelle 5.1 (S. 117).
Lerninhaltsbezogene Hauptaktivitäten der Lernenden	Kulturbezogene Begrifflichkeiten assoziieren und kulturelle Konnotationen aufdecken (z. B. *hotwords*) Beschäftigung mit den subjektiv bedeutsamen literarischen Kurztexten mit Identifikationspotenzial und Möglichkeiten des Perspektivwechsels. Hypothesenbildung zu Bildern; Hypothesenbildung zu literarischen Texten und Filmfiguren, die Handlungsabläufe und Verhaltensmuster beinhalten. Beschäftigung mit eigenen Vorurteilen und Stereotypen gegenüber Chinesen sowie mit dem chinesischen Deutschlandbild. Bearbeitung authentischer Texte und Reflexion über Medien als Zugang zur fremdkulturellen Welt Kulturelles und landeskundliches Orientierungswissen (Kontaktaufnahme, Gesprächskonventionen usw.) erwerben Dialogische Sprachkompetenzen (Sprachmittlung) trainieren Interkulturelle Gesprächsstrategien anhand der Rollenspiele üben Mit nonverbalen Kommunikationsmitteln umgehen Interkulturelle Missverständnisse analysieren und über die verschiedenen Deutungsmöglichkeiten reflektieren

5.5   Verfahren der Datenanalyse

Der Prozess der Datenanalyse nach Kuckartz in Anlehnung an Miles und Huberman setzt sich aus drei Komponenten zusammen:

- „Datenreduktion („data reduction"),
- Datendarstellung („data display") und
- Schlussfolgerungen ziehen („verifying")" Kuckartz (2014:100)

Diese grundlegenden drei Komponenten bei der Datenanalyse sind gültig sowohl
für die qualitative als auch quantitative Forschung, wobei unterschiedliche Techniken in der qualitativen und quantitativen Forschung zum Einsatz kommen. In
einem *mixed-methods*-Projekt schlägt Kuckartz (vgl. 2014: ebd. f.) zunächst sepa-
rate Analysen des qualitativen und quantitativen Studienstrangs sowie danach
die Integration der beiden Analysestränge und Ergebnistypen vor; der weitere Analyseabschnitt wird von Kuckartz als „Meta-Inferenzen" bezeichnet,
was eine mixed-methods-Studie begünstigt. Die Integration der beiden Analysestränge und Ergebnistypen lässt sich mit der folgenden Grafik veranschaulichen
(Abbildung 5.1):

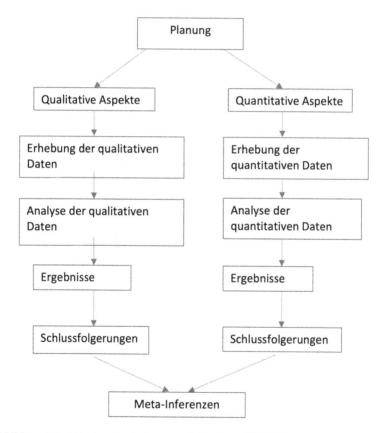

Abbildung 5.1   Mixed-methods-Ansatz nach Kuckartz (2014: 104)

Für die separaten Analysen können entsprechende Verfahren benutzt werden, während man bei der Auswertung der quantitativen Daten mit den bewährten Verfahren der Deskriptivstatistik beginnt, die von Aggregation der Daten, Skalenbildung und statistischen Zusammenhangsanalysen unterschiedlichen Typs gefolgt wird. Bei den qualitativen Daten kommen die Verfahren wie *Grounded Theory*, phänomenologische Analyse, *Frame Analysis*, Metapheranalyse, Diskursanalyse und qualitative Inhaltsanalyse zum Einsatz (vgl. nach Kuckartz 2014: 100).

In meiner Arbeit benutze ich die Deskriptivstatistik zum Auswerten der quantitativen Daten und die Inhaltsanalyse bei den qualitativen Daten. Letztere lehnt sich an die Publikationen von Philipp Mayring (2003; 2010) über *qualitative Inhaltsanalyse Grundlagen und Techniken* an, wobei diese Analyse darauf abzielt, „Techniken qualitativer Inhaltsanalysen als grundsätzliche Vorgehensweisen systematischen, das heißt theoriegeleiteten und regelgeleiteten Textverstehens und Textinterpretierens zu beschreiben" (Mayring 2003: 56). Die Interpretation, die durch Analyse des Materials erfolgt, lässt sich in drei Grundformen unterscheiden, die keine Stufen darstellen, sondern je nach Forschungsinteresse zum Einsatz kommen können:

> „Zusammenfassung: Ziel der Analyse ist es, das Material so zu reduzieren, daß die wesentlichen Inhalte erhalten bleiben, durch Abstraktion einen überschaubaren Corpus zu schaffen, der immer noch Abbild des Grundmaterials ist.
>
> Explikation: Ziel der Analyse ist es, zu einzelnen fraglichen Textteilen (Begriffen, Sätzen,…) zusätzliches Material heranzutragen, das das Verständnis erweitert, das die Textstelle erläutert, erklärt, ausdeutet.
>
> Strukturierung: Ziel der Analyse ist es, bestimmte Aspekte aus dem Material herauszufiltern, unter vorher festgelegten Ordnungskriterien einen Querschnitt durch das Material zu legen oder das Material aufgrund bestimmter Kriterien einzuschätzen" (Mayring 2003: 58).

Die strukturierende Inhaltsanalyse benötigt eine Kategorienbildung, die in zwei Vorgehensweisen, induktiv und deduktiv, erfolgen kann. Bei der Kategorienbildung kann als Software MAXODA und NVivo zum Einsatz kommen; diese computergestützte Kategorienbildung wird nach Kuckartz (2014: 112) als Codierungsprozess bezeichnet. Er veranschaulicht die Codierungsprozesse folgendermaßen:

> „Bei der inhaltlich strukturierenden Inhaltsanalyse wird nach der von der Forschungsfrage geleiteten explorierenden Phase (initiierende Textarbeit etc.) ein zweistufiger

Codierungsprozess durchlaufen. Im ersten Codierungsprozess wird das Material thematischen Hauptkategorien zugeordnet, welche dann in einem Schritt der Ausdifferenzierung und Verfeinerung präzisiert werden. Die Bildung der Kategorien und Subkategorien kann sowohl induktiv am Material als auch auf der Basis von theoretischem Vorwissen und Literaturstudium erfolgen. In den meisten Fällen wird eine Mischung aus beidem praktiziert, d.h. sowohl deduktiv wie induktiv vorgegangen."

Auf dieser Grundlage entscheide ich mich für die Grundform der Strukturierung bei der Interpretation der qualitativen Inhaltsanalyse für meine Pilotstudie; aus dieser möchte ich erstens die Aspekte der Merkmale der Aufgabe aus den qualitativen Daten herausfiltern und sie unter den im Abschnitt (4.3) ausgeführten Kriterien für die jeweiligen Merkmale betrachten, zweitens die Aspekte bzw. Indikatoren aus den erhobenen Daten über die im Abschnitt (2.3) veranschaulichten drei Dimensionen der interkulturellen kommunikativen Kompetenz herausfiltern und sie mithilfe von Deskriptoren der IKK im RePA bewerten. Die Kategorienbildung erfolgt in meiner Arbeit deduktiv und greift auf Kategorien von Aufgabenmerkmalen (Lernziele, Unterrichtsinput, Aktivitäten, *learner role, teacher role, settings*) zurück. Die Aussagen der Lernenden werden diesen sechs Kategorien zugeordnet:

„Quasi analog zur Grundauszählung in der quantitativen Datenanalyse, welche einen ersten systematischen Überblick über die Verteilung der Daten ergibt, erfolgt in der qualitativen Inhaltsanalyse die kategorienbasierte Auswertung, in der alle zu einer Kategorie zugeordneten Segmente des Materials zusammengestellt werden" (Kuckartz 2014: 112).

Da in meiner Pilotstudie insgesamt nur sechs Kategorien vorhanden sind, verzichte ich auf die Verwendung computergestützter Programme.

5.6 Ergebnisse und Interpretation der Datenauswertung

In diesem Kapitel werden die Ergebnisse der quantitativen und qualitativen Daten integrativ erläutert, um zu gewährleisten, dass die Ergebnisse sich gegenseitig ergänzen, und um eine größere Plausibilität zu erzielen.

5.6.1 Ergebnisse der Lerneinheiten 1–3 interpretieren

Ergebnisse von Reflexionsbögen über Lerneinheiten 1–3 jeweils mit dem Titel *Kultur, Wahrnehmung und Identität* (Tabelle 5.3)

Tabelle 5.3 Ergebnis der Datenauswertung von Unterrichtseinheiten 1–3

	N	Minimum	Maximum	Mittelwert	Median
Sicherheitsgefühl beim Umgang mit den Themen	4	3,00	5,00	4,0000	4,0000
Vorkenntnisse zu den Themen	4	3,00	4,00	3,5000	3,5000
Klarheit der Lernziele	4	3,00	4,00	3,2500	3,0000
Verständnis des Unterrichtsinputs	4	3,00	4,00	3,7500	4,0000
Verständnis der Aufgabeanweisungen	4	3,00	4,00	3,7500	4,0000
Aktivität1[19]	4	3,00	4,00	3,5000	3,5000
Akitvität2[20]	4	3,00	4,00	3,5000	3,5000
Aktivität3[21]	4	3,00	4,00	3,7500	4,0000
Erreichen von den Lernzielen	4	3,00	4,00	3,7500	4,0000
Gültige Werte (listenweise)	4				

Die Einschätzung erfolgte über eine 4er- Skala, in der die 1 für „stimmt gar nicht" und 4 für „stimmt ganz genau" steht. In der Tabelle kann sichtbar gemacht werden, dass die Mittelwerte bei der Frage „Sicherheitsgefühl mit den Themen" auf 4 und bei den anderen befragten Aspekten zwischen 3,25 und 3,75 liegen. Der Median liegt bei allen Fragen über 3. Daraus kann man schlussfolgern, dass die ersten drei Themen auf die Studierenden nicht fremd gewirkt haben und sie ihre Vorkenntnisse dazu miteinbeziehen konnten. Was Unterrichtsinput und –aktivitäten angeht, lässt sich auch ein positiver Eindruck gewinnen. Insgesamt schätzen die Studierenden ein, dass sie die Unterrichtslernziele bei diesen drei Sitzungen erreicht haben.

Mit der offenen Frage 1[22] wollte ich ermitteln, was die Studierenden in Bezug auf *savoir* der IKK erlernt haben, inwiefern sie ihre Kompetenzfelder

---

[19] Die hierbei zu erfragende Aktivität ist „Spontanassoziationen über Kultur mit den anderen vergleichen und in Eisbergmodell eintragen".

[20] Die Aktivität ist „eigene Wahrnehmung durch Bilderbeschreiben bewusstzumachen".

[21] Die Aktivität ist „Selbstbild zeichnen".

[22] Folgende drei offenen Fragen habe ich im Reflexionsbogen gestellt: 1. Was habe ich zu diesen Unterrichtseinheiten gelernt? 2. Was ist mir insbesondere an den Unterrichtseinheiten

savoir être und *savoir faire* weiterentwickelt haben. Mit Frage 2 möchte ich herausfinden, wie Studenten die Unterrichtsaufgaben wahrnehmen. Frage 3 soll Verbesserungsvorschläge von Studierenden ermitteln, damit ich als Dozentin über die Unterrichtsaufgaben reflektieren kann.

Im Folgenden interpretiere ich qualitative Daten der Lerneinheiten 1–3 in den unterstehenden Kategorien:

Kategorie: Unterrichtsinput

Insgesamt kann man an den Aussagen der Studierenden erkennen, dass der Unterrichtsinput der Lerneinheiten 1–3 authentisch und verständlich war und die Studierenden zum interkulturellen Lernen anregte. Darüber hinaus forderten die Studierenden mehr konkrete Beispiele zum Thema „Wahrnehmung"[23].

„Präsentationen, Grafiken, Videos und Geschichte sind verständlich und schön auch praktisch"[24]

„Ich habe besseres Verständnis über Kultur erworben, das Eisbergmodell hilft mir, sowohl meine eigene als auch andere Kultur zu analysieren"[25]

„Durch die Bärengeschichte habe ich verstanden, wie wichtig es ist, sich selbst zu erkennen und sich zu akzeptieren, z.B. ich bin Chinesin und akzeptiere mein Aussehen und meine Hautfarbe, meine Figur usw. Das ist meine Identität. Ich bin auf die Vielfalt von Menschen gespannt, mit der Differenz ist die Welt so bunt"[26]

Kategorie: Aktivitäten

Die Unterrichtsaktivitäten der Lerneinheiten 1–3 sprachen die Studierenden an und förderten ihre sozial-affektive Kompetenz. Voraussetzung dafür war die Handlungsorientierung der Aktivität. Darüber hinaus kann man schlussfolgern, dass Lernerorientierung und Prozessorientierung insgesamt die Studierenden motivierte und somit ihr Verständnis förderte.

---

in Bezug auf Thema, Inhalt, Unterrichtsaktivitäten und Übungen aufgefallen? 3. Was kann aus eurer Sicht verbessert werden?

[23] Die hierbei zitierten Aussagen der Studierenden sind bei den Grammatikfehlern gegebenenfalls korrigiert worden. Die ausgefüllten Reflexionsbögen sind in CD-Format gespeichert und an der Friedrich-Schiller-Universität aufbewahrt worden. Die Namen der Studierenden sind durch Abkürzungen anonymisiert.

[24] CD, Primärordner: PS, Sekundärordner: Sitzungen 1–3, J. (Antwort auf Frage 2).

[25] CD, Primärordner: PS, Sekundärordner: Sitzungen 1–3, W. (Antwort auf Frage 2).

[26] ebd.

„Ein Identitätsbild zu zeichnen ist interessant, hilft mir, meine Identität besser zu erkennen"[27]

„Die Diskussion über Namensbedeutung von meinen Kommilitonen beeindruckt mich. Aus dieser Unterrichtsaktivität kann ich besser verstehen, dass jede Person ihren eigenen Namen hat und jeder Name ihre einzigartigen Eigenschaften symbolisiert"[28]

„Die Aufgaben haben meine Fähigkeiten zum Lesen, Schreiben und Lesen deutlich verbessert, obwohl der Unterricht lange Texte enthält. Bei solchem Training habe ich gelernt, Geduld zu entwickeln und mehr auf die Einzelheiten zu achten"[29]

Kategorie: *Teacher role*
In der schriftlichen Befragung äußerten sich die Studierenden auch über Verbesserungsmöglichkeiten für den Unterricht. Aus den Antworten lässt sich ermitteln, wie die Studierenden das Unterrichtsgeschehen wahrgenommen haben.

Insgesamt urteilten die Studierenden, dass die Dozentin geduldig war und auf Einzelheiten bzw. Verständnis der Studierenden achtete.

5.6.2   Ergebnisse der Lerneinheiten 4–6 interpretieren

Ergebnisse der Reflexionsbögen über Lerneinheiten 4–6: Sprache, verbale und nonverbale Kommunikation; interkulturelle Kommunikation; Sprachmittlung (Tabelle 5.4)

Die tabellarische Zusammenstellung zeigt, dass die Studierenden sich mit den Themen (Mittelwert und Median 4,0000) sicher gefühlt haben und ihre Vorkenntnisse mit einbeziehen konnten. Unterrichtsinput und Aufgabenstellungen (Mittelwert und Median 3.7500) waren für die Studierenden verständlich. Hinsichtlich der geplanten Aktivitäten haben die Studierenden die Lernziele mit der Einschätzung 3,5 sowohl beim Mittelwert als auch beim Median bewertet.

Im Folgenden interpretiere ich qualitative Daten der Lerneinheiten 4–6 in den unterstehenden Kategorien:

---

[27] CD, Primärordner: PS, Sekundärordner: Sitzungen 1–3, Z. (Antwort auf Frage 2).
[28] CD, Primärordner: PS, Sekundärordner: Sitzungen 1–3, L. (Antwort auf Frage 2).
[29] CD, Primärordner: PS, Sekundärordner: Sitzungen 1–3, Hang Li (Antwort auf Frage 2).

Tabelle 5.4 Ergebnis der Datenauswertung von Unterrichtseinheiten 4–6

	N	Minimum	Maximum	Mittelwert	Median
Sicherheit im Umgang mit den Themen	4	3,00	5,00	4,0000	4,0000
Vorkenntnisse zu Themen	4	3,00	4,00	3,5000	3,5000
Klarheit der Lernziele	4	3,00	4,00	3,2500	3,0000
Verständnis des Unterrichtsinputs	4	3,00	4,00	3,7500	4,0000
Verständnis der Aufgabenstellungen	4	3,00	4,00	3,7500	4,0000
Aktivität1[30]	4	3,00	4,00	3,7500	4,0000
Akitvität2[31]	4	3,00	4,00	3,2500	3,0000
Aktivität3[32]	4	3,00	4,00	3,7500	4,0000
Erreichen von Lernzielen	4	3,00	4,00	3,5000	3,5000
Gültige Werte (Listenweise)	4				

Kategorie: Unterrichtsinput

Unterrichtsinputs in diesen drei Unterrichtseinheiten lassen sich an den Aussagen der Studierenden dahingehend ablesen, dass sie das Potenzial besitzen, interkulturelle Lernprozesse durch den Vergleich der kulturellen Unterschiede anbahnen zu können. Außerdem soll dem RePA-Deskriptor (2009: 45) „Aufmerksamkeit für verbale und nonverbale kommunikative Zeichen. Sensibilität sowohl für die große Vielfalt der Begrüßungsformen und der Kommunikationsaufnahme als auch für das menschliche Bedürfnis, sich zu begrüßen und zu kommunizieren" mit diesem Unterrichtsinput genüge getan werden:

> „Die Themen bei diesen drei Unterrichtseinheiten sind toll und regen uns zum Nachdenken über kulturelle Unterschiede an"[33]

> „Das Thema über Körpersprache hat mir besonders gefallen, es ist sehr spannend, sie zu entschlüsseln. Es ist echt hilfreich für unsere Alltagskommunikation, besonders für die interkulturelle Kommunikation"[34]

---

[30] Die Aktivität lautet „'was habe ich gestern getan?' nur durch Sprechen und nur durch Körpersprache berichten und meine Gefühle über 'wie das Experiment auf mich gewirkt hat' beschreiben"

[31] Die Aktivität lautet „über die Privatsphäre aus den chinesischen Perspektiven und auch aus den deutschen Perspektiven vom Lesetext sprechen"

[32] Die Aktivität lautet „*hotwords* aus dem Chinesischen ins Deutsche sprachmitteln".

[33] CD, Primärordner: PS, Sekundärordner: Sitzungen 4–6, W. (Antwort auf Frage 2).

[34] CD, Primärordner: PS, Sekundärordner: Sitzungen 4–6, J. (Antwort auf Frage 2).

Kategorie: Aktivitäten
Die für diese drei Unterrichtseinheiten konzipierten Aktivitäten konnten zum Verstehen der Unterrichtsinhalte beitragen. Die Äußerungen unterstreichen die Bedeutung der Handlungsorientierung im Rahmen der Unterrichtsaktivität. Die Handlungsorientierung fördert das interkulturelle Verständnis.

„Die Aktivität, mit der wir unsere eigenen Erlebnisse über Körpersprache beschrieben haben und diese Körpersprache mit dem interkulturellen Verständnis verglichen haben, ist sehr nützlich, dadurch können wir sowohl diesen Unterrichtsinhalt, besser verstehen als auch besser im Gedächtnis behalten"[35]

Kategorie: *Teacher role*
In Bezug auf den Inhalt dieser Unterrichtseinheiten äußerten sich die Studierenden dahingehend, dass sie verständlich und anregend sind; Die Zeitkontrolle sollte aber verbessert werden.

„Diese drei Unterrichtseinheiten sind bereits sehr schön, verständlich, anregungsvoll. Es wäre noch schöner, wenn die Unterrichtszeit besser unter Kontrolle wäre"[36]

„Ich möchte mehr Spiele eingeplant sehen"[37]

5.6.3   Ergebnisse der Lerneinheiten 7–9 interpretieren

Ergebnisse der Reflexionsbögen über Lerneinheiten 7–9: Medien; Stereotype, Klischees und Vorurteile; interkulturelle Höflichkeit (Tabelle 5.5).

Die Studierenden haben bei den aufgelisteten Kategorien bezüglich des Mittelwertes durchschnittlich über 3,75 angegeben und ausgenommen die Kategorien „Sicherheit" für die Themen, „Klarheit der Lernziele" und Aktivität3 die Höchstpunktzahl 4 vergeben. Daraus kann man schlussfolgern, dass bei diesen Lerneinheiten ein besseres Ergebnis im Verhältnis zu den anderen Unterrichtseinheiten erzielt wurde.

Im Folgenden interpretiere ich qualitative Daten der Lerneinheiten 7–9 in den unterstehenden Kategorien:

---

[35] CD, Primärordner: PS, Sekundärordner: Sitzungen 4–6, J. (Antwort auf Frage 2.)

[36] CD, Primärordner: PS, Sekundärordner: Sitzungen 4–6, W. (Antwort auf Frage 2).

[37] CD, Primärordner: PS, Sekundärordner: Sitzungen 4–6, L. (Antwort auf Frage 2).

Tabelle 5.5 Ergebnis der Datenauswertung von Unterrichtseinheiten 7–9

	N	Minimum	Maximum	Mittelwert	Median
Sicherheit im Umgang mit den Themen	4	4,00	5,00	4,7500	5,0000
Vorkenntnisse zu Themen	4	4,00	4,00	4,0000	5,0000
Klarheit der Lernziele	4	3,00	4,00	3,7500	5,0000
Verständnis des Unterrichtsinputs	4	4,00	4,00	4,0000	5,0000
Verständnis der Aufgabenstellungen	4	4,00	4,00	4,0000	5,0000
Aktivität1[38]	4	4,00	4,00	4,0000	5,0000
Akitvität2[39]	4	4,00	4,00	4,0000	5,0000
Aktivität3[40]	4	3,00	4,00	3,7500	5,0000
Erreichen von Lernzielen	4	4,00	4,00	4,0000	5,0000
Gültige Werte (Listenweise)	4				

Kategorie: Unterrichtsinput
Die Unterrichtseinheit 7 mit dem Input (Lesetext über fünf Tipps „wie informiere ich mich online") zielt auf eine Entwicklung der kritischen Fähigkeiten bei der Informationsaufnahme ab. Die Studierenden äußerten sich in Bezug auf diesen Input zielführend.

„Sinnvoller und praktischer Input für Medien und deren Funktionen für den Alltag"[41]

„Lesetext über fünf Tipps „wie informiere ich mich online" ist hilfreich, eine kritische Perspektive über Informationsquelle zu entwickeln"[42]

„Das Thema „Höflichkeit" interessiert mich sehr, nach dem Kurs habe ich besseres Verständnis darüber, am Anfang bin ich nicht daran gewöhnt, die älteren Leute zu duzen oder einfach den Namen zu nennen. Jetzt kann mich besser anpassen "[43]

---

[38] Diese Aktivität lautet „die Antworten des Fragebogens 'meine Online Profile' in Gruppen zu vergleichen"
[39] Diese Aktivität lautet „ die vorgegebenen Begriffe (Auto, Hund, Deutsche) zu zeichnen"
[40] Diese Aktivität lautet „Beispiele für höfliches Verhalten auf Padlet bewerten"
[41] CD, Primärordner: PS, Sekundärordner: Sitzungen 7–9, J. (Antwort auf Frage 2).
[42] ebd.
[43] CD, Primärordner: PS, Sekundärordner: Sitzungen 7–9, W. (Antwort auf Frage 2).

Kategorie: Aktivitäten

Der Austausch in der Gruppenarbeit kann die Studierenden zum Reflektieren über ihre eigene alltägliche Zeiteinplanung und die auf sie zukommenden Informationen anregen. Darüber hinaus schafft die Hospitation der deutschen Gasthörerin[44] die Möglichkeit, interkulturelle Begegnungen im Unterricht stattfinden zu lassen.

„Das Formular „meine Online Profile" hilft mir, besser einzusehen, wo ich meine Zeit investiere und wie ich mich informiere. Der Vergleich mit meinen Kommilitonen hilft mir, darüber zu reflektieren"[45]

„Die Diskussion auf Padlet und Zuordnungsaufgaben über Learning-Apps steigern Motivation und erleichtern das Verständnis"[46]

„Interessante, konkrete und anregende Diskussionen über Höflichkeit"[47]

„Es ist hilfreich, dass wir eine deutsche Gasthörerin haben, wir können die Begrüßungsformen und höfliche Szenen besser vergleichen"[48]

5.6.4 Fazit über Bewerten der Aufgaben

Die für die jeweiligen Unterrichtseinheiten auszufüllenden Reflexionsbögen sollen ermitteln, ob Unterrichtsinput und – aktivitäten dieser 9 Lerneinheiten die im theoretischen Teil diskutierten Kriterien bzw. Merkmale, die Aufgaben im interkulturellen Unterricht aufweisen sollen, erfüllen bzw. besitzen können. Nach den vorangehenden Ergebnissen der Datenauswertung lässt sich bereits jetzt die Schlussfolgerung ziehen, dass die Lernziele der jeweiligen Unterrichtseinheit verständlich eingeführt wurden und sich der Unterrichtsinput der 9 Unterrichtseinheiten auf die im Abschnitt (4.3.2) diskutierten drei Bereiche[49] bezogen und auf den einzelnen Teillernzielen der IKK basierten, was die Studierenden zu den interkulturellen Lernprozessen anregen kann. Darüber hinaus wurde die

---

[44] An dieser Sitzung „interkulturelle Höflichkeit" hat eine deutsche Hospitantin teilgenommen.

[45] CD, Primärordner: PS, Sekundärordner: Sitzungen 7–9, W. (Antwort auf Frage 2).

[46] CD, Primärordner: PS, Sekundärordner: Sitzungen 7–9, L. (Antwort auf Frage 2).

[47] CD, Primärordner: PS, Sekundärordner: Sitzungen 7–9, L. (Antwort auf Frage 2).

[48] CD, Primärordner: PS, Sekundärordner: Sitzungen 7–9, J. (Antwort auf Frage 2).

[49] Diese drei Bereiche sind folgende: Kulturen in Sprache und Kommunikation verstehen; Kulturen in Wahrnehmungsmustern und Einstellungen verstehen; Kulturen als fremde Kommunikationsgemeinschaften und Lebenswelten verstehen.

Authentizität bzw. Plausibilität der Materialien sichergestellt. Die Unterrichtsaktivitäten insbesondere deren Lernerorientierung und Handlungsorientierung wurden von den Studierenden als motivierend und das Verständnis fördernde Ansätze bewertet.

Bezüglich der Kategorie *teacher role* möchte ich aus zwei Perspektiven, der der Studierenden und meiner eigenen, eine Zusammenfassung geben: Einerseits kommentierten die Studierenden, dass die Dozentin geduldig ist und auf Einzeleinheiten bzw. das Verständnis der Studierenden achtet. Allerdings soll die Dozentin bei einigen Unterrichtseinheiten auch darauf achten, die Unterrichtszeit besser zu kontrollieren; andererseits sollen sprachliche Mittel – aus meiner Sicht – unbedingt bei den chinesischen Lerngruppen wegen ihrer eingeschränkten mündlichen Fähigkeiten für auf Deutsch abgehaltenen Unterricht zur Verfügung gestellt werden, zumal sich die Studierenden in einem sogenannten dritten Ort befinden und dazu aufgefordert sind, ihre eigenen Erfahrungen, Kenntnisse, Deutungsschemata mitzuteilen. Außerdem soll die Dozentin auf das Unterrichtsprinzip „Prozessorientierung" achten, und zwar anhand von Strategien wie Hinterfragen, Nachfragen, Berücksichtigen der Fremdperspektiven, die interkulturellen Lernprozesse zu unterstützen.

5.6.5 Ergebnis der Bewertung der IKK interpretieren

Die folgende Tabelle zeigt das Ergebnis der eigenen Einschätzung seitens der Studierenden im Hinblick auf ihre interkulturelle kommunikative Kompetenz. Insgesamt kann man feststellen, dass die Studierenden bei allen Teilzielen der IKK den Mittelwert mit 4,0 und die Verbesserung ihrer IKK mit Mittelwert 5,0 bewertet haben (Tabelle 5.6).

Tabelle 5.6 Ergebnis der Bewertung von IKK

	N	Minimum	Maximum	Mittelwert	Median
Frage1	4	3,00	5,00	4,2500	4,5000
Frage2	4	4,00	5,00	4,7500	5,0000
Frage3	4	3,00	5,00	4,2500	4,5000
Frage4	4	4,00	5,00	4,2500	4,0000
Frage5	4	4,00	5,00	4,5000	4,5000

(Fortsetzung)

Tabelle 5.6 (Fortsetzung)

	N	Minimum	Maximum	Mittelwert	Median
Frage6	4	5,00	5,00	5,0000	5,0000
Frage7	4	3,00	5,00	4,0000	4,0000
Frage8	4	4,00	5,00	4,5000	4,5000
Frage9	4	3,00	5,00	4,0000	4,0000
Frage10	4	5,00	5,00	5,0000	5,0000
Gültige Werte (Listenweise)	4				

Im Folgenden werde ich auf die Interpretation der qualitativen Daten über interkulturelle kommunikative Kompetenz bezüglich ihrer drei Dimensionen eingehen.

Wissensebene

Der im RePA formulierte Deskriptor (K-10.5.1) „Wissen, dass die eigenen kulturellen Praxen von anderen Menschen als Stereotype interpretiert werden können und einige Stereotype anderer Kulturkreise über die eigene Kultur kennen" (RePA 2009: 53) könnte in den folgenden Aussagen der Studierenden realisiert werden – dabei listeten die Studierenden stereotypisierte Eindrücke sowohl über Deutschen als auch über Chinesen auf. Des Weiteren ist den Studierenden bewusst geworden, dass der Ausdruck ‚typische Deutsche' bzw. ‚typische Chinese' stereotypisiert und klischeehaft ist. Dementsprechend lassen sich die folgenden Aussagen dem RePA Deskriptor (K-10.4.3.1) zuordnen: „Wissen, dass die Kenntnisse, die man über andere Kulturen hat, häufig stereotypisierte Aspekte beinhalten oder eine vereinfachte Betrachtung der Wirklichkeit und die Gefahr zu starker Vereinfachung und Verallgemeinerung" (ebd.).

„Wenn ich den Ausdruck „typische Deutsche und typische Chinese" höre, weiß ich, dass solche Eindrücke stereotypisiert und klischeehaft sind, z.B. Typische Deutsche: sie halten sich an jede Regel. Ihre Lieblingsessen sind Wurst, Brot und sie trinken Bier sehr gern, sie nehmen alles ernst. Von den Medien habe ich immer so gelesen und in manchen Geschichten habe ich auch so gelesen. Typische Chinesen: sie versammeln sich gern und sie sprechen laut. Leckeres Essen ist ihre Liebe. Und Fleiß ist ein Charakterzug von ihnen. Sie sind gastfreundlich. Im Alltagsleben kann ich diese Stimmung wahrnehmen. Meine Freunde und ich sind auch so. Jede Person ist verschieden, obwohl sie aus dem gleichen Land kommen"[50].

---

[50] CD, Primärordner: PS, Sekundärordner: Sitzungen 7–9, W. (Antwort auf Frage 3).

Persönlichkeitsebene

Die Studierenden äußerten sich über ihre Kenntnisse auf der persönlichkeitsebene mit folgenden Worten:

„Nachdem wir die Sitzung über Kultur [absolviert] hatten, bin ich mir bewusst geworden, dass wir Respekt gegenüber den Differenzen der verschiedenen Kulturen haben und unser Bewusstsein für die eigene Kultur [stärken] und auch ein Interesse an den anderen Kulturen [entwickeln] sollten"[51]

„wir müssen Lernen, einerseits ICH zu sein und andererseits die anderen zu respektieren"[52]

„wir sollen zuerst uns selbst akzeptieren und dann können wir auch die anderen akzeptieren und respektieren"[53]

Die Aussagen der Studierenden werden den Deskriptoren im RePA „Respekt und Achtung gegenüber anderen Sprachen und Kulturen und Menschen" (RePA 2009: 71) und „Neugier zu entdecken, wie die eigenen und die anderen Sprachen und Kulturen funktionieren" (RePA 2009: 68) gerecht.

Fertigkeiten

Die Studierenden sind den stereotypisierten Ausdrücken gegenüber kritisch eingestellt und können die stereotypisierten Eindrücke und kulturbedingten Vorurteile analysieren, indem sie auf die Informationsquelle zurückgreifen.

„Die Deutschen nehmen alles ernst und die Chinesen sind sehr fleißig. Diese sind aber typische Besonderheiten. Aber wir sollen in Gedanken behalten, dass diese auch Stereotype oder Klischee könnten sein. Wenn wir über die Leute in einem Land reden, sollen wir die Vorurteile vermeiden"[54]

„In Deutschland wird oft gehört, dass Chinesen Hundefleisch essen. Ich habe noch nicht gehört, Aber wenn ich bei der interkulturellen Begegnung danach gefragt würde, würde ich versuchen, zu analysieren, warum sie diese Eindrücke haben und diese Stereotype abbauen"[55]

---

[51] CD, Primärordner: PS, Sekundärordner: Sitzungen 1–3, W. (Antwort auf Frage 2).
[52] CD, Primärordner: PS, Sekundärordner: Sitzungen 1–3, W. (Antwort auf Frage 2).
[53] CD, Primärordner: PS, Sekundärordner: Sitzungen 1–3, W. (Antwort auf Frage 2).
[54] CD, Primärordner: PS, Sekundärordner: Sitzungen 7–9, J. (Antwort auf Frage 3).
[55] ebd.

5.6.6   Fazit über IKK der Studierenden

Die Ergebnisse der quantitativen und qualitativen Daten beantworten die Frage: kann die Pilotstudie dazu beitragen, die interkulturelle kommunikative Kompetenz der Studenten verbessern?

In Bezug auf *savoir* kann man auf Grund der beiden Datenkategorien die Schlussfolgerung ziehen, dass die Studierenden Kenntnisse darüber gewonnen haben, dass kulturelle Unterschiede die Ursache für Schwierigkeiten bei der verbalen und nonverbalen Kommunikation sein können. Darüber hinaus kennen die Studierenden einige kulturbedingte Missverständnisse und Stereotype, und können sie kritisch betrachten. Über das Lernziel „Identität" äußerten sich die Studierenden dahingehend, dass es wichtig sei, dass man sich selbst erkennen und akzeptieren soll. Allerdings gibt es in dieser schriftlichen Befragung keine Hinweise darauf, dass die Lernziele „über eigene Identität, die durch den Gesprächspartner bei der Kommunikation definiert und konstruiert wird, (Abschnitt 4.3.1) und das Lernziel „über Strategien zur Lösung interkultureller Konflikte", erreicht werden.

In Bezug auf *savoir être* ist es bei den Studierenden zu beobachten, dass sie eine offene Einstellung gegenüber dem sprachlich und kulturell Nichtvertrauten und Akzeptanz gegenüber den kulturbedingten Missverständnissen haben, sowie dass sie bereit sind, die durch die Medien bewirkten Stereotype abzubauen. Im Rückgriff auf die Teilziele von *savoir être* im Abschnitt (4.3.1) sind leider keine Indikatoren über „bereit sein, sich in den anderen hineinzuversetzen, bereit, sprachliche und kulturelle Phänomene als mögliche Reflexionsgegenstände betrachten" durch diese schriftliche Befragung herausgefunden worden.

Savoir faire bezieht sich auf die Fertigkeiten, mit deren Hilfe man in der realen interkulturellen Begegnung mit Missverständnissen und Konflikten besser umgehen sowie das eigene Verhalten (Begrüßung, Höflichkeit) mit einem tiefergehenden Verständnis bereichern kann. Aus diesen Gründen kann man im Unterricht nur sehr begrenzt solche Fertigkeiten bewerten. In dieser Pilotstudie haben die Studierenden einerseits das Bewusstsein für *savoir faire* insofern entwickelt, als sie Schemata von Stereotypen zu analysieren und einige kulturelle Missverständnisse durch Prüfen der Quellen, Rückgriff auf historische Hintergründe sowie Kommunikationsstile zu untersuchen gelernt haben. Andererseits können in Bezug auf das Lernziel „Ich kann mich in die Rolle der anderen versetzen, um mit Konflikten umzugehen" nur die Indikatoren über das Wissen z. B. im Hinblick darauf, wie man sich in die Rolle der anderen versetzt, und wie man in „critical situations" die Standpunkte der anderen analysiert, ermittelt werden. Wie sich aber die Studierenden in der realen Situation verhalten, lässt sich weder durch schriftliche noch mündliche Befragung einschätzen. Darüber hinaus: „Ich kann chinesische und deutsche Höflichkeitsformeln angemessen anwenden" kann man ebenfalls nur in der Realität beobachten; der Unterricht vermittelt lediglich die entsprechenden Kenntnisse, die eine Adaption des Verhaltens voraussetzen; diesbezüglich lassen sich die Aussagen der Studierenden interpretieren:

> „Das Thema „Höflichkeit" interessiert mich sehr, nach dem Kurs habe ich ein besseres Verständnis darüber, am Anfang war ich nicht daran gewöhnt, die älteren Leute zu duzen oder den Namen einfach zu nennen. Jetzt kann ich mich besser anpassen"[56]

5.7 Kritik der Pilotstudie

In der Forschung fungiert die Pilotierung nach Doff als Experiment, um die eingesetzten Instrumente zu testen, und sie werden für die Hauptstudie nach Möglichkeit überarbeitet.

> „In einer Pilotierung werden die Testitems bei einer Vergleichsgruppe von Schülern/innen erprobt, die nicht in die Untersuchung einbezogen werden, um die Klarheit der Aufgabenstellungen, den Bekanntheits- und den Schwierigkeitsgrad der Items sowie die erforderliche Bearbeitungszeit zu überprüfen. Im Anschluss an die Pilotierung werden die Items und Messinstrumente gegebenenfalls korrigiert" (Doff 2012: 78).

Mit dieser Pilotstudie möchte ich erstens untersuchen, ob die für den Kurs verwendeten Materialien die Kriterien des Unterrichtsinputs und der Aktivitäten, die auf die Entwicklung der interkulturellen kommunikativen Kompetenz abzielen, erfüllen können, zweitens möchte ich herausfinden, inwiefern mithilfe der Aufgaben die interkulturellen Lernziele erreicht werden.

Aufgrund der Dateninterpretation kann das Fazit gezogen werden, dass die in der Pilotstudie verwendeten Materialien diese Kriterien erfüllen können und die IKK der Studierenden den Teillernzielen in drei Dimensionen entsprechend mehr oder weniger entwickelt wurde. Allerdings kann man kritisch gegen die Pilotstudie einwenden, dass sie in Deutschland mit den chinesischen Erasmusstudenten durchgeführt wurde. Die Tatsache, dass die Angehörigen der Lerngruppe – einhergehend mit dem Leben bzw. Einleben in Deutschland – auch interkulturelle kommunikative Kompetenz erworben haben, kann der Grund dafür sein, dass ich

---

[56] CD, Primärordner: PS, Sekundärordner: Sitzungen 7–9, W. (Antwort auf Frage 2).

bei der Bewertung der IKK in dieser Pilotstudie nicht den Schluss ziehen konnte, dass eine Förderung der IKK ausschließlich durch den Unterricht erfolgt ist.

Der Grund, warum keine Indikatoren für einige Teillernziele – wie die Ergebnisse der Bewertung der IKK erweisen – existieren, könnte darin bestehen, dass die schriftliche Befragung zum Erheben der Daten von IKK nicht ausreichend ist. Wegen dieser Kritik verwende ich in der Hauptstudie noch weitere qualitative Forschungsmethoden.

Empirische Studie an einer chinesischen Universität

6.1 Forschungsort und Rahmenbedingungen

Die Hauptstudie wurde vom September 2021 bis Januar 2022 im Wintersemester an der Fremdsprachenuniversität von Xi'an durchgeführt. Eine Lehrveranstaltung mit dem Titel „interkulturelle Kommunikation" fand unter der Leitung der Forscherin mit insgesamt 13 Sitzungen zu jeweils 2 Unterrichtseinheiten in Präsenz statt. Für diese Veranstaltung hatte die Dozentin freie Wahl bei den Unterrichtsmaterialien.

6.2 Zielgruppe

Die Zielgruppe dieser Studie waren die Germanistikstudierenden, die schon zwei Jahre des Grundstudiums abgeschlossen hatten und sich im dritten Jahr des Bachelorstudiums befanden. Nach dem Curriculum des Germanistikstudiums an der Fremdsprachenuniversität von Xi'an sollen die Studierenden nach den zwei Jahren Grundstudium im Deutschen das Sprachniveau B2 erreicht haben. Dieses sprachliche Niveau entspricht im Großen und Ganzen dem sprachlichen Niveau der Zielgruppe in der Pilotstudie; daher können die in der Pilotstudie verwendeten Materialien für die Hauptstudie ebenfalls zum Einsatz kommen. Die Zahl der Kursteilnehmer betrug 58.

Ergänzende Information Die elektronische Version dieses Kapitels enthält Zusatzmaterial, auf das über folgenden Link zugegriffen werden kann https://doi.org/10.1007/978-3-662-67102-3_6.

6.3   Forschungsmethoden

Da die zu untersuchenden Gegenstände in dieser Arbeit (Aufgabe und interkulturelle kommunikative Kompetenz) komplex sind, erschien es sinnvoller, mehrere Forschungsansätze zu kombinieren, was auch in der Pilotstudie zur Verbesserung der Forschungsansätze beitrug. In dieser Hauptstudie wird ein *mixed-methods*-Verfahren angewandt. Nach Kuckartz bedeutet *mixed-methods* allgemein den kombinierten Einsatz von qualitativen und quantitativen Forschungsmethoden:

> „Unter Mixed – Methods wird die Kombination und Integration von qualitativen und quantitativen Methoden im Rahmen des gleichen Forschungsprojekts verstanden. Es handelt sich also um eine Forschung, in der die Forschenden im Rahmen von ein- oder mehrphasig angelegten Designs sowohl qualitative als auch quantitative Daten sammeln. Die Integration beider Methodenstränge, d.h. von Daten, Ergebnissen und Schlussfolgerungen, erfolgt je nach Design in der Schlussphase des Forschungsprojektes oder bereits in früheren Projektphasen" (Kuckartz 2014: 33).

In dieser Hauptstudie werden schriftliche Befragung, leitfadenorientierte Interviews und teilnehmende Beobachtung kombiniert. Im Vergleich zu den Forschungsansätzen in der Pilotstudie wird das leitfadenorientierte Interview hierbei angewandt, da ein Interview im Unterschied zu Fragebögen einen tieferen Zugang zu subjektiven Sichtweisen der Studierenden, ihren Bedeutungszuschreibungen sowie den ihren Handlungen zugrunde liegenden Konstruktionen der Welt ermöglichen kann (vgl. Riemer 2014: 110).

Bezüglich der Kategorie *learner role* wird im Kapitel (4.3.7) verdeutlicht, dass die Lernerfahrungen über interkulturelle Kommunikation und der Lernstil in den Unterrichtsprozessen zu berücksichtigen sind. Diese werden durch schriftliche Befragung vor dem Unterricht ermittelt. Allerdings reichen die Daten der schriftlichen Befragung über die Kategorie *learner role* nicht aus. Da die Lernenden während des Unterrichts ihre Kenntnisse über drei Dimensionen der IKK erweitern können, sollte im Unterrichtsgeschehen beim Beantworten der themenbezogenen Fragen folgendes Thema näher erfasst werden: Inwiefern lassen sich die interkulturell bezogenen Kenntnisse modifizieren. Da die aus der Sozialforschung abgeleitete qualitative Forschungsmethode der *Beobachtung* viel stärker als die der Befragung durch einen prozesshaft-aktiven Vorgang gekennzeichnet ist, wähle ich in der Hauptstudie als Ergänzung der durch Befragung erhobenen Daten für die Kategorie *learner role* eine weitere qualitative Forschungsmethode bzw. Beobachtungsmethode aus. Wilfried Laatz (1993: 169) erläutert den Unterschied zwischen diesen beiden qualitativen Forschungsmethoden folgendermaßen:

„viele Gegenstände sozialwissenschaftlicher Forschung sind mehr oder weniger gut sowohl der Untersuchung mittels Befragung als auch mittels Beobachtung zugänglich. Befragungen versuchen durchaus Verhaltensweisen, objektive Bedingungen u.ä. zu erkunden. Subjektives wiederum ist der Befragung nicht immer unmittelbar zugänglich, sondern muss aus den Reaktionen erschlossen werden. Umgekehrt erschließt auch die Beobachtung Subjektives, ermöglicht das Verstehen von Sinn oder das Erschließen von Zielen. Auch bezieht insbesondere die teilnehmende Beobachtung in der Regel Elemente der Befragung methodisch mit ein"

Die Beobachtung wird zunächst in der Sozialforschung als empirische Methode zur Datenerhebung und auch im Bereich Deutsch als Fremd- und Zweitsprache verwendet (vgl. Brede 2014: 137). Atteslander definiert Beobachtung mit den folgenden Worten: „Unter Beobachtung verstehen wir das systematische Erfassen, Festhalten und Deuten sinnlich wahrnehmbaren Verhaltens zum Zeitpunkt seines Geschehens (König 1973; zitiert nach Atteslander 2010: 73). Darüber hinaus unterscheidet Atteslander zwischen alltäglicher Beobachtung und wissenschaftlicher Beobachtung:

„Während alltägliches Beobachten der Orientierung der Akteure in der Welt dient, ist das Ziel der wissenschaftlichen Beobachtung die Beschreibung bzw. Rekonstruktion sozialer Wirklichkeit vor dem Hintergrund einer leitenden Forschungsfrage. Entsprechend verläuft die alltagsweltliche Beobachtung zumeist routiniert und unreflektiert im Rückgriff auf eingespielte Praktiken, wohingegen im Rahmen wissenschaftlicher Beobachtung eigene, systematische Verfahrensweisen entwickelt und aufgrund gültiger ‚Standards' verwendet werden. Die wissenschaftliche Beobachtung unterscheidet sich von der alltäglichen weiterhin durch die Anliegen, soziale Realität durch systematische Wahrnehmungsprozesse zu erfassen und die Ergebnisse der Kontrolle wissenschaftlicher Diskussionen zu unterziehen" (ebd.)

In der sozialen Forschung werden im Allgemeinen vier Beobachtungstypen unterschieden, nämlich:

1. Verdeckte und offene Beobachtung;
2. Teilnehmende und nichtteilnehmende Beobachtung;
3. Strukturierte und unstrukturierte Beobachtung;
4. Selbst- und Fremdbeobachtung (Riemer 2014:138).

Die Hauptstudie führte ich sowohl als Dozentin wie auch als Forscherin durch. Aus diesem Grund liegen die Beobachtungstypen „teilnehmende Beobachtung", „unstrukturierte Beobachtung" und „Selbstbeobachtung" vor.

6.4 Forschungsdesign

Die Teillernziele der interkulturellen kommunikativen Kompetenz verteilen sich auf 10 Unterrichtseinheiten. Nach jeder Unterrichtseinheit soll eine schriftliche Befragung durchgeführt werden. Die quantitativen und qualitativen Daten von jeder Unterrichtseinheit werden einander ergänzend analysiert, d. h. der Mix der quantitativen und qualitativen schriftlichen Befragung findet im Forschungsprozess jeweils in Bezug auf jede einzelne Unterrichtseinheit statt.

6.4.1 Darstellung der Unterrichtseinheiten

Insgesamt wurden 13 Sitzungen unter Berücksichtigung des Rahmenplans der Fremdsprachenuniversität Xi'an geplant, wobei 10 Sitzungen davon für die Hauptstudie relevant waren. Die drei anderen Sitzungen beinhalteten eine Einführung in die Veranstaltung „Interkulturelle Kommunikation", eine Übergangssitzung zur Organisation sowie eine Zusammenfassung der Veranstaltung für den Semesterabschluss. Infolgedessen werde ich zehn Sitzungen mit jeweils zwei Unterrichtseinheiten für die Datenauswertung einbeziehen. Im Folgenden sind diese zehn Sitzungen, in denen die wichtigsten Unterrichtsmaterialien und Unterrichtsaktivitäten aus der Pilotstudie abgeleitet sind, inklusive notwendiger Veränderungen tabellarisch dargestellt (Tabelle 6.1).

Tabelle 6.1 Darstellung der Unterrichtseinheit 1

1	
Ziele	• Sensibilisierung für die eigene und -fremde Wahrnehmung (savoir) • Erweiterung und Bewusstmachung des sozio-kulturellen Orientierungswissens (savoir) • Sensibilisierung für die Kulturbegrifflichkeiten (savoir)
Thema	• Öffentliche Wahrnehmungen von China und Deutschland anhand der Huawei-Studie 2014 zur Kenntnis nehmen • Was ist Kultur?

(Fortsetzung)

Tabelle 6.1 (Fortsetzung)

Unterrichts-input	• Die Ergebnisse der Befragung durch Fragebogen[1] (Frage 2): „Wodurch unterscheidet sich Ihrer Meinung nach das Erlebnis eines Reisenden von dem eines Gastes oder eines Studierenden?" gelten als Input. • Die Ergebnisse der Befragung durch Fragebogen (Frage 8): „Was fällt Ihnen auf? Wenn Sie über Ihr eigenes Land und Deutschland denken?" • Huawei-Studie 2014 – Deutschland und China- Wahrnehmung und Realität (Befragung von jeweils 1300 Personen in China und Deutschland: jeweils 1000 aus der weiteren Bevölkerung, je 200 Wirtschaftsentscheider, je 100 politische Entscheider)[2] • Eisbergmodell von Kultur[3]	Hierbei soll dem lernerorientierten Ansatz gerecht werden, indem die vom Lerner produzierten Texte (die Ergebnisse der Befragung) für den Input verwendet werden.
Sprachliche Mittel	• Grafik beschreiben	
Unterrichtsaktivitäten	• Ordnen Sie die im Text erwähnten Perspektiven der Erlebnisse den Kategorien „Gast, Reisender, Studierender" zu[4]. • Beschreiben Sie die Grafik der Huawei-Studie mithilfe der vorgegebenen Redemittel.	

(Fortsetzung)

[1] Siehe Anhang im elektronischen Zusatzmaterial im elektronischen Zusatzmaterial I „Schriftliche Befragung", S. -1-

[2] Siehe Anhang im elektronischen Zusatzmaterial im elektronischen Zusatzmaterial II, Sitzung 1, S. -20-

[3] Quelle: https://huawei-studie.de/publication/deutschland-und-china-wahrnehmung-und-realitaet-die-huawei-studie-2014/ Grafiken aus Seite 23.

[4] Die Perspektiven in der Literatur sind „Erfahrungen vertiefen, aber Erkenntnisse nicht grundlegend verändern; Erwerb der Chance, zu lernen und sich zu bilden; Kritikfähigkeit erwerben; auf überwiegend wirtschaftliche Konsequenzen abzielen; sich in Bezug auf Verhalten, Glauben und Werte herausfordern und verändern lassen; Kenntnisse erweitern"

Tabelle 6.1 (Fortsetzung)

• Vergleichen Sie Ihre eigenen Wahrnehmungen (Antworten auf die Frage 8) mit denen der Huawei-Studie. Diskutieren Sie in der Gruppe über die Frage (Überraschen Sie die Ergebnisse der Huawei-Studie? Entsprechen manche Assoziationen Ihrer Vorstellung nicht? Warum?). • Tragen Sie die Schlüsselwörter der Assoziationen in das Eisbergmodell ein. • Diskutieren Sie über Kulturbegriffe und die Herkunft des chinesischen Wortes für Kultur mit Ihrem Nachbarn/Ihrer Nachbarin.	

Die TN werden vor dem Kursbeginn durch schriftliche Befragung dazu aufgefordert, ihre Eindrücke von Deutschland zu äußern. Im Unterricht sollen sie erstens die Ergebnisse der HuaWei-Studie mit dem Thema „Deutschland und China – Wahrnehmung und Realität" vergleichen. Dieser Vergleich soll die TN dazu anregen, über eigene Wahrnehmungen von Deutschland zu reflektieren, und zwar in Bezug auf die Aspekte: warum unterscheiden sich meine Deutschlandwahrnehmungen von denen der anderen befragten Chinesen? Zweitens sollen die TN sich die Chinawahrnehmungen der befragten Deutschen anschauen und darüber reflektieren, ob solche Wahrnehmungen auch der Wirklichkeit entsprechen, so wie ich sie erfasse. Die Aufgaben sollen über die dargestellten Wahrnehmungen bzw. Spontanassoziationen hinaus kognitive Operationen bezüglich Analyse und Reflexion der Wahrnehmungen ermöglichen. Im nächsten Schritt soll das Eisbergmodell der Kultur durch die Dozentin vermittelt werden, um für die TN Kultur mit ihren sichtbaren und unsichtbaren Teilen zu veranschaulichen. Dieses Modell kann ihnen nämlich dabei helfen, bei der ersten Aufgabe ihre Analyse zu modifizieren. Um das Eisbergmodell zu vertiefen, sollen die TN die Spontanassoziationen bzw. Wahrnehmungen (Lebensmittel, Bier, Essen, Konflikte, Charaktereigenschaften) dem Eisbergmodell zuordnen (Tabelle 6.2).

Tabelle 6.2 Darstellung der Unterrichtseinheit 2

2		
Ziele	• Bewusstmachung für Selbstwahrnehmung (savoir) • Sensibilisierung für Wahrnehmungsmerkmale (savoir)	
Thema	• Selbstwahrnehmung- Was steckt in meinem Namen? • Was beeinflusst unsere Wahrnehmung?	
Unterrichtsinput	• Gedicht „Jeder Mensch hat einen Namen"[5] • Was kennzeichnet die Wahrnehmung eines Menschen? (drei Beispiele aus Abschnitt 2.2.7)	
Sprachliche Mittel	• Die Wirkung des Gedichtes beschreiben	
Unterrichtsaktivitäten	• Benennen Sie die Farben der Wörter, und lesen Sie nicht die Wörter vor[6]. • Beschreiben Sie das Gemälde und erzählen Sie davon, was Sie damit assoziieren. • Sprechen Sie mit Ihrem Nachbarn/in darüber, was du über deinen Namen weißt; Sprechen Sie über Ihre Beziehung zu Ihrem Wohnort und über Ihre Wünsche, an diesem oder jenem Ort zu leben. • Lesen Sie das Gedicht „Jeder Mensch hat einen Namen" und beantworten Sie die Fragen „Wie wirkt das Gedicht auf dich? Warum? Welche Zeilen sprechen dich besonders an? Warum?"	Diese Übung gilt als Einstieg in die Thematik. Die aufgelisteten Wörter sind Farben (blau, gelb, usw.), wobei die Farben, in denen die Wörter geschrieben wurden, nicht identisch mit den Bedeutungen der jeweiligen Wörter sind.

---

[5] Siehe Anhang im elektronischen Zusatzmaterial II, Sitzung 2, S. -22-
[6] Siehe Anhang im elektronischen Zusatzmaterial II, Sitzung 2, S. -21-

Die TN werden in zwei Gruppen aufgeteilt, und jede Gruppe erhält unterschiedliche Bilder. Eine Gruppe erhält zunächst das Bild[7] (a), auf dem drei Smileys (unzufrieden, mürrisch, fröhlich) von links nach rechts zu sehen sind. Die andere Gruppe erhält das Bild (b), auf dem dieselben drei Smileys von links nach rechts (fröhlich, mürrisch, unzufrieden), aber in unterschiedlicher Anordnung zu sehen sind. Ein Kontext wird von der Dozentin vorgegeben, diese Smileys beziehen sich auf eine Werbung für Kopfschmerztabletten. Eine Gruppe soll die Smileys auf dem Bild von links nach rechts beschreiben, während die andere Gruppe sagen soll, in welchen Ländern man die Bildfolge bei der Werbung für Kopfschmerztabletten von links nach rechts wahrnehmen kann. Danach bekommt eine Gruppe das zweite Bild[8] als Bild (c) und die andere Gruppe das Bild (d) gezeigt. Die Gruppen sollen aussagen, was sie auf dem jeweiligen Bild sehen. Die TN werden zum Reflektieren darüber aufgefordert, warum man dasselbe Bild unterschiedlich wahrnehmen kann (Tabelle 6.3).

Tabelle 6.3 Darstellung der Unterrichtseinheit 3

3	
Ziele	• Hineinversetzen in Befindlichkeiten und Denkweisen der anderen (savoir faire) • Bewusstwerdung in Bezug auf die eigene Identität (savoir); Wissen, dass die eigene kulturelle Identität komplex sein kann (im Blick auf die persönliche, familiäre, nationale Geschichte) (savoir). • Wissen, dass Identität nicht eindimensional ist, sondern dass es sich hierbei um vielschichtige Konstrukte handelt (savoir). • Wissen, dass man eine plurale zusammengesetzte Identität besitzen kann (savoir).
Thema	• Fremdwahrnehmung-Bildgeschichte „der Bär, der keiner war" • Bildgeschichte „der Bär, der keiner war" • Identität: Wer bin ich?

(Fortsetzung)

[7] Siehe Anhang im elektronischen Zusatzmaterial II, Sitzung 2, S. -22-
[8] Siehe Anhang im elektronischen Zusatzmaterial II, Sitzung 2, S. -23-

Tabelle 6.3 (Fortsetzung)

Unterrichtsinput	• Bildgeschichte „der Bär, der keiner war"[9] • Kulturmagazin über das Thema „Identität"[10] • Text über Identitätsbegriffe aus fünf Perspektiven[11] (von Juristen bzw. Psychologen, Philosophen usw.) • Text über Sich-Verkleiden mit Charakter-Cosplay und Mittelalter • Personenpuzzle[12]	
Sprachliche Mittel	• Redemittel zum Diskutieren „wie und womit man sich identifiziert"	
Unterrichtsaktivitäten	• Lesen Sie den Text „der Bär, der keiner war" und erledigen Sie Aufgaben.[13] • Ein Kulturmagazin hat sich mit dem Thema Identität beschäftigt und an seine Leserinnen und Leser die Frage gestellt: Wer bin ich? Lesen Sie dazu die Antworten von vier Personen und diskutieren Sie zu zweit, wie und womit sich die Leute identifizieren. • Zeichnen Sie Ihr Selbstbild. Tauschen Sie Ihr Bild mit Ihrem Nachbarn und sprechen Sie darüber, womit sich Ihr Nachbar identifiziert. • Lesen Sie den Ihnen zugeteilten Text und tragen Sie mit Ihren eigenen Worten in die Tabelle ein, wie Sie in Ihrem Text den Identitätsbegriff verstehen.	Studierende teilen sich in fünf Gruppen auf. Jede Gruppe bekommt einen Text über Identitätsbegriff.

(Fortsetzung)

---

[9] Quelle: Konfrontationen Heft 1 - Identität: S. 28.

[10] Quelle: Studio *Die Mittelstufe C1* S. 26.

[11] Quelle: Studio *Die Mittelstufe C1* S. 28.

[12] Quelle: „Mitreden Diskursive Landeskunde für Deutsch als Fremd- und Zweitsprache" S. 44.

[13] Wie sieht der Bär aus? (In der Fabrik, vor den Managern, bei den Zoobären, bei den Zirkusbären, bei der Arbeit, im Schnee)? Hat er sich jeweils verändert?
Wie sehen die Manager aus? Wie sehen die Zoo- und Zirkusbären aus?
Was könnte der Bär in folgenden Situationen denken und fühlen? Schreibt einen inneren Monolog des Bären, in dem er überlegt, warum ihn die Einzelnen nicht als Bären anerkennen wollen. (Jeder wählt zwei Situationen aus und schreibt den inneren Monolog in die Sprechblasen).
Suchen Sie eine Stelle in der Geschichte aus, an der Sie sie unterbrechen würden, und schreiben Sie sie aus Ihrer eigenen Sicht weiter und verfassen Sie eine sinnvolle Fortsetzung und ein Ende der Geschichte!

Tabelle 6.3 (Fortsetzung)

	• Ordnen Sie den Titel der passenden Sichtweise auf Identität zu. • Personenpuzzle: Mischen Sie die Karten und legen Sie sie mit dem Bild nach oben aus. Was sehen Sie? Welche Karten passen zusammen, welche nicht? Suchen Sie jeweils vier zusammengehörige Karten (Person, Symbol, Wort und Satz); Schauen Sie sich die Personen auf den Karten noch einmal an. Mit welcher der Person können Sie sich identifizieren? Gibt es vielleicht auch mehrere Personen?	

Die Aufgabe umfasst vier Übungen. Die TN lesen erstens den Text der Bildergeschichte „Der Bär, der keiner war" durch. Zweitens sollen sie in dieser Geschichte herausfinden, wie der Bär in der Fabrik, vor den Managern, bei den Zoobären, bei den Zirkusbären, bei der Arbeit, im Schnee aussieht bzw. ob der Bär sich jeweils verändert? Hierbei machen sich die TN die Befindlichkeit des Bären in der jeweiligen Situation bewusst. In der dritten Übung wählen die TN zwei Situationen aus und schreiben die inneren Monologe des Bären, nämlich was der Bär in der jeweiligen Situation denkt und fühlt? Mit dieser Übung sollen die TN sich in die Denkweisen des Bären hineinversetzen. Mit der vierten Übung suchen die TN eine Stelle in der Geschichte aus, an der sie sie unterbrechen würden, um sie aus ihrer eigenen Sicht weiterzuschreiben und eine sinnvolle Fortsetzung bzw. ein Ende der Geschichte zu ersinnen.

Zum Thema Identität sollen die TN die Antworten auf die Frage „wer bin ich?" lesen, die in Interviews mit vier Leuten erhoben wurden; Des Weiteren diskutieren sie zu zweit darüber, wie und womit sich die Leute identifizieren. Durch diese Aufgabe werden die TN dazu aufgefordert, die Merkmale der befragten Leute zu erkennen, durch die sie gekennzeichnet sind. Die TN sollen dadurch lernen, dass sich Leute mit verschiedenen Hintergründen unterschiedlich identifizieren (Kriegskind aus Iran; soziale Rollen; Eigenschaften usw.). Anschließend sollen die TN ihr jeweiliges Selbstbild zeichnen und zwar unter folgender Aufgabenstellung: Zeichnen Sie ein Bild für sich selbst, stellen Sie sich selbst dar und beschreiben Sie, was Sie selbst ausmacht, z. B. Ihre Interessen, Talente, Charaktereigenschaften sowie Gruppenzugehörigkeiten (Schule, Klasse, Freundeskreis). Sie stehen im Zentrum des Bildes, schreiben Sie in einen inneren Kreis hinein, wie Sie sich selbst sehen! In einem äußeren Kreis können Sie beschreiben, wie andere Sie sehen und welche Eigenschaften sie Ihnen zuordnen. Sodann sollen die TN ihr eigenes Bild mit ihrem jeweiligen Nachbarn tauschen und darüber sprechen, womit sich ihr Nachbar identifiziert. In dieser Sitzung bezieht sich eine weitere Aufgabe darauf, dass die TN durch vier Texte Identitäten in Bezug auf ihre Komplexität kennenlernen. Prozessorientierte Aktivitäten erfolgen durch Zusammenfassung der Textverständnisse und Zuordnung der Sichtweisen. Handlungsorientierte Aktivitäten lassen sich im Spiel des Personenpuzzles initiieren, indem die TN jeweils vier Spielkarten aussuchen, die aus Person, Symbol, Wort und Satz zusammengesetzt sind. In einem nächsten Schritt sollen die Zuordnungen erweitert werden (z. B. können auch Bankangestellte schwarz gekleidet sein bzw. Fußball-Fans können Computerfreaks sein).

Hierbei soll diese Frage „Gibt es Symbole, Wörter oder Sätze, die auch zu anderen Personen passen? Ordnen Sie die Karte neu!" behandelt werden, um einen Lernprozess zu initiieren. Hier soll verdeutlicht werden, dass „Identitäten nicht eindimensional sind, sondern dass es sich oft um vielschichtige Konstrukte handelt und man individuell entscheidet, welche Kategorie(n) man nach außen zeigt oder nicht. Anschließend soll die Aufgabe „Schauen Sie sich die Personen auf den Karten noch einmal an. Mit welcher der Personen können Sie sich identifizieren? Gibt es vielleicht auch mehrere Personen?" die TN von der Ebene der Zuordnungen und Beschreibung hin zu Identifikation und Identität führen. Hierbei wird den TN auch die Möglichkeit gegeben, dass sie sich mit einer oder mehreren Personen aus dem Puzzle identifizieren (Tabelle 6.4).

Tabelle 6.4 Darstellung der Unterrichtseinheit 4

4	• Wissen, dass Sprachen aus Zeichen bestehen, die ein semiotisches System bilden (savoir).	
Ziele	• Wissen, dass kommunikative Kompetenz im Allgemeinen auf impliziten kulturellen und sozialen Kenntnissen basiert (savoir).	
	• Wissen, dass man wie der Gesprächspartner beim Kommunizieren über implizites und explizites Wissen verfügt (savoir).	
Thema	• Sprache und Kommunikation	

(Fortsetzung)

Tabelle 6.4 (Fortsetzung)

Unterrichtsinput	• Schriftliche Befragung – Frage 7 (Was verstehen Sie darunter? „ich beherrsche Deutsch schon") • Interview mit einer Kommunikationswissenschaftlerin[14] • Video „Gesten verstehen-von Frankreich bis China"	Diese Frage wurde im Fragebogen vor dem Kurs gestellt. Die Antworten der TN sollen als Unterrichtsinput verwendet werden.
Sprachliche Mittel	• Redemittel zur Beschreibung der Wirkungen des Experimentes. • Redemittel zum Kommentieren einer Aussage.	
Unterrichtsaktivitäten	• Ordnen Sie die Überschriften den Bildern in learning Apps zu[15] und sprechen Sie darüber „welche Aspekte von Sprache und Kommunikation werden gezeigt? Welches Thema interessiert dich besonders? Wähle aus und begründe!" • Berichten Sie Ihrem Partner und Ihrer Partnerin, was Sie gestern getan haben, ohne Unterstützung durch Körpersprache, Mimik und Gestik; Nutzen Sie nur Mimik, Gestik und Körpersprache und zeigen Sie Ihrem Partner/ Ihrer Partnerin, was Sie gestern getan haben, ohne zu sprechen. • Diskutieren Sie über die Fragen (Gelten Sprache, Kommunikation, Sprechen als Synonyme? Haben Tiere auch eine Sprache?)	

(Fortsetzung)

---

[14] Quelle: Studio *Die Mittelstufe C1* S. 123.
[15] Ordnen Sie die Überschriften den Bildern zu.

a Kommunikation durch Tanz   b Alphabetisierung: lesen und schreiben lernen
c Original und Übersetzung   d Logopädin bei der Arbeit
e Sprachverwandtschaften   f meine Semmel ist deine

Tabelle 6.4 (Fortsetzung)

• Hören Sie ein Interview mit einer Kommunikationswissenschaftlerin und antworten Sie auf die Frage „Welche Themen aus der Zuordnungsaufgabe in learning Apps werden im Interview angesprochen?"; Hören Sie noch einmal das Interview und kreuzen Sie an, welchen Aussagen würde die Interviewte zustimmen? • Ordnen Sie die Nummern[16] (mögliche Bedeutung der Gesten) den Buchstaben der Gesten zu; Sprechen Sie darüber „Was könnten diese Gesten in einem anderen kulturellen Kontext noch bedeuten? Welche positiven, negativen und kommunikativen Gesten gibt es in China?" • Schauen Sie sich das Video an „Gesten verstehen-von Frankreich bis China" an und beantworten Sie die Fragen „Haben Sie sich Gedanken über die Bedeutung und Wirkung von Gesten gemacht? Haben Sie schon einmal erlebt, dass es wegen einer Geste zu einem Missverständnis kam?" • Lesen Sie einen Text über „die Grammatik der Gesten"[17]

In dieser Sitzung werden zwei Aufgabenstellungen mit interkulturellen Lernprozessen erstellt: mit der ersten Aufgabe sollen die TN durch die in der Tabelle aufgelisteten Aktivitäten Begrifflichkeiten von Sprache, Sprechen und Kommunikation kennenlernen. Wichtig ist es, dass die TN Kommunikation als eine soziale Handlung und Sprache als Zeichensystem verstehen. Da Kommunikation im Austausch, in der Interaktion stattfindet, tauschen sich die Gesprächspartner verbal durch sprachliche Zeichen und nonverbal durch Gestik oder Mimik aus. In dieser Sitzung wird eine Aufgabe zum interkulturellen Lernen in Bezug auf den Aspekt Gesten erstellt; Die TN sollen bestimmte Gesten unterschiedlicher Länder kennenlernen und sich die Bedeutung der Gesten bzw. die mit den Gesten repräsentierten emotionalen Informationen bewusst machen (Tabelle 6.5).

---

[16] Siehe Anhang im elektronischen Zusatzmaterial II, Sitzung 4, S. -23-
[17] Quelle: Studio Die Mittelstufe Deutsch als Fremdsprache Übungsbuch C1, S. 121.

Tabelle 6.5 Darstellung der Unterrichtseinheit 5

5	
Ziele	• Sensibilisierung für die Vielfalt der Begrüßungsformen und Förderung des Bewusstseins für die Begrüßungsformen (savoir; savoir être) • Erkennen des höflichen Verhaltens in den Alltagssituationen und Vergleichen mit den Deutschen (savoir faire)
Thema	• Was ist Höflichkeit? • Wie begrüßt man sich?
Unterrichtsin-put	• Ergebnisse von Fragebogen 10 (Welches/ welche der folgenden Dinge könnten Ihrer Meinung nach Gründe sein für interkulturelle Missverständnisse? A Pünktlichkeit B Höflichkeit C Kommunikation) • Begriffserklärung: was ist Höflichkeit? 1. Chinesische und deutsche Wörterkunft 2. Mannheimer Korpus • Bilder[18]: Wie begrüßt man sich? Wo begrüßt man sich so? • Video: Begrüßungsrituale weltweit • Text: wie die Welt verhandelt?

(Fortsetzung)

[18] Quelle: Studienweg Deutsch Band 2, Lektion 11 „Da lob ich mir die Höflichkeit", S. 231.

Tabelle 6.5 (Fortsetzung)

Sprachliche Mittel	
Unterrichts-aktivitäten	• Schreiben Sie in Padlet auf, was Sie mit dem Begriff Höflichkeit verbinden. • Arbeiten Sie zu Dritt, Jeder beschreibt ein Bild und spricht darüber, wie und wo man sich so begrüßt. • Diskutieren Sie zunächst, wie stark man die Hände schüttelt. Schauen Sie sich dann das Video „Begrüßungsrituale weltweit" an und notieren Sie, wo man sich wie in der Klammer erwähnt (1. Der Händedruck mit Blickkontakt; 2. Küsschen links und rechts; 3. Nur verbale Begrüßung; 4. Der Handkuss; 5. Das Kopfnicken; 6. Das Verbeugen; 7. Exotische Grußformen) begrüßt. • Kreuzen Sie auf Padlet an, welches Verhalten Sie in folgenden Szenen für höflich halten: 1. Vorstellen 2. Einladung zum Essen 3. Verhalten beim Essen 4. Im Kino 5. Essen im Restaurant mit Freunden 6. Umgangsformen: duzen oder Siezen?; Vergleichen Sie Ihre Ankreuzungen mit den Antworten einer Muttersprachlerin vergleichen. • Hören Sie und Vergleichen, was klingt höflicher? • Lesen Sie einen Text zum Thema „wie die Welt verhandelt"[19] und ergänzen Sie das Verhalten der Schweizer im Geschäftskontakt in Bezug auf Höflichkeit, Aufforderungen, Standpunkte. • Diskutieren Sie zu zweit darüber, „welche Rolle spielt Höflichkeit in der Gesellschaft? Was braucht man, um von ‚Höflich zur Höflichkeit' zu gelangen"	• KL erklären nach der ersten Aktivität die Wortherkunft von Höflichkeit sowohl in der chinesischen als auch in der deutschen Kultur; hierbei sollen die Unterschiede der Höflichkeitskonzepte explizit gemacht werden: Die Stichwörter wie Bescheidenheit, Harmonie, Aufrichtigkeit gelten als Höflichkeit in der chinesischen Sprache, im Unterschied dazu werden Aufmerksamkeit gegenüber anderen, angemessene soziale Distanz, höfliche Umgangsformen in der deutschen Sprache in den Fokus gerückt. • KL stellt nach der dritten Aktivität zwei typische Grußformeln (Hast du heute gegessen [in China]? Wie geht's?[in Deutschland]) und deren kulturelle Hintergründe vor.

---

[19] Siehe Anhang im elektronischen Zusatzmaterial II, Sitzung 5, S. -24-

Die Aufgabe soll eine interkulturelle Operation ermöglichen, indem die TN in den vorgegebenen Alltagssituationen „höfliches Verhalten" in Padlet ankreuzen, und dieses mit den Ankreuzungen einer deutschen Teilnehmerin vergleichen und zur Analyse angeregt werden (Tabelle 6.6).

Tabelle 6.6 Darstellung der Unterrichtseinheit 6

6 Ziele	• Bewusstmachung für angemessene Distanz zwischen den Gesprächspartner (savoir) • Analysieren der Missverständnisse anhand von vier-Ohren-Modell (savoir) • Hineinversetzen in die Denkweisen der fremdkulturellen Partner (savoir faire) • Bereitschaft, sich in Situationen des Alltagslebens angemessen zu verhalten (savoir faire)	
Thema	• Distanz zwischen Gesprächspartnern bei der interkulturellen Begegnung	
Unterrichtsin-put	• Alexander Groth: Vorlesung „interkulturelle Kommunikation" an der Fakultät für Betriebswirtschaftslehre der Universität Mannheim[20]. • Ein Beispiel für Distanz der Gesprächspartner als Herausforderung in interkultureller Begegnung[21] • Text: Privatsphäre: Wie nah darf es sein?[22] • Das 4- Ohren- Modell der Kommunikation (Schulz von Thun 1944)[23]	
Sprachliche Mittel	• Redemittel zum Debattieren	

(Fortsetzung)

[20] Quelle: *Sicher! Deutsch als Fremdsprache (S. 81)*.
[21] Das Beispiel stammt aus dem Buch *„Basics interkultureller Kommunikation: Bausteine für die Entwicklung interkultureller Kompetenz"* von Jürgen Schmidt (2017).
[22] Quelle: https://www.dw.com/de/privatsphäre-wie-nah-darf-es-sein/a-16379072.
[23] Siehe Anhang im elektronischen Zusatzmaterial II, Sitzung 6, S. -25-

Tabelle 6.6 (Fortsetzung)

Unterrichtsak- tivitäten	• Schauen Sie sich die Videoausschnitte an und beantworten Sie die Frage „was sagt Alexander Groth über die Distanz zwischen Argentiniern und Deutschen?" • Sehen Sie sich einen Ausschnitt aus einer Vorlesung an. Arbeiten Sie zu Dritt. Jede/r in der Gruppe konzentriert sich auf eines der folgenden Beispiele und die Interpretation des Dozenten, die sie/ er anschließend in der Gruppe so detailliert wie möglich in eigenen Worten wiedergibt. (Beispiel 1: Distanz zwischen Argentinier und Deutschen; Beispiel 2: Hände halten mit Indern; Beispiel 3: Händedruck mit Briten) • Besprechen Sie die Frage: „Haben Sie mal erlebt, wegen unpassender Distanz mit Ihrem Gesprächspartner ins Fettnäpfchen getreten zu sein?" • Lesen Sie den Text „Privatsphäre: wie nah darf es sein?" und fassen Sie zusammen „wie sehen die Bedürfnisse nach der Privatsphäre eines Menschen in westlichen Kulturen, in den USA, Mexiko aus" • Debattieren Sie: „Wie viel Privatsphäre man hat, hängt auch davon ab, wie viel Raum und somit Reichtum man hat" • Diskutieren Sie mit Ihrem Partner/in über die Frage (im Fragebogen 19) • Hören Sie den ersten Abschnitt des Vortrags und ergänzen Sie Stichpunkte (1. Wenn Deutsche „Ja" sagen, ____ 2. In Asien_____); Hören Sie den zweiten Abschnitt und ergänzen Sie die beiden Standpunkte in eigenen Worten (1. Der deutsche Chef denkt:____ 2. Die chinesische Mitarbeiterin denkt:____); Hören Sie den dritten Abschnitt, kreuzen Sie an, was für diese Gesellschaften wichtiger ist? (individualistische Gesellschaften ☐ Beziehung ☐ Sache; kollektivistische Gesellschaften ☐ Beziehung ☐ Sache)	In der Aktivität 6 wurde die Frage in der schriftlichen Befragung vor dem Kurs gestellt. Im Unterricht soll von der Dozentin beobachtet werden, ob die TN ihre Kenntnisse verändert haben. KL veranschaulicht das 4 Ohren Modell der Kommunikation mit Beispielen veranschaulichen

In dieser Sitzung sollen die Aufgaben dazu beitragen, dass die TN mit konkreten Beispielen im Text die Menschen aus verschiedenen Ländern mit ihren unterschiedlichen Bedürfnissen nach Privatsphäre kennenlernen und erfahren, dass Distanz zwischen Gesprächspartnern kulturell bedingt ist. Hierbei werden die TN dazu aufgefordert, dass sie über ihre Erfahrungen mit den aufgrund der unangemessenen Distanz zwischen Gesprächspartnern aufgetretenen schwierigen Situationen bei der Kommunikation erzählen. Im nächsten Schritt sollen die TN mit der Aktivität „Debattieren" die Thematik des Verhältnisses zwischen Privatsphäre und Raum und Reichtum bezüglich der kulturellen Unterschiede – Kontaktkultur und nicht Kontaktkultur; Individualismus und Kollektivismus tiefer verstehen. Eine weitere Aufgabe zum interkulturellen Lernen bezieht sich darauf, dass die TN wieder auf das Szenario[24] zurückgreifen und im nächsten Schritt einen Vortrag in mehreren Schritten hören sowie mit ihren eigenen Antworten mit Bezug auf diese Szene vergleichen (Tabelle 6.7).

Tabelle 6.7 Darstellung der Unterrichtseinheit 7

7 Ziele	• Wissen, meine Kenntnisse über andere Länder sind teilweise durch Medien erworben, aber solche Kenntnisse sind meistens nicht identisch mit der Wirklichkeit der anderen Länder (savoir). • Bewusstmachung des Einflusses der chinesischen Medien auf die TN (savoir)	
Thema	Medien und ihre Funktion	
Unterrichtsinput	• Fragebogen „Mein Online – Profil"[25] • Text über Beschleunigung des Lebenstempos durch digitale Medien	

(Fortsetzung)

---

[24] In einer deutschen Firma hat ein deutscher Chef einem chinesischen Mitarbeiter eine Aufgabe zugeteilt, und er fragt ihn, ob er die Aufgabe bis zum nächsten Tag erledigen kann. Er sagt „ja", aber tatsächlich hat er die Aufgabe am folgenden Tag nicht erledigt. Der Chef ärgert sich. Welche Gründe könnten für den Chef ursächlich sein? Welche Gründe könnten für den chinesischen Mitarbeiter ursächlich sein?

[25] Siehe Anhang im elektronischen Zusatzmaterial II, Sitzung 7, S. -23-, -24-

Tabelle 6.7 (Fortsetzung)

Sprachliche Mittel		
Unterrichtsaktivitäten	• Listen Sie chinesische und deutsche Hautprintmedien und digitale Medien auf Padlet auf. • Diskutieren Sie in der Gruppe über die Frage: „welche Funktionen von Medien gibt es?" • Füllen Sie den Fragebogen aus „Mein Online – Profil" • Übertragen Sie die Tabelle[26] drei Mal (1. Für dich als Mediennutzer; 2. Für andere Mediennutzer; 3. Für Gesellschaft insgesamt); Kreuzen Sie in jeder Tabelle an, wie viel Einfluss die Bespiele A-F[27] deiner Meinung nach haben: viel Einfluss (+ +); wenig Einfluss (+); weiß nicht (o); kaum Einfluss (-); gar kein Einfluss (–).	KL erklärt die Wortherkunft und Bedeutung von Medien. KL verdeutlicht anhand von zwei Bildern aus dem Alltag die These „digitale Medien sind niemals bloße neutrale Vermittler einer vorgegebenen Realität, sondern durch sie wird ‚Wirklichkeit' stets geformt". KL erklärt die fünf Tipps als Antworten auf die Frage: „Wie informiere ich mich online?", 1. skeptisch bleiben 2. das Impressum prüfen 3. den Autor finden 4. den Inhalt prüfen 5. mehrere Quellen nutzen.

Die TN werden sich die Nutzung der Medien im Alltag bezüglich der drei Ebenen (Wissen; Einstellung; Handlung) bewusst machen, indem sie aus drei Perspektiven (sie selbst als Mediennutzer; andere Mediennutzer; Gesellschaft) den Einfluss der chinesischen Hauptmedien in eine Tabelle eintragen. Diese Aufgabe soll zur Reflexion über die Funktion der Medien und zur Bewusstmachung darüber dienen, dass die Kenntnisse über andere Länder teilweise durch Medien erfahren werden (Tabelle 6.8).

Die TN sollen sich durch Aufgaben (die vorgegebenen Begriffe zeichnen und Zeichnungen mit denen der anderen vergleichen) stereotypisierter Eindrücke bewusst werden. Hierbei werden die TN zum Nachdenken über die Entstehung und Wirkung solcher Eindrücke angeregt. Im nächsten Schritt werden die TN

---

[26] Siehe Anhang im elektronischen Zusatzmaterial II, Sitzung 7, S. -24-

[27] Die hier aufgelisteten chinesischen Medien sind: A 百度百科 (baidu search) B 人民日报/新华网 (Volkszeitung/Xinhua Webseite) C 微信圈 (wechat – Momente) D 抖音 (douyin) E 青年文摘 (Jugendzeitung) F 三联生活周刊(sanlian wöchentliche Lebenszeitung).

Tabelle 6.8 Darstellung der Unterrichtseinheit 8

8	
Ziele	• Bewusstmachung für eigene stereotypisierte Eindrücke (savoir) • Reflektion über die Entstehung der Stereotype (savoir) • Bereitschaft, auf stereotypisierte Eindrücke und Vorurteile im Alltagsleben zu achten (savoir être)
Thema	• Stereotype • Vorurteile
Unterrichtsinput	• Klassenvideo; Text: die Kultur der Menschen auf Albatros • Wahrnehmungsrad (nach König/ Schattenhofer 2007) • Kurzfilm: Schwarzfahrer
Sprachliche Mittel	Wortschatzerklärung des Textes
Unterrichtsaktivitäten	• Zeichnen Sie den Begriff (Auto, Hund, Hip Hop-Fan; Deutschen), und erklären Sie, was Sie darunter verstehen; Vergleichen Sie in der Gruppe Ihre Zeichnungen, diskutieren Sie die folgenden Fragen: „Was fällt Ihnen bei Ihren Zeichnungen auf? Warum haben Sie die Begriffe so dargestellt? Sehen alle Autos, Deutsche so aus? Schauen Sie sich Ihre Zeichnungen zu den beiden letzten Begriffen (Hip Hop-Fan und Deutsche) noch einmal an. Was bringen Sie mit diesen Darstellungen in Verbindung?" • Schauen Sie sich ein Klassenvideo an und notieren Sie in einer Tabelle Stichwörter darüber, wie sich die Frau und der Man im Video verhalten. Tragen Sie auch Ihre Interpretation zu dem Verhalten in die Tabelle ein; Lesen Sie den Text „Die Kultur der Menschen auf Albatros"[28]. • Diskutieren Sie in der Gruppe über die Fragen: „woran liegt es, dass Missverständnisse aufgetreten sind? Haben Sie selbst schon einmal Erfahrungen dieser Art im Alltag gemacht?" • Überlegen Sie sich, was diese zwei Begriffe (Schwarzfahrer; schwarzfahren) bedeuten?; Arbeiten Sie in der Gruppe zu Viert und konstruieren Sie eine Geschichte anhand der Bilder[29]; Schauen Sie sich einen Kurzfilm mit dem Titel „Schwarzfahrer" an und vergleichen Sie ihn mit Ihrer Geschichte.

dazu aufgefordert, das im Video dargestellte Verhalten zu interpretieren. Dieses Video präsentiert das Verhalten der Frauen (die Füße der anderen am Boden positionieren; mit einer Schüssel Erdnüsse den Mann bedienen; hinter dem Mann laufen; Niederknien usw.) und das Verhalten der Männer (währen die Frauen auf

---

[28] Siehe Anhang im elektronischen Zusatzmaterial II, Sitzung 8, S. -25-
[29] Siehe Anhang im elektronischen Zusatzmaterial II, Sitzung 8, S. -25-

dem Boden sitzen, sitzen die Männer auf dem Stuhl und lassen sich von den niederknienden Frauen bedienen usw.). Dazu würden die TN aufgrund ihrer eigenen Erfahrungen mit Frauendiskriminierung Interpretationen mit Bezug auf Männerdominanz liefern. Danach sollen die TN den Text über die im Video präsentierte Kultur lesen. Im Text wird das Verhalten der Männer und Frauen aus der Sicht der Kultur der Insel dargestellt und kann zum Widerspruch zur Interpretation der TN führen. Im nächsten Schritt sollen die TN zur Analyse der Missverständnisse und zum Äußern ihrer eigenen Erfahrungen angeleitet werden. Die Vorkenntnisse der TN sollen vor dem Anschauen des Kurzfilms durch die Aufgabe (anhand von Bildern aus dem Film eine Geschichte konstruieren) aktiviert werden. Im nächsten Schritt sollen die TN durch das Vergleichen ihrer konstruierten Geschichte mit dem Film zur Erkenntnis der Wirkung von Diskriminierung gelangen (Tabelle 6.9).

Tabelle 6.9 Darstellung der Unterrichtseinheit 9

9 Ziele	• Training der Sprachmittlungsfertigkeiten (savoir faire) • Sensibilisierung für einen interkulturell bedeutsamen Wortschatz (savoir, savoir faire)	
Thema	• Mündliche Sprachmittlung zum Thema Essen und Trinken, Reisen, kulturelle Veranstaltung	
Unterrichtsinput	• Deutschsprachige Speisekarte mit kulturell spezifischen Speisen und Getränken • Chinesische Kalligrafie	
Sprachliche Mittel	• Worterklärungen des Wortschatzes zu Speisen und Getränken	KL erklärt, was Sprachmittlung sei. KL veranschaulicht diese Kompetenz mit einer grafischen Darstellung[30]

(Fortsetzung)

[30] Siehe Anhang im elektronischen Zusatzmaterial II, Sitzung 9, S. -26-

Tabelle 6.9 (Fortsetzung)

| Unterrichtsakti-vitäten | • Rollenspielen – Situation 1: du bist Mitarbeiter(in) in einer chinesisch-deutschen Firma. Dein chinesischer Chef lädt deutsche Geschäftspartner zum Essen ein. Dein Chef erklärt die Speisekarte auf Chinesisch. Du sollst es auf Deutsch sprachmitteln.
• Rollenspielen – Situation 2: Du machst eine Reise in Deutschland. Du isst in einem deutschen Restaurant. Ein chinesischer Gast möchte etwas bestellen und fragt nach, was auf der Speisekarte steht. Der Kellner erklärt auf Deutsch und bittet dich um Hilfe, die Speise auf Chinesisch sprachzumitteln.
• Rollenspielen- Situation 3: Du besuchst einen Sommerkurs in Deutschland. Du möchtest deinen ausländischen Mitschülern chinesische Kalligrafie (寒来暑往) vorstellen. Erkläre die chinesischen Schriftzeichen auf Deutsch.
• Rollenspielen – Situation 4: Du bist Reiseleiter und empfängst eine deutsche Reisegruppe. Ihr besichtigt die große Wildgans-Pagode in Xi'an. Die Gruppe interessiert sich für die Statue des Mönches Xuan Zang. Du möchtest der Gruppe auch kurz die Geschichte „die Reise nach Westen" vorstellen.
• Schauen Sie ein Interview mit Eva Lüdi Kong[31] und beantworten die Fragen: „Was bedeutet für Eva Lüdi Kong ‚Übersetzung'? Oder wie kann man nach ihrer Meinung mit dem Übersetzen anfangen? Wie hat sie sich auf die Übersetzung von ‚Die Reise nach Westen' vorbereitet? Was sagt sie über Wortwörtlichkeit von Übersetzung?"
• Diskutieren Sie über die Frage: „Was braucht man für erfolgreiches Sprachmitteln?" | Die TN werden in vier Gruppen aufgeteilt |

[31] https://page.om.qq.com/page/OkSKdV-Y4sBAX6XZz6jI9trw0.

Die TN werden mit den Situationen der einzelnen Szenarien konfrontiert, nämlich kulturspezifische chinesische und deutsche Speisekarten zu vermitteln. Hierbei werden sie sich für eigene kulturelle spezifische Bedeutungen sensibilisieren und sich in die Perspektive der anderen und deren kulturelle Eigenarten hineinversetzen. In der Szene müssen die TN sich dafür entscheiden, welche Vokabeln auf der Speisekarte zu sprachmitteln sind. In der nächsten Aufgabe sollen sich die TN ein Interview mit Eva Lüdi Kong anschauen. Sie hat den chinesischen Klassiker mit dem Titel „die Reise nach Westen" übersetzt. Beim Interview hat sie aus ihren Übersetzungserfahrungen erzählt, z. B. wie man „寒来暑往" übersetzt[32]. Die TN sollen ihre eigene Übersetzung mit der literarischen Übertragung vergleichen (Tabelle 6.10).

Tabelle 6.10 Darstellung der Unterrichtseinheit 10

10		
Ziele	• Erkennen der interkulturellen Missverständnisse im Alltag (savoir) • Erwerben der Strategien zur Lösung der interkulturellen Missverständnisse (savoir) • Hineinsetzen in die Perspektiven der anderen (savoir être)	
Thema	• interkulturelle Missverständnisse im Alltag • Umgang mit Konflikten	
Unterrichtsinput	• Text zum Thema interkulturelle Missverständnisse im Alltag	
Sprachliche Mittel		

(Fortsetzung)

---

[32] Im Deutschen punktuelles Denken, das eine ist weg, das andere ist da. Im Chinesischen, ein zyklisches Denken.

Tabelle 6.10 (Fortsetzung)

Unterrichtsak-tivitäten	• Lesen Sie den Text durch und tragen Sie die Informationen über Ritual in den anderen Ländern und in meinem Heimatland in den Text ein, und zwar in Bezug auf fünf Situationen (1. Termin; 2. Geschenke auf Arbeit annehmen; 3.Teures Geschenk für Geburtstag; 4. Telefonieren; 5. Kompliment beim Bewerbungsgespräch machen) • „Wie könnte man über Probleme sprechen? Wie könnte man Probleme lösen?" machen Sie zuerst Notizen zu Ihrer Position, dann zur Gegen-Position: Versetzen Sie sich dabei in die Situation der anderen. Schlagen Sie dann mögliche Lösungen vor. • „Tipps zur Konfliktlösung"[33]: Verbinden Sie die Satzteile.	Die TN werden in zwei Gruppen aufgeteilt. Jede Gruppe bekommt ein Szenario. Szenario 1: Sie sind mit einem deutschen Mann/ deutscher Frau verheiratet. Es ist Feiertag und Sie wollen den Tag schön verbringen. In China ist es ganz normal, dass man an solchen Tagen die Familie besucht. Ihr Partner/ Ihre Partnerin findet es aber nicht gut, den ganzen Tag mit Ihrer Familie zu verbringen. Szenario 2: Sie möchten in eine andere Wohnung umziehen. Ihr Vermieter vermietet Ihre Wohnung weiter; Es kommen Interessenten, die die Wohnung besichtigen wollen. Sie möchten als aktuelle Bewohner, dass die Interessenten ihre Schuhe ausziehen. Eine Frau möchte nicht in einer fremden Wohnung ihre Schuhe ausziehen.

Die Aufgabe in dieser Sitzung fordert die TN dazu auf, dass sie das Ritual in den Szenarien (Termin; Geschenke auf Arbeit annehmen; teures Geschenk für Geburtstag; Telefonieren; Komplimente beim Bewerbungsgespräch machen) vom deutschen Kontext her mit dem chinesischen Kontext vergleichen. Mit der weiteren Aufgabe sollen die TN Strategien zur Konfliktlösung trainieren, indem sie sich in den vorgegebenen Situationen zunächst ihrer Position bewusst machen und dann sich in die Position der anderen hineinversetzen.

6.4.2   Reflexionsbogen als schriftliche Befragung

Ein Reflexionsbogen kam in der Pilotstudie zum Einsatz und erwies sich als ein sinnvolles Instrument, um einerseits Feedbacks von den Studierenden zu erhalten und andererseits, um die Studierenden zur Selbstreflexion über die Unterrichtseinheiten anzuregen. Da die Konstruktion des Reflexionsbogens im Kapitel (5.4.2)

---

[33] Quelle: 100 Stunden Deutschland Orientierungskurs Politik-Geschichte-Kultur.

bereits ausgeführt wurde, unterbleibt eine Erläuterung in der Hauptstudie. Erwähnenswert ist an dieser Stelle, dass das zu bewertende Item in Bezug auf das Verständnis des Unterrichtsinputs im Reflexionsbogen abgeändert wird, indem das Verständnis des Inputs zwischen der einschlägigen Theorie über interkulturelle Kommunikation und ihrer praktischen Anwendung verschieden ist. Das diesbezügliche Verständnis wird im Reflexionsbogen getrennt abgefragt.

6.4.3 Leitfadenorientiertes Interview

Das leitfadenorientierte Interview umfasst insgesamt sieben Fragen:

Die erste Frage: Das Germanistikstudium an unserer Universität umfasst zwei Jahre Grundstudium mit dem Schwerpunkt auf Erwerb der deutschen Sprache und zwei Jahre Aufbaustudium; Letzteres fokussiert auf die Anwendung der deutschen Sprache in den allgemeinen fachlichen Bereichen. Finden Sie, dass die Einrichtung der Veranstaltung „Interkulturelle Kommunikation" im Drittstudiengang sinnvoll ist? Inwiefern?

Mit dieser Frage möchte ich ermitteln, wie die Studierenden diese Veranstaltung aus der Perspektive ihrer Fachrichtung wahrnehmen. Was könnte diese Veranstaltung in ihrer Sicht zu dem Studium leisten?

Die zweite Frage: Insgesamt haben wir 10 Sitzungen absolviert. Welche Themen haben Sie besonders interessiert und warum?

Diese Frage wird auch im Reflexionsbogen gestellt. In der mündlichen Befragung beziehe ich dieselbe Frage mit ein, da ich auf Grund der Antworten der Studierenden nach dem Kurs die Indikatoren dafür herausfinden möchte, wie sich deklaratives Wissen und Einstellung der Studierenden verändert haben.

Die dritte Frage: Zu jeder Unterrichtseinheit haben wir verschiedene Video-, Hör- und Lesematerialien verwendet, um die jeweiligen Teillernziele der interkulturellen kommunikativen Kompetenz zu erreichen. Inwiefern konnten – in Ihrer Einschätzung – die eingesetzten Materialien einen Beitrag zum interkulturellen Verstehen leisten?

Die mündliche Befragung greift auf die Frage nach den Unterrichtsmaterialien zurück, um die interkulturellen Potenziale der Materialien zu ermitteln und darüber hinaus die diesbezüglichen Ergebnisse der schriftlichen Befragung zu validieren.

Die vierte Frage: Wir haben viele Unterrichtsaktivitäten durchgeführt, z. B. ein Identitätsbild zeichnen, eine Geschichte konstruieren, Rollenspiele usw. Solche Aktivitäten haben das Ziel, dass die Studierenden als Handelnde Aufgaben erledigen sollen. Wie würden Sie diese Aktivitäten im Sinne des interkulturellen Verständnisses einschätzen?

Diese Frage soll ebenfalls das Ergebnis der schriftlichen Befragung validieren.

Die fünfte Frage: Wie würden Sie sich in der interkulturellen Begegnung verhalten, wenn Sie mit interkulturellen Missverständnissen konfrontiert würden? Inwiefern haben sich Ihre Einstellungen nach dem Kurs verändert?

Daran, ob die Studierenden sich vorstellen können, mit den interkulturellen Missverständnissen umgehen zu können, kann man erkennen, welches Wissen die Studierenden mobilisieren und mit welcher Einstellung sie dem Gegenüber begegnen, um Probleme zu lösen. Außerdem möchte ich herausfinden, welche Einstellungen die Studierenden vor und nach dem Kurs verändert haben.

Die sechste Frage: Wir lernen eine Fremdsprache an der Universität und sollten uns daher überlegen, wozu wir diese Fremdsprache brauchen. Unsere Veranstaltung thematisiert das Kommunizieren in der deutschen Sprache unter den Gruppen aus verschiedenen Kulturen. Was würden Sie sagen, welche Basis für interkulturelle Kommunikation, z. B. die Bewältigung der Missverständnisse, hat diese Veranstaltung geboten? Was kann diese Veranstaltung zu Ihren künftigen interkulturellen Begegnungen beitragen?

Mit diesen Fragen möchte ich ermitteln, wie die Studierenden den Beitrag der Veranstaltung zu einer gelingenden interkulturellen Begegnung interpretieren würden.

Die siebte Frage: Ihre Deutschkenntnisse in Bezug auf Lesen, Hören, Sprechen, Schreiben und Übersetzen oder Dolmetschen werden nach einer bestimmten Zeit während Ihres Studiums geprüft. Das Ziel dieser Veranstaltung ist es, Ihre interkulturelle kommunikative Kompetenz zu fördern. Inwiefern würden Sie sagen, dass Ihr deklaratives Wissen aufgebaut, Ihre persönlichkeitsbezogenen Kompetenzen gefördert und Ihr prozedurales Wissen bereichert wurde?

Die Dozentin zeigt den Studierenden die Lernziele der interkulturellen kommunikativen Kompetenz auf und fordert sie auf, einzuschätzen, inwiefern sie sich in Bezug auf diese drei Dimensionen der IKK verändert haben.

6.4.4 Teilnehmende Beobachtung

In Bezug auf die Kategorie *learner role* werden während des Unterrichts themenbezogene Fragen gestellt; dabei soll im Unterricht beobachtet werden, wie die Studierenden die Fragen im Unterricht in einer spontanen Weise beantworten. Daraus sollen Veränderungen von Wissen und Einstellungen in Bezug auf interkulturelle Aspekte ermittelt werden. Des Weiteren soll in den szenischen Rollenspielen beobachtet werden, wie die Studierenden *hotwords* in den vorgespielten interkulturellen Szenen sprachmitteln, und wie sie die mit diesen *hotwords* verbundenen kulturspezifischen Bedeutungen interpretieren. Die durch Beobachtung geleiteten Fragen in den einzelnen Unterrichtseinheiten sind folgende:

• Inwiefern können die in dieser Sitzung vermittelten Erkenntnisse über „Wahrnehmung" Ihnen helfen, interkulturelle Kommunikation erfolgreich zu gestalten?

Da in der zweiten Sitzung „Wahrnehmung" thematisiert wird, wird im Unterricht diese Frage gestellt, um zu beobachten, inwiefern die Studierenden das Thema in Bezug auf *savoir* und *savoir faire* erfassen.

• Mit welcher Person oder mit welcher Beschreibung in den Personenpuzzles können Sie sich identifizieren? Warum?

In der Sitzung 3 geht es um Identität; im Unterricht wird in einer Aufgabe hierdurch ein Personenpuzzle erstellt. Mit dieser Frage sollte aufgedeckt werden, wie die Studierenden dadurch ihre eigenen Identitäten wahrnehmen.

• Welche Bedeutung hat Höflichkeit für die Gesellschaft?

Sitzung 5 widmet sich dem Thema Höflichkeit. Kurz vor dem Abschluss dieser Sitzung wird diese Frage gestellt, um zu ermitteln, wie die Studierenden Höflichkeit in Bezug auf *savoir*, *savoir être* und *savoir faire* begreifen.

• Ein Chef fragt seine chinesische Mitarbeiterin, ob sie eine bestimmte Aufgabe bis zum nächsten Tag erledigen könne. Sie antwortet mit Ja. Am nächsten Tag ist die Aufgabe allerdings noch nicht erledigt. Der Chef ärgert sich über die Mitarbeiterin und fragt sich, was die Ursache für ihr Verhalten gewesen sein könnte.

Diese Frage war schon im Fragebogen vor der Veranstaltung enthalten. Im Unterricht soll diese Frage nochmal gestellt werden, um herauszufinden, inwiefern sich die diesbezüglichen Kenntnisse vor und nach dem Unterricht verändert haben.

- Woran liegt es, dass Ihre eigene Wahrnehmung und die Interpretation des Verhaltens der Darstellerin im Film von der Realität verschieden sind? Haben Sie selbst schon einmal Erfahrungen dieser Art im Alltag gemacht?

Sitzung 9 thematisiert das Thema „Stereotype". Mit dieser Frage lässt sich im Unterricht beobachten, inwiefern die Studierenden das Thema im Sinne von *savoir, savoir être* und *savoir faire* begreifen.

Mit den Rollenspiel-Aufgaben zum Thema Sprachmittlung in der 9. Sitzung sollen die folgenden Aspekte beobachtet werden:

- **Begrüßen:** Wie begrüßen die Studierenden in ihren jeweiligen Rollen die anderen?
- **Jemanden vorstellen:** Wie stellen die Studierenden in ihren jeweiligen Rollen die anderen vor?
- *Savoir:* Können die Studierenden (Sprachmittler) die eigenen kulturell spezifischen Aspekte (Gerichte auf Speisekarte, Redewendungen) veranschaulichen?
- *Savoir être:* Sind die Studierenden dem Nichtvertrauten einer anderen Kultur gegenüber offen oder tolerant?

6.5   Verfahren der Datenanalyse

Die Datenanalyse orientiert sich an dem in der Pilotstudie verwendeten Analyseverfahren. Zunächst werden die quantitativen Daten anhand von SPSS in den beschreibenden Statistiken erstellt und anschließend analysiert. Das Datenmaterial in der qualitativen Forschung wird kategorisiert und auf diese Schlüsselkategorien hin analysiert sowie interpretiert. Das Analyseverfahren von quantitativen und qualitativen Daten erfolgt weiterhin nach dem integrativen Design von Kuckartz (2014: 104), das schon in der Pilotstudie in Kapitel (5) verwendet wurde.

6.6   Ergebnisse der Datenauswertung und Dateninterpretation

In den folgenden Unterkapiteln werden die Ergebnisse der Datenauswertung in der jeweiligen Unterrichtseinheit dargestellt und interpretiert. Zunächst wird aber auf Ergebnisse der schriftlichen Befragung vor dem Kurs eingegangen.

Da die an der Studie teilnehmende Gruppe sich im fünften Semester des Bachelorstudiums (Regelstudienzeit, 8 Semester) befand und die Studierenden schon das zweijährige Grundstudium absolviert hatten, sollen ihre Erfahrungen mit Sprache und Kultur im Unterricht berücksichtigt werden, um dem Unterrichtsprinzip Lernerorientierung gerecht zu werden. Die einschlägigen Kenntnisse und Erfahrungen werden vor dem Kursbeginn durch einen Fragebogen, dessen Konstruktion im Kapitel (5.4.1) dargestellt und begründet wird, erhoben. Im Folgenden werden die Antworten der Studierenden zusammengefasst:

Die Studierenden verstehen nach zwei Jahren Deutschlernen Folgendes als Ziele des Fremdsprachenlernens:

Während einige Studierenden ein muttersprachliches Niveau als Lernziel betrachteten, setzten sich einige andere im Gegensatz dazu die Kommunikationsfähigkeit (eigene Gedanken ausdrücken, frei und fließend mit den Einheimischen kommunizieren) zum Ziel. Darüber hinaus zielte das Fremdsprachenlernen nach Ansicht der Studierenden darauf ab, die ihnen fremden Kulturen und Denkweisen verschiedener Länder zu erlernen, um dadurch toleranter gegenüber kulturellen Unterschieden zu werden und Missverständnisse abzubauen sowie einen Austausch zwischen den beiden Ländern in Gang bringen zu können. Dazu sollte man manche Verhaltensweise und Rituale und deren Bedeutung in der Fremdkultur kennen, zum Beispiel, welche Gesten unhöflich sind und wie man sich beim Essen verhalten sollte.

12 von 58 Studierenden waren schon einmal im Ausland. Die Zwecke des Aufenthaltes waren Tourismus (in Europa, Japan), Jugendaustausch mit dem „Haus der Volkskunst", und eine Sommerschule. Die positiven Eindrücke, die die Studierenden während des Auslandsaufenthaltes mitgenommen haben, waren die Freundlichkeit der Deutschen und der Fremden, die sich auf der Straße begrüßen, wodurch sich Deutschland von China unterscheide; die Sauberkeit auf den Straßen; die schönen Landschaften; der Umweltschutz; das einfache Leben in der Schweiz; die Offenheit für Sex in Holland; die Höflichkeit in Japan; die Hilfsbereitschaft und Mülltrennung. Negative Eindrücke sind: wenn Kinder den ausländischen Studierenden „Corona" hinterherriefen, hielten die Eltern ihre Kinder nicht davon ab; Vorurteile und Klischees von Deutschen gegenüber Chinesen bzw. Asien; anspruchslose Küche.

Diese von den Studierenden angesprochenen Aspekte wurden der Thematik entsprechend in den Unterrichtseinheiten behandelt.

6.6.1 Sitzung 1

Tabelle 6.11 Ergebnis der Datenauswertung von Unterrichtseinheit 1

	N	Minimum	Maximum	Mittelwert	Median
Sicherheitsgefühl beim Umgang mit Thema1	56	3,00	5,00	4,1250	4,0000
Vorkenntnisse zum Thema	56	2,00	5,00	4,3214	4,0000
Klarheit der Lernziele	56	2,00	5,00	4,5000	5,0000
Verständnis des Unterrichtsinputs T	56	2,00	5,00	4,2143	4,0000
Verständnis des Unterrichtsinputs A	56	2,00	5,00	4,1429	4,0000
Interkultureller Lernprozess 1	56	4,00	5,00	4,5179	5,0000
Interkultureller Lernprozess 2	56	3,00	5,00	4,5714	5,0000
Interkultureller Lernprozess 3	56	4,00	5,00	4,5357	4,0000
Unterrichtsaktivität 1	56	2,00	5,00	4,3036	4,0000
Unterrichtsaktivität 2	56	2,00	5,00	4,2500	4,0000
Unterrichtsaktivität 3	56	2,00	5,00	4,2679	4,0000
Erreichen von Lernzielen	56	2,00	5,00	4,0536	4,0000
Gültige Werte (Listenweise)	56				

In der ersten Sitzung ist es wichtig für die Dozentin, zu beobachten, ob sich die Studierenden mit der Unterrichtsatmosphäre und den zu behandelnden Themen vertraut fühlten, da die Forscherin bzw. Dozentin auf die Studierenden in der ersten Sitzung fremd wirken konnte. Nach dieser Statistik gemäß der Einschätzung der Studierenden liegt der Mittelwert für das Sicherheitsgefühl beim Umgang mit dem Thema Kultur bei 4,1250. Die ausführliche Darstellung des Unterrichtsinputs lässt sich im Kapitel (6.4.1) nachvollziehen. Der theoretische Unterrichtsinput in der ersten Sitzung umfasste eine Kulturdefinition und das Eisbergmodell. Die Anwendung dieser Theorie bestand darin, dass die kulturellen Phänomene anhand des Eisbergmodells analysiert werden konnten. Interkulturelle Lernprozesse wurden durch die Spontanassoziationen über das China- und Deutschlandbild und aktiviert durch die Befragung der *Hua Wei* Studie. Die Aktivitäten umfassen Notizen der Spontanassoziationen, eine Beschreibung der Grafik der *Hua Wei* Studie beschreiben, Eintragen dieser Spontanassoziationen in das Eisbergmodell. Die Werte der oben beschriebenen Aktivitäten liegen alle bei über 4.0000 (Tabelle 6.11). Der folgende Teil widmet sich der qualitativen Dateninterpretation.

Kategorie: Unterrichtsinput

Die Studierenden betrachteten die *Hua Wei* Studie als authentische und anregende Unterrichtsmaterialien, um sich einen Überblick über die unterschiedlichen Wahrnehmungen jeweils von Deutschen und Chinesen zu verschaffen. Eine Orientierung zur Bewusstmachung der eigenkulturellen Deutungsmuster in dieser Sitzung kann angeboten werden. Das Eisbergmodell hilft den Studierenden dabei, kulturelle Phänomene zu analysieren.

„Die *Hua wei*- Studie ist anregend und authentisch"[34].

„Das Eisbergmodell hat mich sehr inspiriert"[35].

„Kultur ist ein sehr interessantes Konzept. Das Eisbergmodell ist sehr hilfreich, um das Konzept *Kultur* zu verstehen; das Modell kann ich zur Analyse mancher kulturellen Phänomene verwenden"[36]

Kategorie: Aktivitäten

Die Aktivität fordert die Studierenden dazu auf, kulturelle Unterschiede zu identifizieren und sie zu vergleichen.

„Die Grafik der Hua Wei - Studie zu beschreiben, zeigt die unterschiedlichen kulturellen Wahrnehmungen von Chinesen und Deutschen. Das Vergleichen hilft dabei, uns diese bewusst zu machen"[37]

„Die Diskussion über die Erlebnisse eines Reisenden und eines Gastes und eines Studierenden regt mich dazu an, über Heimatkultur und Fremdkultur zu reflektieren beim Reisen[38]

---

[34] Die in der Studie zitierten deutschsprachigen Aussagen der Studierenden wurden von mir verbessert, indem Grammatikfehler korrigiert, Wiederholungen gelöscht sowie gegebenenfalls die Satzstrukturen adaptiert worden sind. Die originalen Aussagen der jeweiligen Fragebögen werden als CD im Anhang angefügt werden. Die Quellenangabe „CD" bezieht sich im Folgenden auf die CD im Anhang dieser Arbeit.

[35] CD, Primärordner: HS, Sekundärordner: Sitzungen 1–3, G. (Antwort auf Frage b).

[36] CD, Primärordner: HS, Sekundärordner: Sitzungen 1–3, Z. (Antwort auf Frage b).

[37] CD, Primärordner: HS, Sekundärordner: Sitzungen 1–3, L. (Antwort auf Frage b).

[38] CD, Primärordner: HS, Sekundärordner: Sitzungen 1–3, H. (Antwort auf Frage b); hierbei hat der TN auf Chinesisch formuliert, und die chinesische Aussage wurde von mir übersetzt.

6.6.2 Sitzung 2

Tabelle 6.12 Ergebnis der Datenauswertung von Unterrichtseinheit 2

	N	Minimum	Maximum	Mittelwert	Median
Sicherheitsgefühl beim Umgang mit Thema	56	3,00	5,00	4,3393	4,0000
Vorkenntnisse zum Thema	56	4,00	5,00	4,4821	4,0000
Klarheit der Lernziele	56	2,00	5,00	4,4464	5,0000
Verständnis des Unterrichtsinputs T	56	2,00	5,00	4,2321	4,0000
Verständnis des Unterrichtsinputs A	56	2,00	5,00	4,2143	4,0000
Interkulturelle Lernprozesse 1	56	4,00	5,00	4,5357	5,0000
Interkulturelle Lernprozesse 2	56	2,00	5,00	4,5536	5,0000
Interkulturelle Lernprozesse 3	56	4,00	5,00	4,5536	5,0000
Unterrichtsaktivität 1	56	3,00	5,00	4,5179	5,0000
Unterrichtsaktivität 2	56	3,00	5,00	4,5357	5,0000
Unterrichtsaktivität 3	56	3,00	5,00	4,5357	5,0000
Erreichen von Lernzielen	56	2,00	5,00	4,2857	5,0000
Gültige Werte (Listenweise)	56				

In dieser Sitzung bewerteten die Studierenden alle Fragen im Reflexionsbogen mit den Werten über 4,0000. Auffällig ist es, dass die Werte zum Verständnis des theoretischen Unterrichtsinputs und deren praktischen Anwendung mit jeweils 4,2321 und 4,2143 die letzten Plätze einnehmen. Interkulturelle Lernprozesse in dieser Sitzung verorteten sich in den Unterrichtsmaterialien bzw. Bärengeschichte, praktische Beispiele mit Wahrnehmung, deren Werte auf über 4,5000 liegen. Die hierbei zu bewertenden Unterrichtsaktivitäten sind überwiegend „Gedichte interpretieren", „mit dem Nachbarn über eigenen Namen sprechen", „Bilder mit Wahrnehmungsbeispielen beschreiben". Die Studierenden bewerteten diese drei Aktivitäten mit Mittelwert über 4,5000, die besagen soll, dass diese Aktivitäten ihnen helfen, besser die Thematik *Kultur* zu verstehen und sich als Handelnde an den Lernprozessen teilzunehmen (Tabelle 6.12). Der folgende Teil beschäftigt sich mit der qualitativen Dateninterpretation für diese Sitzung.

Kategorie: Unterrichtsinput

Die Studierenden brachten zum Ausdruck, dass die Lesetexte ihrem sprachlichen Niveau ziemlich entsprechen. Der unterschiedliche Input (Bärengeschichte, Lied, Bilder der Wahrnehmungen) sprach sie an, und dadurch wurde ihre Motivation und Lerninitiative gestärkt. Der Input in dieser Sitzung hat dazu beigetragen, die Bereitschaft zur interkulturellen Kommunikation zu fördern.

„Die Selbstwahrnehmung durch die Aufgabe „was steckt hinter meinem Namen?" ist für mich eine neue Erfahrung. Die Geschichte hinter dem Namen ist sehr sinnvoll, dieses Thema ist sehr interessant, die Unterrichtsinhalte sind auch sehr klar und motivierend. Die Bärengeschichte ist ein sehr aussagekräftiger Artikel. Durch diesen Artikel verstehe ich die Bedeutung von Selbstwahrnehmung und Fremdwahrnehmung".[39]

„Mit Bärengeschichte (Lesetext beinhaltet Comics) wirkt das Thema „Fremdwahrnehmung" nicht abstrakt auf mich und stellt das Thema interessanter dar. Ich kann besser mit diesem Thema meine Vorkenntnisse und Erfahrungen einbeziehen. Von der Bedeutung der Wahrnehmung wussten wir nicht vor dem Unterricht."[40]

„Die Lesetexte passen zu unserem sprachlichen Niveau, auch die Unterrichtsinhalte sind interessant: z.B. wir haben ein Lied gehört, und auch den Bärenartikel gelesen, diese können sehr gut für das Thema sein, und auch unsere Lerninitiative und Motivation steigern"[41]

Kategorie: Aktivität

Die Bärengeschichte stellt das Thema auf interessante Weise dar, die Studierenden konnten mit diesem Material ihre Vorkenntnisse und Erfahrungen gut einbeziehen, was dem Kriterium Lernerorientierung gerecht wird. Das Thema „Wahrnehmung" hat einigen Studierenden besonders gut gefallen, da durch das Farbspiel beim Einstieg ihre Neugierde fürs Thema „Wahrnehmung" hervorgerufen wurde. Die Unterrichtsaktivitäten können den Studierenden auch dabei helfen, das Thema „Wahrnehmung" zu verstehen. Erwähnenswert sind die Aufgaben – *was steckt in meinem Namen,* und das Selbstidentitätsbild – durch solche Aktivitäten konnten die Studierenden auf eine entspannte Weise Kenntnisse über Wahrnehmung erwerben; dies soll dem Prinzip der Handlungsorientierung gerecht werden.

---

[39] CD, Primärordner: HS, Sekundärordner: Sitzungen 1–3, C. (Antwort auf Frage b).

[40] CD, Primärordner: HS, Sekundärordner: Sitzungen 1–3, J. (Antwort auf Frage b); hierbei hat der TN auf chinesisch formuliert, und die chinesische Aussage wurde von mir übersetzt.

[41] CD, Primärordner: HS, Sekundärordner: Sitzungen 1–3, L. (Antwort auf Frage b); hierbei hat der TN auf Chinesisch formuliert, und die chinesische Aussage wurde von mir übersetzt.

„Die Aktivität ‚das Beobachten von unterschiedlichen Bildern' macht uns bewusster mit der Veränderung der Wahrnehmung. Die Unterrichtsaktivitäten helfen mir besser, das Thema „Wahrnehmung" zu verstehen, z.b. die Übung, was steckt in meinem Namen hinter, und das Selbstidentitätsbild"[42].

„Durch dieses kulturelle Programm kann ich Unterrichtsinhalt einfacher und leichter verstehen. Im Unterricht mag ich interaktive Aktivitäten. Die Aufgaben beziehen sich im Wesentlichen auf Unterrichtsthemen, und ich kann Unterrichtsaufgaben verwenden, um weiter zu lernen"[43].

6.6.3   Sitzung 3

Tabelle 6.13   Ergebnis der Datenauswertung von Unterrichtseinheit 3

	N	Minimum	Maximum	Mittelwert	Median
Sicherheitsgefühl beim Umgang mit Thema	56	2,00	5,00	4,5000	5,0000
Vorkenntnisse zum Thema	56	2,00	5,00	4,4464	5,0000
Klarheit der Lernziele	56	2,00	5,00	4,5357	5,0000
Verständnis des Unterrichtsinputs T	56	2,00	5,00	4,2857	4,0000
Verständnis des Unterrichtsinputs A	56	2,00	5,00	4,3036	4,0000
Interkulturelle Lernprozesse 1	56	2,00	5,00	4,1607	4,0000
Interkulturelle Lernprozesse 2	56	2,00	5,00	4,5357	5,0000
Interkulturelle Lernprozesse 3	56	4,00	5,00	4,5893	5,0000
Unterrichtsaktivität 1	56	2,00	5,00	4,6071	5,0000
Unterrichtsaktivität 2	56	2,00	5,00	4,6071	5,0000
Unterrichtsaktivität 3	56	2,00	5,00	4,5357	5,0000
Erreichen von Lernzielen	56	2,00	5,00	4,2857	4,0000
Gültige Werte (Listenweise)	56				

Diese Sitzung thematisiert Identität. Die Studierenden bewerteten die Klarheit der Lernziele mit 4,5357. Interkulturelle Lernprozesse beziehen sich darauf, dass die Studierenden ihre eigenen Identitäten erkennen, indem sie zunächst die

---

[42] CD, Primärordner: HS, Sekundärordner: Sitzungen 1–3, J. (Antwort auf Frage b); chinesische Aussage wurde von Dozentin übersetzt.

[43] CD, Primärordner: HS, Sekundärordner: Sitzungen 1–3, X. (Antwort auf Frage b).

Identitäten der Fremden im eingesetzten Lesetext kennenlernen, und dann das Selbstbild zeichnen, „Personenpuzzle" spielen. Die Studierenden bewerteten die Werte dieser interkulturellen Lernprozesse durch Unterrichtsmaterialien insgesamt mit über 4,0000. Diese Aktivitäten schätzten die Studierenden insgesamt ein, dass diese ihnen beim Verstehen der Thematik halfen und sie dadurch als Handelnde an den Lernprozessen teilgenommen haben (Tabelle 6.13). Im Folgenden wird die Interpretation der qualitativen Daten eingegangen.

Kategorie: Unterrichtsinput
Die Studierenden äußerten, dass die Geschichten mit Illustrationen sehr interessant und lebendig waren. Das Thema „Identität" regte sie zum Nachdenken über die Frage „Was ist eigentlich Identität?" an. Ein Studierender drückte aus, dass er vorher bei Identität nur an den Personalausweis dachte und nach dem Kurs versuchte, Identität sowohl im sozialen Kontext als auch in interkulturellen Kontexten zu verstehen. Der Artikel „Identität (en)- Ich bin viele" stellt die verschiedenen Definitionen von Identität aus den Perspektiven unterschiedlicher Menschen dar. Dabei haben die Studierenden begriffen, dass die eigene Identität von Faktoren wie Familie, Gesellschaft, Umgebung usw. beeinflusst wird. An den Aussagen der Studierenden kann man erkennen, dass der Input dem im Kapitel (4.3.2) ausgeführte Kriterium „Kulturen als fremde Kommunikationsgemeinschaften und Lebenswelten verstehen" gerecht werden kann.

„Die [verwendeten] Bilder, von denen ich sehr beeindruckt war, können auch beim Verstehen des Unterrichts gut zur Wirkung kommen. Die sind auch sehr interessant"[44].

„Der Artikel *Identität(en)- „Ich bin viele"* zeigt die verschiedenen Definitionen von Identität aus der Perspektive verschiedener Menschen. Ich habe sehr von den Lernstoffen profitiert"[45].

„Der Artikel über Identität von dem Kulturmagazin gefällt mir sehr, daraus habe ich gelernt, dass die eigene Identität von den Faktoren wie Familie, Gesellschaft und Umgebung beeinflusst wird. Die Aufgaben des Themas Identität waren interessant"[46].

„Der Bär sucht seine Identität aber niemand glaubt ihn, dass die Geschichte ist ein gutes Symbol für mich, die Bedeutung der Identität zu verstehen"[47].

---

[44] CD, Primärordner: HS, Sekundärordner: Sitzungen 1–3, B. (Antwort auf Frage b).

[45] CD, Primärordner: HS, Sekundärordner: Sitzungen 1–3, B. (Antwort auf Frage b).

[46] CD, Primärordner: HS, Sekundärordner: Sitzungen 1–3, Z. (Antwort auf Frage b).

[47] CD, Primärordner: HS, Sekundärordner: Sitzungen 1–3, L. (Antwort auf Frage b).

„Vor allem regt dieses Thema mich dazu an, über diesen Begriff nachzudenken. Früher glaubte ich auch, dass ich Identität kenne. Beim Lernen begann ich erst damit, die Bedeutung des Begriffs zu suchen"[48].

„Beim Thema Identitätserkennung denken die Menschen an die Identität auf dem Personalausweis. Im Lernprozess wird jedoch auch festgestellt, dass die Identitätserkennung auch andere Identitäten umfasst, z. B. die Ansichten anderer über uns und die kulturelle Identität"[49].

„Die beiden Themen Wahrnehmung und Identität gefallen mir sehr. Ich mag gern Film, Lied und Diskussion, sie können mich im Unterricht entspannen"[50].

Kategorie: Aktivität

An den Aussagen der Studierenden lässt sich erkennen, dass der Unterrichtsinput Interesse anregend auf sie gewirkt hat, und sie ihre Vorkenntnisse und Erfahrungen gut mit einbeziehen konnten. Die Aktivität mit Handlungsorientierung „Identitätsbilder zeichnen" sprach sie in besonderer Weise an, indem sie ohne größere Anstrengung die Unterrichtsinhalte begriffen haben.

„Ich habe mir besonders an den Unterrichtseinheiten Identität gefallen lassen. Erstens ist das Konzept der "Identität" für mich sehr attraktiv, weil ich ihn ein wenig verstehe, also nicht in die Tiefe gehe. Im Unterricht hilft uns unsere Lehrerin durch Selbstbild zu verstehen. Ich zeichne sehr gerne mein eigenes Selbstbild, es ist sehr interessant und kann etwas lernen. Ich diskutiere und tausche auch gerne Meinungen mit meinen Kollegen im Unterricht aus"[51].

„Ich interessiere mich sehr für die verschiedenen Materialien zur Identität in der Sitzung, einschließlich der Identitätsbilder aus mir selbst und den anderen, und der vielen Definitionen des Konzepts aus verschiedenen Perspektiven. Diese Inhalte und Aufgaben sind nicht nur interessant, sondern ermöglichen es mir auch, die Definition des Konzepts aus vielen Blickwinkeln zu verstehen und aus der Perspektive von mir und anderen über mich selbst nachzudenken"[52].

„Fortsetzung von dem Gedicht „Mensch" kann meine Imaginationsfähigkeit verstärken und die Kreativität anregen. Ich interessiere mich für Aktivitäten im Unterricht, in diesen Aktivitäten kommen kreative Ideen zum Ausdruck. Die Gruppenarbeit hat mir Spaß gemacht"[53].

---

[48] CD, Primärordner: HS, Sekundärordner: Sitzungen 1–3, Y. (Antwort auf Frage b).

[49] CD, Primärordner: HS, Sekundärordner: Sitzungen 1–3, Q. (Antwort auf Frage b).

[50] CD, Primärordner: HS, Sekundärordner: Sitzungen 1–3, S. (Antwort auf Frage b).

[51] CD, Primärordner: HS, Sekundärordner: Sitzungen 1–3, H. (Antwort auf Frage b).

[52] CD, Primärordner: HS, Sekundärordner: Sitzungen 1–3, Y. (Antwort auf Frage b).

[53] CD, Primärordner: HS, Sekundärordner: Sitzungen 1–3, Z. (Antwort auf Frage b).

6.6.4 Sitzung 4

Tabelle 6.14 Ergebnis der Datenauswertung von Unterrichtseinheit 4

	N	Minimum	Maximum	Mittelwert	Median
Sicherheitsgefühl beim Umgang mit dem Thema	58	3,00	5,00	4,4386	4,0000
Vorkenntnisse zum Thema	58	4,00	5,00	4,4483	4,0000
Klarheit der Lernziele	58	3,00	5,00	4,6724	5,0000
Interkulturelle Lernprozesse durch Materialien 1	58	2,00	5,00	4,2931	4,0000
Interkulturelle Lernprozesse durch Materialien 2	58	4,00	5,00	4,6552	5,0000
Interkulturelle Lernprozesse durch Materialien 3	58	2,00	5,00	4,3448	4,0000
Verständnisse zu den Inputs T	58	4,00	5,00	4,4655	4,0000
Verständnisse zu den Inputs A	58	2,00	5,00	4,6897	5,0000
Unterrichtsaktivität 1	58	2,00	5,00	4,2241	4,0000
Unterrichtsaktivität 2	58	2,00	5,00	4,4655	5,0000
Unterrichtsaktivität 3	58	2,00	5,00	4,2931	4,0000
Erreichen der Lernziele I[54] 1	58	4,00	5,00	4,5345	5,0000
Erreichen der Lernziele I 2	58	2,00	5,00	4,4138	4,5000
Erreichen der Lernziele N[55]	58	2,00	5,00	4,0000	4,0000
Erreichen der Lernziele	58	3,00	5,00	4,3103	4,0000
Gültige Werte (Listenweise)	58				

In dieser Sitzung wird beim Erreichen der Lernziele zwischen dem Erreichen der Lernziele im Unterricht und dem Erreichen der Lernziele danach unterschieden, da die Aufgaben nach dem Unterricht vergeben wurden (Tabelle 6.14).

Der interkulturelle Prozess in dieser Sitzung repräsentiert sich in den Hörmaterialien „Ein Interview mit einer Kommunikationswissenschaftlerin", wobei die Begrifflichkeiten von „Kommunikation, Sprache und Sprechen" erläutert werden sollen. In den Hörmaterialien werden die Funktionen von Sprache, Sprechen und Kommunikation beleuchtet. Die Bewusstmachung der Funktionen ist für

---

[54] Lernziel I steht für Lernziel im Unterricht.

[55] Lernziel N steht für Lernziel nach dem Unterricht.

die interkulturelle Kommunikation bedeutsam, da Sprache als ein gesellschaft-
liches Produkt verstanden wird und im Rahmen der Kommunikation Anwendung
findet. Die Initiierung des interkulturellen Lernprozesses durch das verwendete
Material schätzen die Studierenden mit dem Mittelwert 4,2931 ein. Die weiteren interkulturellen Lernprozesse lassen sich im Lernvideo „Gesten verstehen-
von Frankreich bis China" und im Lesetext „Die Grammatik der Gesten" realisieren. Die Qualität dieser Materialien bewerten die Studierenden jeweils mit
dem Mittelwert 4,6552 und 4,3448. Ob die drei wichtigsten Unterrichtsaktivitäten (Zuordnungsaufgaben in Learningapps, „Was habe ich gestern getan?"
ausschließlich durch Sprechen und nur durch Körpersprache berichten, aus eigener Erfahrung über „Gesten" erzählen) den Studierenden helfen, die Thematik
besser zu verstehen und als Handelnde aktiv an den Lernprozessen teilzunehmen,
bewerten die Studierenden alle mit durchschnittlich über 4,0000.
    Der nächste Teil widmet sich der Interpretation der qualitativen Daten.

Kategorie: Unterrichtsinput
Die für diese Sitzung verwendeten Unterrichtsmaterialien inklusive Videos und
Hörmaterialien wirkten auf die Studierenden ansprechend erregend. Insbesondere
erweiterte das Interview mit einer Sprachwissenschaftlerin ihre Perspektiven in
Bezug darauf, was man unter Sprache, Sprechen und Kommunikation versteht.
Diese Kenntnisse sollten den Studierenden beim Verstehen ihres eigenen kom-
munikativen Repertoires helfen. Die Vorstellung der biblischen Darstellung über
die Entstehung der diversen Sprachen in der Welt veranlasste sie dazu, über die
Entstehung der Sprachen in ihrer Kultur zu reflektieren „言立而心生, 心生而文
明". Daraus kann man folgern, dass dieser Unterrichtsinput interkulturelles Lernen im Lernbereich „Kulturen als fremde Kommunikationsgemeinschaften und
Lebenswelten verstehen" initiieren kann.

„In dieser Sitzung mich beeindruckte das Interview mit einer Sprachwissenschaftlerin, das erweitert meine Perspektiven, die Definitionen der Sprache und Kommunikation und Kenntnisse über verbale und nonverbale Kommunikation helfen mir, in die
Tiefe der Kommunikationsprozesse zu verstehen"[56].

„[...]Die Sprache ist sehr wichtig, egal im täglichen Leben oder in geschäftlichen
Situationen. Gleichzeitig trägt die Sprache die Kommunikation. Wenn der Zweck
der Kommunikation nicht erreicht wird, kann die menschliche Gesellschaft nicht gut
funktionieren. Beim Anschauen des Videoteils habe ich gut zugehört, und ich fand
den Videoinhalt auch sehr interessant"[57].

---

[56] CD, Primärordner: HS, Sekundärordner: Sitzungen 4–6, H. (Antwort auf Frage b).
[57] CD, Primärordner: HS, Sekundärordner: Sitzungen 4–6, H. (Antwort auf Frage b).

Kategorie: Aktivitäten

Die Studierenden konnten sich durch die Aktivität „Was habe ich gestern getan? Berichten Sie zu zweit nur durch Sprechen und nur durch Körpersprache" als Handelnde die Unterschiede von verbaler und nonverbaler Kommunikation bewusst machen. Gruppendiskussionen konnten zur Erweiterung der Kenntnisse beitragen.

> „Die Aktivität: „was habe ich gestern getan" nur durch Sprechen und nur durch Körpersprache berichten. Das ist interessant und kann mir beim Verstehen vom Unterschied zwischen Kommunikation und Sprechen helfen"[58].

> „[...] Durch Gruppendiskussionen kann ich von den Gedanken verschiedener Mitglieder der Gruppe erfahren und meinen Horizont erweitern"[59].

> „Die Zuordnungsaktivität (Überschrift mit Bildchen) auf Learningapps hat uns motiviert; die [Aufgabe] ist dadurch leichter geworden"[60].

6.6.5 Sitzung 5

Die Materialien zur Initiierung der interkulturellen Lernprozesse in dieser Sitzung mit dem Thema „interkulturelle Höflichkeit" umfassen, die Bilder der Begrüßungsformen weltweit, das Videomaterial „Wie man sich weltweit begrüßt", das Audiomaterial „Höflichkeit hören" und den Lesetext „Wie die Welt verhandelt". Die Studierenden bewerteten die Potenziale zur Initiierung der interkulturellen Lernprozesse dieser vier Unterrichtsinputs mit einem Wert von jeweils über 4,0000. Der Wert für das Verständnis des Unterrichtsinputs auf theoretischer Ebene, der sich auf das Vergleichen der Höflichkeitsdefinition in der chinesischen und der deutschen Sprachen und ein Verständnis der Diskussion über „Von Höflich bis Höflichkeit" bezieht, liegt bei 4,4483. Das Verständnis des Unterrichtsinputs auf der Anwendungsebene „Ich würde mich bei der interkulturellen Begegnung mit Begrüßungsformen und Grußformeln in anderen Kulturen vertraut machen und in konkreten Situationen darauf achten" bewerteten die Studierenden mit dem Wert 4,5517. Diese zwei zu bewertenden Aktivitäten bezüglich der Qualitäten (Unterstützung beim Begreifen der Thematik; Prozessorientierung),

---

[58] CD, Primärordner: HS, Sekundärordner: Sitzungen 4–6, C. (Antwort auf Frage b).

[59] CD, Primärordner: HS, Sekundärordner: Sitzungen 4–6, H. (Antwort auf Frage b).

[60] CD, Primärordner: HS, Sekundärordner: Sitzungen 7–9, X. (Antwort auf Frage b); hierbei hat der TN auf Chinesisch formuliert, und die chinesische Aussage wurde von mir übersetzt.

Tabelle 6.15 Ergebnis der Datenauswertung von Unterrichtseinheit 5

	N	Minimum	Maximum	Mittelwert	Median
Sicherheitsgefühl beim Umgang mit dem Thema	58	2,00	5,00	4,4310	4,5000
Vorkenntnisse zum Thema	58	4,00	5,00	4,5517	5,0000
Klarheit der Lernziele	58	4,00	5,00	4,6897	5,0000
Interkulturelle Lernprozesse 1	58	2,00	5,00	4,5690	5,0000
Interkulturelle Lernprozesse 2	58	2,00	5,00	4,4483	4,0000
Interkulturelle Lernprozesse 3	58	2,00	5,00	4,2586	4,0000
Interkulturelle Lernprozesse 4	58	4,00	5,00	4,5345	5,0000
Verständnis des Unterrichtsinputs T	58	2,00	5,00	4,4483	5,0000
Verständnis des Unterrichtsinputs A	58	2,00	5,00	4,5517	5,0000
Unterrichtsaktivität 1	58	4,00	5,00	4,6552	5,0000
Unterrichtsaktivität 2	58	2,00	5,00	4,3793	4,0000
Erreichen von Lernzielen 1	58	2,00	5,00	4,3966	4,0000
Erreichen von Lernzielen 2	58	2,00	5,00	4,4310	5,0000
Erreichen von Lernzielen N1	58	2,00	5,00	4,5517	5,0000
Erreichen von Lernzielen N2	58	2,00	5,00	4,3621	4,0000
Erreichen von Lernzielen	58	2,00	5,00	4,3793	4,0000
Gültige Werte (Listenweise)	58				

bestehen darin, dass die Studierenden die Bilder von Begrüßungsformen weltweit in Gruppe beschreiben und die Aufgabe über höfliches Verhalten in zehn Szenen auf Padlet ankreuzen und schließlich ihre Antworten mit denen der Deutschen vergleichen sollen. Im Reflexionsbogen wird gefragt, ob die Studierenden die Unterrichtslernziele durch aktive Teilnahme im Unterricht und Wiederholen nach dem Unterricht erreicht haben. Insgesamt werden vier Lernziele in dieser Sitzung abgefragt, nämlich: Begrüßungsbilder beschreiben; Aufgabe über höfliches Verhalten auf Padlet erledigen; nach dem Unterricht den Text über „Wie die Welt verhandelt" durchlesen, Transkription des Videomaterials „Begrüßen weltweit" durchlesen. Im Folgenden wird auf die Interpretation der qualitativen Daten eingegangen (Tabelle 6.15).

Kategorie: Unterrichtsinput
Dieses Thema spricht insbesondere die Studierenden an, indem sie auf ihre Erfahrungen in der Sozialisation zurückgreifen. An den Aussagen der Studierenden

ist zu beobachten, dass der Unterrichtsinput die Studierenden zum Reflektieren über höfliches Verhalten sowohl in chinesischen als auch in deutschen Kontexten veranlassen konnte.

Durch das Anschauen des Videos „Wie man sich weltweit begrüßt" und durch das Lesen deren Transkription haben die Studierenden die unterschiedlichen Begrüßungsformen und Grußformeln in anderen Kulturen kennengelernt und es ist ihnen dadurch klar geworden, dass man in konkreten Szenen darauf achten soll. Insgesamt lässt sich feststellen, dass dieser Input dem Kriterium „Kulturen als fremde Kommunikationsgemeinschaften und Lebenswelten verstehen" gerecht wird.

„China ist immer schon als ‚Land der Höflichkeit und Güte' bekannt. Höflichkeit ist ein wichtiger Bestandteil der chinesischen Kultur. [Bei meinem Aufwachsen] achteten meine Eltern immer darauf, ob ich den anderen gegenüber höflich handle. Deshalb lege ich selbst auch im Alltagsleben großen Wert auf Höflichkeit. Diese Sitzung hat mich inspiriert, über Höflichkeit bei der interkulturellen Begegnung zu reflektieren: im Kontext interkultureller Kommunikation sollten wir immer darauf achten, ob das in der Heimatkultur als höflich betrachtete Verhalten auch in der Zielkultur als höflich gilt und höfliches Verhalten den Gesprächspartnern gegenüber angemessen ausgeführt wird und versuchen, Missverständnisse zu vermeiden"[61].

„Durch die Aufgabe in Padlet hat mein Verständnis über höfliches Verhalten ein bisschen geändert. In manchen Situationen verhalten sich Chinesen und Deutschen aus Höflichkeit anders. Deshalb müssen wir in interkultureller Kommunikation darauf achten"[62].

„Ich habe auch Videos und Texte ernst genommen. Durch das Video ·Wie man sich begrüßt und die Übung mit Bildern ·Wie begrüßt man sich habe ich mich über unterschiedliche Grußformel in der ganzen Welt informiert"[63].

„Ich interessiere mich immer für die verschiedenen und vielfältigen Materialien zu diesem Thema in der Sitzung. Es gibt nicht nur deutsche als auch chinesische Definitionen für ‚Höflichkeit'. Dann können wir einfach die unterschiedlichen Aspekte des Begriffs erkennen. Das ist nicht nur interessant, sondern auch sehr praktisch"[64].

Kategorie: Aktivitäten

In der Einstiegsphase, in der die Studierenden Bilder über Begrüßungsformen nach dem Lehrwerk *Studienweg Deutsch* beschrieben haben, wurde durch diesen

---

[61] CD, Primärordner: HS, Sekundärordner: Sitzungen 4–6, Y. (Antwort auf Frage b).

[62] CD, Primärordner: HS, Sekundärordner: Sitzungen 4–6, B. (Antwort auf Frage b).

[63] CD, Primärordner: HS, Sekundärordner: Sitzungen 4–6, W. (Antwort auf Frage b).

[64] CD, Primärordner: HS, Sekundärordner: Sitzungen 4–6, Y. (Antwort auf Frage b).

bereits bekannten Input eine vertraute Unterrichtsstimmung geschaffen. Die Aktivität in Padlet ist motivierend, und in Padlet konnten sie zusammen diskutieren, bzw. sich aufeinander beziehen, was ihnen Spaß gemacht hat.

> „Ich habe mein Verständnis von höflichem Verhalten in 10 Szenen in Padlet mit dem der Deutschen verglichen. Wir können die Übung in Padlet zusammen bearbeiten und dann darüber diskutieren. Das hat mir großen Spaß gemacht"[65]

> Die Aktivitäten waren klar und halfen uns auch dabei, den Unterschied zwischen verschiedenen Kulturen durch konkrete Fälle zu [erspüren]"[66]

6.6.6   Sitzung 6

Interkulturelle Lernprozesse sollen in dieser Sitzung durch die folgenden Materialien initiiert werden: ein Videoausschnitt von Alexander Groths Vorlesung über interkulturelle Kommunikation an der Fakultät für Betriebswirtschaftslehre der Universität Mannheim; die Beispiele über Distanz zwischen Gesprächspartnern von Jürgen Schmidt; eine Grafik über Kommunikationsmodelle sowie Texte über interkulturelle Missverständnisse in der beruflichen Kommunikation. Die Studierenden bewerten die Potenziale der Materialien zur Initiierung der interkulturellen Lernprozesse jeweils mit einem Mittelwert von über 4.0000. In dieser Sitzung bezieht sich das Verständnis der erworbenen theoretischen Inhalte auf zwei Aspekte: „Privatsphäre ist kulturell bedingt" sowie „die Kommunikationsdimensionen lassen sich mithilfe des das Vier-Ohren-Modells anschaulich vermitteln". Das zu bewertende Verständnis der Anwendung der theoretischen Kenntnisse im Alltagsleben betrifft folgende Aspekte: „bei der interkulturellen Begegnung auf Privatsphäre bzw. Distanz zu dem Gesprächspartner zu achten"; „bei der interkulturellen Begegnung das Vier-Ohren-Modell benutzen, um zu verstehen, auf welche Ebene sich meine Gesprächspartner beziehen". Dafür liegen die Werte ebenfalls durchschnittlich bei über 4.0000. Die zu bewertenden Aktivitäten beziehen sich auf das Debattieren über die Frage „Stimmst du den Aussagen Hofstedes zu, ‚Wie viel Privatsphäre man hat, hängt auch davon ab, wie viel Raum und somit Reichtum man hat. Wobei der Reichtum zuerst kommt, dann der Individualismus' "; "eine Gruppendiskussion übers Komplimente machen". Die positiven Ergebnisse (4,2586; 4,5172) zeigen, dass diese Unterrichtsaktivitäten den Studierenden helfen können, die Thematik besser zu begreifen und als Handelnde

---

[65] CD, Primärordner: HS, Sekundärordner: Sitzungen 4–6, Z. (Antwort auf Frage b).
[66] CD, Primärordner: HS, Sekundärordner: Sitzungen 4–6, W. (Antwort auf Frage b).

Tabelle 6.16 Ergebnis der Datenauswertung von Unterrichtseinheit 6

	N	Minimum	Maximum	Mittelwert	Median
Sicherheitsgefühl beim Umgang mit dem Thema	58	2,00	5,00	4,4655	5,0000
Vorkenntnis zum Thema	58	4,00	5,00	4,5517	5,0000
Klarheit der Lernziele	58	2,00	5,00	4,6034	5,0000
Interkulturelle Lernprozesse 1	58	2,00	5,00	4,3621	4,0000
Interkulturelle Lernprozesse 2	58	4,00	5,00	4,6724	5,0000
Interkulturelle Lernprozesse 3	58	2,00	5,00	4,3793	4,0000
Interkulturelle Lernprozesse 4	58	4,00	5,00	4,5862	5,0000
Verständnis des Unterrichtsinputs T1	58	2,00	5,00	4,5000	5,0000
Verständnis des Unterrichtsinputs T2	58	2,00	5,00	4,3793	5,0000
Verständnis des Unterrichtsinputs A1	58	3,00	5,00	4,5862	5,0000
Verständnis des Unterrichtsinputs A2	58	2,00	5,00	4,3276	4,0000
Unterrichtsaktivitäten 1	58	2,00	5,00	4,2586	4,0000
Unterrichtsaktivitäten 2	58	2,00	5,00	4,5172	5,0000
Erreichen von Lernzielen 1	58	2,00	5,00	4,5172	5,0000
Erreichen von Lernzielen 2	58	2,00	5,00	4,1207	4,0000
Erreichen von Lernzielen 3	58	2,00	5,00	4,5345	5,0000
Erreichen von Lernzielen 4	58	2,00	5,00	4,5172	5,0000
Erreichen von Lernzielen	58	2,00	5,00	4,3966	4,5000
Gültige Werte (Listenweise)	58				

aktiv an den Lernprozessen teilzunehmen. Im Reflexionsbogen wird Des Weiteren gefragt, ob die Studierenden die Unterrichtslernziele durch aktive Teilnahme am Unterricht und durch Wiederholen nach dem Unterricht erreicht haben. Dabei sind die vier Lernziele aufgelistet, nämlich: Gedanken machen über ein Missverständnis wegen unpassender Distanz zum Gesprächspartner; einer Debatte im Unterricht aufmerksam zuhören und daran teilnehmen; Texte in Stationenarbeit durchlesen und nach dem Unterricht Texte lesen und Hausaufgaben machen. In Bezug auf das Erreichen der Lernziele bewerten die Studierenden die Unterrichtseinheit mit einem Wert von jeweils über 4.0000 (Tabelle 6.16). Der nächste Teil befasst sich mit der Interpretation qualitativen Daten.

Kategorie: Unterrichtsinput

Die Einschätzung der Studierenden zeigt allgemein gesprochen, dass der Input von Sitzung 6 sie interessierte und beeindruckte. Die im folgenden Abschnitt aufgeführten Meinungen der Studierenden können als Indikator für die Einschätzung der Qualität des Unterrichtsinputs fungieren.

Die Studierenden brachten zum Ausdruck, dass der Input-Text „Privatsphäre" gut strukturiert und verständlich sei. Mit dem Input „Privatsphäre und interkulturelle Missverständnisse im beruflichen Kontext" konnten sie einen engen Bezug zum eigenen Alltagsleben herstellen. Alexander Groth hat in den authentischen Videoausschnitten durch seine vielfältigen interkulturellen Erfahrungen und lebendige und humorvolle Darstellungsweise repräsentiert, wie Menschen aus unterschiedlichen Kulturen Distanz zwischen den Gesprächspartnern wahrnehmen. Die Studierenden bevorzugten, Videos im Unterricht anzuschauen, da Videos ihnen einen tieferen Eindruck verschaffen können; z. B. hat Alexander Groth im Videoausschnitt die verschiedenen höflichen Verhaltensweisen präsentiert, indem er aus der Sicht der Deutschen diese Missverständnisse mit lebendigen körperlichen Bewegungen dargestellt hat. Dadurch konnten sie sich sofort z. B. die Verhaltensweisen von Indern ins Gedächtnis rufen, was bei der Lehrpraxis wertvoll ist.

Der Text „Interkulturelle Missverständnisse im beruflichen Kontext" veranschaulicht die unterschiedlichen Verständnisse über „Ja" im deutsch-chinesischen beruflichen Kontext. Der Text zeigt hierbei anschaulich die Unterschiede zwischen beiden Kulturen – was ein „Ja" jeweils in den Augen eines deutschen und eines chinesischen Chefs bedeutet, und wie die unterschiedlich nicht erledigten Aufgaben gedeutet werden können. Mithilfe dieses Inputs haben die Studierenden gelernt, die Missverständnisse und Konflikte zu analysieren, sich ihrer bewusst zu werden und zu versuchen, solche Konflikte in Zukunft zu vermeiden. Das Vier-Ohren-Modell kann man bei der interkulturellen Begegnung dazu verwenden, um beim Empfangen von Informationen die Absichten durch Unterscheidung zwischen dem objektiven Ohr und dem Beziehungs-Ohr einzuschätzen. Der Sender der Information soll auch möglichst vermeiden, sich so auszudrücken, dass es zu Missverständnissen führen kann. Für eine solche Anwendung des Modells erwähnt eine Studierende ein überzeugendes Beispiel:

> „In der Kommunikation mit meinen Eltern überbetone ich manchmal die Sachebene, und ignoriere daher die Beziehungsebene. Manchmal sollten wir bei der Kommunikation mit den Eltern die Sachebene nicht überbetonen, sondern uns überlegen, wie

wir besser kommunizieren, damit wir eine harmonische Beziehung miteinander [auf-recht]erhalten können. Dazu habe ich mich durch den Unterricht anregen lassen"[67]

Zusammenfassend kann man feststellen, dass dieser Unterrichtsinput die Potenziale zur Befähigung und Bereitschaft für interkulturelle Kommunikation im Sinne von Privatsphäre, körperlicher Distanz zu den Gesprächspartnern hat und darüber hinaus Authentizität aufweist. Des Weiteren wurden interkulturelle Lernprozesse im Lernbereich „Kulturen als fremde Kommunikationsgemeinschaften und Lebenswelten verstehen" verwirklicht, indem die praktischen Beispiele (Privatsphäre, körperliche Distanz zwischen den Gesprächspartnern, das richtige Verständnis der Antwort „Ja") in Bezug auf multikulturelle Kommunikationsgemeinschaften vermittelt wurden und davon ausgehend transkulturelle Phänomene im Sinne von Sensibilisierung für die Unterschiede in den Blick genommen wurden:

„Das Thema ‚Privatsphäre und interkulturelle Missverständnisse' gefiel mir besonders. Nach meiner Meinung ist die Distanz zwischen Leuten sehr wichtig. In verschiedenen Kulturen ist die angemessene Distanz sehr unterschiedlich. Wir sollten uns darüber informieren, bevor wir in ein anderes Land gehen, um interkulturelle Missverständnisse zu vermeiden"[68]

„Einer meiner Lieblingsinhalte war das *Kommunikationsmodell*, der andere das Thema *Privatsphäre*. Beim Erlernen des Kommunikationsmodells gab uns die Lehrerin eine wahre Geschichte, die uns ermöglichte, die verschiedenen Ebenen und Blickwinkel der Kommunikation zwischen chinesischen Mitarbeitern und deutschen Vorgesetzten auf dieselbe Weise zu sehen. Dies hat mir geholfen, die Kommunikationsebenen zu verstehen. Auch wenn wir aus demselben Land stammen, haben wir in unserem täglichen Leben unterschiedliche Perspektiven der Kommunikation"[69].

„Das 4 Ohren Modell der Kommunikation hat mir eine neue Perspektive geöffnet. Ich werde versuchen, bei einem Gespräch mit den anderen dieses Modell zu benutzen, damit ich mich angemessen verhalten kann"[70]

Im Folgenden Teil wird die Analyse der qualitativen Daten interpretiert.

---

[67] CD, Primärordner: HS, Sekundärordner: Sitzungen 4–6, X. (Antwort auf Frage b).

[68] CD, Primärordner: HS, Sekundärordner: Sitzungen 4–6, F. (Antwort auf Frage).

[69] CD, Primärordner: HS, Sekundärordner: Sitzungen 4–6, X. (Antwort auf Frage b).

[70] CD, Primärordner: HS, Sekundärordner: Sitzungen 4–6, F. (Antwort auf Frage a).

Kategorie: Aktivitäten

Die wichtigsten Aktivitäten in dieser Sitzung wurden bei der Interpretation der quantitativen Daten schon vorgestellt, und zwar „Debattieren" und „Gruppendiskussion". Nach den Aussagen der Studierenden ermöglicht ihnen die Gruppendiskussion, ihre Perspektiven ins Thema einzubringen und es besser zu erfassen. Außerdem half die Aktivität Pro- und Kontra- Argumente ihnen, aus unterschiedlichen Perspektiven das Thema zu betrachten und kritisch darüber zu reflektieren; dabei wurde ihre Fähigkeit zum Argumentieren gefördert.

„[...] Die in der Klasse organisierte Gruppendiskussion ermöglicht einem jeden, seine Ansichten zu teilen und das Thema in der Tiefe zu verstehen"[71].

„Pro und Contra-Argumente und Gruppendiskussionen manchen mir viel Spaß. Dies ist ein sehr guter Weg, Meinungen auszutauschen. Dadurch sind meine Einsichten erweitert worden"[72].

„Wir haben im Unterricht über Privatsphäre und Reichtum debattiert. Meine Meinung war ursprünglich, dass der Reichtum das Ausmaß der Privatsphäre bestimmt. Nachdem ich aber mir die Meinungen meiner Kommilitonen angehört hatte, fand ich, dass Privatsphäre nicht unbedingt vom Reichtum abhängig ist. Diese Aktivität ist sehr nützlich für mich für die Erweiterung meiner Perspektive auf das Thema"[73].

„Ich mag die Diskussion über das Thema ‚Privatsphäre' sehr. Wenn man über ein Problem diskutieren, soll man ein Beispiel geben und vor allem ‚vergleichen' machen, damit die Auffassung überzeugend ist"[74].

6.6.7 Sitzung 7

Die interkulturellen Lernprozesse sollten in dieser Sitzung durch die Lernmaterialien „Funktionen der Medien in der modernen Gesellschaft", „Mein Online-Profil" sowie „Fünf Tipps: Wie informiere ich mich online?" initiiert wurden. Die Potenziale dieser Unterrichtsmaterialien zur Initiierung der interkulturellen Lernprozesse, mit denen die Studierenden über Funktionen von Medien und die von Medien geprägten Denkmuster reflektieren konnten, bewerteten die Studierenden

---

[71] CD, Primärordner: HS, Sekundärordner: Sitzungen 4–6, Y. (Antwort auf Frage b).

[72] CD, Primärordner: HS, Sekundärordner: Sitzungen 4–6, Z. (Antwort auf Frage b); hierbei hat der TN auf Chinesisch formuliert, und die chinesische Aussage wurde von mir übersetzt.

[73] CD, Primärordner: HS, Sekundärordner: Sitzungen 4–6, Y. (Antwort auf Frage b); die Aussage war chinesisch und wurde von mir ins Deutsche übersetzt.

[74] CD, Primärordner: HS, Sekundärordner: Sitzungen 4–6, B. (Antwort auf Frage b).

Tabelle 6.17 Ergebnis der Datenauswertung von Unterrichtseinheit 7

	N	Minimum	Maximum	Mittelwert	Median
Sicherheitsgefühl beim Umgang mit Thema	55	2,00	5,00	4,1455	4,0000
Vorkenntnisse zum Thema	55	2,00	5,00	4,5091	5,0000
Klarheit der Lernziele	55	2,00	5,00	4,5273	5,0000
Unterrichtsaktivität 1	55	2,00	5,00	4,3636	4,0000
Unterrichtsaktivität 2	55	2,00	5,00	4,4364	4,0000
Interkulturelle Lernprozesse 1	55	4,00	5,00	4,4909	4,0000
Interkulturelle Lernprozesse 2	55	2,00	5,00	4,4182	4,0000
Interkulturelle Lernprozesse 3	55	4,00	5,00	4,4182	4,0000
Verständnis des Unterrichtsinputs T	55	4,00	5,00	4,4727	4,0000
Verständnis des Unterrichtsinputs A1	55	4,00	5,00	4,4727	4,0000
Verständnis des Unterrichtsinputs A2	55	4,00	5,00	4,4909	4,0000
Erreichen von Lernzielen	55	2,00	5,00	4,2545	4,0000
Gültige Werte (listenweise)	55				

mit einem Wert jeweils von über 4,4000. Die zwei wichtigsten zu bewertenden Aktivitäten, die die interkulturellen Lernprozesse auslösten, bestehen darin,
dass die Studierenden einerseits auf Padlet über die Funktionen der Medien in
der modernen Gesellschaft diskutieren sollten, und andererseits aus drei Perspektiven (1. für sich selbst als Mediennutzer; 2. für andere Mediennutzer; 3.
für die Gesellschaft insgesamt) jeweils die aufgelisteten chinesischen Leitmedien
in Bezug auf deren Einfluss auf Wissen und Informationen, Einstellungen und
Gefühle, Handlungsbereitschaft und Motivation einschätzen sollten. Die Studierenden bewerteten die Qualität dieser zwei Aktivitäten mit den Werten 4,3636
und 4,4364. Der folgende Teil widmet sich der Interpretation qualitativen Daten
(Tabelle 6.17).

Kategorie: Unterrichtsinput
Aus den Feedbacks kann man feststellen, dass das Thema interesseerweckend und
lebensnahe auf die Studierenden wirkte. Insbesondere hat ihnen der Input, „Mein
Online- Profil" durch Ausfüllen der Tabelle die Studierenden deutlich gemacht,

wie sie ihre Zeit investiert haben; außerdem sind sie dazu inspiriert worden, über den Einfluss von Medien auf sich selbst zu reflektieren:

> „Ehrlich gesagt verbringe ich täglich viel Zeit mit sozialen Medien. Ich muss nach dem Erlernen des Unterrichtsinputs gestehen, dass soziale Medien mein Leben beschleunigen. Ich habe vorher aber nicht geprüft, ob die einströmenden Informationen uns die Wirklichkeit vermitteln, und inwiefern solche Informationen meine Einstellung beeinflussen. Unser Text über diesbezügliche Tipps „Wie ich mich online informiere" hat mir dabei geholfen, bewusster mit den sozialen Medien umzugehen"[75].

Die Studierenden brachten außerdem zum Ausdruck, dass die zwei Bilder aus Instagram und chinesischen Medien, mit denen die Erscheinungen und die Wirklichkeit kontrastiv gegenübergestellt wurden, sie verständlich und praxisrelevant an die Theorie „Funktion der Medien" herangeführt haben. Dieser sie inspirierende Unterrichtsinput gefiel ihnen. Darüber hinaus wurde „das Image" von verschiedenen Kulturen durch die sozialen Medien verbreitet; daher war dieses Thema sehr sinnvoll für die interkulturelle Kommunikation, denn sie haben Fähigkeiten erworben, die durch Medien geschaffenen Eindrücke zu beurteilen.

Insgesamt kann der Unterrichtsinput dazu beitragen, dass die Studierenden die Eindrücke in Bezug auf eine andere Kultur analysieren können, indem sie über den Vermittler oder die Quelle solcher Eindrücke reflektieren. Des Weiteren konnten die Studierenden mit den Unterrichtsinhalten kritische Einsichten über den Einfluss von Medien auf Wissen, Einstellungen und Bereitschaft entwickeln.

Kategorie: Aktivitäten
Die Studierenden äußerten sich dahingehend, dass die Aktivitäten im Unterricht eine sehr entspannte und vertraute Stimmung schaffen. Durch das Ausfüllen des Fragebogens „Mein Online-Profil" konnten die Studierenden erkennen, wie sie ihre Zeit verbringen; dies wird dem Kriterium der Aktivitäten *Lernerorientierung* für Unterrichtsaktivitäten gerecht.

Die Studierenden äußerten sich dahingehend, dass die Diskussion über Funktionen von Medien auf Padlet sehr nützlich war; dadurch konnten sie ihre Kenntnisse einbringen und auch im gegenseitigen Austausch davon profitieren.

---

[75] CD, Primärordner: HS, Ordner: Sitzung 7–9, F. (Antwort auf Frage b).

„Die Aktivität ist einfach und sinnvoll. Indem wir unsere eigene Nutzung der Medien betrachten, können wir über den Einfluss der Medien auf unser Leben nachdenken und unsere Haltung gegenüber den Medien anpassen"[76].

An den Aussagen der Studierenden lässt sich erkennen, dass die Prozessorientierung bei den erstellten Aktivitäten berücksichtigt wurde.

„Bei der Diskussion über das Thema "Medien" hat uns die Dozentin gezeigt, dass die Medien einen enormen Einfluss auf unser Leben haben und wir ständig von Medien durchdrungen sind. Gleichzeitig hat die Dozentin durch Aktivitäten (Fragebogen „wie informiere ich online" ausfüllen, Erfahrungen miteinander austauschen) uns dazu [angeregt], über den Artikel und zwei Bilder über [beschleunigtes] Lebenstempo nachzudenken: [Inwiefern üben die Medien Einfluss auf uns (Wissen, Einstellung und Verhalten) aus]? Ich mag dieses gründliche Denken und Reflektieren"[77].

6.6.8 Sitzung 8

Die Unterrichtsmaterialien sollten interkulturelle Lernprozesse in den Themenbereichen Klischees, Stereotype und Diskriminierung initiieren; Hierfür wurde ein Klassenvideo (Besuch auf der Insel Albatros, Text über die Kultur der Menschen auf Albatros, Film „Schwarzfahrer") verwendet. Die Ergebnisse der Bewertungen (4,7544, 4,6491, 4,5965) zeigen an, dass diese drei Unterrichtsmaterialien relativ großes Potenzial zur Anregung interkultureller Lernprozesse besitzen, wobei nicht garantiert ist, dass durch den Einsatz der Materialien die IKK der Teilnehmer zwangsläufig verbessert wird. Das zu bewertende Theorieverständnis bezieht sich auf die kurzen Definitionen von Klischee und Stereotypen sowie von Vorurteilen; auf eine Analyse der Ursachen von Klischees und Stereotypen sowie Vorurteilen; eine Grafik „von der Wahrnehmung bis zur Handlung" zur Veranschaulichung dessen, warum man das Gegenüber z. B. unfreundlich behandelt, und welche Faktoren dahinterstehen. Die Studierenden bewerteten dabei jeweils mit einem durchschnittlichen Wert von über 4,3000. Die im Reflexionsbogen aufgelisteten Anwendungsbezüge in der interkulturellen Kommunikation sind die Folgenden: 1. Ich würde in der interkulturellen Kommunikation möglichst vermeiden, ein Klischee einer Sache oder einer Person zu gebrauchen. 2. Bei der interkulturellen Begegnung starten wir das Gespräch vielleicht mit einer klischeehaften Aussage,

---

[76] CD, Primärordner: HS, Sekundärordner: Sitzungen 7–9, W. (Antwort auf Frage b).

[77] CD, Primärordner: HS, Sekundärordner: Sitzungen 7–9, X. (Antwort auf Frage b).

Tabelle 6.18 Ergebnis der Datenauswertung von Unterrichtseinheit 8

	N	Minimum	Maximum	Mittelwert	Median
Sicherheitsgefühl beim Umgang mit Thema	57	2,00	5,00	4,4561	5,0000
Vorkenntnisse zum Thema	57	4,00	5,00	4,6140	5,0000
Klarheit mit Lernzielen	57	2,00	5,00	4,5789	5,0000
Interkulturelle Lernprozesse 1	57	3,00	5,00	4,7544	5,0000
Interkulturelle Lernprozesse 2	57	3,00	5,00	4,6491	5,0000
Interkulturelle Lernprozesse 3	57	2,00	5,00	4,5965	5,0000
Verständnis des Unterrichtsinputs T1	57	4,00	5,00	4,5263	4,0000
Verständnis des Unterrichtsinputs T2	57	4,00	5,00	4,4912	4,0000
Verständnis des Unterrichtsinputs T3	57	2,00	5,00	4,3684	4,0000
Verständnis des Unterrichtsinputs A1	57	2,00	5,00	4,5614	5,0000
Verständnis des Unterrichtsinputs A2	57	2,00	5,00	4,4386	5,0000
Verständnis des Unterrichtsinputs A3	57	2,00	5,00	4,6140	5,0000
Unterrichtsaktivität 1	57	4,00	5,00	4,7193	5,0000
Unterrichtsaktivität 2	57	4,00	5,00	4,7193	5,0000
Unterrichtsaktivität 3	57	4,00	5,00	4,7719	5,0000
Unterrichtsaktivität 4	57	4,00	5,00	4,6491	5,0000
Unterrichtsaktivität 5	57	2,00	5,00	4,5965	5,0000
Erreichen von Lernzielen	57	2,00	5,00	4,4561	5,0000
Gültige Werte (listenweise)	57				

aber ich bin mir bewusst, dass es oberflächlich ist. 3. In der interkulturellen Kommunikation würde ich vermeiden, Stereotypen über andere zu verbreiten; Wenn das aber nicht vermieden werden kann, bin ich mir bewusst, dass ich die anderen Personen noch näher kennenlernen sollte. Die Ergebnisse der Bewertung durch die Studierenden liegen bei 4,5614 und 4,4386 und 4,6140. Darüber hinaus zeigen sich positive Ergebnisse bei den Bewertungen der Unterrichtsaktivitäten, die den Studierenden dabei halfen, sich als Handelnde an den interkulturellen Lernprozessen zu beteiligen. Die zu bewertenden Aktivitäten bestehen darin, dass die Studierenden 1. ein Auto, einen Hund, einen Hip- Hop- Fan, einen Deutschen zeichnen; 2. das Verhalten der Frau und des Mannes im Klassenvideo (Besuch auf der Insel Albatros) und ihre eigene Interpretation der Studenten in die Tabelle eintragen; 3. ihre Vermutungen über den Begriff „Schwarzfahrer" vor und nach dem Anschauen des Films zum Vergleich heranziehen; 4. anhand von Fotos aus dem Film „Schwarzfahrer" eine Geschichte in der Gruppe konstruieren; 5. diese Geschichte in der Gruppe mit der Filmgeschichte vergleichen. Im Folgenden wird die Interpretation der qualitativen Daten eingegangen (Tabelle 6.18).

Kategorie: Unterrichtsinput
Die Studierenden haben durch den Input verstanden, dass Klischees und Stereotype über andere Kulturen als Sprechanlässe funktionieren konnten, und dass sie durch tieferes Verstehen einer anderen Kultur abgebaut werden sollten. Das Klassenvideo (Besuch auf der Insel Albatros) und der Text über die Rituale auf der Insel Albatros konnten sie dazu veranlassen, sich ihrer stereotypisierten Eindrücke und Vorurteile bewusst zu werden und im nächsten Schritt zu analysieren, wie sie entstanden sind; sie werden bei der Kommunikation darauf in Zukunft auch achten. Darüber hinaus erläuterten die Studierenden, dass der kurze Film „Schwarzfahrer" die Straßenbahnszene alltäglich lebendig präsentiert, woran sie die Probleme von Vorurteilen und Diskriminierung erkennen konnten. Durch diesen Unterrichtsinhalt erkannten sie, dass sie mit Worten und Taten bei der interkulturellen Kommunikation vorsichtig sein wollen und sich so verhalten, dass sie die im Unterrichtsinput dargestellten Situationen vermeiden.

Insgesamt haben die Studierenden durch diese Unterrichtseinheiten das Thema in der Tiefe kennengelernt, indem sie sich mit der Entstehung der stereotypisierten Eindrücke beschäftigt haben. Dadurch haben sie verstanden, dass sich solche Eindrücke auf eigene Deutungsmuster zurückführen lassen; daher sollten sie sich in der interkulturellen Begegnung bewusst sein, wie sie damit umgehen.

„Ich schaue mir gerne kurze Filme an, da ich dadurch viele neue Vokabeln effektiv lernen kann. [...] Obwohl ich nicht alles im Film sprachlich verstehe, kann ich aber ein gutes Verständnis der Thematik *Diskriminierung und Vorurteile* durch Kombinieren meiner eigenen Erfahrung [gewinnen]"[78]

„Das Klassenvideo (Besuch auf der Insel Albatros) und der Film (Schwarzfahrer) haben mir besonders gut gefallen. Wir verglichen unsere eigenen Vermutungen mit der Wirklichkeit im Film. Es war sehr anschaulich, dass die Klischees meistens oberflächlich sind. Durch dieses Unterrichtserlebnisses werde ich im Alltag mehr auf die Klischees achten"[79]

---

[78] CD, Primärordner: HS, Sekundärordner: Sitzungen 7–9, Z. (Antwort auf Frage b).

[79] CD, Primärordner: HS, Sekundärordner: Sitzungen 7–9, H. (Antwort auf Frage b).

„Wenn wir die Traditionen der im Text erwähnten Insel nicht kennen, nutzen wir
unsere eigene Erfahrung, um die Kultur der Inselbewohner zu interpretieren. Wir finden, dass alle im Video auf Fragen der Klassenbeziehungen und der Diskriminierung
von Frauen [bezogen] sind. Als wir aber später den Text lasen, stellten wir fest, dass
unser bisheriges Verständnis ein Missverständnis war"[80]

„Ich [mochte] den kurzen Film ‚Klischee, Stereotypen und Diskriminierung'. Meiner Meinung nach [vermittelte] das Video uns ein lebendiges Bild von [dem], was
im wirklichen Leben passieren kann und half uns, das Problem der Vorurteile und
Diskriminierung zu erkennen. Wir sollen mit unseren Worten und Taten in der interkulturellen Begegnung vorsichtig sein und alles tun, um eine ähnliche Situation wie
im Video zu vermeiden"[81]

„Ich finde es sehr interessant und auch notwendig, über dieses Thema zu diskutieren.
Ich denke, in einem interkulturellen Kontext gibt es oft Stereotype und ein gewisses
Maß an Vorurteilen und Missverständnissen. [...] In der interkulturellen Begegnung
beginnen wir vielleicht das Gespräch mit einem Klischee, aber wir sollten uns bewusst
machen, dass [dieses] oberflächlich ist"[82]

An den Aussagen der Studierenden lässt sich erkennen, dass dieser Unterrichtsinput eigenkulturelle Wahrnehmungsweisen und Deutungsmuster thematisiert und
die Studierenden zum Reflektieren über ihre stereotypisierten Eindrücke anregt;
die initiierende Wirkung des Inputs in Bezug auf die Veränderung des Verhaltens
der Studierenden wiederum stellt eine Voraussetzung für die Entwicklung von
IKK dar. „Schwarzfahrer" wurde zunächst als *hotword* im Unterricht besprochen,
danach wurde ein kurzer Film mit dem Titel „Schwarzfahrer" im Unterricht abge-
spielt. Dieser Input präsentiert die deutschen Kommunikationsgemeinschaften
und Lebenswelten in den 70er Jahren. Die Studierenden betrachteten diesen als
ein überzeugendes Beispiel und bemühten sich darum, sich von Vorverurteilungen
abzuwenden.

Kategorie: Aktivitäten
In dieser Sitzung haben die Studierenden zum Einstieg zunächst die vorgegebenen
Begriffe (Auto, Hund, Hiphop Fan, Deutscher) gezeichnet und dargestellt, was sie
darunter verstehen. Dann haben sie ihre Zeichnungen in der Gruppe verglichen.
Anschließend haben sie das Video zunächst angeschaut und Vermutungen über
das Verhalten des Mannes und der Frau angestellt und anschließend einen kurzen
Text über die Rituale auf Albatros gelesen. Dieser Vergleich hat sie überrascht,
so dass ein Studierender behauptete:

---

[80] CD, Primärordner: HS, Sekundärordner: Sitzungen 7–9, L. (Antwort auf Frage b).
[81] CD, Primärordner: HS, Sekundärordner: Sitzungen 7–9, C. (Antwort auf Frage b).
[82] CD, Primärordner: HS, Sekundärordner: Sitzungen 7–9, Y. (Antwort auf Frage b).

„Die großen Missverständnisse durch den Vergleich haben mich sehr überrascht. Diese persönliche Erfahrung habt mich gelehrt, wie leicht Missverständnisse durch Urteile aus den subjektiven Stereotypen [entstehen] können [...]"[83]

„Dieser Film wie auch das Beispiel der Inselkultur [rufen] bei mir in beiden Fällen ein ähnliches Gefühl [hervor]. Die oberflächlichen und [ungeprüften] Urteile, die durch die eigenen Eindrücke [entstehen], stimmen oft nicht mit den Tatsachen überein. In der interkulturellen Kommunikation sollen wir vermeiden, diese [ungeprüften] Eindrücke von anderen Personen auszusprechen"[84]

Zusammenfassend kann man feststellen, dass die Aktivitäten in dieser Sitzung den drei beschriebenen Prinzipien gerecht werden.

6.6.9 Sitzung 9

Tabelle 6.19 Ergebnis der Datenauswertung von Unterrichtseinheit 9

	N	Minimum	Maximum	Mittelwert	Median
Sicherheitsgefühl beim Umgang mit Thema	56	2,00	5,00	4,3393	4,0000
Vorkenntnisse zum Thema	56	4,00	5,00	4,5000	4,5000
Klarheit mit Lernzielen 1	56	4,00	5,00	4,6250	5,0000
Klarheit mit Lernzielen 2	56	2,00	5,00	4,4286	4,0000
Interkulturelle Lernprozesse 1	56	4,00	5,00	4,4821	4,0000
Interkulturelle Lernprozesse 2	56	4,00	5,00	4,6071	5,0000
Verständnis des Unterrichtsinputs T1	56	2,00	5,00	4,5357	5,0000
Verständnis des Unterrichtsinputs T2	56	4,00	5,00	4,6607	5,0000
Verständnis des Unterrichtsinputs A	56	2,00	5,00	4,3571	4,0000
Unterrichtaktivität 1	56	2,00	5,00	4,6071	5,0000
Unterrichtaktivität 2	56	3,00	5,00	4,5179	5,0000
Erreichen von Lernzielen I	56	3,00	5,00	4,5714	5,0000
Erreichen von Lernzielen N	56	2,00	5,00	4,4107	4,0000
Erreichen von Lernzielen	56	2,00	5,00	4,3750	4,0000
Gültige Werte (listenweise)	56				

---

[83] CD, Primärordner: HS, Sekundärordner: Sitzungen 7–9, W. (Antwort auf Frage b).
[84] CD, Primärordner: HS, Sekundärordner: Sitzungen 7–9, Y. (Antwort auf Frage b).

Diese Sitzung thematisiert Sprachmittlung als Herausforderung für die inter-kulturelle Kommunikation. Die interkulturellen Lernprozesse lassen sich mit *hotwords* in der chinesischen Speisekarte und deutschen Speisekarte sowie mit einem authentischen Interview mit einer Sinologin (Eva Lüdi Kong) initiieren. Die Werte für den Unterrichtsinput liegen jeweils bei 4,4821 und 4,6071. Das zu bewertende theoretische Verständnis besteht darin, dass Sprachmittlung als fünfte Fertigkeit angesehen wird und z.B. bedeutet, dass ich als Mittler die Information von den anderen sinngemäß übermittele oder dass ich schriftlich Informatio-nen zusammenfasse und dass ich bei der Sprachmittlung interkulturell differente Konzepte und Verhaltensweisen vermittele, dafür soll ich meine interkulturelle kommunikative Kompetenz entwickeln. Dafür erteilen die Studierenden Bewer-tungen von jeweils 4,5357 und 4,6607. Die zwei zu bewertenden wichtigsten Aktivitäten sind Rollenspiele und die Beantwortung von Fragen über das Inter-view. Die Studierenden bewerten diese zwei Aktivitäten mit den Werten 4,6071 und 4,5179. Das Lernziel im Unterricht besteht darin, dass die Studierenden die Rollenspiele erfolgreich durchführen. Das Lernziel nach dem Unterricht ist die schriftliche Sprachmittlung, wobei die Studierenden wichtige Informationen aus dem Lesetext übermitteln sollten. Die Einschätzungen der beiden Lernziele sind positiv. Der folgende Teil widmet sich der Interpretation der qualitativen Daten (Tabelle 6.19).

Kategorie: Unterrichtsinput
Dieses Thema ermöglichte den Studierenden nicht nur, die kulturellen Unter-schiede aus der Perspektive der Sprachmittlung zwischen China und Deutschland kennenzulernen.

Das Interview mit Eva Lüdi Kong ist authentisch, sie hat einen chinesi-schen klassischen Roman ins Deutsche übersetzt, der Roman ist den chinesischen Studierenden wohl bekannt. Sie hat im Interview von ihren langjährigen Überset-zungserfahrungen erzählt, und dadurch haben die Studierenden neue Kenntnisse in Bezug auf das Übersetzen erworben. Wegen der Differenz zwischen verschie-denen Kulturen sind manche Begriffe schwierig zu vermitteln, weil es keine entsprechenden Begriffe in der Zielsprache gibt. In dem Interview sagte die Sino-login, dass sie sich beim Übersetzen ein Bild konstruiert und dann dieses Bild mit sprachlichen Mitteln beschreibt. Durch diesen Input haben die Studierenden verstanden, dass man das Übersetzen nicht einfach als Wort- zu-Wort Übersetzen betrachten, sondern die zu übersetzenden Inhalte durch Rückgriff auf kulturelle Deutungsmuster rekonstruieren soll.

Insbesondere erwähnte die Sinologin ihnen ein Beispiel mit der Übersetzung von „寒来暑往"; mit diesem Beispiel werden die Unterschiede zwischen den chinesischen und deutschen Deutungsmustern erläutert: die Deutschen zeichnen sich eher durch ein punktuelles Denken aus, während die Chinesen eher ein zyklisches Denken zu eigen ist; deshalb sollte man diese chinesische Redewendung nicht einfach mit „Der Winter kommt und der Sommer geht." übersetzen, sondern mit „Die Kälte im Winter, die Hitze im Sommer, sie kommen und gehen im wechselnden Lauf." Durch dieses Interview haben die Studierenden erkannt, dass ein erfolgreiches Übersetzen im interkulturellen Kontext ein tieferes Verständnis der Deutungsmuster von Ausgangskultur und Zielkultur voraussetzt.

> „Das Thema ‚Sprachmittlung als interkulturelle Herausforderung' fand ich interessant. Wegen der Differenz zwischen unterschiedlichen Kulturen sind einige Begriffe schwer zu sprachmitteln, weil es keine Entsprechungen in der Zielkultur gibt. Um diese Schwierigkeit zu lösen, [können] die Hinweise, die ich in dem Interview bekommen habe, vielleicht helfen, nämlich: ‚man kann dann übersetzen, wenn man die Sache verstanden hat, und wenn man die Sache bildlich vor Augen hat'[85] "[86].

Aufgrund einer Zusammenschau der beiden Zitate lässt sich festhalten, dass dieser Unterrichtsinput die kulturellen Deutungsmuster anhand der *hotwords* im Rahmen der Sprachmittlung ergiebig thematisiert und auch bei den Studierenden einige Lernerfolge im Sinne eines interkulturellen Verstehens bewirkt hat.

Kategorie: Aktivitäten
In dieser Sitzung äußerten die Studierenden, dass sie durch Rollenspiele die Unterrichtsinhalte, bzw. Unterschiede zwischen Sprachmitteln und Dolmetschen besser erfasst haben. Mit diesen Spielen konnten sie außerdem nicht nur ihre Sprechkompetenz trainieren, sondern auch die Fähigkeit der Informationsentnahme fördern, darüber hinaus ermöglichte ihnen das Rollenspiel, bewusst mit der Sprachverwendung in der interkulturellen Kommunikation umzugehen. Durch dieses Spielen haben sie darüber reflektiert, welche Anforderungen man beim Sprachmitteln zu gewärtigen hat. Sie sollten sich vor dem Sprachmitteln über die Verhaltensweisen in einer anderen Kultur informieren. Sie haben aktiv an dem Rollenspiel teilgenommen und konnten die Unterschiede zwischen China und Deutschland in Bezug auf Sprache und Kultur wahrnehmen.

---

[85] Aus dem Interview mit Eva Lüdi Kong: https://page.om.qq.com/page/OkSKdV-Y4sBAX 6XZz6jI9trw0.

[86] CD, Primärordner: HS, Ordner, Sitzungen 7–9, J. (Antwort auf Frage b).

„Ich mochte das Rollenspiel in dieser Sitzung sehr. Dadurch habe ich den Prozess der Sprachmittlung persönlich erlebt. Ich fand, es ist sehr schwierig für uns, Sprachmittler zu werden. Deshalb müssen wir uns vor dem Sprachmitteln über die interkulturell differenten Konzepte und Verhaltensweisen gut informieren"[87].

„Dieses Thema [ermöglichte] uns nicht nur, die kulturellen Unterschiede zwischen China und Deutschland zu verstehen. Wir können nun auch besser verstehen, wie man die deutsche Kultur auf Chinesisch erklärt und wie man die chinesische Kultur auf Deutsch erklärt. Im Unterricht hatten wir eine Gruppendiskussion und ein Rollenspiel mit vielen Teilnehmern. Dadurch konnten wir die Thematik besser verstehen [...]"[88].

„Durch das Rollenspiel in vier Gruppen über Sprachmittlung konnte ich die Unterschiede von Sprache und Kultur zwischen China und Deutschland wahrnehmen"[89]

6.6.10 Sitzung 10

Tabelle 6.20 Ergebnis der Datenauswertung von Unterrichtseinheit 10

	N	Minimum	Maximum	Mittelwert	Median
Sicherheitsgefühl beim Umgang mit Thema	57	2,00	5,00	4,4211	5,0000
Vorkenntnis zum Unterrichtsthema	57	3,00	5,00	4,4386	4,0000
Klarheit mit Lernzielen	57	3,00	5,00	4,5965	5,0000
Interkulturelle Lernprozesse1	57	3,00	5,00	4,6491	5,0000
Interkulturelle Lernprozesse2	57	2,00	5,00	4,4737	5,0000
Unterrichtsaktivität1	57	3,00	5,00	4,6140	5,0000
Unterrichtsaktivität2	57	3,00	5,00	4,5439	5,0000
Erreichen von Lernzielen	57	2,00	5,00	4,3333	4,0000
Gültige Werte (Listenweise)	57				

Die interkulturellen Lernprozesse sollten in dieser Sitzung durch Unterrichtsmaterialien, die interkulturelle Missverständnisse (Termine machen, Geschenke auf Arbeit annehmen, teure Geschenke zum Geburtstag, Telefonieren auf Arbeit,

---

[87] CD, Primärordner: HS, Ordner, Sitzungen 7–9, X. (Antwort auf Frage b).

[88] CD, Primärordner: HS, Ordner, Sitzungen 7–9, Y. (Antwort auf Frage b); hier hat der TN auf Chinesisch geantwortet, die chinesische Aussage wurde von mir übersetzt.

[89] CD, Primärordner: HS, Sekundärordner: Sitzungen 7–9, W. (Antwort auf Frage b).

Komplimente beim Bewerbungsgespräch machen) und Tipps für den Umgang mit Konflikten beinhalten, initiiert werden. Die Qualität dieser Materialien fürs interkulturelle Lernen bewerteten die Studierenden mit den Werten über 4,4000. Die zu bewertenden Unterrichtsaktivitäten beziehen sich darauf, dass die Studierenden zuerst mit vorgegebenen alltäglichen Konfliktsituationen die Fähigkeit zum Perspektivenwechsel üben sollten, indem sie Notizen zu ihrer eigenen Position und dann zur Gegen-position machen, und in der zweiten Aktivität mögliche Lösungen für die Konfliktsituation vorschlagen. Die Werte der beiden Aktivitäten liegen bei 4,6140 und 4,5439. Der folgende Teil widmet sich der Interpretation der qualitativen Daten (Tabelle 6.20).

Kategorie: Unterrichtsinput
Der Input dieser Sitzung veranschaulicht mit konkreten Beispielen aus dem Alltag die möglichen Missverständnisse der unterschiedlichen Länder. Diese Beispiele machten den Studierenden bewusst, dass der Alltag in Deutschland anderes verläuft als in China. Sie haben sich in zwei Szenen hineinversetzt, um zu erleben und zu üben, wie sie bei solchen Situationen mit Konflikten umgehen. Die Tipps zur Konfliktlösung erwiesen sich als sehr hilfreich; die Studierenden werden dann diese Tipps bei der interkulturellen Begegnung umsetzen, um Missverständnisse zu vermeiden oder Konflikte zu lösen.

„Wenn man in Deutschland einen Termin verabredet, einen Freund besucht, telefoniert, sich bewirbt usw. können viele interkulturelle Missverständnisse entstehen. Aber warum gibt es Konflikte im Leben? Weil es unterschiedliche Kulturen und Denkweisen gibt. Wie kann man die Probleme oder Konflikte lösen? Hier ein paar Tipps:

1. Man sollte die Probleme offen ansprechen und die Sprachpartner fragen, was ihre Meinung sei.
2. Man sollte auch sich selbst fragen: Was sind meine eigenen Wünsche, Motive und Vorurteile?
3. Man sollte falsche Vermutungen und Zuschreibungen vermeiden und sich angemessen positionieren"[90]

Kategorie: Aktivitäten
Die Studierenden haben den Input-Text über interkulturelle Missverständnisse im Alltag gelesen, danach haben sie die Rituale der Länder aus dem Text in eine

---

[90] CD, Primärordner: HS, Sekundärordner, Sitzungen 10, B. (Antwort auf Frage 3).

Tabelle eingetragen und mit den Ritualen in ihrem Heimatland verglichen. Durch diesen Vergleich sind die Studierenden sich solcher Missverständnisse bewusster geworden und konnten ihre Heimatkultur besser verstehen. Insbesondere hat die Aktivität „Versetze dich in die Situation der anderen" sie motiviert und auch ihre kognitiven Kenntnisse gefordert und gefördert. Die Aktivität „Tipps zur Konflikt-lösung. Verbinde die Satzzeile" half den Studierenden beim Nachdenken; durch diese Aktivität konnten sie die Inhalte besser im Gedächtnis behalten.

6.7   Interpretation der Ergebnisse der Interviews

6.7.1   Transkription[91]

Die Interviews mit den Studierenden habe ich mithilfe eines *voice recorders* aufgenommen. Alle fünf Interviews wurden von mir in chinesischer Sprache durchgeführt, anschließend transkribiert und schließlich ins Deutsche übersetzt. Die Transkription orientiert sich an den folgenden Kriterien:

- so viel und so genau zu transkribieren, wie die Fragestellung [es] erfordert, um das Ergebnis gut lesen zu können (vgl. Caspari 2003: 108).
- Umgangssprachliche Äußerungen (Nachdruck, Zögern, Wiederholung) werden nicht transkribiert.
- Der gesamte Interviewtext wird in deutscher Standardsprache wortgetreu verschriftlicht.

6.7.2   Ergebnisse der Interviews

1. Mit der Beantwortung der ersten Frage nach der Bedeutung der Lehrveranstal-tung im Rahmen des Studienfachs drücken die Studierenden bzw. die Interviewten aus, dass die Entwicklung von IKK für die künftige Arbeit und Fortbildung im Bereich Deutsch als Fremdsprache notwendig ist.

> „Ich finde dieses unbedingt notwendig, weiß aber nicht, ob alle von uns das so emp-finden; zumindest möchte ein Teil von uns nach dem Bachelorstudium weiterhin im deutschbezogenen Bereich arbeiten und forschen, und dafür ist die interkulturelle

---

[91] Die Interviews wurden auf Chinesische durchgeführt. Die hier zitierten Aussagen wurden von mir in Deutsch übersetzt. Die Interviewtranskriptionen sind im Anhang III zu sehen.

kommunikative Kompetenz eine wichtige Fähigkeit. Ich habe mich längere Zeit in Deutschland aufgehalten und konnte die interkulturellen Konflikte erleben; ein Beispiel, wie kann ich es ausdrücken? Wir hatten ein Austauschprogramm, die regionale Zeitung schrieb dazu: die Studierenden kommen aus einem alten Land – China - nach Deutschland. Ich habe mich bei diesem Ausdruck peinlich berührt gefühlt. Daher finde ich es sehr wichtig, Kenntnisse über interkulturelle Kommunikation zu erwerben; das trifft nicht nur auf die Fremdsprachenlernenden zu, sondern ein jeder sollte diese Kompetenz entwickeln"

Diese Veranstaltung kann noch weitere Forschungsperspektiven eröffnen. Die Unterrichtsinhalte sind insofern lebensrelevant, insofern man sie auch im Alltagsleben wahrnehmen kann. Man kann durch diese Veranstaltung besser die Perspektive der kulturellen Unterschiede wahrnehmen; wenn man aber diese Veranstaltung nicht besuchte, würde man schwer an diese Perspektiven denken.

2. Die Studierenden interessieren sich für alle Themen, insbesondere für die Sitzung über das Thema Klischee. Der Vergleich ihrer Vermutungen mit der Realität beeindruckte die Studierenden sehr. Sie haben bemerkt, wie leicht stereotypisierte Eindrücke entstehen können.

Eine Interviewte interessierte sich für das Thema Identität, da sie die Theorie *Mirror Stage* von Jacques-Marie-Émile Lacan gelesen hatte, die auf sie anregend wirkte.

3. Die Unterrichtsmaterialien sind lebensrelevant und leicht verständlich. Die eingeführten Beispiele sind auch sehr anschaulich und authentisch, dadurch wurde ihnen ein wirklichkeitsnahes Gefühl verschafften. Die Veranstaltung ist sehr praxisorientiert und erleichtert das Verständnis. Eine Interviewte vergleicht die Erfahrung mit der im Fach englischen:

„Die Themen, die aus dem alltäglichen Leben stammen, sind anschaulich und leicht zu verstehen. Die Beispiele sind auch authentisch und anschaulich, ich habe mich dadurch erfrischt gefühlt. Ich habe auch die Veranstaltung interkulturelle Kommunikation im Fach Englisch belegt; wir haben ein uraltes Lehrbuch für das Seminar verwendet. Die Theorien waren schwer zu verstehen und die Beispiele waren sehr unanschaulich. Weil das Buch von einem Amerikaner geschrieben wurde, konnten wir die Inhalte nur aus Sicht der Amerikaner zu erfassen suchen. Wir waren sehr verwirrt. Diese unsere Lehrveranstaltung war dagegen sehr lebensnah, die Beispiele waren sehr anschaulich und halfen uns beim Verstehen"

Insbesondere hebt eine Interviewte hervor, dass die Videoausschnitte durch den Professor im Unterricht sehr lebendig die Unterschiede von der Gesprächsdistanz in unterschiedlichen Kulturen dargestellt wurde, was sie am meisten beeindruckt.

Die Sprachmittlung veranschaulichte ihr die interkulturelle Kompetenz bei diesen Aktivitäten. Ein Interviewter unterstreicht die Wichtigkeit des Vier-Ohren Modells

4. Die handlungsorientierten Aktivitäten halfen ihnen, interkulturelles Lernen zu erfahren und zu begreifen. Eine Interviewte erwähnt ein Beispiel:

> „Ich finde, wenn man an den Aktivitäten aufmerksam teilnahm, konnte man die Wirkung der Aktivitäten begreifen. Meiner Meinung nach konnten manche Studierende am Anfang nur schwer zum Sich-Beteiligen motiviert werden. [...] Im Unterricht wurden wir zunächst gefragt, welche stereotypisierten Eindrücke wir von einer bestimmten Gemeinschaft haben, und wir antworteten, wir hätten keine stereotypisierten Eindrücke. Wir wurden dann dazu aufgefordert, die Eindrücke aufzuzeichnen. Dabei sind Biertrinker, Hiphop-Hut usw., d.h. viele stereotypisierte Eindrücke, zum Vorschein gekommen. Ach, in der Tat haben wir doch. Wir haben leider also doch solche Eindrücke. Die stereotypen Bilder im Kopf sind in Erscheinung getreten; dadurch wusste ich, dass ich entsprechend gedacht habe".

5. In Bezug auf die Veränderung der Einstellung haben die Interviewten geäußert, dass sie offener für die unvertrauten kulturellen Phänomene geworden sind und mehr Interesse daran haben, diese zu beobachten und zu analysieren, und dass sie den Wunsch haben, sie zu verstehen, statt sie nur oberflächlich zu akzeptieren:

> „In Bezug auf die Veränderung meiner Einstellung habe ich meine analytischen Fähigkeiten weiterentwickelt. Wenn ich früher manche Phänomene des Fremden, bei deren Wahrnehmung ich mich nicht wohl fühlte oder die ich nicht verstand, erlebte, versuchte ich möglichst, sie zu akzeptieren und sie zu vermeiden. Nach dieser Veranstaltung hatte ich verstanden, dass jedes dieser Phänomene seine Ursache hat. Oder: Woher kommen diese Ursachen, was sind die Unterschiede. Ich werde dann versuchen, die Ursachen zu ermitteln, bzw. bei den Missverständnissen die Gründe zu analysieren, oder zunächst mich zu distanzieren und dann zu beobachten, dann will ich mehr darüber forschen. Früher habe ich [die unvertrauten Phänomene] anscheinend akzeptiert, aber dies eher oberflächlich. Jetzt möchte ich eher in die Tiefe gehen und versuchen, zu analysieren und beobachten, warum es dieses Verhalten gibt; ich würde also zunächst das Verhalten beobachten, dann versuchen, oder die Gründe z.B. der kulturellen Unterschiede herauszufinden [...]"

Die Sensibilität für das interkulturelle Verhalten wurde gefördert. Eine Interviewte hat zum Ausdruck gebracht, wenn sie jetzt die vorurteilsbehafteten Aussagen auch von den anderen hört, würde sie nicht emotional sein, sondern versuchen, aus beiden Seiten zu betrachten, dafür erwähnt die Interviewte ein konkretes Beispiel:

„Ich habe ein konkretes Beispiel hierfür: Eine Kommilitonin macht ein Austauschse-
mester in Deutschland. Sie erzählte mir, dass die Leute in Deutschland zu Menschen
mit schwarzen Haaren „Corona" sagen, und sie war betroffen. Sie war auch trau-
rig; danach ließ sie sich ihr Haar mit roter Farbe färben. Ich würde jetzt an ihrer
Stelle nicht mein Aussehen verändern, weil die Vorurteile dadurch nicht überwunden
werden, sondern versuchen, eine andere angemessenere Reaktion darauf zu finden."

Ein Interviewter äußert, dass er durch diese Veranstaltung nicht nur interkulturell
bezogene Kenntnisse erworben, sondern auch das dialektische Denken deutlich
weiterentwickelt habe.

„Ich habe durch die Veranstaltung meine Denkweise verändert: Wenn ich ein Phänomen der Fremdheit sehe, werde ich es nicht nur aus einer Perspektive betrachten,
sondern dialektisch, auch oder gerade dann, wenn es um Stereotype geht. Wenn wir
die Inhalte der Sitzung zum Thema Medien gelernt haben, wissen wir, dass wir die
auf uns zukommenden Informationen unter der Lupe betrachten müssen, anstatt sie
einfach zu akzeptieren."

6. Die Interviewten können die Unterschiede vor und nach dem Besuch der
Veranstaltung wahrnehmen und sind auch bereit, die erworbenen Kenntnisse
anzuwenden; gleichzeitig sind sie sich auch dessen bewusst, dass man in der
realen Situation weiter lernen solle.

„Nachdem wir diese Veranstaltung besucht haben, werden wir sicherlich bei der interkulturellen Begegnung die kulturellen Unterschiede bewusster betrachten. Außerdem
ist es wichtig, wie wir uns in der Realität verhalten; natürlich kommt es auch darauf
an, welcher Kommunikationssituation wir begegnen werden. Die Erkenntnisse, die
wir im Unterricht erworben haben, helfen uns beim Erweitern der Perspektive, andere
Perspektive z.B. betrachtete man früher nur aus der eigenen Perspektive. Nachdem
wir diese Veranstaltung besucht haben, wissen wir, dass die Kommunikation einen
Prozess der Interaktion darstellt, und wir sind uns bewusst, dass man auch die Rollen
wechseln sollte."

Die Veranstaltung liefert grundlegende Kenntnisse über interkulturelle Kommunikation, z. B. die Gesprächspartner haben die Bedürfnisse bezüglich der
Privatsphäre, die man respektieren sollte.
7. Nachdem die Interviewten die aufgelisteten Teillernziele gelesen haben,
haben sie den Eindruck gewonnen, dass der Zusammenhang zwischen den
einzelnen Unterrichtsinhalten hergestellt ist und dass sie viel dazugelernt haben.

6.8   Learner role

In Bezug auf die Kategorie *learner role* wurden die Erfahrungen und Vorkenntnisse, die für im Unterricht zu behandelnde Themen relevant sind, anhand eines Fragebogens erfasst. Bei einzelnen Unterrichtseinheiten sollen die im Abschnitt 6.4.4 zur Unterrichtsbeobachtung gestellten Fragen besprochen werden; auf Grund dieser Fragen soll die Dozentin beobachten, inwiefern die Studierenden ihr *savoir, savoir faire* verändern.

Die Dozentin stellte die Frage nach dem Vermitteln der geplanten Unterrichtsinhalte im Unterricht und wartete zunächst darauf, ob jemand sich zu Wort meldet. Wenn niemand sich gemeldet hatte, rief die Dozentin beliebig die Namen der Studierenden auf. Im Folgenden waren die Beobachtungsergebnisse zu interpretieren.

Die Dozentin stellte im Unterricht die Frage „inwiefern können die in dieser Sitzung vermittelten Erkenntnisse über „Wahrnehmung" Ihnen helfen, interkulturelle Kommunikation erfolgreich zu gestalten? ". Zunächst hatte sich niemand zu Wort gemeldet, was daran liegen könnte, dass sich die chinesischen Studierenden aufgrund ihres Lernstils im Plenum eher zurückhaltend verhalten. Anschließend wurden beliebig Namen der Studierenden zur Beantwortung der Frage aufgerufen. Die Studierenden antworteten, dass die Menschen in unterschiedlichen Umgebungen leben; dass wir mit den Sinnen etwas aufnehmen und wahrnehmen können, aber mithilfe dieser Merkmale der Wahrnehmung Menschen aus verschiedenen Kulturen die eine Sache unterschiedlich verstehen. Das Wissen kann ihnen dabei helfen, Gründe für Missverständnisse zu entdecken und sie möglichst zu vermeiden. An diesen Antworten kann man erkennen, dass die Studierenden dieses Unterrichtsthema auf den Ebenen *savoir* und *savoir faire* begriffen haben.

In der Sitzung „Identität" wurde die Frage „Mit welcher Person oder mit welcher Beschreibung in den Personenpuzzles kannst du dich identifizieren? und warum?"

Ein Studierender sagte, dass er sich mit Niemandem in den Personenpuzzles identifizieren kann, da er eine andere Persönlichkeit habe. Ein anderer Studierender sagte, dass er sich mit dem Nerd gut identifizieren könne, da er auch wie die Beschreibung in Personenpuzzles alles über Star Trek wisse und Computerspiele liebe und er auch eine schwarze Brille trage. Ein weiterer Studierender meinte, dass er sich mit dem Rentner gut identifizieren könne, da auch er sich an den Wochenenden mit den Mädels zum Walking im Park trifft. Aufgrund der Faktoren Persönlichkeit, Aussehen, Hobbys identifizieren sich die Studierenden mit anderen.

In der Sitzung „Höflichkeit" wurde die Frage „Welche Bedeutungen hat Höflichkeit für die Gesellschaft?" im Plenum gestellt. Nach Aufrufen eines beliebigen Namens antwortete ein Studierender, dass Höflichkeit das Verhalten eines Menschen einschränken könne. Als die Dozentin nachfragte, ob es nur um äußeres Verhalten gehe, führte der Studierende aus, dass Höflichkeit eine ähnliche Bedeutung wie die Moral für die Gesellschaft besitze, und zwar insofern sie das Verhalten eines Menschen von außen beschränke – indes die innere Aufrichtigkeit auch sehr wichtig sei. Eine weitere Studierende ergänzte, dass Höflichkeit im Alltag als „Schmieröl" fungieren könne, um unnötige Konflikte in der Kommunikation im Alltag zu vermeiden. Außerdem gelte Höflichkeit als eine „Brücke" zum Kommunizieren unter Menschen, die sich gegenseitig nicht gut kennen.

Ein Studierender erwähnte an dieser Stelle Höflichkeit im Zusammenhang mit Aufrichtigkeit, worauf die Dozentin ausschließend eingehen werde. In der chinesischen Kultur werde auf Höflichkeit großer Wert gelegt, wobei diese nach dem Konfuzianismus auf Aufrichtigkeit des Herzens beruhe. Aus den Antworten kann man folgern, dass die Studierenden die Bedeutung der Höflichkeit im Sinne von *savoir* kennen und kultureigene Bezüge im Sinne von *savoir faire* identifizieren können.

Die Frage wurde schon vor dem Kursbeginn im Fragebogen gestellt: „Ein Chef fragt seine chinesische Mitarbeiterin, ob sie eine Aufgabe bis zum nächsten Tag erledigen könne. Sie antwortet mit Ja. Am nächsten Tag ist die Aufgabe allerdings nicht erledigt. Der Chef ärgert sich über die Mitarbeiterin. Welche Gründe könnten für den Chef ursächlich sein? Welche Gründe könnten für den chinesischen Mitarbeiter ursächlich sein?". In der Sitzung wurde dieses Thema besprochen, wobei beobachtet werden sollte, wie die Studierenden ihr diesbezügliches Verständnis verändert haben. Laut den Ergebnissen im Fragebogen sind folgende Gründe zu benennen: Der Chef ärgert sich, weil der Mitarbeiter die Aufgabe nicht erledigt und seine Aufgabe nicht ernst genommen hat. Ein weiterer Studierender sagte, dass der Mitarbeiter nicht ehrlich sei, da seine Worte und Taten nicht übereinstimmten. Die Gründe für das Verhalten des Mitarbeiters nach den Aussagen der Studierenden bestehen darin, dass der Mitarbeiter davon ausgehen konnte, dass der Chef von ihm erwartet habe, ja zu sagen, statt das Ansinnen des Chefs abzulehnen. In der chinesischen Firmenkultur dominiert die Hierarchie. Deshalb haben die Mitarbeiter das Bewusstsein, der Aufforderung ihres Chefs folgen zu müssen. In Analogie zu diesem Aspckt behauptet ein weiterer Studierender, dass die chinesischen Angestellten immer Angst vor dem Ansinnen ihres Chefs haben und sich schämen, direkt nein zu sagen. Einen anderen Aspekt mit Bezug auf die Zeitwahrnehmung erwähnt der Studierende, insofern die chinesischen Mitarbeiter unter „am nächsten Tag" auch „in den nächsten Tagen" verstehen könnten. Zusammenfassend lässt sich sagen, dass die Studierenden wichtige Faktoren angeführt haben, nämlich *Mian zi* (面子), Hierarchie in den Firmen, sowie die Zeitwahrnehmung, die das Verhalten des chinesischen Mitarbeiters beeinflussen können. In der Sitzung wurde diese Frage nochmals gestellt. Die Studierenden beantworteten diese folgendermaßen:

> „Während der deutsche Chef sachorientiert eingestellt war, war der chinesische Mitarbeiter beziehungsorientiert. Ich habe verstanden, dass wir beim Umgang mit dem deutschen Chef in diesem Fall zunächst unsere eigene Fähigkeit einschätzen sollen, nämlich ob wir tatsächlich die Aufgabe am nächsten Tag erledigen können; wenn nicht, müssen wir mit dem Chef verhandeln, statt einfach ja zu sagen. Außerdem brauchen wir uns nicht zu schämen, wenn die Aufgabe nicht erledigt werden kann. Wichtig ist vielmehr, dass man mit dem Chef darauf hinarbeitet, die Aufgabe zu erledigen".

Aus den Aussagen der Studierenden lässt sich folgern, dass sie nicht nur die Gründe für das vorgegebene Beispiel kennen (*savoir*), sondern auch über mögliches angemessenes Verhalten (*savoir faire*) reflektieren können.

Eine weitere Frage wird von den Studierenden dahingehend beantwortet, dass wir manche Phänomene nur aus unseren Erfahrungen betrachten. Die Frage lautet: „Woran liegt es, dass Ihre eigene Wahrnehmung und Interpretation des Verhaltens der Darstellerin im Film von der Realität verschieden sind? Habt Ihr selbst schon einmal Erfahrungen dieser Art im Alltag gemacht?" Da unsere Erfahrungen sehr eingeschränkt sind, können wir die Phänomene so betrachten, als ob sie nicht der Realität entsprechen würden. Ein Studierender berichtete von seiner Erfahrung, dass eine afrikanische Musikgruppe, der er angehörte, auf einem Flughafen in China ihre Sachen vom Laufband abholte; da die mitgenommenen Instrumente in alten schmutzigen Stoff eingewickelt waren, sagte ein junger chinesischer Passagier „Flüchtlinge aus Afrika". Die Sitzung lehrte uns, dass man wegen der eigenen Begrenztheit der Erfahrungen und Kenntnisse nicht vorverurteilen sollte. An dem Beispiel wird deutlich, dass die Studierenden das Thema sowohl auf der *savoir*- als auch auf der *savoir faire*-Ebene begriffen haben. Im Folgenden sollen die Ergebnisse der Beobachtung über szenische Spiele im Unterricht dargestellt werden (Tabelle 6.21):

Tabelle 6.21 Ergebnis der Unterrichtsbeobachtung

Szene	Rollenspiele im Unterricht	Kommentare
Du bist Mitarbeiter(in) in einer chinesisch-deutschen Firma. Dein chinesischer Chef lädt einen deutschen Geschäftspartner zum Essen ein. Dein Chef erklärt die Speisekarte auf Chinesisch. Du sollst auf Deutsch sprachmitteln.	C[a]: 您好，Müller 先生，欢迎来中国合作公司。Müller 先生，这位是我们的随从翻译 S: Guten Tag, Herr Müller, herzlich Willkommen in China und unserer Kooperationsfirma, ich bin der Dolmetscher. G: Guten Tag, Herr Huang. C: Wir sind jetzt in einem chinesischen Spezialitätenrestaurant. Sie können beliebig auswählen. G: Was ist das? G: 这是非常美味的夫妻肺片 你可以尝一下 S: Das ist Ehepaar-Lungenstückchen G: Ah, warum Ehepaar-Lungenstückchen (ein bisschen erstaunt) C: 夫妻肺片，是一对夫妻发明的菜式，主要材料是牛肉配以肺心舌等内脏加入辣椒油和花椒大料烹制而成 S: Ehepaar-Lungenstückchen wurden von einem Ehepaar gemacht, deswegen heißt das Gericht Ehepaar. Die Zutaten sind Rindfleisch, Lungen, Zungen, die inneren Organe vom Rind; die Zutaten sind mit Chilisoße und Gewürzen gekocht worden. G: Achso, sehr interessant! S: Ich habe gehört, die Deutschen essen normalerweise Organe vom Rind oder Schwein nicht. Sie könnten gerne etwas anderes nach Ihrem Geschmack aussuchen. G: ach ja, stimmt, danke schön. Und was ist das?	In der ersten Szene begrüßt der Vertreter der Rolle des Chefs zunächst die Rolle des Geschäftspartners; die Begrüßung entspricht dem Ritual in der chinesischen Kultur, „Die Ankunft von Freunden aus der Ferne – stimmt sie etwa nicht heiter?"[b] （有朋自远方来不亦乐乎） Der Chef stellt dem Geschäftspartner den Dolmetscher vor. Der Chef fordert den Geschäftspartner zum Bestellen eines Gerichtes auf. Der Geschäftspartner erkundigt sich nach einem Gericht Der Sprachmittler dolmetscht den Namen des Gerichtes ins Deutsche. Der Geschäftspartner ist erstaunt und fragt nach, warum das Gericht Ehepaar Lungenstückchen heißt. Der Chef erklärt den Hintergrund. Der Sprachmittler dolmetscht, indem er auf seine Erfahrungen zurückgreift und die Unterschiede zwischen den chinesischen und deutschen Essgewohnheiten erläutert.

(Fortsetzung)

Tabelle 6.21 (Fortsetzung)

	C: 东坡肉是一道非常有名的菜，它为什么要叫东坡肉，就是因为中国非常著名的一个诗人和政治家，他在被贬谪到湖北的时候，因为生活非常贫穷，因为当时没有人吃猪肉，所以他可以以便宜的价格买到猪肉，回家后烹饪成了东坡肉这道菜，流传到现在，也是受很多人欢迎	Der Gast zeigt sein Interesse.
	S: Das ist dongpo-Fleisch. Der Grund, warum wir es dongpo Fleisch nennen, bezieht sich auf eine Geschichte über einen berühmten Dichter in der chinesischen Geschichte, Dongpo Su. Die Kochweise von diesem Gericht ist wie Gulasch, der Unterschied ist, es gibt zwei Schichten, die fette Schicht schmeckt mir sehr. Ich empfehle es Ihnen.	Der Sprachmittler dolmetscht den kulturellen Hintergrund des Gerichtes und sucht insbesondere ein ähnliches Gericht aus Deutschland und macht auch die Unterschiede zwischen den beiden Gerichten deutlich.
	G: Es klingt ähnlich wie unsere Schweineshaxe. Danke schön, dann probiere ich es gerne aus.	
2. Du machst einen Sommerkurs in Deutschland. Du machst Minijob als Kassierer (in) in einem deutschen Restaurant. Ein chinesischer Gast möchte etwas bestellen und versteht die Speisekarte nicht. Die Kellnerin wendet sich an dich. Du dolmetschst.	K^c: Hallo Xiao Ming, kannst du mir beim Dolmetschen helfen, der Gast spricht kein Deutsch aber Chinesisch.	Der Kellner verwendet „Hallo", wenn er zu seinem Kollegen spricht.
	S: ja, sehr gerne	
	G: 你好，麻烦问一下，这道菜是什么	Der Gast duzt den Kellner, es ist gewöhnlich, dass man im Resteraunt in China den Kellner duzt.
	S: sie würde gerne fragen, was ist Bauernfrühstück?	
	k: Bauernfrühstück besteht aus Kartoffeln und Schinken und gekochten Eiern.	
	S: 这道菜叫农民早餐，它其实是炸土豆和 鸡蛋，小肉片的混合	Der Sprachmittler dolmetscht ins Chinesische, indem er zunächst den Namen des Gerichtes ins Chinesische übersetzt, aber es gibt kein ähnliches Gericht in China. Der Sprachmittler beschreibt kurz das Kochrezept: „also eine Mischung von gebratenen
	G: 听起来不错，这个又是什么	
	S: Was ist das? Kaiserschmarren	Kartoffeln und Eier und kleine Fleischscheiben". Hierbei wird IKK bzw. savoir und savoir faire gefordert, dass der Sprachmittler durch den Rückgriff auf eigene
	D: Das ist eine Spezialität aus Österreich	

(Fortsetzung)

Tabelle 6.21 (Fortsetzung)

		Erfahrung oder Beschreibung so dolmetscht, dass das Gegenüber es begreifen kann. Ebenfalls dolmetscht der Sprachmittler die österreichische Spezialität durch Analogie und Unterscheidung.
	S: 奥地利的特产，相当于咱们的煎饼，不同的是它配有果酱。你要不要喝点什么 G: 哪是喝的 S: 在下面，有酒精饮料和无酒精饮料和啤酒种类，红酒和一些冷饮热饮 G: 我喝这个无酒精饮料，这个是什么 S: was ist Apfelschorle? K: Der Apfelsaft mit Sprudel S: 苹果味的气泡水德国特有的苹果味气泡水	Auch beim Dolmetschen der Apfelschorle ist IKK gefordert. Die Studierenden haben auf dieser Basis die Aufgabe erfolgreich erledigt.
3. Du besuchst einen Sommerkurs in Deutschland. Du möchtest chinesische Kalligrafie deinen ausländischen Mitschülern vorstellen. Erkläre die chinesischen Schriftzeichen auf Deutsch.	D[d]: Hey, Fang Fang, was schreibst du da, das ist sehr schön? C: Hey, Carolin, das ist unsere chinesische Kalligrafie, 寒来暑往；diese vier Schriftzeichen stammen aus der chinesischen Klassik, 千字文 D: Achso, und was bedeutet jedes Zeichen? C: Das erste bedeutet kalt, bzw. Winter, das zweite kommen, das dritte heiß, also Sommer, das vierte vorbeigehen C: Achso, sehr interessant. D: Die vier Schriftzeichen zusammen bedeuten, die Jahreszeit wechseln ab, die Zeit vergeht sehr schnell. C: In der nächsten Woche gibt es eine Ausstellung über Kalligrafie, kommst du mit? D: Ja, natürlich, ich freue mich darauf C: Tschüss	Die Studierenden begrüßen sich in ihren Rollen mit „Hey". Die Sprachmittlerin dolmetscht zunächst die Quelle der vier Schriftzeichen. Die Darstellerin in der Rolle „Deutsche" zeigt ihr Interesse und fragt nach der Bedeutung der einzelnen Zeichen. Die Sprachmittlerin übersetzt zunächst Wort für Wort, dann erklärt sie die Phrase aus diesen vier Schriftzeichen. Es ist wichtig an der Stelle, die Bedeutung der Phrase zu erklären, denn die Phrase als Ganzes weist in der chinesischen Sprache eine andere Bedeutung auf als die einzelnen Worte, aus denen sie sich zusammensetzt.

[a]C steht für chinesischer Chef; G steht für Geschäftspartner; S steht für Sprachmittler.
[b]Übersetzt von Kong; Schwarz (1991: 37).
[c]K steht für Kellner; G steht für Gast; S steht für Sprachmittler.
[d]D steht für Deutsche; C steht für Chinese.

6.9   Teacher role

Bei der Interpretation der Kategorie *teacher role* kann man zwischen zwei Perspektiven unterscheiden, nämlich: Perspektive der Studierenden bezüglich der
teacher role und Selbstreflexion der Dozentin über die eigene Rolle. Im Folgenden
fasse ich diese zwei Perspektiven zusammen:

Die Studierenden brachten zum Ausdruck, dass die Unterrichtsstimmung und
das Unterrichtsvorgehen ihnen sehr gefallen haben. Der Unterricht konnte ihre
Erfahrungen mit einbeziehen und sie als soziale Handelnde aktivieren; daher
wirkte die Unterrichtsstimmung auf sie vertraut und motivierend. In Bezug
auf das Unterrichtsvorgehen sprachen die Studierenden im Großen und Ganzen
Folgendes aus:

> Vor dem Unterricht gibt es einen Überblick über die Ziele. In der Klasse geht es nicht
> nur um die interessanten Konzepte, z.B. intuitive Format von Videos, Bildern und
> Text, was mir sehr gefällt, sondern auch diesbezügliche Konzepte wurden auf ver-
> schiedene Arten von der Dozentin erklärt. Durch die Erklärungen der Dozentin haben
> wir Unterrichtsaktivitäten und -materialien ein gutes Verständnis für den Inhalt dieser
> drei Unterrichtseinheiten gewonnen.

In Unterrichtseinheit 5 äußerten sich die Studierenden dahingehend, dass sie vor
dem Unterricht ein gewisses Verständnis von der zu vermittelnden Theorie hatten und auf dieser Grundlage mithilfe der Dozentin systematisch die Konzepte
begriffen haben; dadurch konnten sie schnell die Mängel bei ihren Kenntnissen ergänzen und Wissen erweitern. In Unterrichtseinheit 8 ließ die Dozentin
die Studierenden ihre Vermutungen bezüglich eines Films mit ihren Eindrücken
vergleichen, die sie beim Betrachten des Films gewonnen hatten; damit wurde
bezweckt, dass sie sich ihrer eigenen Meinungen bzw. klischeehaften Aussagen
bewusstwerden und klar begreifen, was ihnen und warum ihnen das gefallen hat:

> Bei der Erörterung des Themas "Klischee" verglich der Lehrer den Film mit unseren
> eigenen Ideen, damit wir den Inhalt des Films besser verstehen. Ich mag diese Lehr-
> methode sehr. Wir konnten unsere Ideen unter bestimmten Gesichtspunkten entwi-
> ckeln, vorbringen und dann mit der Realität vergleichen, um die praktische Bedeutung
> und die spezifischen Erscheinungsformen einiger Themen besser zu verstehen[92].

Darüber hinaus schlugen die Studierenden vor, die Videomaterialien mit Unter-
titeln zu ergänzen, da sie manchen Videos sprachlich nicht folgen konnten oder
einige schwierige Konzepte auf Chinesisch erklärt werden sollten. Als Aufgabe

---

[92] CD, Primärordner: HS, Sekundärordner: Sitzungen von 7–9, Z. (Antwort auf Frage b).

nach dem Unterricht konnten Lesetexte mit den aktuellen interessanten Nachrichten oder authentischen Studien über Einheimische ausgewählt werden, da sie tiefsitzende Stereotype über Deutsche enthielten.

Eigene Reflexion über *teacher role*
Für diese Studie übernehme ich sowohl die Rolle als Forscherin als auch die der Lehrenden. Riemer (vgl. 2014: 138) merkt an, dass die Forschungsmethode „teilnehmende Beobachtung" wegen der Erhöhung des Grades an Invasivität als nachteilhaft anzusehen sei. In dieser Studie kann im Unterrichtsgeschehen die Anwesenheit eines externen Beobachters zur Erhöhung der Invasivität führen.

Im Folgenden werde ich über meine Rolle als Lehrende in Anlehnung an das im Kapitel (2.3.2) ausgeführte Modell der Felder und Ebenen professioneller Kompetenzen (Funk 2018: 63) reflektieren. Dementsprechend sollen zwei Felder (interkulturelle Kompetenz und Fremdsprachenkompetenz) auf drei Kompetenzebenen (Haltungen/Einstellungen; Deklarativ-referentielles Wissen; Fertigkeiten/Methodenkompetenz) in Betracht gezogen werden. Es werden bezüglich der Einstellung, Offenheit gegenüber anderen Kulturen und Mehrsprachigkeit und Bereitschaft zur Verbesserung eigener Sprachkompetenz gefordert. Die von mir während meines Aufenthaltes in Deutschland erlebten soziokulturellen Phänomene (Ankunft der Geflüchteten seit 2015 in Deutschland; Maßnahmen der sprachlichen Förderung für diese Gruppe) habe ich im Zusammenhang mit der passenden Thematik eingeführt, (z. B. in der Unterrichtseinheit „Stereotype, Vorurteilen" habe ich das Beispiel „Flüchtlingswelle" angeführt). Wir nutzen und aktivieren das *Framing* ständig, um Konzepte zu begreifen. *Framing* ist ein Deutungsrahmen, der über Welterfahrungen eingelernt wird. Mit dem Beispiel „Flüchtlingswelle" nutzen wir eine Metapher aus dem Bereich des Meeres, das sich auf uns zubewegt – die Naturkatastrophe als Metapher macht uns Angst. Über dieses Wort definieren wir die Geflüchteten, und denken, dass nicht sie in Gefahr sind, sondern dass wir uns in Gefahr befinden. Das Beispiel erwies sich als nützlich, insofern es die Reflexion der Studierenden deutlich unterstützte. Zu der Kompetenzebene (deklarativ-referentielles Wissen) gehören Kenntnisse anderer Kulturen und interkultureller Prozesse und Modelle sowie Fremdsprachenkenntnisse. Da ich das Thema interkultureller kommunikativer Kompetenz erforsche, habe ich die wichtigsten Modelle für Kulturen und Kommunikationsprozesse dargestellt. Diese Modelle (Eisbergmodell der Kultur, Kommunikationsmodell von Schulz von Thun, Wahrnehmungsrad usw.) unter der Berücksichtigung Adaptation habe ich für den Unterricht eingesetzt. Diese Erkenntnisse können die Studierenden beim tieferen Verstehen der interkulturellen Aspekte unterstützen, und sie können darüber hinaus die Modelle auf weitere kulturelle Phänomene anwenden. Hinzu kommt das Chinesische als Unterrichtss-prache, die ich bei Bedarf der Gruppe in der Hauptstudie zukommen lasse. Dies erweist sich als hilfreich und verständnisfördernd. Auf der Ebene Fertigkeiten/ Methodenkompetenz wird von den Lehrenden gefordert, kompetentes Handeln in interkulturellen *settings* und fremdsprachkompetentes Handeln in beruflichen Kontexten zu ermöglichen. Interkulturelle *settings* beziehen sich im Unterricht auf die Lernaufgaben, die interkulturelle Lernprozesse initiieren können. Der Auswertung der Daten zufolge sind diese *settings* zustande gekommen.

6.10   Zwischenfazit

Diese meine Arbeit widmet sich der Frage nach den Merkmalen von Aufgaben zur Förderung der interkulturellen kommunikativen Kompetenz im universitären Deutschunterricht. Um die Merkmale der Aufgabe theoretisch zu erörtern, stützt sich die Arbeit vorwiegend auf die Publikationen von Nunan (2004); und Rössler (2010; 2008). Nunan definiert eine kommunikative Aufgabe in sechs Katego-rien, die ebenfalls eine Grundlage für Merkmale der Aufgabe mit interkulturellen Lernzielen bilden. Die für die jeweiligen Kategorien im Kapitel (4.3) angeführten Kriterien sollen die Potenziale der Aufgabe zur Anbahnung der interkulturellen kommunikativen Kompetenz im Unterricht bestimmen. An diesen Kriterien kann auch die Qualität der Aufgabe gemessen werden. In der Hauptstudie wurde die Qualität der Unterrichtsaufgaben mithilfe der Kriterien beurteilt. Durch die Inte-gration der Interpretation der quantitativen und qualitativen Daten konnte man feststellen, dass die für die Veranstaltung „interkulturelle Kommunikation" kon-zipierten Aufgaben ihre in den Theorien erläuterten Merkmale in Bezug auf Lernziele, Unterrichtsinput, Aktivitäten, *learner role, teacher role* erfüllt haben. Auf die Frage, inwiefern die interkulturelle kommunikative Kompetenz der Stu-dierenden nach dieser Veranstaltung gefördert wurde, werde ich im nächsten Kapitel eingehen.

6.11   Datenauswertung der interkulturellen kommunikativen Kompetenz

In diesem zentralen Teil meiner Studie wurde die interkulturelle kommuni-kative Kompetenz der Studierenden bewertet. Die Bewertung erfolgte sowohl durch qualitative als auch durch quantitative Vorgehensweisen. Qualitative Daten über interkulturelle kommunikative Kompetenz wurde nach jeder Sitzung durch das Ausfüllen des Reflexionsbogens erhoben. Das Erheben der quantitativen Daten zum Bewerten der interkulturellen kommunikativen Kompetenz geschieht dadurch, dass die Studierenden nach diesen zehn Sitzungen die im Kapitel (4.3.1) vorgestellten einzelnen Teillernziele auf fünf Skalen im Fragebogen sowohl vor dem Kurs als auch danach einschätzen sollen.

Die zu bewertenden Lernziele beziehen sich auf savoir, savoir être, savoir faire (dazu siehe Abschnitt 4.3.1).

Die Studierenden stufen den Wert jeder Perspektive vor und nach dem Kurs anhand einer fünfstufigen Skala ein. In den folgenden Tabellen sind die Veränderungen gegenüber den oben aufgelisteten Teillernzielen dargestellt (Tabelle 6.22).

Tabelle 6.22 Ergebnis der Bewertung von IKK (savoir)

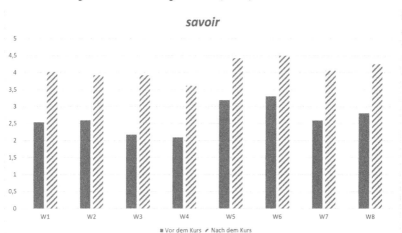

Auf der Ebene *savoir* zeigt sich ein Wachstum von W1 bis W8 mit unterschiedlichen Werten. Dabei ist hervorzuheben, dass W3 (Wissen, dass die eigene Identität durch den Gesprächspartner bei der Kommunikation definiert und konstruiert wird) und W4 (Wissen, die Bedeutung von Sprachen für das Funktionieren der Gesellschaft kennen) die größten Veränderungen bei den Studierenden aufweisen (Tabelle 6.23).

Tabelle 6.23   Ergebnis der Bewertung von IKK (savoir être)

Gleichfalls sind die Veränderungen bei dem unterschiedlichen Wachstum von E1 bis E9 zu beobachten. Insbesondere haben die Studierenden ihre Einstellung – Bereitschaft zum Betrachten der sprachlichen und kulturellen Phänomene als Reflexionsgegenstand im Vergleich zu den anderen Lernzielen verändert. Danach folgt das Lernziel „die Einstellung von Bereitschaft, über Sprachunterschiede/Kulturunterschiede und über das eigene Sprachsystem/Kultur nachzudenken" (Tabelle 6.24).

Die auf der Ebene *savoir faire* verorteten Fähigkeiten haben die Studierenden im Vergleich zu denen vor dem Kurs mit unterschiedlichen Werten verbessert. Insbesondere haben die Studierenden ihre Fähigkeiten zur Analyse des kulturellen Ursprungs gewisser Verhaltensweisen am größten verbessert. Danach zeigt sich die Verbesserung der Fähigkeit zum Analysieren einiger kulturell bedingte Missverständnisse.

Tabelle 6.24 Ergebnis der Bewertung von IKK (savoir faire)

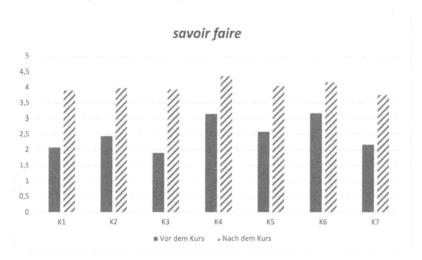

Im Folgenden werden die qualitativen Daten von interkultureller kommunikativer Kompetenz durch schriftliche Befragung bezüglich einzelner Unterrichtseinheiten interpretiert (Tabelle 6.25):

Die Förderung der interkulturellen kommunikativen Kompetenz bezüglich der drei Dimensionen durch Aufgaben lässt sich auf Basis der Hauptstudie wie folgt zusammenfassen:

Aufgaben zum Bereich savoir: sowohl die qualitativen als auch die quantitativen Daten der jeweiligen Unterrichtseinheiten haben ergeben, dass bei den Studierenden interkulturelle kognitive Lernprozesse initiiert wurden.

Aufgaben zum Bereich savoir être: Vorherige Untersuchungen der Forscher (insbes. von Jürgen Bolten) haben nachgewiesen, dass sich die IKK bezüglich der Dimension Einstellung nicht durch bestimmte Testformate prüfen lässt. Wie schon in der Einleitung in Anlehnung an die Untersuchungen über Metakognition und subjektive Theorien erläutert wurde, können Wissensbereicherung und -konstruktion als metakognitives Wissen die zukünftigen Handlungen und kognitiv-emotionalen Orientierungen stark beeinflussen. Insofern sich die Studierenden das auf die interkulturelle Kommunikation bezogene Wissen erworben haben, sollte dieses auf die emotionale Orientierung einwirken, indem es beispielsweise vor schnellen Vorurteilen oder dem Entstehen von Stereotypen bewahrt. Hierbei ist als Beispiel zu erwähnen, dass die Studierenden im

Unterricht durch Erledigen der nach bestimmten Kriterien (vgl. Abschn. 4.4) erstellten Aufgaben verstanden haben, dass sie sich von den stereotypisierten Eindrücken distanzieren sollten. Dieses Unterrichtserlebnis sollte dabei helfen, eine bestimmte positive emotionale Orientierung entstehen zu lassen, z. B. sich von Vorurteilen soweit möglich freizuhalten. Änderungen von Einstellungen der Lernenden durch Bewusstmachung seitens des Lehrenden werden offenbar sowohl durch den Unterrichtsinput als auch durch die Aufgabcnstellungen ausgelöst.

Tabelle 6.25 Ergebnis der qualitativen Datenauswertung von IKK93

IKK	Aussagen der Studierenden bezüglich der Unterrichtsinhalte	Kommentare der Forscherin/Dozentin
savoir	„Die Menschen verreisen mit unterschiedlichen [Zielen]. Sie werden Fremdkultur je unterschiedlich erleben, z.b. ist als Reisender das Hauptziel die Unterhaltung, und man [richtet seine Aufmerksamkeit] [a] auf schöne Landschaften und Lebensmittel. Als Studierende ist das Hauptziel Studium, man wird dann Fremdkultur [in der Tiefe] kennenlernen und mit eigener Kultur vergleichen, durch das Studium im Ausland werden nicht nur eigene fachliche Fähigkeiten verbessert, sondern auch gebildet. Als Gast hat man mehr Möglichkeiten, kulturelle Unterschiede zu erleben" [b] .	Hierbei geht es darum, diejenigen von den Studierenden erworbenen Kenntnisse herauszufiltern, die eine Entwicklung der IKK voraussetzen. Man kann Fremdsprache mit unterschiedlichen Zielen anwenden. Die TN sollten sich diese Unterschiede bewusst machen, und sich die Frage stellen, wie tief sie die über die Fremdsprache hinausgehende Kultur kennenlernen wollen. Die Aussagen der Studierenden zeigen an, dass sie die drei Ziele voneinander unterscheiden können.
	„Wahrnehmung ist das Konzept des ersten Kontakts" [c]. „Ohne Wahrnehmung würde uns kein Gegenstand gegeben" [d]. „Namen, Orte und Herkunftsländer können Selbstwahrnehmung beeinflussen" [e]. „Fremdwahrnehmung ist die Wahrnehmung der anderen Leute [über] uns selbst, sie ist subjektiv und kann auch unser Selbstbild beeinflussen" [f].	Auf der Wissesebene ist das Lernziel „Wissen, dass die Wahrnehmung der eigenen Kultur und anderer Kulturkreise ebenfalls von individuellen Faktoren abhängt" vom RePA (2009: 53) vorgegeben. Die Aussagen der Studierenden besagen, dass sie sich diesem Ziel angenähert haben.
	„Identität ist abhängig von unseren Rollen in der Gesellschaft, und sie verändert sich mit der	Die Aussagen der Studierenden können Indikatoren ldafür, iefern dass sie den RePA-Deskriptor

(Fortsetzung)

Tabelle 6.25 (Fortsetzung)

Zeit und mit dem Selbstwertgefühl usw"[g]. „Die Menschen definieren sich selbst, [also] Identität ist das Produkt der Kommunikation"[h]. „Selbsterkenntnis und äußere Umgebung sowie die Ansichten anderer Leute über mich beeinflussen meine Identität"[i].	(RePA 2009: 58) „eigene Identität kann komplex sein und eigene Identität kann durch den Gesprächspartner in der Kommunikation definiert und konstruiert werden" bis zu einem gewissen Grad realisiert haben.
„Sprache ist ein Zeichensystem und umfasst verbal und nonverbal. Tiere haben auch eine Sprache und sie kommunizieren eher nonverbal, z.B. Schwänzeltanz der Bienen. Sie reagieren auch auf Zeichen "[j]. „Kommunikation bedeutet „teilen, mitteilen oder etwas gemeinsam machen". Kommunikation findet mindestens zwischen zwei Gesprächspartnern statt "[k]. „Kommunikation ist eine soziale Aktivität, dabei werden Ideen durch Sprache und Symbole ausgetauscht"[l]. „Gesten sind der physische Ausdruck des Denkens"[m] „Verschiedene Gesten haben unterschiedliche Bedeutungen. Sie können positiv, negativ, kommunikativ sein"[n]. „Nachdem ich den Text „Die Grammatik der Gesten" gelesen habe, habe ich Gesten besser verstanden. Gesten brauchen Sprache und Sprache brauchen auch Gesten. Sie sind Nachahmungen und kulturell geprägt. Deshalb können die gleichen Gesten in verschiedenen Ländern unterschiedliche Bedeutungen und Wirkungen haben"[o]. „Es gibt in verschiedenen Ländern verschiedene Gesten, sie sind kulturgeprägt, deswegen führen in interkultureller Kommunikation die gleichen Gesten aufgrund der kulturellen Unterschiede zu	RePA definiert das Lernziel über Funktionsprinzipien von Kommunikation; dabei wird das Lernziel hervorgehoben, „Wissen, dass es neben der menschlichen Sprache andere Formen der Kommunikation gibt" (RePA 2009: 45). Dieses Lernziel wird konkretisiert, nämlich: „einige Beispiele der menschlichen nonverbalen Kommunikation kennen" (ebd.) und „Wissen, dass kulturelle Unterschiede die Ursache für Schwierigkeiten bei der verbalen/ nonverbalen Kommunikation sein können" (ebd.: 53). Die Studierenden sagen mithin, dass Sprache ein Zeichensystem sei und aus verbalen und nonverbalen Elementen bestehe. Außerdem wird von ihnen kurz erläutert, wie die Tiersprache funktioniere. Sie haben ausgeführt, dass Gesten in unterschiedlichen Kulturen zu Missverständnissen führen können. Auch hier zeigt sich wieder, dass die TN sich den Zielen der RePA-Deskriptoren angenähert haben. Einzelne Studierende sagen aus, dass die Gesten zu interkulturellen Missverständnissen führen können, und sie geben dafür ein

(Fortsetzung)

Tabelle 6.25   (Fortsetzung)

Missverständnisse" [p] . „Man soll bei der interkulturellen Begegnung Gesten kennenlernen und sie von eigener Kultur unterscheiden, um Missverständnisse zu vermeiden, Beispielsweise bedeutet Nicken in China ‚einverstanden‘, aber in einem anderen Land ‚nicht einverstanden‘ " [q] ; „einige Gesten sind in einem Land negativ, während sie in einem anderen Land positiv [konnotiert] sind. Obwohl man in verschiedenen Herkunftssprachen nicht nur durch Gesten kommunizieren kann, ist es für uns wichtig, den kulturellen Hintergrund hinter dem Verhalten besser zu verstehen" [r] .	anschauliches Beispiel ab. Dies ist ein wichtiges Merkmal interkultureller Kommunikation.
„Die Höflichkeitsdefinitionen in chinesischer Kultur und deutscher Kultur haben unterschiedliche Schwerpunkte. In der chinesischen Kultur [zeichnet sich durch] die Höflichkeit durch „Respektbezeug, Bescheidenheit, Harmonie, und Aufrichtigkeit [aus], im Gegensatz dazu sind in der deutschen Kultur „Aufmerksamkeit, rücksichtsvolle Umgangsformen, soziale Distanz oder Nähe mithilfe sprachlicher (Duzen/Siezen) oder nicht-sprachlicher Mittel" wichtig" [s] . „Außerdem können [sich] bei der Kommunikation die Intonation, und Betonung beim Sprechen auf Höflichkeit [aus]wirken" [t] . „Es gibt verschiedene Begrüßungsrituale in verschiedenen Ländern. In der interkulturellen Kommunikation finde ich, dass die Begrüßungsformen und Grußformeln die kulturellen Wurzeln und den nationalen Charakter repräsentieren. An den Begrüßungsritualen kann man erkennen, welche Rolle Höflichkeit in einem Land spielt" [u] .	Die Aussagen der Studierenden beziehen sich auf unterschiedliche Höflichkeitsdefinitionen im Sinne von Sprachkorpora [ai] in der chinesischen und der deutschen Kultur. Anhand dieser Unterschiede kann man kulturelle Deutungsmuster von Höflichkeit erkennen. Außerdem wissen die Studierenden von den unterschiedlichen Begrüßungsritualen und Grußformeln sowohl in deutscher Kultur als auch in chinesischer Kultur. Durch das Vergleichen bestimmter Begrüßungsrituale und Grußformeln werden sich die Studierenden ihrer eigenen kulturellen Wurzeln bewusst. Solche Aussagen lassen sich in Entsprechung bringen zu dem folgenden RePA-Deskriptor: „wissen, dass Anrede- und Höflichkeitsformen von Sprache zu Sprache variieren können; wann ist die Duzform und wann die Siezform angebracht" (RePA 2009: 49). Die Studierenden sind sich der Begrüßungsformen und

(Fortsetzung)

Tabelle 6.25 (Fortsetzung)

	Grußformeln klarer bewusst geworden und haben geäußert, dass sie künftig darauf achten wollen.
„Zu diesem Thema habe ich viele Begrüßungsformen kennengelernt. Viele waren mir früher schon bekannt, aber viele haben mich überrascht. Durch die Aufgabe auf Padlet hat sich mein Verständnis von höflichem Verhalten deutlich verändert. Deutschen und Chinesen haben ein je unterschiedliches Verständnis von Höflichkeit. Darauf sollen wir in interkultureller Kommunikation achten"[v].	
„Man soll auf Begrüßungsformen und Grußformeln bei der interkulturellen Begegnung achten, und in konkreten Szenen höfliches Verhalten erkennen und beachten"[w].	Die Aussagen der Studierenden können diesem Deskriptor gerecht werden: "Wissen, meine Kenntnisse über andere Länder sind teilweise durch Medien erworben; aber solche Kenntnisse entsprechen meistens nicht der Wirklichkeit der anderen Länder" (RePA: 69)
„Medien haben in vieler Hinsicht unterschiedliche Funktionen. In Bezug auf Informationen können sie Wissen und Erfahrungen vermitteln. Sie können einen intensiven Einfluss auf unsere Gesellschaft ausüben durch Vermittlung von Handlungsmuster, Rollenverhalten, Normen und gesellschaftliche Werte. Außerdem haben sie auch die ökonomische Funktion, Wissen über Konsum zu vermitteln. [...] Medien können die Tatsachen beschreiben und auch die öffentlichen Meinungen lenken. Deshalb sollen wir in der interkulturellen Begegnung überprüfen, ob manche Meinungen von Medien [gelenkt; im Sinne von Manipulation] sind. Wir sollen oft skeptisch bleiben und das Impressum und den Inhalt prüfen[x].	Mit dieser Sitzung möchte ich auf der Wissensebene vermitteln, warum man dazu neigt, einen Gegenstand zunächst mit Klischees oder stereotypisierten Eindrücken zu betrachten; danach möchte ich darauf eingehen, wie Klischees und Stereotypen oder Diskriminierung entstehen. Nur wenn man zuerst kognitiv eine solche Wahrnehmung bearbeitet, kann man seine Einstellung verändern. Das entsprechende Lernziel im RePA lautet „Wissen, dass die Wahrnehmung der eigenen Kultur und anderer
„Klischees und Stereotypen oder Vorurteile haben Ähnlichkeit und Unterschiedlichkeit. Sie sind alle aufgrund mangelnder Kenntnisse von einer Sache entstanden, d.h. sie haben fast die gleiche Ursache. Klischee ist die oberflächliche, verbreitete Meinung [über] eine Sache oder Person. Stereotypen sind zugeschriebene Eigenschaften und Verhaltensweisen aufgrund äußerer Merkmale. Vorurteil ist die Beurteilung einer	

(Fortsetzung)

Tabelle 6.25 (Fortsetzung)

Person, die man nicht kennt, aufgrund ihr zugeschriebener Eigenschaften"[y].	Kulturkreise ebenfalls von individuellen Faktoren (Erfahrung und Charakter) abhängt"; die Aussagen der Studierenden dazu verweisen darauf, dass sie dieses Lernziel zu einem Gutteil erreicht haben.
"Nachdem ich das Video "Besuch auf der Insel Albatros" angeschaut und den Text "Die Kultur der Menschen auf Albatros" gelesen hatte, habe ich Klischee, Stereotype und Vorurteil besser verstanden. Als ich nur das Video sah, meinte ich, dass die Leute auf der Insel eine starke Diskriminierung der Frau haben. Männer besitzen immer Dominanz, während Frauen nur Unterwerfung haben. Aber nachdem ich den Text gelesen hatte, habe ich gefunden, dass die Leute und ich ganz unterschiedliche Meinungen darüber haben. Der Grund liegt darin, dass ich ihre Kultur nicht gut kenne und deswegen Vorurteile aufgrund mangelnder Kenntnis habe"[z].	
	Diese Wahrnehmungsgrafik hilft den Studierenden beim Analysieren der Frage, warum man andere Personen vorurteilsbehaftet behandelt.
"Die Grafik von Wahrnehmung bis zur Handlung hat deutlich den Prozess der Entstehung von Klischee und Stereotypen oder Vorurteile gezeigt und wie sie unser [Handeln] beeinflusst. Zuerst haben wir die Sache wahrgenommen, danach haben wir die Merkmale Kenntnisse sowie Vermutung über sie erworben. Sodann entsteht eine Emotion oder ein Gefühl und wir bewerten die Sache. Schließlich handeln oder reagieren wir irgendwie"[aa].	Die Studierenden sollen einige interkulturelle Missverständnisse im Alltag kennenlernen, die Ursachen analysieren und Strategien kennen, um mit Konflikten umzugehen. Dies entspricht dem RePADeskriptor (RePA 2009: 54) "Strategien zur Lösung interkultureller Konflikte kennen; Wissen, dass die Ursachen für Missverständnisse gemeinsam ausfindig gemacht/ erklärt werden müssen"
"Im Alltag gibt es verschiedene interkulturelle Missverständnisse. Sie ko☐nnen in vielen Situationen entstehen, z.B. in den Situationen Terminverabredung, Geschenken auf der Arbeit überreichen, teuren Geschenken für Geburtstag, Telefonieren und Komplimente beim Bewerbungsgespra☐ch machen. Der Grund liegt vielleicht darin, dass die Rituale in jeder Situation in jedem Land unterschiedlich sind. Deshalb kommen leicht Missverständnisse in der interkulturellen Kommunikation vor, besonders wenn man keine Vorkenntnisse über Kulturen hat. Wir können aber versuchen, mit Konflikten umzugehen. Einerseits sollen wir uns unsere eigene Position klar machen, d.h. verstehen, was unsere eigenen Wu☐nsche, Motive und	
	Die Studierenden sind sich bewusst, dass Missverständnisse in der interkulturellen Beziehung

2

Tabelle 6.25 (Fortsetzung)

Vorurteile sind. Andererseits sollen wir einen Perspektivenwechsel machen, d.h. Ru☐ckmeldungen von anderen zuho☐ren und uns in die Rolle der anderen zu versetzen"[ab].	wegen der Differenz von Privatsphäre und Distanz vorkommen können.
"In Bezug auf das Konzept von Zeit haben [Menschen] unterschiedlicher Länder ein unterschiedliches Verständnis, z.b. verbringen Chinesen die Freizeit eher mit Familie, und Deutsche machen gerne Urlaub"[ac].	Die Studierenden werden darauf achten, diese Missverständnisse zu vermeiden. Sie können die Ursachen analysieren, indem sie die Ähnlichkeiten und Unterschiede zwischen Kulturen feststellen. Hierbei können die Aussagen der
"Ein weiteres konkretes Beispiel ist der Bedarf an Privatsphäre. Privatsphäre ist von der Kultur abhängig. In verschiedenen Kulturen hält man unterschiedliche Abstände, um sich wohlzufühlen. Eine unpassende Distanz mit dem Gesprächspartner kann zu Missverständnissen führen. Man sollte bei der interkulturellen Begegnung auf Privatsphäre bzw. Distanz zu dem Gesprächspartner achten"[ad].	Studierenden in den drei Dimensionen der IKK verortet werden.
"Deutschland gehört zu den so genannten ,Nichtkontaktkulturen', während China zu ,Kontaktkulturen' gehört"[ae].	
"Missverständnisse treten manchmal bei jemandem auf, der "ins Fettnäpfchen" tritt, und verursachen große Probleme in den beruflichen Kontexten"[af].	
"Obwohl die Deutschen bei der Kommunikation im Vergleich zu Chinesen mehr auf den physischen Abstand achten (sind distanzierter), lächeln die Deutschen die Fremden gern an. Ich finde, "Privatsphäre" kann unter zwei Perspektiven betrachtet werden, nämlich: physisch und psychologisch. Aus der psychologischen Sicht heißt es nicht: je mehr man sich gegenüber den anderen distanziert verhält, desto mehr Freiheit hat man, sondern: je mehr Toleranz man gegenüber den anderen hat, desto mehr Freiheit hat man"[ag].	Das Lernziel im RePA mit dem Deskriptor "ich bin bereit, über Sprachunterschiede/ Kulturunterschiede und über das eigene Sprachsystem/ Kultur nachzudenken" möchte ich durch die Sitzung "Sprachmittlung" verwirklichen.

(Fortsetzung)

Tabelle 6.25 (Fortsetzung)

	„Wenn wir etwas übersetzen, können wir nicht einfach Wort für Wort übersetzen; wir müssen über die Sprache hinaus kulturelle Unterschiede berücksichtigen. Nachdem ich mir das Interview mit der Sinologin Eva Lüdi Kong angeschaut hatte, habe ich Folgendes begriffen: wenn man Fremdbegriffe übersetzt, sollte man sie verstanden und bildlich vor Augen haben, außerdem sollte man kulturelle Deutungsmuster herausfinden; das Beispiel „die Kälte im Winter, die Hitze im Sommer, sie kommen und gehen im wechselnden Lauf" ist sehr anschaulich; wir waren davon sehr begeistert" [ah].	Die Aussagen der Studierenden zeigen, dass sie durch diese Sitzung das Wissen erworben haben, welche Kompetenz man zum Sprachmitteln braucht. Das Beispiel mit der chinesischen Redewendung hilft den Studierenden, sich in ihr je eigenes Sprachsystem hineinzudenken, um sinngemäß sprachzumitteln.
savoir être	„Die Kultur der anderen Menschen zu respektieren ist wichtig, wir sollten kulturelle Unterschiede respektieren. Wir sollten die Unterschiede zwischen verschiedenen Kulturen mit einer toleranten Haltung verstehen und akzeptieren" [aj]. „Die Definition der Privatsphäre unterscheidet sich in verschiedenen kulturellen Kontexten. Ich verstehe die Notwendigkeit, im Umgang mit Menschen einen für sie angenehmen Abstand zu halten. Ich bin bereit, bei interkultureller Begegnung auf angemessene Distanz zu den Gesprächspartnern zu achten" [ak]. „Interkulturelle Höflichkeit interessiert mich sehr. Nach dem Kurs werde ich bei der interkulturellen Begegnung mehr auf Begrüßungsformen und Grußformeln in anderen Kulturen achten. Ich werde im Voraus mich auch über Gesten informieren, um Missverständnisse zu vermeiden". „Wenn wir vielfältige Informationen aus den Medien erfahren, sollten wir sie nicht unkritisch akzeptieren und beurteilen. Ich bemühe mich, die durch die Medien vermittelten Informationen kritisch zu	Diese Dimension der IKK bezieht sich auf die Einstellung. Die Aussagen der Studierenden wiederum können uns Indikatoren dafür geben, welche Einstellung sie zur interkulturellen Kommunikation haben und inwiefern sie bereit sind, ihre Einstellung zu verändern. Die Studierenden äußern ihr Verständnis für die Wichtigkeit der Haltung, „Respekt für die Unterschiede und die Vielfalt" Die Studierenden zeigen ihre Bereitschaft, andere kulturbedingte Verhaltensweisen zu akzeptieren. Der Deskriptor mit dem Ziel „ich bin sensibilisiert für die große Vielfalt der Begrüßungsformen und werde darauf achten" lässt sich in den Aussagen der Studierenden nachweisen. Die Studierenden sind sich bewusst geworden, die durch Medien vermittelten

(Fortsetzung)

Tabelle 6.25 (Fortsetzung)

betrachten" [al] ; „Wir sollten in der interkulturellen Begegnung die Meinungen der Medien durch Rückgriff auf Impressum und Quellen ständig überprüfen" [am].	Informationen kritisch zu betrachten.
„Das Stereotyp über eine Person oder eine Sache wird im Lebensprozess allmählich entwickelt. Wenn wir in einem bestimmten Alter sind, wollen wir diesen Stereotyp [modifizieren]. Wir sollten eine Sache möglichst objektiv betrachten, trotzdem werden wir unbewusst viele Dinge schnell beurteilen. Ich werde mich darum bemühen, die Dinge so objektiv wie möglich zu betrachten" [an].	Die Studierenden haben verstanden, wie Stereotype über eine Person oder eine Sache entstanden sind, und sie sind bereit, diese durch tiefere Kenntnis sowohl der eigenen Kultur als auch der Fremdkultur abzubauen.
„Wir sollten ein tiefes Verständnis unserer Kultur und auch der Fremdkultur haben, um Klischees, Stereotypen, Vorurteile zu vermeiden. Nachdem ich dieses Thema studiert habe, wu☐rde ich in der interkulturellen Kommunikation möglichst vermeiden, Klischees über eine Sache und eine Person zu verbreiten [w. sagen]. Wenn das aber nicht vermieden werden kann, bin ich mir bewusst, dass ich die anderen Personen na☐her kennenlernen sollte" [ao].	Die Studierenden sind bereit, die eigenen Kenntnisse oder Vorstellungen im Rahmen des Spracherwerbsprozesses zu modifizieren, wenn sie ihnen als unvorteilhaft erscheinen. Das Lernziel „ich bin bereit, mich in den anderen hineinzuversetzen" wurde ausweislich der Aussagen der Studierenden verwirklicht.
„In der zunehmend komplizierten internationalen Lage haben sich Vorurteile, Diskriminierungen und Konflikte deutlich verschärft. Als Fremdsprachenlernende sollen wir daher die Probleme möglichst objektiv betrachten und hoffen, aus einer solchen Perspektive die gesellschaftlichen Probleme hinter der Diskriminierung zu entdecken" [ap].	
„Wenn man eine neue Kultur kennenlernt, wird man sich der neuen Kultur durch Rückgriff auf seine eigene Erfahrung annähern, was leicht zu Missverständnis führen kann. Ich habe mit Freunden aus Amerika kommuniziert und bemerkt, dass Religion ein privates Thema ist; man sollte	Die Studierenden haben bei diesem Thema ihre eigenen Auslandserfahrungen einbezogen und wissen, welche Strategien man erwerben soll, um Missverständnisse zu vermeiden.

(Fortsetzung)

Tabelle 6.25   (Fortsetzung)

	vermeiden, mit diesem Thema anzufangen. Wir sollen im Voraus die Sitten und Bräuche der ausländischen Freunde kennenlernen. In der Praxis sollte man auch das Verhalten der anderen mehr beobachten, und beim Auftreten der Missverständnisse rechtzeitig für Klärung sorgen und sich aufrichtig an die Rituale der anderen Länder anpassen"[aq].	Sie haben auch den Willen, die Rituale der anderen Länder zu berücksichtigen.\n\nDiese Aussagen weisen auf den Deskriptor „Ich bin offen gegenüber dem sprachlich und kulturell Nichtvertrauten" hin.
	„Diese Veranstaltung brachte mich dazu, über mein tägliches Leben nachzudenken. Meiner Meinung nach gilt das richtige Verhalten nicht unbedingt für das Verhältnis zwischen Freunden. Deshalb sollte ich auf die Meinungen anderer hören und aus der Perspektive anderer in meine Betrachtung einbeziehen"[ar].	
	„In der interkulturellen Kommunikation kann es aufgrund der unterschiedlichen kulturellen Hintergründe, Verständnisse und Ausdrucksweisen häufig zu Missverständnissen kommen. Deshalb ist es wichtig, in der interkulturellen Kommunikation nicht zu schnell zu urteilen und zu versuchen, anders zu denken und den anderen zu verstehen"[as].	Die Studierenden sind sich bewusst geworden, dass man nicht vorschnell urteilen soll, sondern dass man besser die anderen zunächst näher kennenlernt.
	„Ich finde, es ist sehr wichtig, dass wir in diesem Kurs die Strategie für das Lösen von Konflikten gelernt haben, da in manchen Fällen die kulturellen Missverständnisse nicht vermeidbar sind. Einerseits sollten wir uns [über] unsere eigene Position klarmachen, d.h. unsere eigenen Wünsche, Motive und Vorurteile. Andererseits sollten wir zu einem Perspektivenwechsel bereit sein, d.h. Ru☐ckmeldungen von anderen zuho☐ren und uns in die Rolle der anderen versetzen"[at].	Die Studierenden sind bereit, sich in den anderen hineinzuversetzen, um Konflikte zu lösen.\n\nDie Studierenden kennen Strategien zur Lösung interkultureller Konflikte.
savoir faire	„Das 4-Ohren-Modell der Kommunikation hat mir eine neue Perspektive eröffnet. Wenn wir mit Menschen aus verschiedenen Ländern arbeiten, werden wir sicherlich viele Missverständnisse haben. Das kann auf unterschiedliche Ebenen unserer Kommunikation [zurückgeführt] werden. Ich	Das 4-Ohren-Modell wurde vermittelt, um den Studierenden zu zeigen, wie man Missverständnisse in interkultureller Kommunikation analysiert. Die Studierenden sind sich bewusst geworden, dass sie

(Fortsetzung)

Tabelle 6.25 (Fortsetzung)

würde bei der interkulturellen Begegnung das Kommunikationsmodell anwenden, um zu verstehen, auf welchen Ebenen beziehen sich meine Gesprächspartner"[au].	das 4-Ohren-Modell beim Auftreten der Missverständnisse anwenden können. Der RePA-Deskriptor „ich kann einige kulturell bedingte Missverständnisse analysieren" (RePA 2009: 91) wurde als Lernziel eingesetzt, und die Aussagen der Studierenden zeigen uns, dass sie es weitgehend realisiert haben.
„Wir haben im Unterricht auch über die Wichtigkeit von Höflichkeit für die Gesellschaft diskutiert; dabei haben wir tiefgehende Kenntnisse erworben; ich werde Höflichkeitsformeln angemessen anwenden"[av].	Die Studierenden haben im Unterricht ein tieferes Verständnis von Höflichkeit erworben, dadurch dass sie ihr diesbezügliches Bewusstsein vertieft haben; sie sind Des Weiteren bereit, auf Höflichkeitsformeln zu achten und sie angemessen anzuwenden.
„Im Unterricht habe ich die Definitionen und Funktionen von Medien kennengelernt. Durch „Mein Online- Profil" habe ich über die Einflüsse von Medien auf mich nachgedacht. Ehrlich gesagt, verbringe ich täglich viel Zeit damit, im Internet zu surfen. Ich habe mich viel informieren lassen. Aber es beschleunigt auch mein Leben. Meistens habe ich keine Zeit, einen tieferen Einblick in die Informationen zu nehmen. Ich prüfe oft nicht, ob die Informationen wahr sind. Die Medien haben mich sowohl positiv als auch negativ beeinflusst. Nach dem Unterricht werde ich mich vernünftiger verhalten, wenn ich unterschiedliche Informationen erhalte. Ich will mich mehr über nützliche und sinnvolle Informationen informieren und mein Urteilsvermögen entwickeln"[aw].	Die Studierenden erhalten Informationen über ein anderes Land hauptsächlich durch Medien; daher ist es wichtig, mit den Quellen umgehen zu können. Den Aussagen kann man entnehmen, dass sich die Studierenden der Notwendigkeit bewusst geworden sind, kritisch die durch Medien vermittelten Informationen durch Prüfen von Quellen zu betrachten.
„Die [Existenz] von Stereotypen ist weit verbreitet. Dies liegt daran, dass es unterschiedliche Kulturen, Gesellschaften und Lebensstile gibt. Wenn wir in unserem Leben auf Stereotypen stoßen, sollten wir uns nicht darüber ärgern, sondern versuchen, einen	Die Aussagen der Studierenden zeigen uns, dass sie sich über die Entstehung stereotypisierter Eindrücke kundig gemacht haben, auch darüber, mit welcher Einstellung sie mit der Problematik umgehen, und wie sie

(Fortsetzung)

Tabelle 6.25 (Fortsetzung)

guten Weg zu finden, um sie zu lösen"[ax]. „In der interkulturellen Kommunikation sind Klischee, Stereotypen und Diskriminierungen unvermeidlich, sie wirken sich jedoch negativ auf die interkulturelle Kommunikation aus. Daher sollen wir uns bewusst sein und versuchen, negative Auswirkungen zu vermeiden, indem wir vereinfachte Denkgewohnheiten ändern und den Kontaktbereich mit Menschen aus verschiedenen Kulturen erweitern"[ay].	in einem weiteren Schritt solche Eindrücke verändern können. Die Studierenden können auf ihre eigenen Erfahrungen zurückgreifen und dabei analysieren, welche stereotypisierte Eindrücke sie persönlich beeinflusst haben und wie sie diese bearbeiten können.
„Im Unterricht haben wir zuerst die Definition und Ursachen von Klischees und Stereotypen gelernt. Ich glaube, dass die Unbekanntheit die wichtigste Ursache für die Entstehung von Klischees und Stereotypen ist. Beispielsweise bin ich niemals nach Deutschland gefahren, aber ich will etwas über Deutschland erfahren. Dann sagte mir eine Studentin, die einmal nach Deutschland gefahren ist, dass die Deutschen sehr pünktlich sind. Deshalb meine ich, dass alle Deutschen großen Wert auf Pünktlichkeit legen. Aber die Studentin hat vielleicht nur einige Deutschen kennengelernt. Was sie sagte, ist nicht ganz richtig und umfassend. Schließlich verbreite ich diese Information und viele bekommen ein bestimmtes Bild von Deutschen. Diskriminierung schadet uns nicht. es ist aber vielleicht eine Ursache für die Konflikte zwischen verschiedenen Nationen. Deshalb müssen wir vermeiden, die anderen zu diskriminieren"[az] .	Ein bestimmter RePA-Deskriptor (2009: 91) zielt darauf ab, dass „stereotypisierte Eindrücke und kulturbedingte Vorurteile analysiert werden [können]". Die Studierenden haben anhand der Beispiele die Entstehung der stereotypisierten Eindrücke analysiert. Dies soll besagen, dass sie das Bewusstsein für das Abbauen der Stereotype gesteigert haben.
„Unser Kommilitone ist in unterschiedliche Regionen gereist, er hat uns von seiner Reise erzählt, und so entstehen bestimmte von ihm vermittelte Bilder in unserem Kopf. Nach dem Unterricht wissen wir, dass wir uns von den sogenannten vereinfachten Eindrücken über die Leute in einer Region verabschieden sollen, [denn] solche Eindrücke sind zu oberflächlich und entsprechen oft nicht der Realität. Nur wenn man selbst vor Ort ist, kann man sich an die Leute annähern; dadurch kann man ein authentischeres Bild über einen Ort bekommen, und trotzdem muss man auch im Auge behalten, dass man durch Reisen auch	

(Fortsetzung)

Tabelle 6.25   (Fortsetzung)

keine wahren Bilder bekommt. Wir sollen vor Ort über einen langen Zeitraum Beobachtungen anstellen und Erfahrungen sammeln, so dass wir die Regionen und die Leute tiefergehend kennenlernen[ba].	
„Der Film „Schwarzfahrer" beeindruckte mich, ich habe an diesem Film die Gefahr von Diskriminierungen bemerkt; ich werde mich daher um den Abbau der Diskriminierungen bemühen und soweit möglich die anderen möglichst respektieren. Der Film "Schwarzfahrer" hat auch Stereotypen bzw. Vorurteile lebendig veranschaulicht. Die alte Frau hat einen Schwarzen diskriminiert und ihn mit unverschämten Worten beleidigt. Der Titel "Schwarzfahrer" bezeichnet eine Person, die mit Bus oder Bahn fährt, ohne eine Fahrkarte gelöst zu haben. Aber warum "Schwarzfahrer" statt z.B. "Weißfahrer"? Das Wort enthält vielleicht eine Diskriminierung der Schwarzen. Wenn man in einer Kultur mit solchen Wörtern aufgewachsen ist, hat man leichter Stereotypen oder Vorurteile gegen Schwarze, die zu Diskriminierungen führen kann"[bb].	Die Studierenden haben über den Ausdruck „Schwarzfahrer" reflektiert und meinen diesbezüglich, dass diese sprachliche Verwendung zu Vorurteilen gegenüber Leuten mit schwarzer Hautfarbe führen kann. An diesen Aussagen kann man erkennen, dass die Studierenden sprachliche und kulturelle Phänomene als Reflexionsgegenstände betrachtet haben und sie analysieren konnten.
„Da das Lebensumfeld und das Bildungsniveau der Menschen unterschiedlich sind, [erleiden] die Menschen oft Missverständnisse. Menschen in verschiedenen Regionen entwickeln bestimmte Gewohnheiten und bilden Lebensstile in ihrem täglichen Leben heraus. Manchmal gibt es also Situationen, in denen es unterschiedliche Meinungen in alltäglichen Interaktionen gibt. Aber wir sollten aktiv versuchen, diese kleinen Widersprüche zu lösen. Das erste, was wir tun müssen, ist, einander zu respektieren, die kulturellen Überzeugungen und besonderen Gewohnheiten des anderen zu respektieren. Zweitens sollten wir Gemeinsamkeiten und Unterschiede suchen und Lösungen für Konflikte finden. Wenn alle dies tun, wird unsere Kommunikation reibungsloser"[bc].	An diesen Aussagen der Studierenden lässt sich erkennen, dass sie in der Lage sind, die Missverständnisse im Blick auf mögliche Gründe zu erklären und darüber hinaus versuchen, sie zu bewältigen. Während der Bearbeitungsphase im Unterricht wird von den Lernenden erwartet, auf eine differenzierte Betrachtungsweise und die Wahrnehmung kultureller Vielfalt hinzuarbeiten. Die Aussagen der Studierenden kommen dieser Erwartung entgegen.

(Fortsetzung)

Tabelle 6.25 (Fortsetzung)

„Durch das Erlernen der Themen wie Wahrnehmung, Selbstidentität und Medien habe ich ein besseres Verständnis [davon] gewonnen, worauf ich achten muss, wenn ich mit Menschen aus anderen Ländern kommuniziere [...]. Ich habe auch eine gute Gewohnheit entwickelt: Wenn ich auf Konflikte und Widersprüche stoße, versuche ich, die Situation von mehreren Seiten zu analysieren, und zu untersuchen, was genau die Ursache für das Missverständnis ist. Ich versuche auch, es möglichst zu verstehen und zu tolerieren"[bm].	

[a]Hierbei wurde der Ausdruck „achten auf " durch „Aufmerksamkeit richten" von mir ersetzt.u

[b]CD, Primärordner: HS, Sekundärordner: Sitzungen 1–3, L. (Antwort auf Frage a).

[c]CD, Primärordner: HS, Sekundärordner: Sitzungen 1–3, Z. (Antwort auf Frage b).

[d]CD, Primärordner: HS, Sekundärordner: Sitzungen 1–3, B. (Antwort auf Frage a).

[e]CD, Primärordner: HS, Sekundärordner: Sitzungen 1–3, Y. (Antwort auf Frage a).

[f]CD, Primärordner: HS, Sekundärordner: Sitzungen 1–3, Y. (Antwort auf Frage a).

[g]CD, Primärordner: HS, Sekundärordner: Sitzungen 1–3, B. (Antwort auf Frage a).

[h]CD, Primärordner: HS, Sekundärordner: Sitzungen 1–3, C. (Antwort auf Frage a).

[i]CD, Primärordner: HS, Sekundärordner: Sitzungen 1–3, J. (Antwort auf Frage a).

[j]CD, Primärordner: HS, Sekundärordner: Sitzungen 4–6, B. (Antwort auf Frage a).

[k]CD, Primärordner: HS, Sekundärordner: Sitzungen 4–6, H. (Antwort auf Frage a).

[l]CD, Primärordner: HS, Sekundärordner: Sitzungen 4–6, Y. (Antwort auf Frage a).

[m]CD, Primärordner: HS, Sekundärordner: Sitzungen 4–6, Z. (Antwort auf Frage a).

[n]CD, Primärordner: HS, Sekundärordner: Sitzungen 4–6, H. (Antwort auf Frage a).

[o]CD, Primärordner: HS, Sekundärordner: Sitzungen 4–6, Z. (Antwort auf Frage a).

[p]CD, Sitzungen 4–6, Shuoying Yuan (Antwort auf Frage a).

[q]CD, Primärordner: HS, Sekundärordner: Sitzungen 4–6, F. (Antwort auf Frage a).

[r]CD, Primärordner: HS, Sekundärordner: Sitzungen 4–6, B. (Antwort auf Frage a).

[s]CD, Primärordner: HS, Sekundärordner: Sitzungen 4–6, L. (Antwort auf Frage a).

[t]CD, Primärordner: HS, Sekundärordner: Sitzungen 4–6, C. (Antwort auf Frage a).

[u]CD, Primärordner: HS, Sekundärordner: Sitzungen 4–6, Y. (Antwort auf Frage a).

[v]CD, Primärordner: HS, Sekundärordner: Sitzungen 4–6, H. (Antwort auf Frage a).

[w]CD, Primärordner: HS, Sekundärordner: Sitzungen 4–6, Y. (Antwort auf Frage a).

[x]CD, Primärordner: HS, Sekundärordner: Sitzungen 7–9, L. (Antwort auf Frage a).

[y]ebd.

[z]CD, Primärordner: HS, Sekundärordner: Sitzungen 7–9, L. (Antwort auf Frage a).

[aa]CD, Primärordner: HS, Sekundärordner: Sitzungen 7–9, L. (Antwort auf Frage a).

[ab]CD, Primärordner: HS, Sekundärordner: Sitzungen 10, L. (Antwort auf Frage 3).

[ac]CD, Primärordner: HS, Sekundärordner: Sitzungen 10, C. (Antwort auf Frage 3).

[ad]CD, Primärordner: HS, Sekundärordner: Sitzungen 4–6, Y. (Antwort auf Frage a).

[ae]CD, Primärordner: HS, Sekundärordner: Sitzungen 4–6, H. (Antwort auf Frage a).

[af]CD, Primärordner: HS, Sekundärordner: Sitzungen 4–6, Z. (Antwort auf Frage a).

Tabelle 6.25 (Fortsetzung)

[ag]CD, Primärordner: HS, Sekundärordner: Sitzungen 4–6, Z. (Antwort auf Frage b); hierbei hat der TN auf Chinesisch geantwortet, und diese chinesische Aussage wurde von mir übersetzt.

[ah]CD, Primärordner: HS, Sekundärordner: Sitzungen 4–6, L. (Antwort auf Frage b).

[ai]Dieser Sprachkorpus über Höflichkeit beruht auf dem Artikel „Über Höflichkeit" von Hans Jürgen Heringer (2009: 91). Er bezieht den Mannheimer Korpus DeReKo mit ein. Dabei wird Höflichkeit im Zusammenhang mit „schweigen, zurückhaltend, verbeugen, nett, hilfsbereit, lächeln, bedanken, bescheiden, freundlich, distanziert usw." dargestellt.

[aj]CD, Primärordner: HS, Sekundärordner: Sitzungen 7–9, M.L. (Antwort auf Frage b).

[ak]CD, Primärordner: HS, Sekundärordner: Sitzungen 4–6, B. (Antwort auf Frage b).

[al]CD, Primärordner: HS, Sekundärordner: Sitzungen 7–9, Z. (Antwort auf Frage a); die Aussage war chinesisch und wurde von mir ins Deutsche übersetzt.

[am]CD, Primärordner: HS, Sekundärordner: Sitzungen 7–9, M. L.(Antwort auf Frage a).

[an]CD, Primärordner: HS, Sekundärordner: Sitzungen 7–9, unbekannter Name (Antwort auf Frage a).

[ao]CD, Primärordner: HS, Sekundärordner: Sitzungen 7–9, L. (Antwort auf Frage a).

[ap]CD, Primärordner: HS, Sekundärordner: Sitzungen 7–9, L. (Antwort auf Frage a); die Aussage war chinesisch und wurde von mir ins Deutsche übersetzt.

[aq]CD, Primärordner: HS, Sekundärordner: Sitzungen 4–6, X. Z. (Antwort auf Frage b); die Aussage war chinesisch und wurde von mir ins Deutsche übersetzt.

[ar]CD, Primärordner: HS, Sekundärordner: Sitzungen 10, Z. (Antwort auf Frage 3).

[as]CD, Primärordner: HS, Sekundärordner: Sitzungen 10, Y. (Antwort auf Frage 3).

[at]CD, Primärordner: HS, Sekundärordner: Sitzungen 10, F. (Antwort auf Frage 3).

[au]CD, Primärordner: HS, Sekundärordner: Sitzungen 4–6, M. L. (Antwort auf Frage a).

[av]CD, Primärordner: HS, Sekundärordner: Sitzungen 4–6, Y. (Antwort auf Frage b).

[aw]CD, Primärordner: HS, Sekundärordner: Sitzungen 7–9, F. (Antwort auf Frage a).

[ax]CD, Primärordner: HS, Sekundärordner: Sitzungen 7–9, W. (Antwort auf Frage a).

[ay]CD, Primärordner: HS, Sekundärordner: Sitzungen 7–9, L. (Antwort auf Frage a).

[az]CD, Primärordner: HS, Sekundärordner: Sitzungen 7–9, F. (Antwort auf Frage a).

[ba]CD, Primärordner: HS, Sekundärordner: Sitzungen 7–9, F. (Antwort auf Frage b); die Aussage war chinesisch, wurde von mir ins Deutsche übersetzt.

[bb]CD, Primärordner: HS: Sekundärordner: Sitzungen 7–9, L. (Antwort auf Frage a).

[bc]CD, Primärordner: HS, Sekundärordner: Sitzung 10, G. (Antwort auf Frage a).

[bd]CD, Primärordner: HS, Sekundärordner: Sitzung 10, Z. (Antwort auf Frage a).

Aufgaben zum Bereich savoir faire: Der RePA betrachtet savoir faire als Fertigkeiten und prozedurales Wissen. Die Fertigkeiten der IKK beziehen sich auf die im Kapitel (4.3.1) dargestellten Aspekte. Bei prozeduralem Wissen geht es um die Handlungsstrategien, die bei der interkulturellen Begegnung eingesetzt werden sollen. Um diese Ebene der IKK zu fördern, wurden gezielte handlungsorientierte Aufgaben wie Rollenspiele, Zeichnen usw. erstellt. Aufgrund einer Analyse der qualitativen und quantitativen Daten ließ sich feststellen, dass diese

Aufgaben nicht nur positive affektive Wirkungen (z. B. Motivationssteigerung) erzielt, sondern auch den Studierenden beim Wissenserwerb geholfen haben.

Die Frage, ob das savoir faire bei den Studierenden in der realen interkulturellen Begegnung auch pragmatisch in entsprechendes sprachliches und interkulturelles Handeln umsetzt, lässt sich im Rahmen einer Untersuchung wie dieser nicht abschließend beantworten; allerdings hat es sich aufgrund der Untersuchungen der Metakognition als wahrscheinlich erwiesen, dass prozedurales Wissen zukünftige Handlungen beeinflusst.

Im Mittelpunkt der vorliegenden Arbeit stand die Herausarbeitung der Merkmale von Aufgaben zur Förderung interkultureller kommunikativer Kompetenz im chinesischen universitären Fremdsprachenunterricht. Hierbei wurde von den sechs Merkmalen der Aufgaben ausgegangen, nämlich: Lernziel, Input, Aktivität, *learnerrole, teacher role* und *settings*. Infolgedessen positioniert sich die Arbeit im Kontext der Fremdsprachendidaktik für interkulturelle kommunikative Konzepte.

Um die Lernziele der interkulturellen kommunikativen Kompetenz im Fremdsprachenunterricht zu bestimmen, stützt sich die Arbeit insbesondere auf das Byramsche Modell, auf die Modellierung der IKK von Rössler und Caspari sowie auf RePA. Die Lernziele ließen sich in den drei Dimensionen (*savoir; savoir être; savoir faire*) verorten. Im theoretischen Teil wurden die Kriterien für den Unterrichtsinput in Anlehnung an Rössler (2010) diskutiert: Der Input soll sich in drei Lernbereichen (Kulturen in Sprache und Kommunikation verstehen; Kulturen in Wahrnehmungsmustern und Einstellungen verstehen; Kulturen als fremde Kommunikationsgemeinschaften und Lebenswelten verstehen) platzieren. Zur Veranschaulichung dieser Kriterien wurden im empirischen Teil Lernmaterialien eingesetzt, die einen Beitrag im Zusammenhang mit Unterrichtsaktivitäten zur Erreichung der interkulturellen kommunikativen Kompetenz liefern sollten. Für die Unterrichtsaktivität wurden die Prinzipien Lernerorientierung, Prozessorientierung und Handlungsorientierung als zentrale didaktische Prinzipien definiert, die sich auf die Einbeziehung der eigenkulturellen Deutungsmuster und Lebenserfahrungen, Reflexivität und kulturelle Aushandlung, „Eintauchen" in den interkulturellen Begegnungssituationen fokussieren. Die von Freitag-Hild (2010) entwickelte Aufgabentypologie konnte als Orientierung zur Initiierung der interkulturellen Lernprozesse nutzbar gemacht werden. Die entwickelten 10 Unterrichtseinheiten in der empirischen Studie konnten den Nachweis erbringen, dass die Aufgaben, die die im Theorieteil diskutierten Merkmale aufweisen, das

Leistungsvermögen zur Förderung interkultureller kommunikativer Kompetenz in den drei Dimensionen bei den chinesischen Germanistikstudierenden deutlich steigern können.

Die im Theorieteil analysierten Modelle und Modellierungen interkultureller kommunikativer Kompetenz wiesen eine horizontale Aufschlüsselung auf persönlichkeits-, wissens- und fertigkeitsbezogenen Ebenen auf. Einer vertikalen Aufschlüsselung interkultureller kommunikativer Kompetenz wurde in diesem Forschungskontext nicht nachgegangen.

7.1   Relevanz der Arbeit für Unterrichtspraxis, Lehrerausbildung

Die Nützlichkeit der vorgelegten Arbeit für Lehrkräfte besteht darin, dass sie eine Orientierungshilfe bei der Bereitstellung für den Input und für die Festlegung auf Lernziele sowie für die Auswahl und Gestaltung von Aufgaben im interkulturellen Fremdsprachenunterricht bietet.

Die Bestimmung von Kriterien zum Input hilft den Lehrkräften bei der Auswahl, inwiefern sich die besagten Materialien für das Erreichen der interkulturellen Lernziele eignen.

Die Kriterien der Aktivitäten und exemplarischen Aufgabenformate können die Lehrkräfte dabei unterstützen, festzustellen, wie der Input die interkulturellen Lernprozesse initiieren kann. Die im empirischen Teil konkretisierten Aufgabenformate sollen für die Lehrenden anschaulich darstellen, wie die interkulturellen Lernprozesse in Gang gesetzt werden können. Zur Initiierung dieser Prozesse ist erwähnenswert, dass die lernerorientierten und handlungsorientierten Aufgaben in Unterrichtseinheit (Stereotype, Vorurteile) exemplarisch gut gezeigt haben, dass die Studierenden durch handlungs- und produktionsorientierte Aktivitäten zur eigenen Textproduktion angeregt werden, und dass dieser Text als Ausgangspunkt für eine vertiefte Auseinandersetzung (Erwartungen prüfen, reflektieren und neue Erkenntnisse gewinnen) genutzt werden kann.

Die Erforschung der Kategorien *learner role* und *teacher role* in der empirischen Studie sollte aufzeigen, wie bei den interaktiven Unterrichtssituationen die Aushandlungsprozesse zustande kommen. Hierbei wurde anhand von Gruppenarbeit und Unterrichtsgesprächen zwischen den Studierenden und Dozentin veranschaulicht, wie die Studierenden untereinander und mit der Dozentin die kulturellen Bedeutungen aushandeln. Während des Unterrichts übernehmen die Lehrkräfte die Rolle des Mittlers zwischen Eigen- und Fremdkulturen. Hierbei sollen sie in den Unterrichtsgesprächen auf die in Erscheinung getretenen stereo-typisierten Eindrücke aufmerksam machen und auf die Gründe der Entstehung dieser Denkweisen und auf differenzierte Betrachtungsweisen hinarbeiten. Diese Arbeit kann daher für die auszubildenden Fremdsprachenlehrer einen Betrag leis-ten, nämlich: wie die Lehrenden als Mittler im Unterricht die Lernenden zu Reflexion, Aushandlung und Analyse führen können.

Des Weiteren kann die Unterrichtspraxis veranschaulichen: welche Aufga-ben eignen sich für die *pre-task* Phase zur Vorentlastung der Thematik? Wie können die Aufgaben für die Phase *while-task* zur Erarbeitung des kulturellen Wissens zum Einsatz kommen und wie kann das Potenzial von Gruppenarbeiten, Rollenspielen für das Lernziel ausgeschöpft werden?

Darüber hinaus ist es bedeutsam, die Lernziele noch vor dem Unterricht für die Studierenden klarzumachen und den Studierenden dabei zu helfen, ihres eige-nen Lernprozesses bewusst zu werden – in diesem Fall durch Reflexionsbögen. Die empirische Forschung hat bewiesen, dass der Reflexionsbogen als Instrument nicht nur für Datenerhebung verwendet, sondern auch für die Bewusstmachung und Verarbeitung der Lernprozesse nutzbar gemacht werden kann.

Diese Arbeit kann außerdem zum Bewerten der interkulturellen kommu-nikativen Kompetenz der Lehrenden genutzt werden, indem die Kriterien als Evaluationsraster fungieren.

7.2 Ausblick auf weiterführende Fragestellungen und Forschungen

Zum Schluss wurden weiterführende Fragestellungen und Forschungsdeside-rate skizziert, die sich aus den Erkenntnissen der vorliegenden Arbeit für die interkulturelle Fremdsprachendidaktik ergeben haben.

7.2.1 *Task-based-learning* im interkulturellen Fremdsprachenunterricht

Vor dem Unterricht wurde ein Fragebogen verwendet, um die themenbezogenen Vorkenntnisse der Studierenden zu ermitteln, und diese Vorkenntnisse fungierten als Impulse in *pre-tasks*. Diese Aufgaben haben sich als gewinnbringend erwie-sen, insofern die Lernertexte eine vertraute Unterrichtsstimmung schaffen und die Vorkenntnisse z. B. beim Thema „Stereotype, Vorurteile" durch Reflexions-aufgaben verarbeitet werden können; dadurch arbeiten die Studierenden auf ihre stereotypisierten Denkweisen hin. Durch die Auswertung der qualitativen Daten wurde aufgezeigt, dass die Studierenden im Großen und Ganzen die Bereitschaft entwickelt haben, ihre Einstellung gegenüber den stereotypisierten Vorstellungen zu verändern; des Weiteren, dass sie mit hoher Wahrscheinlichkeit ihre Sensibilität gegenüber diesen Einstellungen entwickelt bzw. verfeinert haben. Daher kann der Ansatz *task-based-learning* für die Erforschung des interkulturellen Fremdsprachenunterrichts insbesondere für Austauschstudierende im Zielsprachenland in Betracht gezogen werden. Dieser Ansatz fokussiert auf Aufgaben, die die Fremdsprache als Mittel erfüllen und zur unmittelbaren Anwendung der Fremdsprache im Lebensumfeld veranlassen, und er verlangt den Lernenden die Bereitschaft ab, mit ihrem Wissen und Können zu experimentieren. Da ein Studienaustauschprogramm[1] die Bedingungen für die Anwendung dieses Ansatzes im Vergleich zum Lernen im Muttersprachland besser erfüllen kann, liegt es nahe, den Ansatz *task-based-learning* zur Förderung der interkulturellen kommunikativen Kompetenz im Rahmen des Austauschprogramms weiter zu erforschen.

7.2.2 Lehr- und Lernmaterialien entwickeln

Diese Arbeit hat sich der Analyse von interkulturellen Lernzielen und deren Umsetzung in den Lehrwerken gewidmet. Es hat sich gezeigt, dass die Lehrwerkentwicklung mit dem Schwerpunkt interkultureller kommunikativen Kompetenz seit dem Anfang des 21. Jahrhunderts vernachlässigt worden ist. Der neue Begleitband für GeR (deutsche Version 2020) richtet seine Aufmerksamkeit auf dieses Lernziel im Zusammenhang mit der Thematik Sprachmittlung. Damit einhergehend ist die Entwicklung von Lehr-und Lernmaterialien wünschenswert, wobei die Lehrerhandreichungen den Zielsetzungen und didaktischen Prinzipien interkulturellen Lernens gerecht werden sollen.

7.2.3 Sprachmittlung zur Förderung interkultureller kommunikativer Kompetenz

Die vorliegende Arbeit hat im Theorieteil ausführlich dargelegt, dass die sprachmittelnden Aktivitäten mit ihren besonderen Potenzialen einen Beitrag zur Förderung der interkulturellen kommunikativen Kompetenz leisten können. Der

---

[1] Beispiele für Studienaustauschprogramme sind „Sommerkurs", „ATS-Kurs in Jena" usw.

GeR (2020) entwickelt ausführliche Deskriptoren auf Skala A1 (gegebenenfalls vor A1 bis C2) für kommunikative Sprachaktivitäten und -strategien bei den sprachmittelnden Aktivitäten.

Es bleibt daher zu hoffen, dass empirische Forschung über Sprachmittlung zur Förderung der interkulturellen kommunikativen Kompetenz anhand der Deskriptoren im GeR (2020) zustande kommen wird.

7.2.4 Übertragbarkeit auf andere Lerngruppen

Der empirische Teil dieser Arbeit konzentrierte sich auf die chinesischen Germanistikstudierenden, die sich im dritten Studienjahr befanden und deren sprachliches Niveau durchschnittlich über B2 lag. Nun stellt sich die Frage, inwiefern die Aufgaben mit diesen herausgearbeiteten Merkmalen bei anderen Germanistikstudierendengruppen der Förderung interkultureller kommunikativer Kompetenz gerecht werden können. Darüber hinaus wird mehr schulischer Deutschunterricht gefordert, weshalb es naheliegt, folgenden Fragen nachzugehen: 1. Inwiefern unterscheidet sich die interkulturelle kommunikative Kompetenz der Germanistikstudierenden von der der Schüler und Schülerinnen? 2. Können die Aufgaben mit diesen Zielstellungen die interkulturelle kommunikative Kompetenz der Schüler und Schülerinnen, die auf den Niveaus A1- bis B1 lernen, fördern, und wenn ja, wie würden Zielaufgaben in sprachlich reduzierter Form aussehen? Wären sie auf dieser Stufe überhaupt durchführbar?

Literaturverzeichnis

Abendroth-Timmer, Dagmar (1997): Zum Potenzial von Lehrwerken für das Verstehen anderer Kulturen. In: Bredella; Christ; Legutke (Hrsg.): *Thema Fremdverstehen. Arbeiten aus dem Graduiertenkolleg „Didaktik des Fremdverstehens"*. Tübingen: Gunter Narr Verlag, 76–100.

Abendroth-Timmer, Dagmar (2001): Konzepte interkulturellen Lernens und ihre Umsetzung in Lehrwerken. In: Franz-Joseph; Marcus (Hrsg.): *Bausteine für einen neokommunikativen Französischunterricht*. Tübingen: Gunter Narr Verlag, 135–149.

Abendroth-Timmer, Dagmar (2000/1): „Lernziel" interkulturelle Kompetenz „oder: Wie zeitgemäß sind unsere Lehrwerke?" In: Fery; Raddatz (Hrsg.): *Lehrwerke und ihre Alternativen*. Berlin: Peter Lang GmbH Europäischer Verlag der Wissenschaften, 35–45.

Agar, Michael (2002): *UNDERSTANDING THE CULTURE OF CONVERSATION*. Perennial: Harper Collins.

Aguado, Karin (2014): Triangulation. In: Settinieri; Feldmeier; Karakoç; Riemer (Hrsg.). *Empirische Forschungsmethoden für Deutsch als Fremd- und Zweitsprache Eine Einführung*, Paderborn: Ferdinand Schöningh, 47–55.

Altmayer, Claus (2004): *Kultur als Hypertext: zu Theorie und Praxis der Kulturwissenschaft im Fach Deutsch als Fremdsprache*. München: Iudicium Verlag.

Altmayer, Claus (2010): Konzepte von Kultur im Kontext von Deutsch als Fremd- und Zweitsprache. In: Krumm, Fandrych, Hufeisen, Riemer (Hrsg.): *Deutsch als Fremd- und Zweitsprache Ein internationales Handbuch*. Berlin: Walter de Gruyter GmbH, 1402–1412.

Altmayer, Claus (2016): Interkulturalität. In: Burwitz-Melzer; Riemer; Bausch; Krumm (Hrsg.): *Handbuch Fremdsprachenunterricht*. Tübingen: A. Francke Verlag, 6. Auflage, 15–19.

Atteslander, Peter (2010): *Methoden der empirischen Sozialforschung*. Berlin: Erich Schmidt Verlag, 13. Auflage.

Barkowski, Hans (1999): Forschungsthema Lehr- und Lernmaterialien. In: Bausch; Christ; Königs; Krumm (Hrsg.): *Die Erforschung von Lehr- und Lernmaterialien im Kontext des Lehrens und Lernens fremder Sprachen*. Tübingen: Narr Verlag, 9–16.

Bolten, Jürgen (2012): *Interkulturelle Kompetenz*. Erfurt: Landeszentrale für politische Bildung Thüringen.

M. Wang, *Die Förderung interkultureller kommunikativer Kompetenz im aufgabenorientierten Deutschunterricht mit chinesischen Studierenden*, https://doi.org/10.1007/978-3-662-67102-3

Bredella, Lothar (2008): Hans-Eberhard Piephos Konzept der kommunikativen Kompetenz: Eine Herausforderung für die Fremdsprachendidaktik. In: Legutke (Hrsg.): *Kommunikative Kompetenz als fremdsprachendidaktische Vision*. Tübingen: Gunter Narr Verlag, 43–63.

Bredella, Lothar (2011): Die Bedeutung von Geschichten für das interkulturelle Verstehen". In: Schmenk; Würffel (Hrsg.): *Drei Schritte vor und manchmal auch sechs zurück internationale Perspektiven auf Entwicklungslinien im Bereich Deutsch als Fremdsprache*. Tübingen: Narr Francke Attempto, 123–134.

Brunsmeier, Sonja (2016): *Interkulturelle Kommunikative Kompetenz im Englischunterricht der Grundschule Grundlagen, Erfahrungen, Perspektiven*. Tübingen: Narr Francke Attempto.

Byram, Michael (1997): *Teaching and Assessing Intercultural Communicative Competence*. Great Britain: Multilingual Matters.

Byram, Michael; Nichols, Adam; Stevens, David (2001): *Developing intercultural Competence in Practice*. Great Britain: Multilingual Matters.

Camerer, Rudolf (2007): Sprache – Quelle aller Missverständnisse. Zum Verhältnis von Interkultureller Kompetenz und Sprachkompetenz. In: *Zeitschrift für Interkulturellen Fremdsprachenunterricht 3*.

Candelier, Michel et al (edd.) (2009): RePA. *Referenzrahmen für Plurale Ansätze zu Sprachen und Kulturen*. Graz: Europäisches Fremdsprachenzentrum.

Candelier, Michel (2019): Plurale Ansätze zu Sprachen und Kulturen – Zur Nützlichkeit eines Begriffs und eines Referenzrahmens für die Sprachendidaktiken in Deutschland. In: Funk; Reihfried; Volkmann (Hrsg.): *Sprachenlernen integriert – global, regional, lokal Baltmannsweiler*: Schneider Verlag Hohengehren.

Candelier, Michel; Daryai-Hansen, Petra; Schröder-Sura, Anna (2012): The framework of reference for pluralistic approaches to languages und cultures- a complement to the CEFR to develop plurilingual and intercultural competences. In: *Innovation in Language Learning and Teaching*, 6/3, 243–257.

Caspari, Daniela (1997): Lernziel „interkulturelles Lernen/Fremdverstehen": Was Fremdsprachenlehrer und -lehrerinnen darüber denken – drei Fallbeispiele. In: Bredella; Christ; Legutke (Hrsg.): *Thema Fremdverstehen. Arbeiten aus dem Graduiertenkolleg „Didaktik des Fremdverstehens*. Tübingen: Gunter Narr Verlag, 55–75.

Caspari, Daniela (2003): *Fremdsprachenlehrerinnen und Fremdsprachenlehrer Studien zu ihrem beruflichen Selbstverständnis*. Tübingen: Gunter Narr Verlag.

Caspari, Daniela; Schinschke, Andrea (2007): Interkulturelles Lernen: Konsequenzen für die Konturierung eines fachdidaktischen Konzepts aufgrund seiner Rezeption in der Berliner Schule. In: Bredella; Christ (Hrsg.): *Fremdverstehen und interkulturelle Kompetenz*. Tübingen: Narr, 78–100.

Caspari, Daniela (2008): Zu den „Interkulturellen Kompetenzen" in den Bildungsstandards. In: Fäcke; Hülk; Klein (Hrsg.): *Multiethnizität, Migration und Mehrsprachigkeit Festschrift zum 65. Geburtstag von Adelheid Schumann*. Stuttgart: ibidem Verlag, 19–36.

Caspari, Daniela; Schinschke, Andrea (2009): Aufgaben zur Feststellung und Überprüfung interkultureller Kompetenzen im Fremdsprachenunterricht – Entwurf einer Typologie. In: Adelheid; Michael (Hrsg.): *Interkulturelle Kompetenz und fremdsprachliches Lernen Modelle, Empire, Evaluation*. Tübingen: Gunter Narr Verlag, 273–288.

Caspari, Daniela (2010): Auf der Suche nach dem spezifischen Beitrag des Fremdsprachenunterrichts zu den interkulturellen Kompetenzen. Ausgangspunkt: Die ‚EPA Französisch'". In: Caspari; Küster (Hrsg.): *Wege zu interkultureller Kompetenz: fremdsprachendidaktische Aspekte der Text- und Medienarbeit.* Frankfurt: Peter Lang, 103–114.

Caspari, Daniela (2016): Grundlagen fremdsprachendidaktischer Forschung. In: Caspari; Klippel; Legutke (Hrsg.): *Forschungsmethoden in der Fremdsprachendidaktik Ein Handbuch.* Tübingen: Narr Francke Attempto, 7–22.

(CEFR)council of europe (2018): „Common European Framework of Reference for languages: Learning, Teaching, Assessment. Developing illustrative descriptors of Aspects of mediation for the CEFR". council of europe.

Daase, Andrea; Hinrichs, Beatrix; Settinieri, Julia (2014): Befragung. In: Settinieri; Feldmeier; Karakoç; Riemer (Hrsg.). *Empirische Forschungsmethoden für Deutsch als Fremd- und Zweitsprache Eine Einführung.* Paderborn: Ferdinand Schöningh, 103–21.

Demirkaya, Sevilen (2014): Analyse qualitativer Daten. In: Settinieri; Feldmeier; Karakoç; Riemer (Hrsg.). *Empirische Forschungsmethoden für Deutsch als Fremd- und Zweitsprache Eine Einführung,* Paderborn: Ferdinand Schöningh, 213–227.

Doff, Sabine (2012): *Fremdsprachenunterricht empirisch erforschen Grundlagen – Methoden – Anwendung.* Tübingen: Narr Francke Attempto Verlag.

Eberhardt, Jan-Oliver (2013): *Interkulturelle Kompetenzen im Fremdsprachenunterricht Auf dem Weg zu einem Kompetenzmodell für die Bildungsstandards.* Trier: Wissenschaftlicher Verlag.

Edmondson, Willis (1999): Lehrer und Lehrmaterialien – Lerner und Lernmaterialien. In: Bausch; Christ; Königs; Krumm (Hrsg.): *Die Erforschung von Lehr- und Lernmaterialien im Kontext des Lehrens und Lernens fremder Sprachen.* Tübingen: Narr Verlag, 53–59.

Edmondson,Willis J.; House, Juliane (2011): Einführung in die Sprachlehrforschung. In: Edmondson; House (Hrsg.): *Lernen/Fremdsprachenlernen: Psychologische, psychosoziale und neurologische Perspektiven.* A. Francke Verlag Tübingen und Basel: 90–114.

Ellis, Rod (1999): LEARNING A SECOND LANGUAGE THROUGH INTERACTION. Amsterdam: John Benjamins publishing company.

Ellis, Rod (2003): *Task-based Language Learning and Teaching.* New York: Oxford University Press.

Erll, Astrid (2007): *Interkulturelle Kompetenzen – erfolgreich kommunizieren zwischen den Kulturen.* Stuttgart: Klett, Lernen und Wissen.

Erll, Astrid (2013): *Interkulturelle Kompetenzen.* Stuttgart: PINS GmbH, 3. Auflage.

Ertelt-Vieth, Astrid (2005): *Interkulturelle Kommunikation und kultureller Wandel eine empirische Studie zum russisch-deutschen Schüleraustausch.* Tübingen: Gunter Narr Verlag.

Finkbeiner, Claudia; Koplin, Christine (2001): Fremdverstehensprozesse und interkulturelle Prozesse als Forschungsgegenstand. In: Müller-Hartmann; Ditfurth (Hrsg.): *Qualitative Forschung im Bereich Fremdsprachen lehren und lernen.* Tübingen: Gunter Narr Verlag, 114–136.

Finkbeiner, Claudia; Knieriem, Markus (2008): Aufgabenorientiertes Lernen im Fremdsprachenunterricht: Beispiele zur Förderung kognitiver, metakognitiver und sozioaffektiver Lernprozesse. *Aufgaben als Katalysatoren von Lernprozessen. Eine zentrale Komponente organisierten Lehrens und Lernens aus der Sicht von Lernforschung, Allgemeiner Didaktik und Fachdidaktik.* Münster: Waxmann Verlag GmbH, 149–168.

Freitag-Hild, Britta (2010): *Theorie, Aufgabentypologie und Unterrichtspraxis inter- und transkultureller Literaturdidaktik. British fictions of migration im Fremdsprachenunterricht.* Trier: Wissenschaftlicher Verlag.

Freitag-Hild, Britta (2016): Interkulturelle kommunikative Kompetenz. In: Burwitz-Melzer; Riemer; Bausch; Krumm (Hrsg.): *Handbuch Fremdsprachenunterricht.* Tübingen: A. Francke Verlag, 6. Auflage, 136–140.

Fu, Peirong (傅佩荣) (1998): Zu Konfuzius´Ansicht der Menschlichkeit (解析孔子的人性观点). In: *Philosophie und Kultur*《哲学与文化》, Band 25,2 (二十五卷第二期), 02 1998.

Funk, Hermann (1991): *Bildungsziele und Inhalte im Englischunterricht 1924–1964 – von den Preußischen Schulreformen bis zum Hamburger Abkommen,* Phil. Diss. München 1991.

Funk, Hermann (1996): Sprachenpolitik und Mehrsprachigkeit in der Unterrichtspraxis. In: Funk; Neuner (Hrsg.): *Verstehen und Verständigung in Europa: Konzepte von Sprachenpolitik und Sprachdidaktik unter besonderer Berücksichtigung des Deutschen als Fremdsprache,* 218–224.

Funk, Hermann (2005): Standardisierungen und Evaluationskultur in der Fremdsprachendidaktik- eine Interpretation aktueller Entwicklung aus diachronischer Perspektive. In: Bausch; Burwitz-Melzer; Königs; Krumm (Hrsg.): *Bildungsstandards für den Fremdsprachenunterricht auf dem Prüfstand,* 94–104.

Funk, Hermann (2006): Aufgabenorientierung in Lehrwerk und Unterricht-das Problem der Theorie mit der Vielfalt der Praxis. In: Bausch; Burwitz-Melzer; Königs; Krumm (Hrsg.): *Aufgabenorientierung als Aufgabe.* Tübingen: Narr Verlag, 52–61.

Funk, Hermann (2013): Aufgabenorientierung und Spracherwerb. In: Ulrich (Hrsg.): *Deutschunterricht in Theorie und Praxis:* DTP-Handbuch der Didaktik der Deutschen Sprache und Literatur in 11 Bänden. Hohengehren: Schneider, 298–307.

Funk, Hermann (2016): Lehr-/Lernmaterialien und Medien. In: Burwitz-Melzer; Mehlhorn; Riemer; Bausch (Hrsg.): *Handbuch Fremdsprachenunterricht.* Tübingen: A.Francke Verlag, 435–440.

Funk, Hermann; Kuhn, Christina (eds.) (2017): *Aufgaben, Übungen, Interaktion.* Stuttgart: Ernst Klett Sprachen.

Funk, Hermann (2018): Deutsch als Fremd- und Zweitsprache als Vorreiter und Nachzügler einer Professionalisierung von Fremdsprachenlehrkräften-zu Unterschieden und gemeinsamen Herausforderungen. In: Burwitz-Melzer; Riemer; Schmelter (Hrsg.): *Rolle und Professionalität von Fremdsprachenlehrpersonen.* Tübingen: Narr Francke Attempto, 54–65.

Fröhlich, Werner D. (2000): *Wörterbuch Psychologie.* München: Deutscher Taschenbuch Verlag.

(GeR)Europarat/ Rat für kulturelle Zusammenarbeit (Hrsg.) (2020): *Gemeinsamer europäischer Referenzrahmen für Sprachen: lernen, lehren, beurteilen – Begleitband.* Stuttgart: Ernst Klett.

Gienow, Wilfried (1994): Verständiger werden im Englischunterricht? Beispiele Prozessorientierten Medieneinsatzes, mögliche Wirkungen und Begründung. In: Gienow; Hellwig (Hrsg.): *Interkulturelle Kommunikation und prozeßorientierte Medienpraxis im Fremdsprachenunterricht Grundlagen, Realisierung, Wirksamkeit.* Seelze: Friedrich Verlag, 77–93.

Goffman, Erving (1955). On face-work: an analysis of ritual elements in social interaction. Psychiatry: Journal for the Study of Interpersonal Processes, 18, 213–231.

Grosch, Christiane; Hany, Ernst (2009): Entwicklungsverlauf kognitiver Komponenten des interkulturellen Verständnisses. In: Adelheid; Michael (Hrsg.): *Interkulturelle Kompetenz und fremdsprachliches Lernen Modelle, Empirie, Evaluation.* Tübingen: Gunter Narr Verlag, 87–106.

Grunert, Cathleen (2012): *Bildung und Kompetenz: theoretische und empirische Perspektiven auf außerschulische Handlungsfelder.* Wiesbaden: Springer.

Grünewald, Andreas (2012): Förderung interkultureller Kompetenz durch Lernaufgaben. In: Bnutzmann; König; Küster (Hrsg.): *Fremdsprachen lehren und lernen: FLuL; zur Theorie und Praxis des Sprachunterrichts an Hochschulen. FLuL 41, 1.* Tübingen: Narr, 54–70.

Hallet, Wolfgang (2008): Diskursfähigkeit heute. Der Diskursbegriff in Piephos Theorie der kommunikativen Kompetenz und seine zeitgemäße Weiterentwicklung für die Fremdsprachendidaktik. In: Legutke (Hrsg.): *Kommunikative Kompetenz als fremdsprachendidaktische Vision.* Tübingen: Gunter Narr Verlag, 76–96.

Hallet, Wolfgang (2012): Die komplexe Kompetenzaufgabe. Fremdsprachige Diskursfähigkeit als kulturelle Teilhabe und Unterrichtspraxis. In: Hallet; Krämer (Hrsg.): *Kompetenzaufgaben im Englischunterricht Grundlagen und Unterrichtsbeispiele*, Friedrich Verlag GmbH, 8–19.

Hallet, Wolfgang (2014): Das Modell der komplexen Kompetenzaufgabe Lernen als kulturelle Partizipation. In: Ralle; Prediger; Hammann; Rothgangel (Hrsg.): *Lernaufgaben entwickeln, bearbeiten und überprüfen Ergebnisse und Perspektiven fachdidaktischer Forschung.* Münster: Waxmann Verlag.

Hall, Edward T. (1981): *Beyond Culture.* United States: Anchor Books/ Doubleday.

Hellwig, Karlheinz (1993): Fremdsprachlich Handeln und Schaffen! Prozessorientierte Medien-„Methodik" in Grundlagen und Übersicht" In: Gienow; Hellwig (Hrsg.): *prozessorientierte Mediendidaktik im Fremdsprachenunterricht.* Frankfurt am Main: Peter Lang GmbH.

Hellwig, Karlheinz (1996): Sehen und hören, empfindend verstehen und sprechen-Bild-und Musik-Kunst im Fremdsprachenunterricht. In: Blell; Hellwig (Hrsg.): *Bildende Kunst und Musik im Fremdsprachenunterricht.* Frankfurt am Main: Peter Lang GmbH, 15–32.

Heringer, Hans Jürgen (2009): Über Höflichkeit. In: Ehrhardt; Neuland (Hrsg.): *Sprachliche Höflichkeit in interkultureller Kommunikation und im DaF-Unterricht.* Frankfurt am Main: Pet Lang GmbH, 89–97.

Heringer, Hans Jürgen (2017): Interkulturelle Kommunikation. Grundlagen und Konzepte. 5. Aufl. Tübingen: Francke.

Hernig, Marcus (2000): *China und die interkulturelle Germanistik.* München: IUDICIUM Verlag GmbH.

Hiller, Gundula Gwenn (2010): Überlegungen zum interkulturellen Kompetenzerwerb an deutschen Hochschulen. In: Hiller; Vogler-Lipp (Hrsg.): *Schlüsselqualifikation interkulturelle Kompetenz an Hochschulen: Grundlagen, Konzepte, Methode.* Wiesbaden: VS RESARCH, 19–34.

Hofstede, Geert (1993): *INTERKULTURELLE ZUSAMMENARBEIT KULTUREN-ORGANISATIONEN-MANAGEMENT.* Wiesbaden: Gabler Verlag.

Hu, Hsien Chin (1966): Die chinesischen Begriffe vom Gesicht. In: Mühlmann; Emil (et al.) (Hrsg.): *Kulturanthropologie.* Köln: Kiepenheuer & Witsch, S. 238–263.

Huang, Ning (2008): *Wie Chinesen denken. Denkphilosophie, Welt- und Menschenbilder in China.* München: Oldenburg Verlag.

Kessler, Benedikt (2008): *Interkulturelle Dramapädagogik Dramatische Arbeit als Vehikel des interkulturellen Lernens im Fremdsprachenunterricht.* Frankfurt am Main: Peter Lang Internationaler Verlag der Wissenschaften.

Kiper, Hanna; Meints, Waltraud (2010): Lernaufgaben aus fachdidaktischen Perspektiven- Wie können sie Denken und Lernen unterstützen? In: Kiper; Meints-Stender (Hrsg.): *Lernaufgaben und Lehrmaterialien im kompetenzorientierten Unterricht.* Stuttgart: W. Kohlhammer Verlag, 11–16.

Kleppin, Karin (2010): Lernberatung In: Krumm, Fandrych, Hufeisen, Riemer (Hrsg.): *Deutsch als Fremd- und Zweitsprache Ein internationales Handbuch.* Berlin: Walter de Gruyter GmbH, 1162–1166.

Klippel, Friederike (2016): Historische Forschung. In: Caspari; Klippel; Legutke (Hrsg): *Forschungsmethoden in der Fremdsprachendidaktik Ein Handbuch.* Tübingen: Narr Francke Attempto, 31–38.

(KMK) (2004): Sekretariat der Ständigen Konferenz der Kultusminister der Länder in der Bundesrepublik Deutschland (Hrsg.): Bildungsstandards für die erste Fremdsprache (Englisch/Französisch) für den Mittleren Schulabschluss. (Beschluss der Kultusministerkonferenz vom 04.12.2003). Online Dokument: http://db2.nibis.de/1db/cuvo/datei/bs_ms_kmk_erste_fremdsprache.pdf [06.06.2020]

Kolb, Elisabeth (2016): *Sprachmittlung Studien zur Modellierung einer komplexen Kompetenz.*

Koreik, Uwe; Pietzuch, Jan Paul (2010): Entwicklungslinien landeskundlicher Ansätze und Vermittlungskonzepte. In: Krumm; Fandrych; Hufeisen; Riemer (Hrsg.): *Deutsch als Fremd- und Zweitsprache Ein internationales Handbuch.* Berlin: Walter de Gruyter GmbH, S. 1441–1453

Kuckartz, Udo (2014): *Mixed Methods Methodologie, Forschungsdesigns und Analyseverfahren.* Wiesbaden: Springer Fachmedien

Kuckartz, Udo (2016): *Qualitative Inhaltsanalyse: Methoden, Praxis, Computerunterstützung.* Weinheim: Juventa Verlag, 3 Auflage.

Laatz, Wilfried (1993): *Empirische Methoden. Ein Lehrbuch für Sozialwissenschaftler.* Frankfurt am Main: Harri Deutsch.

Legutke, Michael K. (2008): Kommunikative Kompetenz: Von der Übungstypologie für kommunikativen Englischunterricht zur Szenariendidaktik". In: Legutke (Hrsg.) *Kommunikative Kompetenz als fremdsprachendidaktische Vision.* Tübingen: Gunter Narr Verlag, 15–42.

Legutke, Michael K. (2016): Theoretische Forschung. In: Caspari; Klippel; Legutke (Hrsg): *Forschungsmethoden in der Fremdsprachendidaktik Ein Handbuch.* Tübingen: Narr Francke Attempto, 39–48.

Li, Deshun (李德顺) (2012): Was ist Kultur? (什么是文化) In: guangming daily, Band 5, „光明日报", 05, 26.03.2012.

Liang, Yong (2004): *Höflichkeit im Chinesischen Geschichte- Konzepte- Handlungsmuster.* München: IUDICIUM Verlag GmbH.

Liang, Yong (2009): Wie höflich ist die chinesische Höflichkeit? In: Ehrhardt; Neuland (Hrsg.): *Sprachliche Höflichkeit in interkultureller Kommunikation und im DaF-Unterricht.* Frankfurt am Main: Pet Lang GmbH, 131–152.

Liang, Yong; Stefan Kammhuber (2003): „Handbuch interkulturelle Kommunikation und Kooperation". In *Ostasien: China*, 2: Länder, Kulturen und interkulturelle Berufstätigkeit:171–85. Vandenhoeck Ruprecht Göttingen.

Linck, Gudula (2006): *Yin und Yang: Die Suche nach der Ganzheit im chinesischen Denken.* München: C.H. Beck, 3. Auflage.

Long, Mike (2015): *second language Acquisition and Task-Based Language Teaching.* Wiley Blackwell.

Luo, Changpei (罗常培) (2004): Sprache und Kultur《语言与文化》. Peking (北京): Beijing Verlag (北京出版社出版).

Luo, Xun (2015): *Lernstile im interkulturellen Kontext Eine empirische Untersuchung am Beispiel von Deutschland und China.* Wiesbaden: Springer Fachmedien.

Mayring, Philipp (2003): *Qualitative Inhaltsanalyse Grundlagen und Techniken.* Weinheim und Basel: Beltz Verlag, 8 Auflage.

Meimerkord, Christiane (1996): *Englisch als Medium der interkulturellenKommunikation Untersuchungen zum non-native-/non-native-speaker-Diskurs.* Frankfurt am Main: Peter Lang GmbH Europäischer Verlag der Wissenschaft.

Meixner, Johanna (1996): *Konstruktivismus und die Vermittlung produktiven Wissens.* Berlin: Luchterhand Verlag.

Minuth, Christian (2008): Approche explorative. Projektbasierte und aufgabenorientierte Lernarrangements in der Landeskunde. In: Fäcke; Hülk; Klein (edd.) (Hrsg.): *Multiethnizität, Migration und Mehrsprachigkeit Festschrift zum 65. Geburtstag von Adelheid Schumann.* Stuttgart: ibidem Verlag, 125–138.

Müller, Bernd-Dietrich (1994): Interkulturelle Didaktik. In: Kast; Neuner (Hrsg.): *Zur Analyse, Begutachtung und Entwicklung von Lehrwerken für den fremdsprachlichen Deutschunterricht. Berlin: Langenscheidt*, 96–99.

Müller-Hartmann, Andreas; Schocker-von Ditfurth, Marita (2011): *Teaching Englisch: Task-Supported Language Learning.* Ferdinand Schöningh.

Müller, Klaus (1996): Wege konstruktivistischer Lernkultur. In: Müller, Klaus (Hrsg.): *Konstruktivismus Lehren – Lernen – Ästhetische Prozesse.* Berlin: Luchterhand,71–115.

Neuner, Gerhard (1994): Lehrwerkforschung-Lehrwerkkritik. In: Kast; Neuner (Hrsg.): Zur Analyse, Begutachtung und Entwicklung von Lehrwerken für den fremdsprachlichen Deutschunterricht. Berlin: Langenscheidt, 8–22.

Petravić, Ana; Šenjug Golub, Ana (2016): Entwicklung der interkulturellen Kompetenz im Unterricht Deutsch als Fremdsprache. Eine empirische Untersuchung zum interkulturell orientierten Kompetenzprofil der DaF-Lehrkräfte. In: Technische Universität Darmstadt/ Sprachenzentrum (Hrsg.): *Zeitschrift für Interkulturellen Fremdsprachenunterricht Didaktik und Methodik im Bereich Deutsch als Fremdsprache* 21,1 , 245–262.

Pan, Yaling (2008): *Interkulturelle Kompetenz als Prozess Modell und Konzept für das Germanistikstudium in China aufgrund einer empirischen Untersuchung.* Wissenschaft&Praxis.

Reimann, Daniel (2018): Inter- und transkulturelle kommunikative Kompetenz. In: Melo-Pfeifer; Reimann (Hrsg.): *Plurale Ansätze im Fremdsprachenunterricht in Deutschland State of the art, Implementierung des REPA und Perspektiven.* Tübingen: Narr Francke Attempto Verlag, 247–296.

Piaget, Jean (Reprinted 2009): *The Language and Thought of the Child.* New York: Madison Avene.

Riemer, Claudia (2014): Forschungsmethodologie Deutsch als Fremd- und Zweitsprache. In: Settinieri; Feldmeier; Karakoç; Riemer (Hrsg.). *Empirische Forschungsmethoden für Deutsch als Fremd- und Zweitsprache Eine Einführung*, Paderborn: Ferdinand Schöningh, 15–28.

Portmann-Tselikas, Paul (2010): Aufgabenorientierung. In: Krumm, Fandrych, Hufeisen, Riemer (Hrsg.): *Deutsch als Fremd- und Zweitsprache Ein internationales Handbuch*. Berlin: Walter de Gruyter GmbH, 1166–1171.

Sapir, Edward (1966): *Die Sprache*. In: Mühlmann; W. Müller (Hrsg.): Kulturanthropologie. Köln; Berlin: Kiepenheuer Verlag.

Simon, Ulrike (2009): Sprachliche Höflichkeit im interkulturellen Kommunikationstraining. In: Ehrhardt; Neuland (Hrsg.): *Sprachliche Höflichkeit in interkultureller Kommunikation und im DaF-Unterricht*. Frankfurt am Main: Peter Lang GmbH, 267–282.

Rössler, Andrea (2010): Input-Standards und Opportunity-to-learn-Standards für die Schulung interkultureller Kompetenz im Fremdsprachenunterricht In: *Wege zu interkultureller Kompetenz Fremdsprachendidaktische Aspekte der Text- und Medienarbeit*. Frankfurt am Main: Internationaler Verlag der Wissenschaften, 115–130.

Rössler, Andrea (2008): Die sechste Fertigkeit? Zum didaktischen Potential von Sprachmittlungsaufgaben im Französischunterricht. In: Zeitschrift für Romanistische Sprachen und ihrer Didaktik 2, 1, 53–77.

Rössler, Andrea (2008): Erfolgreiche Wortschatzaneignung im Spanischunterricht. In: Lünig; Rössler; usw. (Hrsg.): Prinzipien und Methoden des Spanischunterrichts. Der fremdsprachliche Unterricht Spanisch. Seelze: Friedrich, 20–25.

Rössler, Andrea (2010): Interkulturelle Kompetenz. In: Meißner; Tesch (Hrsg.): *Spanisch kompetenzorientiert unterrichten*. Seelze: Kallmeyer, 137–149.

Röttger, Evelyn (2000): Verbindungslinien zwischen fremdsprachendidaktischer und migrationsbezogener interkultureller Forschung Lehrwerkanalyse-interkulturelle Kommunikationsforschung- Mehrsprachigkeitsmodelle- Fremdsprachenunterricht". In: Fery; Raddatz (Hrsg.): *Lehrwerke und ihre Alternativen*. Frankfurt am Main: Peter Lang GmbH Europäischer Verlag der Wissenschaft, 46–56.

Sarter, Heidemarie (2008): Sprachmittlung und pragmalinguistische Aspekte interkulturellen Fremdsprachenunterrichts In: Caspari; Künster (Hrsg.): *Wege zu interkultureller Kompetenz Fremdsprachendidaktische Aspekte der Text- und Medienarbeit*. Frankfurt am Main: Peter Lang Internationaler Verlag der Wissenschaften.

Schmidt, Jürgen (2017): *Basics interkultureller Kommunikation: Bausteine für die Entwicklung interkultureller Kompetenz*. Norderstedt: BoD-Books on Demand.

Schröder-Sura, Anna (2018): Der Referenzrahmen für Plurale Ansätze zu Sprachen und Kulturen (REPA). In: Melo-Pfeifer; Reimann (Hrsg.): *Plurale Ansätze im Fremdsprachenunterricht in Deutschland State of the art, Implementierung des REPA und Perspektiven*. Tübingen: Narr Francke Attempto Verlag, 79–106.

Schröder-Sura, Anna (2015): „INTERKULTURELLE KOMPETENZEN IM UNTERRICHT". https://www.goethe.de/ins/cn/de/spr/mag/20476419.html [07.07.2021]

Schulz von Thun, Friedemann (1998): Miteinander Reden 3. Das „Innere Team" und situationsgerechte Kommunikation. Reinbek.

Schwarz, Ernst (1991): *Konfuzius Gespräche des Meisters Kong (Lun Yü)*. München: deutscher Taschenbuch Verlag GmbH, 4. Auflage.

Settinieri, Julia (2014): Planung einer empirischen Studie. In: Settinieri; Feldmeier; Karakoç; Riemer (Hrsg.). *Empirische Forschungsmethoden für Deutsch als Fremd- und Zweitsprache Eine Einführung*, Paderborn: Ferdinand Schöningh, 57–69.

Snaidero, Tiberio (2017): *Interkulturelles Lernen im Italienischunterricht Eine Konzeption und Lernaufgaben für Italienisch als 3. Fremdsprache*. Berlin: Frank&Timme GmbH.

Surkamp, Carola (2017): *Metzler Lexikon Fremdsprachendidaktik: Ansätze – Methoden – Grundbegriffe*. Stuttgart: Metzler.

Tesch, Bernd (2010): *Kompetenzorientierte Lernaufgaben im Fremdsprachenunterricht: konzeptionelle Grundlagen und eine rekonstruktive Fallstudie zur Unterrichtspraxis (Französisch)*. Frankfurt am Main: Peter Lang.

Thomas, Alexander; Schenk, Eberhard (2001): *Beruflich in China Trainingsprogramm für Manager, Fach und Führungskräfte*. Göttingen: Vandenhoeck und Ruprecht.

Usener, Jana (2016): *Lehrwerke und interkulturelle Kompetenz im Spanischunterricht Analyse und Perspektiven*. Online Publikation.

Weskamp, Ralf (2004): Aufgaben im fremdsprachlichen Unterricht. In: Caspari; Siebold (Hrsg.): *Praxis Fremdsprachenunterricht 1*, Berlin: Pädagogischer Zeitschriftenverlag, 162–170.

Welsch, Wolfgang (2012): Was ist eigentlich Transkulturalität? In: Kimmich, Schahadat (Hrsg.): *Kulturen in Bewegung Beiträge zur Theorie und Praxis der Transkulturalität*. Bielefeld: transcript: 25–40.

Witte, Arnd (2009): Reflexionen zu einer (inter)kulturellen Progression bei der Entwicklung interkultureller Kompetenz im Fremdsprachenlernprozess. In: Adelheid; Michael (Hrsg.): *Interkulturelle Kompetenz und fremdsprachliches Lernen Modelle, Empirie, Evaluation*. In, Tübingen: Gunter Narr Verlag, 49–66.

Wilhelm, Richard (2016): *I Ging Das Buch der Wandlungen*. Altenmünster: Jazzybee Verlag.

Wolff, Dieter (1993): Der Beitrag der kognitiv orientierten Psycholinguistik zur Erklärung der Sprach- und Wissensverarbeitung. In: Gienow; Hellwig (Hrsg.): *Prozessorientierte Mediendidaktik im Fremdsprachenunterricht*. Frankfurt am Main: Peter Lang GmbH, S. 27–42.

Wolff, Dieter (2002): *Fremdsprachenlernen als Grundlagen für eine konstruktivistische Fremdsprachendidaktik*. Frankfurt am Main: Peter Lang GmbH Europäischer Verlag der Wissenschaft.

Wygotski, Lev Semyonovich (2002): *Denken und Sprechen*. Berlin: Akademie-Verlag.

Yang, Minghua (杨明华) (2009): Über ein hundert kulturelle Aspekte《有關文化的100個素養》. Taibei (台北): Yizhan Kultur (驿站文化), 07. 2009.

Zeuner, Ulrich (1997): *Landeskunde und interkulturelles Lernen: eine Einführung*. Online Publikation.